브라질의 역사

HISTÓRIA CONCISA DO BRASIL

by Boris Fausto

Copyright © Editora da Universidade de São Paulo, 2006.
Korean translation copyright © Greenbee Publishing Company, 2012.
This edition is published by arrangement with Editora da Universidade de São Paulo through Shin-won Agency.

브라질의 역사

식민화에서 민주화까지, 커피의 땅 브라질의 역사를 읽는다

초판1쇄 펴냄 2012년 3월 30일
초판5쇄 펴냄 2022년 10월 13일

지은이 보리스 파우스투
옮긴이 최해성
펴낸이 유재건
펴낸곳 (주)그린비출판사
주소 서울시 마포구 와우산로 180, 4층
대표전화 02-702-2717 | **팩스** 02-703-0272
홈페이지 www.greenbee.co.kr
원고투고 및 문의 editor@greenbee.co.kr

편집 신효섭, 구세주, 송예진 | **디자인** 권희원, 이은솔
마케팅 육소연 | **물류유통** 유재영, 유연식 | **경영관리** 유수진

이 책의 한국어판 저작권은 신원 에이전시를 통한 Editora da Universidade de São Paulo와의 독점계약으로 (주)그린비출판사에 있습니다.
저작권법에 의하여 한국 내에서 보호를 받는 저작물이므로 무단전재와 무단복제를 금합니다.
책값은 뒤표지에 있습니다. 잘못 만들어진 책은 구입처에서 바꿔 드립니다.
ISBN 978-89-7682-521-6 03950

學問思辨行: 배우고 묻고 생각하고 판단하고 행동하고

독자의 학문사변행을 돕는 든든한 가이드 _그린비 출판그룹

그린비 철학, 예술, 고전, 인문교양 브랜드
엑스북스 책읽기, 글쓰기에 대한 거의 모든 것
곰세마리 책으로 크는 아이들, 온 가족이 함께 읽는 책

이 책은 2008년도 정부(교육부)의 재원으로 한국연구재단의 지원을 받아 번역되었음. (NRF-2008-362-B00015)

TransLatin
트랜스라틴 총서 09

식민화에서 민주화까지, 커피의 땅 브라질의 역사를 읽는다

브라질의 역사

그린비

옮긴이 서문

1940년대 초, 나치의 탄압을 피해 망명길에 오른 슈테판 츠바이크는 인생의 마지막을 브라질에서 보냈다. 세계시민적 삶을 살며 당대 최고의 전기 작가로 이름을 날리던 그였지만, '유럽의 평화적 통합'이라는 평생의 꿈이 전쟁으로 산산조각 나는 순간을 목격하고 비탄에 잠긴다. 그때 상심한 그를 따뜻하게 보듬어 안고 미래의 희망을 보여 준 치유의 대지가 바로 브라질이었다. 그는 스스로 삶을 마감하기 직전, 지인들에게 남긴 한 장의 유서 속에서 브라질의 근원적 힘을 이렇게 칭송했다.

"날이 거듭할수록 나는 이 나라를 사랑하게 되었다. 모국어를 사용하는 세계가 나에게서 소멸되어 버렸고, 나의 정신적 고향인 유럽이 자멸해 버린 뒤에, 내 인생을 다시 근본적으로 새롭게 일구기에는 이 나라만큼 호감이 가는 곳은 없다고 생각한다."

그리고 그는 인생을 반추하며 쓴 회고록 『어제의 세계』에서는 자신이 몸소 체험한 브라질을 "유럽보다 과거가 더 다감하게 보존"된 곳이고, "1차 세계대전이 가져온 야만성이 도덕관습이나 국민정신 속에 침투되어 있지 않은" 곳이라고 소개한다. 특히 전쟁의 광기로 뒤덮인 유럽에 비해 브라질에서는 "사람들이 한결 더 평화롭게 어울려 살고 있었고, 서로 다른 종족들 사이의 접촉도 유럽보다 훨씬 더 예의 있게 이루어지며 적의에 차 있지 않다"고 소감을 밝힌다.

그런데 그는 『어제의 세계』가 나오기 바로 직전에 또 다른 책 한 권을 집필했다. 제목은 회한의 '어제'와 정반대인 『브라질: 미래의 땅』이었다. 이 작품은 사람의 손길이 미처 닿지 못한 거대한 영토, 무궁무진한 자원을 품은 풍요로운 대지, 그리고 인종 간의 갈등이 적고 친절함을 타고난 사람들에 대한 찬가이기도 했다. 하지만 안타깝게도 브라질은 20세기의 끝 무렵까지 정치적·경제적 위기를 겪어야 했고, 그런 브라질을 폄하하는 데 츠바이크의 진정眞情이 이용되기도 했다. 그 미래를 현실로 만들지 못하고 "항상 미래로만 머물러 있는 나라"라고. 그러나 21세기의 초반 극적으로 위기를 탈출한 브라질은 이제 미래와 현재가 공존하는 땅이 되었다.

츠바이크의 이러한 브라질 예찬을 고려한다면 그가 생의 마지막 순간에 연구한 인물이 몽테뉴였다는 것도 단순한 우연은 아닐 것이다. 근대의 시작을 알리는 시기에 몽테뉴가 그의 대표작 『수상록』에서 브라질 원주민에 대해 쓴 글은 가히 충격적이다.

"내가 들은 바에 의하면, 그곳[브라질]에는 야만적인 것은 아무것도 없는 것같이 생각된다. 물론 누구나 자신의 관습에 없는 것을 야만이라고 부른다면 이야기는 달라진다. 정말 우리들은 자신들이 살고 있는 나라의 사고방식이나 습관의 실례實例와 관념 이외에는 진리와 이성의 척도를 갖고 있지 않은 듯하다."

대부분의 사람들이 '문명'과 '야만'이라는 식민주의적 차별을 당연시하던 16세기에 이러한 보편적 인식을 지닌 사상가가 존재했다는 점이

놀랍기도 하지만, 더더욱 놀라운 것은 그가 던진 화두가 그로부터 400여 년이 지난 오늘날에도 여전히 유효하다는 점이다.

그는 계속해서 브라질 원주민들이 프랑스 사회를 직접 목격하고 느낀 놀라움도 상세히 전한다. 유럽인들이 야만인이라 여기는 브라질 원주민들은 상호 간의 관계에서 타인을 자신의 '반쪽'이라고 부르는데, 프랑스인들은 모든 종류의 좋은 것들을 혼자 차지하고서도, "그 문 앞에 찾아오는 반쪽들의 배고픔과 가난"을 외면하고 있다는 것이다. 몽테뉴의 따뜻하면서도 예리한 시선이 시공을 뛰어넘어 마치 오늘날의 부조리에 일침을 가하는 듯하다. "이성의 법칙에 비추어 그들을 야만인이라고 부를 수는 있지만, 우리와 비교해서 그들을 야만인이라고 부를 수는 없다. 모든 야만성에서 우리가 그들보다 훨씬 더 심하기 때문이다."

*　　*　　*

브릭스(BRICs)의 선두주자, 월드컵과 올림픽을 2년 간격으로 개최하는 나라, 룰라의 리더십, 카니발과 삼바축제, 축구, 보사노바, 이과수, 천연자원 등등. 최근 매스컴에서 브라질만큼 다양한 주제로 자주 거론되는 나라도 드물 것이다. 그러나 혹시 우리는 넘실대는 이미지와 관념 뒤에 가려진 브라질 '사람들'을 놓치고 있지는 않는가. 한반도의 약 38배나 되는 이 거대한 나라의 만화경과도 같은 다채로운 모습을 몇몇 고정관념을 통해서만 바라보고 있었던 것은 아닐까. 우리도 몽테뉴의 지적처럼 우리의 사고방식이나 습관으로 브라질(또는 라틴아메리카나 이른바 '제3'으로 분류당한 세계)을 판단하려 한 적은 없었는가. '우리의 반쪽'을 단지 피부색이나 경제력, 언어나 종교 등의 차이만으로 '야만'이라 무시하지는 않았는가. 혹시 이러한 자문에 공감하면서 오늘날 브라질의 외형을 갖추게 한 지난 500년의 성장 및 변천사가 궁금한 독자들은 아마도 지금 손에 들려 있는 이 책에서 그 해답의 실마리를 찾을 수 있으리라.

본서는 브라질을 대표하는 역사가 보리스 파우스투의 *HISTÓRIA CONCISA DO BRASIL*(São Paulo: Edusp, 2006)을 완역한 것이다. 이 책은 1500년 4월 포르투갈인들이 처음 남아메리카에 도착한 시점부터 민주주의 체제를 확립하는 현대에 이르기까지의 500여 년간 브라질이 겪은 변화와 성장과정을 짜임새 있게 엮어낸 역사서이다. 대륙과 맞먹는 국토의 크기에, 게다가 너무나도 상이한 특색을 지닌 지역들로 분리된 국가의 역사를 한 권에 압축하여 담아낸다는 것은 매우 어려운 작업임에 틀림없다. 하지만 파우스투는 역사적 환경, 인물, 사건 등을 전통적 서술 방식 위에 자신만의 색채를 입혀 훌륭하게 그려냈다. 이러한 평가를 반영하듯 근래 브라질 학자가 집필한 역사서로는 흔치 않게 영어, 스페인어, 이탈리아어 등 여러 언어로 번역되어 널리 읽히고 있다.

보리스 파우스투는 브라질과 라틴아메리카에서 가장 권위 있는 역사가의 한사람으로 명성을 얻고 있지만, 국내에서는 브라질 연구자 이외의 일반 독자들에게는 그다지 친숙한 이름이 아닐 것이다. 그의 작품에 좀더 쉽게 다가간다는 의미에서 그의 이력과 작품을 간략히 살펴보고자 한다. 저자는 방대한『브라질 문명사』저술 작업(총 11권)의 근현대기 편 저자로서 유명하지만, 때로는 독특한 자신의 가족사를 통해 브라질 이민의 한 단면을 흥미진진하게 그려낸 것으로도 잘 알려져 있다. 1997년 간행된『일과 여가: 이민의 역사』에 따르면, 그의 부모는 모두 유대인의 혈통을 지녔으며 각각 동유럽과 터키에서 브라질로 이주했다. 상파울루 근교에서 가구점을 운영하던 아버지는 커피 중개상으로 성공한 집안의 딸과 혼인하여 1930년 첫 아들을 얻는데, 그가 바로 이 작품의 저자이다.

고교 졸업 후 파우스투는 상파울루대학 법학부에 입학하지만 졸업 후에는 대학원에서 역사학을 전공하며, 학위 취득 후에는 줄곧 모교에서 브라질 문명사와 브라질 정치사를 강의한다. 그는 브라질 근현대의 정치사, 사회운동사에 대해 많은 연구서를 남겼는데, 특히 1970년 처음 발표한 『1930년 혁명: 역사서술과 역사』는 브라질 사회과학 연구의 고전으로서 현재까지도 높이 평가받고 있다. 상파울루 출신임에도 불구하고 저자는 이 책에서 1930년 혁명 기간 중 상파울루인들이 취한 행동을 변론하는 여러 주장들에 대해 객관적 입장에서 비판을 가해 그의 불편부당한 신념을 보여주었다. 근작으로는 『제툴리우 바르가스 평전』(2006)과 공저 『브라질과 아르헨티나 비교사, 1850~2002』(2004) 등이 있으며, 현재 80세를 넘긴 고령임에도 집필활동을 계속하여 또 한편의 가족사라고 할 수 있는 『은퇴한 역사학자의 회고』(2010)를 출간했다.

이 책은 한 국가의 통사로서는 보기 드물게 매우 균형 잡힌 시각을 지니고 있다. 대체로 일국의 역사는 자국 중심의 편협한 사관을 취하려는 유혹에서 벗어나기가 쉽지 않다. 오늘날 '역사 전쟁'이라 부르듯 주변국과의 관계에서 자국의 역사적 행위를 정당화하는 기술들이 어렵지 않게 목격되는 이유이기도 하다. 하지만 본서에서 저자는 냉철한 자세로 국가주의적 함정에 빠지는 위험을 극복하고, 대서양 양안이나 남미의 지역적인 틀 속에서 브라질의 역사를 치우침 없이 기술하려는 노력을 게을리하지 않는다.

또한 본서는 개설서라는 제약에도 불구하고 최근의 연구 성과를 충실하게 반영하는 미덕도 지니고 있다. 일반적으로 개설서나 통사는 역사상의 사건들을 시간의 흐름에 따라 서술하고 최근의 연구 성과는 그 결론만을 간추려 첨가하는 것이 보통이다. 하지만 본서에서 저자는 중요한 논점들에 대해 성립 배경이나 논쟁과정, 비판적 견해 등을 분석, 정리하여 종합적인 이해를 돕고 있다. 저자가 결론에서 밝힌 것처럼 "역사는 아무리 그것이 객관적으로 이루어졌다 하더라도 항상 새로운 발견과 수정이 있을 수 있기" 때문이다. 아마도 독자들은 이 책을 통해 한편으로는 브라질의 역사가 지닌 폭넓은 전경全景을 감상하면서 다른 한편으로는 브라질 역사연구의 핵심주제나 쟁점들을 파악할 수 있을 것이다.

그러한 차원에서 저자는 이 책의 곳곳에서 "그것은 왜일까?"라는 질문을 던지고, 그에 대한 답이 "유일하게 하나만 존재하는 것이 아니므로" 다양한 관점에서 현상을 관찰하도록 우리를 안내한다. 또한 저자는 이미 깊이 뿌리내린 전통적인 역사서술 방식에 대해서도 비판을 가하며 이 방식이 오늘날에도 유효한지 의문을 던진다. 예를 들면, 스페인령 아메리카의 복잡한 해방과정에 비해 브라질의 독립이 상대적으로 용이했다는 해석이나, 식민지 브라질의 경제는 연속적인 주기(예컨대 설탕 주기, 광산업 주기 등)로 이루어진다는 시각 등, 그동안 거의 정설처럼 자리 잡은 내용들이라 할지라도 그것에 반대되는 해석이 존재할 수 있음을 보여 주고, 그 이면에 흐르는 더욱 복잡한 전개과정과 다양한 요인들을 간과하지 않도록 일깨운다.

브라질의 근대사를 서술하는 작업은, 제국주의 시대 역사학자들의 표현을 빌리면, '공식적인'official 브라질에서 '실제적인'real 브라질을 찾아내는 작업이기도 하다. 전자는 유럽적인 시각에서 관찰되고, 유럽적인 언어로 표현되며, 유럽적인 지리 개념에 따라 잘못 위치 지어진 것을 의미하고, 후자는 아메리카 원주민, 아프리카, 지중해, 아시아의 문화가 녹아들어 하나의 정체성을 형성하면서 세계 속에서 자신들의 위치를 스스로 결정짓기 위해 투쟁하는 공간을 의미한다. 또한 브라질의 현대사를 서술하는 작업은 현재의 역사를 어떻게 정의해야 하는가라는 논쟁을 피할 수 없는 작업이라 할 수 있다. 다시 말해 현재는 돌발적인 변화의 순간인지 '잃어버린 기회'인지, 지속적인 성장기인지 관성에 의한 움직임의 과정인지, 진정한 '인종 데모크라시'와 관용의 문화가 성숙될지 아니면 불평등·가난·폭력이 고착화될지, 그리고 식민 시기와 오랜 노예제의 유산인지 아니면 20세기 후반 신속한 산업화의 유산인지 등 현대사 서술작업은 어려운 질문들에 직면해야 한다.

보리스 파우스투는 이러한 작업을 통해 스키드모어Thomas Skidmore나 에킨Marshall C. Eakin 등 영어권 학자들과는 또 다른 시각에서 브라질 근현대의 모습을 복원하고 있다.

* * *

본서의 번역은 2009년 한·브라질 수교 50주년 기념사업의 일환으로 기획됐지만 예정보다 훨씬 늦어지고 말았다. 본래는 원저의 영역판인 *A Concise History of Brazil*(Cambridge: Cambridge University Press, 1999)을 완역할 계획이었으나, 포르투갈어 개정판이 2006년에 새로 출간됐기에 계획을 수정하여 원저의 가장 마지막 판본을 번역하기로 했다. 그런데 원저는 마지막 장에서 2000년대까지의 브라질 사회와 경제를 분석하고 있지만(제6장 4절), 정치적 과정에 대해서는 카르도주가 승리한 1994년 선거 이후를 거의 다루고 있지 않다(제6장 3절). 따라서 아쉬운 부분을 부록으로 실은 연표에서 비교적 상세히 다루었다.

브라질에 대한 학식이 부족한 역자가 본서의 출간을 맡아, 국내에서 기지개를 켜기 시작한 브라질 연구에 오히려 누가 되지 않을지 걱정도 된다. 하지만 브라질 역사가 지닌 매력이 그 주저와 우려를 날려 버릴 만큼 컸다고 해야겠다. 이런 귀중한 기회를 제공해 주신 서울대 라틴아메리카 연구소(김창민 소장님)와 늦어진 원고를 인내심을 갖고 기다려 주신 그린비출판사에도 깊이 감사드린다. 특히 번역작업이 성사될 수 있도록 많은 도움을 주신 우석균 교수님과 박원복 교수님, 교정본을 꼼꼼하게 읽고 귀중한 조언을 아끼지 않으신 이성형 교수님, 엉성한 원고를 아름다운 서책으로 탈바꿈시켜 주신 고태경 편집자님께도 감사드린다. 또한 초고의 교정에 도움을 준 서울대 서어서문학과 대학원생들에게도 고마움을 전하고 싶다. 하지만 이 책의 번역상 오류는 모두 역자의 몫이며, 독자 제위의 질정을 부탁드린다.

끝으로 마치 브라질로 여행을 떠난 사람처럼, 아들로서 또 가장으로서 제 구실을 못했지만 너그러운 마음으로 이해해 주신 어머님과 가족에게도 미안한 마음을 전하고 싶다. 긴 시간을 홀로 아이들과 씨름하며 자료 수집까지 도움을 준 아내의 헌신이 활자에 함께 새겨져 있으리라.

2012년 3월
옮긴이 최해성

차례

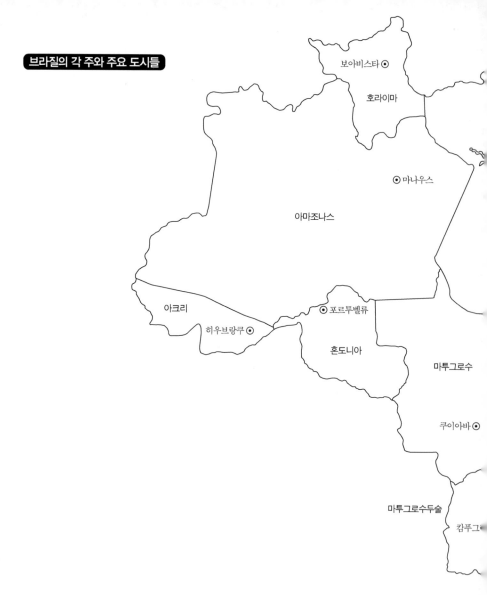

브라질의 각 주와 주요 도시들

보아비스타 ⊙

호라이마

⊙ 마나우스

아마조나스

아크리

히우브랑쿠 ⊙

⊙ 포르투벨류

혼도니아

마투그로수

쿠이아바 ⊙

마투그로수두술

캄푸그

1 본 지도에서는 본문의 이해를 돕기 위해 브라질의 각 주와 그 주의 주도
  (主都)만을 표시했다.
2 '⊙' 표가 들어간 곳은 주도를 가리킨다. 예를 들어, '⊙ 벨렝'은 파라 주
  의 중심도시이다.
3 굵은 서체로 표시된 것은 해당 주의 이름이다.

히우그란지두술

아마파

마카파

벨렘

상루이스

파라

마라냥

포르탈레자

테레지나

세아라

히우그란지두노르치

나타우

파라이바

주앙페소아

피아우이

페르남부쿠

헤시피

팔마스

마세이오

알라고아스

토칸칭스

바이아

아라카주
세르지피

사우바도르

고이아스

브라질리아

고이아니아

미나스제라이스

이스피리투산투

벨루오리존치

비토리아

리우데자네이루

상파울루

상파울루

리우데자네이루

파라나

쿠리치바

산타카타리나

플로리아노폴리스

포르투알레그리

| 일러두기 |

1 이 책은 Boris Fausto의 *HISTÓRIA CONCISA DO BRASIL*(São Paulo: Editora da Universidade de São Paulo, 2006[second edition])을 완역한 것이다.

2 본문의 모든 주석은 옮긴이 주이다.

3 본문과 각주의 대괄호([ ])는 독자의 편의를 위해 옮긴이가 부기한 것이다.

4 단행본·정기간행물은 겹낫표(『 』)로, 논문·예술작품은 낫표(「 」)로 표시했다.

5 모든 포르투갈어 인명 및 지명은 브라질 포르투갈어 표기를 따르되, 가능하면 브라질 현지 발음을 고려하여 표기하였다.

6 그 밖의 외국 인명이나 지명, 작품명은 2002년에 국립국어원에서 펴낸 외래어 표기법을 따라 표기했다.

식민지 브라질,
1500~1822년

1장 | 식민지 브라질, 1500~1822년

1. 해외확장과 포르투갈인의 브라질 도착

브라질에서는 어린 시절부터 가정이나 학교에서 페드루 알바르스 카브 랄Pedro Alvares Cabral이 1500년 4월 브라질을 발견하였다고 배운다. 그러 나 이것은 15세기 초에 시작된 포르투갈의 해외팽창 역사의 일부에 불과 할 뿐이다.

무엇 때문에 포르투갈 같은 작은 나라가 선구적으로 해외확장을 시 작한 것일까. 그것도 스페인의 후원으로 아메리카에 도착한 콜럼버스보 다 100년을 앞선 15세기 초에 말이다. 이 질문에는 하나의 답만 존재하는 것이 아니므로, 다양한 요인들을 검토할 필요가 있다. 첫째로 포르투갈은 유럽 국가들 사이에서 매우 독립심이 강한 국가로 성장했으며, 유럽의 경계 너머로 시야를 돌리는 경향을 지니고 있었다. 비록 처음에는 베네 치아나 제노바 사람들의 경쟁상대가 되지 못했지만, 포르투갈인들도 원 거리 무역의 경험을 상당히 축적하였다. 그리고 13~14세기에는 마침내 이 두 도시를 능가하기에 이르렀다. 더욱이, 제노바는 포르투갈이 해외무역을 확립하기 이전에도 이들의 해외팽창에 지속적으로 투자하였고, 리스본을 통상사업의 중요한 근거지로 삼았다.

또한, 지중해 지역에서 이슬람 세계와 맺은 경제관계도 포르투갈의 상업 활동에 중요한 촉진제가 되었다. 지불수단으로서 화폐 사용이 증가한 것을 보면 그들의 무역이 얼마나 성장했는지 짐작할 수 있다. 지리적으로 대서양의 섬이나 아프리카 연안에 가까이 있기 때문에, 포르투갈인들이 바다에 느끼는 친밀감은 더욱 깊었을 것이다. 당시 항해술 수준으로는 선원들이 특정 해류에 의존할 수밖에 없었는데, 포르투갈이나 스페인 남서부의 항구들이 그 해류를 이용하기에 유리하였다.

그 외에도 포르투갈의 정치사와 연관된 다른 요인들이 존재한다. 이 요인들도 위에서 언급한 것들에 못지않은 중요성을 지니고 있다. 포르투갈은 서유럽 전체에 몰아친 위기를 피해 갈 수는 없었지만, 다른 왕국들에 비해 비교적 좋은 정치적 환경 속에서 그 위기를 맞이하였다. 15세기 내내 포르투갈은 통일왕국을 유지하였고, 사회적 격변이나 분쟁에 시달리는 일도 적었다. 전쟁과 복잡한 왕조 문제에 휘말린 프랑스, 영국, 스페인, 이탈리아 등과는 상황이 달랐던 것이다.

포르투갈 왕조는 자국 역사에서 매우 중대한 의미를 지니고 있는 1383~1385년의 혁명을 겪으며 그 기반을 공고히 다졌다. 왕위계승을 둘러싼 분쟁에서 혁명이 시작되었고, 리스본의 부르주아지들이 폭동을 일으켰다. 그리고 민중반란, 즉 연대기 기록사가 페르낭 로페스가 말한 이른바 '평민의 반란'이 그 뒤를 이었다. 이 반란은 같은 시기 서유럽을 진동시킨 역사적 사건들과 유사한 점도 있지만, 강력한 지방 영주에 의해 진압된 타국의 농민반란들과는 전혀 다른 결말을 지니고 있다. 한편, 왕위를 노린 카스티야의 왕이 포르투갈 최고 귀족들의 지원을 등에 업고

침입하였기 때문에, 또 다른 측면에서 왕위계승 문제는 독립전쟁의 성격을 띠기도 한다. 결론적으로 양측의 충돌은 포르투갈의 독립과 동 주앙 1세의 왕위계승이 확고해지는 결과를 낳았다. 이 혁명의 중심인물은 국왕 페드루 1세의 서자이자, 아비스 기사단의 단장으로도 잘 알려진 동 주앙이었다.

일부 역사가는 이 1383년 혁명을 중산계층의 봉기로 해석하기도 한다. 하지만, 결과적으로 아비스 기사단장 동 주앙이 시도한 정책들은 왕권의 강화와 왕으로의 권력 집중을 초래했다. 귀족, 상인, 새롭게 등장한 관료 등 포르투갈 사회의 유력 계층들은 국왕 주변으로 모여들었다. 포르투갈의 해외확장 원인을 분석하는 그 어떤 논의에서도 가장 핵심이 되는 부분은 바로 이 점이다. 당시 그렇게 거대한 사업을 추진할 수 있는 주체는 그러한 활동에 필요한 권한과 안정성을 제공해 주는 국가, 보다 정확히 말하면 왕권밖에 없었기 때문이다.

끝으로 15세기 초 해외확장은 포르투갈 사회를 구성하고 있던 여러 계층, 사회집단, 기관들의 각기 다른 다양한 이해들을 충족시켰다는 사실도 잊어서는 안 된다. 상인들에게 그것은 부를 획득할 수 있는 가능성을 제공하였다. 국왕에게는 왕실 수입이 크게 줄어든 시기에 새로운 수입원을 확보하는 기회가 되었다. 뿐만 아니라 귀족들을 계속 분주히 움직이게 만들고 국왕 자신의 위신을 높이는 원천이기도 했다. 귀족과 교회에게는 이교도를 기독교로 개종시킴으로써 국왕이나 신에게 봉사할 수 있는 길이 열리게 했다. 게다가 포르투갈 내의 좁은 사회구조 속에서는 갈수록 얻기 힘든 보상이나 관직이 따라왔다. 평민의 입장에서 바다로 나아간다는 것은 보다 나은 삶을 찾아 이민을 떠난다는 것을 의미했으며 억압적인 국가 제도로부터 벗어난다는 뜻이기도 했다. 이렇게 다양한 이익들이 교차되는 과정에서 유일하게 만족을 느끼지 못한 부류가 있었는데, 바로 대토지 소유자들이었다. 이들에게 인력의 해외유출은 노동임금의 상승을 의미했기 때문이다.

이렇게 해서 해외확장은 일종의 거대한 국가사업이 되었고, 모든 사람들, 혹은 거의 모든 사람들이 거기에 가담함으로써 수세기 동안 지속되었다.

모험을 찾는 이유가 단지 부의 추구만은 아니었다. 지금부터 5세기 전에는 거의 알려지지 않았거나 전혀 파악되지 않은 대륙들이 존재했고, 아직 횡단하지 못한 대양도 있었다. 소위 '미지의 지역'은 유럽인들의 상상력을 사로잡았다. 그들은 환상의 왕국이나 기괴한 생명체, 또는 지상 낙원의 위치를 그러한 지역 안에다 상정하였던 것이다.

예를 들면, 콜럼버스는 아메리카를 발견했을 때 더욱 오지로 들어가면 하나의 눈을 가진 인간이나 개를 닮은 인간을 찾을 수 있으리라 생각했다. 바다에서 뛰어오르는 인어 셋을 보았을 때는 생각했던 것만큼 얼굴이 아름답지 않아 실망했으며, 어떤 편지에서는 더욱 서쪽으로 가면 꼬리 달린 인간이 태어난다는 언급도 했다. 1487년 아폰주 지 파이바와 페드루 다 쿠비앙이 인도에 이르는 육로를 찾아 포르투갈을 출발할 때, 동 주앙 2세는 사제왕 요한의 왕국 위치를 파악하라고 명령한다. 전설에 따르면, 사제왕 요한은 동방 박사 중 한 명의 후손으로 무슬림의 강적이었다. 적어도 12세기 중반부터 사제왕 요한은 유럽인들의 환상 세계 속에 자리 잡고 있었다. 이 전설은 사실에 근거해서 만들어진 것으로, 흑인들이 기독교 형태의 신앙을 받아들였던 동아프리카 에티오피아의 존재에서 비롯된 것이다.

해양 모험과 관련된 이러한 환상의 이야기들이 단지 물질적인 욕망을 가리기 위해 이용된, 따라서 멸시당해도 마땅한 공상 정도로 치부되어서는 안 될 것이다. 하지만 이러한 점을 인정한다 해도 역시 물질적 동기가 우세했던 것은 분명한 사실이다. 특히 세계의 지형이 더욱 명확하게 파악되고, 식민화의 실질적 문제들이 중심 논제로 떠올랐을 때는 더욱 그러했다.

포르투갈의 해외확장을 전체적으로 살펴볼 때 마지막으로 염두에 두어야 할 사항이 두 가지 있다. 하나는 해외확장과 더불어 이른바 '항해술'의 중요한 혁신이 이루어졌다는 점이다. 루시타니아[1]인들이 아프리카 서부의 기니로 항해를 시작했을 때는 아직 항해도에 위도와 경도의 표시가 없었고 단지 항로와 거리가 나타나 있을 뿐이었다. 그런데 그 후 사분의[2]나 아스트롤라베[3] 등의 개선으로 항해자들은 별을 이용하여 배의 위치를 정확히 측정할 수 있게 되었다. 이것은 중대한 기술혁신이었다. 1441년 초 쾌속범선 카라벨라를 사용하기 시작하면서 포르투갈인들은 좀더 항해에 적합한 선박 모형을 발전시킬 수 있었다. 카라벨라는 당시로서는 가볍고 속도가 빠른 배였다. 흘수吃水[선체가 물에 잠기는 깊이]가 얕기 때문에 좌초를 막고 육지에 상당히 근접할 수 있었다. 이 카라벨라야말로 포르투갈이 자랑하는 보배이자, 16~17세기 브라질 항해에 전적으로 이용된 선박이었다.

또 다른 하나는 사고방식의 점진적 변화로서, 이것은 특히 두아르치

---

1) 루시타니아(Lusitania)는 로마제국 시기에 이베리아반도 중서부를 이르던 명칭으로, 포르투갈의 다른 이름이다.
2) 사분원 모양에 각도가 새겨져 있는 천체고도 측정기다.
3) 원반에 눈금이 매겨진 시계 모양으로, 별의 위치나 경·위도, 시각 등을 관측하기 위해 사용된 천문관측기다.

파셰쿠 페레이라, 지오구 고메스, 동 주앙 지 카스트루 등 포르투갈 인문주의자들 사이에서 현저하게 나타났다. 해외확장은 과거의 개념들이 얼마나 잘못되었는지를 반복해서 보여 준다. 예를 들면, 프톨레마이오스의 『지리학』에 나타난 세계의 묘사는 직접적인 경험 앞에서 논파될 수밖에 없었다. 이렇게 과거의 권위는 흔들리기 시작했다.

해외에서 포르투갈인들이 가장 많이 찾은 것은 금과 향신료였다. 금은 신뢰성 높은 교환수단이었기 때문에, 금에 대한 관심은 쉽게 이해할 수 있다. 뿐만 아니라, 아시아 귀족들은 금을 사원이나 궁전, 또는 의류를 장식하기 위해서도 사용하였다. 그렇다면 향신료, 보다 정확히 말하면 조미료는 왜 필요했을까?

향신료가 고가인 점은 당시의 식품보존 기술이나 사람들의 식습관으로 설명할 수 있다. 중세 서유럽은 '육식문명'이었다. 서유럽인들은 목초를 얻기 어려운 초여름에 지방에서 대량으로 가축을 도살하였다. 고기를 저장할 때는 소금에 절이거나 훈제해서, 아니면 단순히 햇빛에 말려 보존하였다. 생선도 역시 같은 방법으로 보존하였는데, 이러한 처리 방식은 종종 음식물을 입에 맞지 않게 만들었다. 따라서 사람들은 향신료를 찾게 되었고, 음식에 후추 등 양념을 넣어 부패한 맛을 감췄다. 후에 세계적으로 대량 소비되는 커피 같은 기호식품에도 조미료가 사용되었다. 금과 향신료는 이렇듯 15~16세기에 항상 수요가 높았지만, 사람들이 많이 찾는 상품은 그 외에 또 있었다. 예를 들면 생선과 고기, 목재, 염료, 약초 등이 있었고, 점차로 '말하는 도구', 즉 아프리카 노예도 그 속에 포함되었다.

일반적인 견해들은 1415년 북아프리카의 세우타[4] 정복을 포르투갈 해외확장의 출발점으로 보고 있다. 그 후 포르투갈은 체계적으로 발전하여 아프리카 서안과 대서양의 도서로 진출하였다. 아프리카 연안의 탐험은 하루아침에 이루어진 것이 아니다. 질 에아네스가 보자도르 곶[5]을 통과한 1434년에서 바르톨로메우 디아스가 거친 파도로 두려움을 주던 희망봉을 발견한 1487년까지 53년의 시간이 걸렸다. 그러나 인도양으로 접어들 수 있게 되자, 마침내 바스코 다가마가 향신료와 환상으로 넘쳐 나는 미지의 땅 인도에 도달하였다. 그 후 포르투갈인들은 멀리 중국과 일본까지 나아갔고, 그곳에 커다란 영향을 미쳤다. 일본 역사가들은 1540 년대에서 1630년대 사이의 시기를 '기독교 세기'라 부를 정도다.

포르투갈인들은 아프리카 대륙의 내부로 깊이 들어가지 않고, 해안을 따라 일련의 페이토리아, 즉 요새화된 무역 거점을 설치했다. 아프리카 무역은 국왕이 관할하여 금의 거래는 왕실이 독점하였고, 화폐는 조폐국에서만 주조하게 하였다. 또한 1481년경 왕실은 아프리카 무역의 특별 세관으로 미나관Casa da Mina 또는 기네관Casa da Guine을 설립했다. 포르투갈은 아프리카 서부 해안으로부터 소량의 사금, 상아, 말라게타라고 알려진 후추를 들여 갔다. 이 중 상아는 그때까지 아랍 상인들이 장악하고 있어 이집트를 통해야만 수입할 수 있었다. 1441년 이후로는 노예가 특별 대상이 되었다. 초기에 노예들은 포르투갈로 보내져 가정의 하인이나 도시 노동자로 고용되었다.

포르투갈의 대서양 도서 정복의 역사는 아프리카의 경우와는 완전히 다르다. 그들은 그 섬들에서 노예노동력을 이용해 대규모 농업을 실

---

4) 지브롤터(Gibraltar)와 마주하고 있는 모로코 북부의 도시로, 현재는 스페인령이다.
5) 주변 곳곳에 암초가 있어 항해에 위험이 많았던 장소로, 질 에아네스 이전까지 항해의 심리적 한계선이었다.

험했다. 카나리아제도를 놓고 스페인과 다투다 잃은 후, 다른 섬들을 차지하는 데 성공했다. 마데이라제도(1420년경), 아조레스제도(1427년경), 카보베르데(1460년), 상투메 섬(1471년) 등이 이에 해당된다. 마데이라제도에서는 두 가지 농법이 서로 경쟁하였다. 한편에서는 전통적인 밀 재배가 상당수의 지방 소농들에 의해 이루어진 반면, 다른 한편에서는 제노바인, 유대인 무역업자, 통상 중개인 등의 자금력과 노예노동력에 의존한 사탕수수 플랜테이션이 나타났다.

결론적으로 사탕수수 경제가 승리하였다. 하지만 그 성공도 오래가지는 못했다. 이러한 빠른 쇠퇴는 섬 안의 내적 요인과 브라질이나 상투메 섬에서 생산되는 설탕과의 경쟁에서 비롯되었다. 사실 상투메 섬에서 포르투갈인들은 대규모 사탕수수 플랜테이션을 시행하였는데, 그것은 그들이 후에 브라질에 적용할 재배법과 유사한 것이었다. 아프리카 해안뿐만 아니라 상조르지 다미나와 악심에 있는 무역 거점과 가깝기 때문에 상투메 섬에는 풍부한 노예 공급이 이루어졌다. 1554년에 작성된 한 자료에 따르면 이 섬에는 150~300명이나 되는 노예를 소유한 사탕수수 농장engenho들이 있었다. 상투메 섬은 언제나 아프리카에서 아메리카나 유럽으로 데려가는 노예의 중간 기착지 역할을 하였다. 17세기 사탕수수 산업이 사양길로 접어들자 상투메의 중심적 경제활동은 노예무역이 되었다.

* * *

1499년 7월 바스코 다가마의 탐험대에서 가장 빠른 배가 포르투갈에 귀환했다. 포르투갈은 커다란 흥분에 휩싸였다. 몇 달 뒤인 1500년 3월 9일,

13척으로 구성된 함대가 리스본을 출발했다. 그때까지 포르투갈을 출항한 선단 중에서 가장 큰 규모였다. 목적지는 동인도이고, 30세를 갓 넘은 젊은 귀족 페드루 알바르스 카브랄이 지휘를 잡았다. 카보베르데제도를 지나자 함대는 서쪽으로 진로를 틀어 아프리카 연안에서 점차 멀어졌다. 그리고 4월 21일 마침내 오늘날 브라질 영토에 해당되는 육지를 발견한다. 발견 당일 상륙은 매우 짧게 이루어졌다. 다음 날 함대는 현재 바이아 주의 해안에 있는 포르투세그루 항에 정박하였다.

19세기 초 이래, 학자들은 포르투갈인들의 브라질 도착이 조류에 의해 우연하게 이루어진 것인지, 아니면 신세계에 대한 사전지식이 있어서 카브랄이 서쪽 진출이라는 비밀 임무를 띠고 출항한 것인지를 두고 논쟁을 벌여 왔다. 모든 정황들은 카브랄의 항해가 인도를 향하고 있었음을 시사한다. 하지만 그렇다고 유럽 항해자, 특히 포르투갈 항해자들이 1500년 이전에 브라질 해안에 이르렀을 가능성을 완전히 배제할 수는 없다.

2. 원주민

훗날 브라질이라 불리게 되는 땅에 유럽인들이 처음 도착했을 때, 그들은 파라나 강과 파라과이 강 유역 일대에, 또는 해안선을 따라 연안지대에 거주하는 원주민들을 발견하였다. 이들은 언어적·문화적으로 매우 동질적인 모습을 띠고 있었다.

하지만 이러한 동질적 요소에도 불구하고 이들을 크게 '투피-과라니'Tupi-Guarani와 '타푸이아'Tapuia라는 두 그룹으로 대별할 수 있다. 투피-과라니인들은 브라질 해안 전역, 대략 세아라 강에서 최남단의 파토스 호에 이르는 지역에서 살았다. 그 중 '투피남바'tupinamá라고도 불린 투피

족은 브라질 북부에서 현 상파울루 주 남부 카나네이아까지 이어진 연안 지대를 장악하고 있었다. 과라니 족은 파라나 강과 파라과이 강 유역, 그리고 연안을 따라 카나네이아에서 현재 브라질의 최남단까지를 거주 지역으로 삼았다. 이러한 지리적 영역의 차이에도 불구하고, 두 하위집단은 언어와 문화의 유사성 때문에 '투피-과라니'라고 알려지게 된다.

이 투피-과라니인들은 대서양 연안을 따라 곳곳에 다른 종족들과 함께 흩어져 살았다. 그 중에는 파라이바 강 어귀의 고이타카Goitacá, 바이아 주 남부와 현재의 이스피리투산투 주 북부에 살던 아이모레Aimoré, 세아라 주에서 마라냥 주 북부까지 해안을 따라 거주하던 트레멤베Tremembe 등이 있었다. 이들은 모두 '타푸이아'Tapuia라고 불렸는데, 이것은 투피-과라니인들이 자신들과 다른 언어를 사용하는 원주민을 총칭할 때 사용하는 이름이었다.

원주민의 사회와 관습을 파악하는 것은 상당히 어려운 일이다. 오늘날과는 매우 다른 문화를 지녔을 뿐만 아니라 브라질 원주민에 대한 편견이 아직도 강하게 남아 있기 때문이다. 연대기 작가, 여행가, 성직자, 그 중에서도 특히 예수회 소속의 사제들이 남긴 저술에는 많든 적든 그러한 편견이 반영되어 있다.

그러한 저술들에는 원주민의 특성이 긍정적인 면과 부정적인 면으로 구분되어 있는데, 그 구분의 기준은 포르투갈 사람들에 대한 저항의 강약이었다. 예를 들면, 군사적으로 용맹하며 저항력이 뛰어났던 아이모레는 항상 부정적 시각에서 묘사되었다. 다양한 서술들을 살펴보면, 원주민은 일반적으로 '인간'처럼 집에서 거주하지만 아이모레는 동물처럼 숲에서 살았다. 또한 투피남바는 복수심에 불탈 때 그들의 적을 먹기도 하는데, 아이모레는 그 맛을 즐겨서 인육을 먹었다. 포르투갈 왕이 처음으

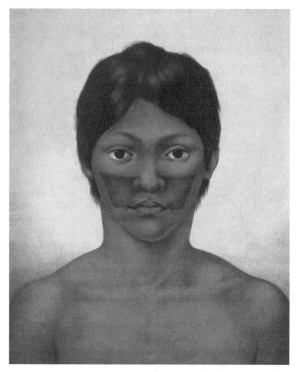

원주민의 모습. 독일 박물학자 스픽스(Johann B. Spix)의 『브라질 여행』에 실린 삽화이다.

로 원주민노예금지법을 제정했을 때(1570년), 아이모레만은 예외적으로 이 금지에서 제외되었다.

게다가 원주민 관련 자료도 매우 부족한 편이다. 이것은 잘못된 인식이나 편견 때문이 아니라, 자료의 획득 자체가 어렵기 때문이다. 500년 전 포르투갈인들이 신세계에 도착했을 때, 오늘날 브라질과 파라과이에 해당되는 지역에 어느 정도 규모의 원주민이 살았을지 정확히 파악하기란 거의 불가능하다. 낮게는 브라질과 파라과이 전체에 200만 명이 거주했다는 추산에서 아마존 지역에만 500만 명이 살았다는 평가까지, 추정 수치들은 매우 큰 편차를 보인다.

투피인들은 주로 사냥이나 어로를 하고, 과실을 채집하거나 농작물을 재배하며 생활을 영위했다. 토지의 자양분이 떨어지면, 임시적으로 또는 영구히 다른 장소로 이동했다. 농작물을 재배하기 위해 그들은 나무를 베고 풀을 태웠는데, 후에 식민지 개척자들도 이 기술을 이용했다. 그들은 콩, 옥수수, 호박 그리고 특히 만디오카[6]를 재배하였다. 만디오카 가루는 식민지 브라질의 주된 식품이 되었다. 기본적으로 원주민경제는 스스로 생산한 것을 직접 소비하는 자급자족체제였다. 각 마을 단위로 자급자족이 가능하여, 다른 마을과 식량 교환은 거의 행해지지 않았다.

그러나 마을 간 접촉이 전혀 없던 것은 아니다. 큰부리새 깃털, 입술 장식에 사용하는 돌 등의 귀중품이나 여성을 교환하기 위해 접촉이 이루어졌다. 이러한 교환 거래를 통해 동맹이 형성되었고, 한 마을의 연합은 다른 연합을 공격하기도 했다. 전쟁과 적의 포획은 투피 사회에서 필수적인 요소였다. 획득한 포로는 식인 의례를 행하는 가운데 살해되었다. 이러한 활동들은 남성의 역할이었는데, 그것을 통해 위신을 얻고 여성을 새롭게 충당하였다.

포르투갈인의 도래는 원주민에게 완전한 파국이었다. 투피인들의 눈에는 배를 타고 멀리서 찾아온 포르투갈인, 그 중에서도 특히 성직자들의 경우는 마을에서 마을로 여행을 다니는 위대한 주술사로 비춰졌다. 이 주술사들은 사람을 치료하고, 앞날을 예측하거나 대지의 풍요로움에 대해 말하였다. 백인은 특별한 능력을 가진 인간으로서 존경을 받았지만 동시에 두려움과 저주의 대상이기도 하였다.

---

6) 덩이줄기(뿌리)가 달린 식용 식물로 지역에 따라 '마니오크' 혹은 '카사바'라고도 불린다.

또 다른 측면에서 보면, 통합된 원주민 국가를 수립하지 못한 채 서로 뿔뿔이 흩어져 갈등관계에 빠지곤 하는 원주민 집단만 존재했다는 점도 치명적인 약점이었다. 포르투갈인들은 원주민의 저항에 부딪혔을 때, 함께 싸울 수 있는 또 다른 원주민 동맹을 쉽게 발견할 수 있었다. 상파울루 지 피라치닝가 마을(오늘날 상파울루 주의 수도)은 만약 투피와 동맹을 맺지 않았다면, 초기에 타모이오 원주민에게 정복당했을지도 모른다. 원주민들 사이에 이러한 갈등이 있었다고 해서, 식민 개척자들을 상대로 한 원주민들의 거센 저항이 전혀 없었다는 뜻은 아니다. 특히 그들은 자신들을 노예화하려는 시도에 대해서는 강경하게 대항했다. 하나의 특별한 저항방법으로 자체 고립이 있었다. 이것은 매번 더 가난한 지역으로 이동을 계속하여 스스로 고립을 유지하는 것이었다. 매우 좁은 공간에 머물렀기 때문에 이 전략을 통해 원주민들은 생물학적, 사회적, 문화적 유산을 보존할 수 있었다.

스스로 굴복하였건 정복당하였건, 원주민들은 문화적 폭력이나 전염병, 죽음 등을 경험해야 했다. 유럽인과 접촉하여 혼혈인들이 탄생했는데, 이들은 오늘날까지도 브라질 사회를 구성하며 조용하게 살고 있다.

하지만 총체적으로 보면, 아메리카 원주민의 운명을 표현할 때 '재앙'이라는 단어만큼 적합한 것은 없을 것이다. 정복 당시 브라질에 살던 수백만의 원주민은 오늘날에는 겨우 27만 명밖에 남지 않았기 때문이다.

3. 식민지화

이른바 '브라질의 발견'에는 바스코 다가마가 인도에 도착했을 때와 같은 흥분은 일어나지 않았다. 브라질은 수익의 가능성도, 지리적인 형태도 제대로 파악이 안 된 땅이었다. 사람들은 수년 동안 그곳을 거대한 섬이라고 생각했다. 주로 원주민, 앵무새, 잉꼬새(마코앵무새) 같은 이국적 특색들이 관심을 끌 뿐이었다. 기록으로 정보를 남긴 사람들, 특히 이탈리아인들은 브라질을 앵무새의 땅이라 부르는 경우까지 있었다. 국왕 동마누엘은 그곳을 처음에는 베라크루스, 나중에는 산타크루스[7]라 불렀다. '브라질'이라는 명칭은 1503년부터 나타나기 시작한다. 이 단어는 식민 초기에 가장 중요한 원료라 할 수 있는 열대 식물, 브라질우드[또는 파우브라질]에서 나왔다. 이 나무의 중심부는 매우 붉어서 염료를 만드는 데 쓰였고, 목질은 단단하여 가구나 배를 제조하는 데 이용되었다. 흥미로운 것은 '브라질제도' 또는 그와 비슷한 이름이 중세 유럽의 공상이야기 속에 언급된다는 점이다. 1367년 제작된 한 지도에는 이 명칭을 지닌 세 개의 섬이 표시되어 있는데, 하나는 아조레스제도 사이에, 또 하나는 프랑스 브르타뉴반도와 동일한 위도에, 세번째는 아일랜드 연안에 서로 흩어져 있다.

브라질 해안지대에서 처음으로 무역이 이루어졌을 때, 아프리카 연안에서 시행되던 페이토리아제도가 똑같이 적용되었다. 브라질은 리스본의 한 상업 컨소시엄에 3년간 임대되었다. 그 단체는 신기독교도 페르낭 지 노로냐Fernão de Noronha(또는 로로냐)라는 인물[8]이 이끌었는데, 그는 독점권을 확보하는 대가로 매년 6척의 배를 보내 300레구아(약 2,000

---

7) 베라크루스(Vera Cruz)는 참된 십자가, 산타크루스(Santa Cruz)는 성스러운 십자가라는 의미이다.

8) 타종교에서 가톨릭교로 개종한 사람들을 보통 '신기독교도'라 칭하였다. 노로냐는 원래 유대인 혈통이었지만 가톨릭교도로 개종하였다. 그의 컨소시엄이 지원한 탐험대가 한 아름다운 섬을 발견하였는데, 그 섬에 그의 이름이 붙여져 '페르난도 데 노로냐'라고 불린다.

킬로미터)의 해안선을 탐사하고, 교역 거점을 세워야 했던 것 같다. 그 컨소시엄은 몇 차례 탐험대를 보냈지만, 1505년 임대기간이 완료되자 형식적으로는 포르투갈 왕실이 새로운 영토 개척의 책임을 떠맡았다.

초기 단계인 1500년에서 1535년까지 브라질에서 가장 중심적인 경제활동은 브라질우드의 채취였는데, 이것은 대개 원주민들로부터 교역을 통해 얻었다. 브라질우드는 군락으로 서식하거나 숲을 이루지 않고, 곳곳에 흩어져 자랐다. 해안지대에서 나오는 공급이 떨어지자, 유럽인들은 원주민들의 공급에 의존하게 되었다. 집단노동, 특히 벌목의 집단작업은 투피남바 사회에서는 일상적인 일이었다. 이것은 브라질우드의 채벌이 원주민의 전통생활 양식에 비교적 쉽게 융합되었음을 뜻한다. 원주민은 목재 외에도, 작은 규모로 만디오카 가루를 공급했다. 반면 그들이 교역으로 얻은 것은 직물, 큰 칼, 주머니 칼, 질 낮은 장식품 등 포르투갈인들에게는 매우 값싼 물품들이었다.

처음에 브라질은 자주 인도와 함께 언급되었다. 때로는 인도로 가는 도중의 중간 기착지로서, 때로는 스페인인들이 찾던 인도 신항로의 위치로서 언급되었다. 1492년 콜럼버스가 아메리카를 발견했을 때, 그는 앤틸리스제도에 도착했지만, 그곳을 중국해라고 생각했다. 포르투갈은 새로운 세계의 소유권을 놓고 스페인과 경쟁을 벌였고, 여러 차례 협상을 추진한 끝에 1494년 토르데시야스 조약을 맺게 되었다. 세계는 카보베르데제도 서쪽 370레구아에 그은 상상의 선을 따라 두 개의 반구로 나뉘었다. 이제 그 선 서쪽에서 발견되는 땅은 스페인에, 동쪽의 땅은 포르투갈에 속하게 될 것이다.

그런데 이러한 분할 자체가 논쟁의 빌미가 되었다. 왜냐하면 토르데시야스 선이 정확하게 어디를 지나는지를 표시할 수 없었기 때문이다(17

세기 말이 되어서야 비로소 네덜란드인이 경도를 정확하게 측정하는 기술을 고안했다). 아마존 하구나 라플라타 강 하구는 누구의 영토일까? 두 강은 인도로 가는 서쪽 예상 경로로 여겨졌는데, 과연 이 북쪽 지점과 남쪽 지점은 포르투갈령인가 스페인령인가? 양국에서 파견된 탐험대들은 서로서로 뒤를 이어 브라질 연안의 남쪽 방향으로 내려갔다. 그 결과 마침내, 스페인의 지원으로 파견된 포르투갈인 페르디난드 마젤란이 오늘날 그의 이름이 붙여진 해협을 통과하였다. 그리고 그는 태평양을 횡단하여 1521년 필리핀에 도착했다. 하지만, 이 대단한 위업은 동시에 스페인인들에게 실망을 안기기도 했다. 인도로 가는 서쪽 항로가 발견되긴 했지만, 그것은 너무 먼 길이라 경제적인 면에서 실용적이지 못했기 때문이다. 결국 스페인인들의 관심은 자신들의 통제하에 있는 아메리카 대륙의 풍부한 금과 은에 고정된다.

포르투갈이 브라질을 장악하는 데 있어 가장 위협적인 존재는 스페인이 아니라 프랑스였다. 프랑스는 토르데시야스 조약을 인정하지 않았고, 실효적으로 지배한 자가 소유권을 갖는 '점유물 보류의 원칙'을 내세웠다. 브라질의 해안은 너무 길어 포르투갈의 정찰 능력으로는 전체를 감시하기 어려웠다. 프랑스인들은 브라질우드 무역에 가담했고, 해적 행위에도 동참했다. 후에 그들은 여러 시기에 걸쳐 과나바라 만(1555~1560년)과 오늘날 마라냥 주에 해당되는 북부 지역에 식민 부락(1612~1615년)을 세웠다.

포르투갈 왕실은 정치적 판단에서 새로운 땅을 식민지화할 필요가 있다고 확신했다. 마르팅 아폰수 지 소자의 탐험(1530~1533년)은 식민지화 과정의 첫 단계와 두번째 단계를 구분 짓는 경계가 되었다. 영토의 실효적 지배가 필요하다는 인식에서, 그의 탐험은 연안을 감시하고 토지를 개발하는 데 목적을 두었다.

동 주앙 3세가 세습 카피타니아제의 수립을 결정했을 때, 마르팅 아폰수는 아직 브라질에 체재 중이었던 것으로 보인다. 왕실은 적도와 평행하게 해안에서 토르데시야스 선까지 여러 선을 그어 브라질 영토를 15구획[카피타니아]으로 나누었다. 그리고 각각의 구획들을 이른바 '도나타리우'donatário라는 세습 영주들에게 상으로 수여하였다. 이 도나타리우들은 관료, 상인, 소귀족 등 다양한 인물들로 이루어졌는데, 그들의 공통점은 왕실과 밀접한 관계를 가졌다는 점이었다.

유능한 항해자인 마르팅 아폰수도 도나타리우의 하나였다. 또 다른 사람으로는 두아르치 코엘류가 있었다. 가난한 군인이었던 그는 아시아에서 두각을 나타냈는데, 페르남부쿠 주 개발에 성공하면서 브라질의 활동도 인정을 받았다. 왕실 재무부의 서기이자 뛰어난 사업가였던 조르제 피게이레두 코레이아도 도나타리우가 되었다. 그는 브라질 총독 멩 드 사, 그리고 피렌체의 상인·은행가 집안인 지랄디 가의 루카스 지랄데스와 관계를 맺고 있었다. 그 외에 페루 두 캄푸 토리뇨도 있었다. 그는 포르투갈에서 자신의 토지를 매각한 후 600명의 이주자들을 데리고 브라질로 건너갔다. 하지만 이주자들과 분쟁이 일어나 종교재판소에서 심문을 받은 뒤 포르투갈로 송환되었다. 1532년 이전에 브라질 최초로 국왕으로부터 카피타니아를 받은 인물은 페르낭 지 노로냐인데, 오늘날 그의 이름이 붙은 상주앙 섬이 그의 영지였다. 초기 도나타리우 명단에 대귀족의 이름이 보이지 않는 것은, 그 당시로는 인도나 포르투갈, 대서양 도서에서의 사업이 훨씬 더 매력적이었기 때문이다.

도나타리우들은 왕으로부터 토지를 수여받긴 했지만, 그것은 단지 점유하는 권한을 얻은 것일 뿐 카피타니아를 매각하거나 분할할 수 있는 소유권은 없었다. 카피타니아를 변경하거나 취소할 수 있는 권한은 오직 국왕에게만 있었다. 그래도 토지의 점유는 도나타리우에게 경제 분야 및 세금 징수에서, 그리고 행정적인 면에서 광범위한 권한을 제공해 주었다. 제당소나 물방앗간을 설치할 때, 또는 소금저장소를 이용할 때는 세금을 지불해야 했다. 브라질우드, 귀금속 그리고 해산물 등을 채취할 때는 국왕에게 세금이나 공물을 바쳐야 했는데, 그 중 1%는 도나타리우에게 돌아갔다. 행정적인 부분에서 도나타리우는 사법권을 독점하였다. 또한 그들은 마을을 설립하거나 작은 구획의 토지를 불하할 수 있었고, 군사적인 목적에서 이주자들을 징병하고 자신의 휘하에서 의용군을 조직할 수도 있었다.

　개인에게 작은 구획의 토지를 불하하는 권한은 매우 중요했다. 그로 인해 광대한 대소유지인 라티푼디움이 형성되었기 때문이다. 브라질에서는 이렇게 불하된 토지를 '세즈마리아'[9]라 불렀는데, 일반적으로 한 개인에게 양도된 미개간지를 의미했다. '세즈메이루'sesmeiro라 불리는 토지 수령자들은 5년 내에 토지를 개간하고 왕실에 세금을 내야 할 의무를 지녔지만 의무를 이행하는 사람은 거의 없었다. 이러한 세습적 카피타니아제를 창설할 때, 국왕은 자신의 권한만큼은 전혀 제한하지 않았다. 원료나 향신료의 독점권은 국왕이 계속 보유했고, 토지 사용에 따른 세금의 일부도 취할 수 있었다. 또한 국왕은 귀족들의 사형이나 체형에 관한 법 집행권을 가지고 있었으며, 왕실의 수입을 확실하게 징수하기 위해 여러

---

9) 세즈마리아(sesmaria)는 원래 중세 포르투갈에서 촌락공동체가 주민들에게 강제 경작케 한 토지를 말하는 것으로, 14세기 흑사병의 유행 이후에 황폐해진 농촌을 부흥시키기 위해 농지가 없는 농민에게 일정 기간 동안 이 땅을 경작할 수 있게 해주는 세즈마리아법이 제정되기도 했다.

관리들을 임명할 수 있었다.

왕실은 카피타니아제를 수립하는 과정에서 유럽 중세사회에 기원을 둔 다양한 방식을 참조했다. 도나타리우가 제당소 설치를 허가할 때 세금을 거두는 권한이 그 일례라 할 수 있다. 이는 농부가 봉건영주에게 지불하던 '사용세'banalidades[10]와 유사하다. 그러나 본질적으로, 그리고 그 기원에 있어서 카피타니아제는 브라질을 식민화하여 유럽의 상업경제 안으로 통합시키려는 과도기적·실험적 시도였다.

상비센치 섬과 페르남부쿠 주를 제외하면, 카피타니아제는 대체로 자금과 경험의 부족, 내부 불화, 원주민의 공격 등이 원인이 되어 실패로 끝난다. 가장 성공한 카피타니아들에는 원만한 원주민과의 관계와 사탕수수 경제가 결합되어 있었다는 점은 우연의 일치가 아니다. 세월이 흐르면서 왕실은 카피타니아를 다시 사들이게 되었다. 카피타니아는 행정 단위로 계속 존속은 했지만 국가에 귀속되어 특성이 변하였다. 1752년에서 1754년 사이에 폼발 후작[11]이 카피타니아를 사적인 영지에서 공적 영지로 전환시키는 과정을 사실상 마무리했다.

* * *

동 주앙 3세가 브라질을 총체적으로 관장하는 정부, 즉 총독부의 창설을 결정했을 때, 포르투갈은 대외적으로 중대한 문제와 씨름하고 있었다. 먼

---

10) 중세 유럽에서 신분적 자유가 없는 농민이 봉건영주에게 농기구나 생활기구 등을 빌릴 때 지불한 세금이다.
11) 1750~1777년까지 포르투갈 총리를 역임하며, 계몽전제주의 개혁을 주도하였다.

저, 인도의 사업이 심각한 위기에 직면했다. 그리고 모로코에서는 수차례 군사적 패배를 겪었다. 하지만 이 일로 아프리카 제국을 건설한다는 꿈이 완전히 사라지지는 않는다. 토메 지 소자가 초대 총독으로 브라질에 파견된 1549년, 플랑드르에 있던 포르투갈 무역 상사는 수익을 내지 못해 폐쇄되었다. 끝으로 브라질의 상황과는 달리, 스페인은 아메리카 식민지에서 금, 은 등의 광산 개발에 성공을 거두었다. 그리고 1545년에는 포토시에서 대규모 은광을 발견하였다. 이 모든 요소들이 총독부 창설에 영향을 주었을 것이다. 하지만 카피타니아제의 실패로 포르투갈인들 스스로 아메리카의 불확실한 통치 문제를 더욱 분명하게 인식하게 되었음도 간과해서는 안 된다.

토메 지 소자는 아프리카와 인도에서 경험을 쌓은 귀족으로, 천여 명의 사람들을 인솔하여 바이아 주에 도착했다. 그 중 400명은 국외 추방령을 받은 자들이었다. 총독은 칙령이 길게 기록된 목록을 지참하였는데, 여기에는 새로운 영토를 확실히 점령하여 그곳을 식민지화하고 왕실의 수입을 관리하겠다는 국왕의 의지가 표현되어 있었다. 이러한 목적을 달성하기 위해 몇 개의 관직이 신설되었다. 그 중 가장 중요한 것으로는 사법을 담당하는 청문관(오비도르ouvidor), 해안 방어를 담당하는 해안경비대장(카피탕 모르capitão-mor), 세금 징수를 감독하고 증대시키기 위한 재무관(프로베도르 모르provedor-mor) 등이 있었다.

그러나 16세기 내내, 브라질은 왕실 자산을 증가시키는 데에는 크게 기여하지 못했다. 역사가 비토리누 마갈량이스 고지뉴에 따르면, 1558년 브라질로부터 들어온 세수는 왕실수입의 약 2.5%에 불과했다. 그에 비해, 인도 무역은 26%를 차지하였다.

총독과 함께 예수회 수사들(마누엘 다 노브레가 외 5명)이 처음으로 파견됐다. 그들의 임무는 원주민의 교화와 일부 평판이 좋지 않은 성직자들을 통제하는 것이었다. 그 후 1553년에는 리스본 대주교가 관할하는 상사우바도르 교구가 세워졌다. 이로써 국가와 교회 간에 긴밀한 관계가 성립되는 토대가 마련됐다. 총독제의 실시는 식민지 편제에서 행정의 중심축이 확립되었음을 나타낸다. 토메 지 소자는 칙령을 잘 따랐고, 1763년까지 브라질 수도 기능을 하게 될 사우바도르 건설 작업을 개시했다.

총독제 도입은 행정의 중앙집권화를 확고히 하려는 시도이긴 했지만 총독이 무소불위의 권력을 지닌 것은 아니었다. 따라서, 초기에는 주도권 행사도 제한적일 수밖에 없었다. 특히 카피타니아 상호 간의 연계가 매우 불안정하여 총독의 활동 영역이 한정적이었다. 예수회 수사들 사이에 오간 서신은 그들의 고립상황을 잘 보여 준다. 1552년 사우바도르의 프란시스쿠 페레스 신부는 코임브라의 수도사에게 보낸 편지에서 좁은 지역에 국한된 활동을 하소연하고 있다. "날씨 때문에, 그리고 연안을 항해하는 선박 수가 적어서 서로에 관해 아무것도 알지 못한 채 1년을 보내는 경우도 더러 있습니다. 우리는 다른 카피타니아에서 오는 배보다도 포르투갈에서 오는 배를 더 많이 봅니다"라고 그 까닭을 설명했다. 1년 후, 상비센치의 오지에 떨어져 있던 노브레가도 거의 같은 내용의 어려움을 토로하였다. "여기 카피타니아에서는 바이아의 소식보다 리스본의 소식을 더 쉽게 접할 수 있습니다."

*　*　*

새로운 영토의 소유를 공고히 하려는 의도에서 포르투갈은 30년간 다양한 노력을 기울였고, 그 결과 식민지의 기틀이 갖추어지기 시작했다. 라틴아메리카 전체가 그렇듯이, 브라질도 본질적으로 유럽 통상에 매우 중요한 식료와 광물을 공급하는 식민지가 되었다. 포르투갈이 채택한 정책은, 대토지 농장에서 한정된 종류의 작물을 대규모로 생산하여 수출로 이어지도록 장려하는 것이었다. 이 방침은 부유한 상인, 왕실, 왕실 소속의 신하들이 포르투갈 본국의 부를 축적하고자 하는 염원에 부응하는 것이었다. 하지만 유럽의 통상무역은 포르투갈이 아니라 스페인이나 네덜란드, 영국에 의해 주도되었기 때문에 크게 보면 이 정책은 유럽 경제를 윤택하게 만들었다고 할 수 있다.

대토지 농장을 선호한다는 것은 대규모 생산이 유리하다는 개념과 상통하는 것이다. 소규모 자영농은 자체 생활을 위한 생산에 치중하였기 때문에 매우 적은 잉여분만을 시장에 보냈는데, 이는 중상주의적 사업에는 맞지 않는 면이 있다.

통상무역의 중시, 그리고 대토지 소유제에 이어 식민지배의 세번째 요소로는 강제노동을 들 수 있다. 지역에 따라 차이가 있긴 하지만, 이 부분도 라틴아메리카 전체에서 나타나는 공통된 특징이다. 스페인령 아메리카에서는 다양한 형태의 노역이 성행한 반면, 브라질에서는 노예제도가 주를 이루었다.

특별히 '근대의 여명'이라는 화려한 수식어가 붙은 역사적 시기에, 사람들을 죽음으로 내몬 혐오스럽기 그지없는 노동형태가 어떻게 이루어졌을까? 그에 대한 하나의 대답으로는, 당시에는 계약직 노역자나 임금노동자 신분으로 이주하는 사람들이 존재하지 않았을 뿐만 아니라, 유급 노동은 식민화의 목적에도 적합하지 않았다는 점을 들 수 있다. 도나타리우들이 광대한 세즈마리아를 항상 효과적으로 점유한 것은 아니어서, 개척해야 할 토지는 엄청난 규모로 남아 있었다. 따라서 농장주들이 자신의 농장에 계약노동자를 고용한다는 것은 쉬운 문제가 아니었다. 만약 이들이 생활을 위해 다른 일을 찾아 떠난다면, 중상주의적인 사업에 노동력 공급의 문제가 발생될 수 있기 때문이다.

이상과 같은 방식으로 노예노동의 도입을 설명할 수 있다. 그런데 포르투갈인들은 왜 원주민이 아니라 흑인노예를 선택하였을까? 지역마다 시기적인 차이는 있지만, 원주민노예에서 흑인노예로 이행된 시기가 있었음을 잊어서는 안 된다. 단, 식민지에서 가장 역동적이고 수익이 높은 중심 지역일수록 이행기간이 짧았다. 즉, 사탕수수 경제지역은 원주민노예보다 훨씬 비싼 흑인노예를 구입할 수 있는 자금력이 있었던 것이다. 반면 주변부에서는 이행기간이 더 길었다. 상파울루의 경우 18세기 초 금광이 발견되고 나서야 본격적으로 대규모의 흑인노예를 사용하기 시작했다.

아프리카 노예를 선택한 데에는 몇 가지 요인이 있다. 식민지화라는 목적을 고려할 때, 원주민 노예제는 여러 문제점을 낳을 수 있었다. 원주민 문화는 집중적이고 규칙적인 노동과는 상충되는 면이 있었다. 유럽인들이 생각하는 강제노동과는 더더욱 맞지 않았다. 그렇다고 원주민들이 방랑적이라는 의미는 아니며, 나태하다는 뜻은 더더욱 아니다. 그들은 단지 생존하는 데 필요한 정도의 일만 했다. 어류나 열매, 동물이 풍부했던 당시에 생존하는 것 자체는 그렇게 힘든 일이 아니었다. 그들의 에너지와 상상력의 대부분은 의례나 축제, 전쟁에 소비되었다. 이러한 활동들은 일정하게 계속되는 노동, 또는 오늘날 생산성이라 일컬어지는 것과는 전혀 어울리지 않았다.

한편, 포르투갈의 원주민 지배는 기본적으로 두 가지 방식을 통해 이루어졌다. 첫번째 지배 방식은 식민 개척자들이 경제적 사업에서 무자비하게 실행한 원주민의 노예화이다. 또 하나는 수도회를 통한 방식——특히 예수회가 실시한——으로, 그 동기는 선교사업이라는 개념에 근거한다. 그들은 원주민들을 작은 마을에 모아 '좋은 기독교도'로 만들려고 노력하였다. '좋은 기독교도'가 된다는 것은 또한 유럽의 노동습관을 습득한다는 의미이기도 했다. 이것은 식민지 브라질의 필요에 유연하게 대처하는 원주민 노동력을 양산한다는 뜻이었다.

그러나 이 두 가지 방식이 서로 조화를 이루지는 못했다. 수도회는 원주민을 식민 개척자의 노예화로부터 보호하려 하였다. 그로 인해 식민 개척자와 선교사 사이에는 심각한 갈등이 발생하곤 했다. 그렇다고 성직자들이 원주민 문화를 존중했다는 것은 아니다. 실제로 그들은 원주민의 지위가 인간에 해당되는지에 대해 의구심을 가졌다. 마누에우 다 노브레가 신부는 "원주민은 서로 죽이고 잡아먹는 점에서는 개와 닮았고, 서로를 다루는 방식이나 악습에 있어서는 돼지와 같다"고 언급했다.

원주민들은 전쟁, 도주 또는 강제노동의 거부 등을 통해 다양한 형태의 지배에 저항했다. 원주민들은 아프리카 노예들에 비해 상대적으로 저항하기 좋은 입장에 있었다. 아프리카인들은 강제로 이주된 낯선 땅과 마주해야 했지만, 원주민들은 자신들이 태어난 대지에 있었기 때문이다.

원주민 노예제가 불리하게 된 또 다른 이유는 파국적인 인구감소이다. 원주민들은 면역이 없던 홍역, 천연두, 감기 등의 질병에 곧바로 희생되었다. 1562년과 1563년, 두 차례에 걸쳐 매우 강력한 악성 전염병이 휩쓸고 지나갔다. 오지에서 발생한 사망자를 제외하고도 6만 명 이상의 원주민이 희생된 것으로 보인다. 원주민 사망자 중 일부는 식량 생산에 고용된 상태였기에, 원주민의 대규모 희생은 노동력 부족과 더불어 브라질 북동부에 심각한 기근까지 초래했다.

그러므로 1570년대 초 아프리카인의 수입이 장려되고, 국왕이 법률로 원주민의 대량학살과 노예화를 막은 것은 우연이 아니었다. 다만 법률은 예외조항을 두고 있었고, 쉽게 무시당하기도 했다. 원주민들은 '정당한 전쟁', 즉 방어적이라 여겨지는 전쟁을 통해 노예가 되었다. 예를 들면 식인풍습에 대한 처벌이나 '되사기'resgate 등이 이에 해당된다. '되사기'란 식인의례를 거쳐 다른 부족에게 잡아먹히게 될 포로들을 사들이는 것을 말한다. 1758년에 이르러서야 왕권은 원주민의 완전한 해방을 선언했다. 하지만 원주민 노예제도는 앞서 언급한 어려움 때문에, 그리고 대체할 수 있는 수단이 있기 때문에 실제로는 그보다 훨씬 이전에 포기되었다.

15세기에 포르투갈인은 아프리카 연안을 항해하며 일찌감치 노예무역을 시작했다. 그리고 노예의 경제적 가치를 매우 잘 아는 사회와 접촉하면서 노예무역이 촉진되었다. 16세기 후반기에는 아프리카 노예무역이 매우 발전하였고, 나아가 그것이 얼마나 수익성 높은 사업인가를 보여 주었다. 식민 개척자들은 흑인들의 능력을 확실하게 알고 있었다. 특히 대서양 도서의 설탕산업에서 그들의 노동력은 상당한 이익을 창출했다. 대다수 노예들은 철제도구를 사용하거나 가축사육이 이루어지던 문화권 출신이었으므로, 생산력에 있어서 원주민을 능가하였다. 사탕수수 경제의 황금기인 17세기 전반, 흑인노예 한 명의 구입 가격은 13개월에서 16개월 정도의 노동으로 만회할 수 있었다. 1700년 이후, 노예의 가격이 급등한 후에도 30개월 정도면 비용이 상쇄되었다.

이른바 '검은 대륙'으로부터 브라질로 이송된 아프리카인들의 흐름은 시기별로 큰 편차를 보인다. 또한 노예로 끌려온 인구의 추정 수치에서도 커다란 차이가 나타난다. 1550년에서 1855년 사이에 400만 명의 노예가 브라질 항구를 통해 들어온 것으로 판단된다. 그들의 대부분은 젊은 남성이었다.

노예의 출신 지역은 노예무역이 조직되는 방식이나 아프리카의 현지조건 등에 좌우되지만, 더 크게는 브라질 노예소유주의 선호도에 따라 결정되었다. 16세기에는 기니(비사우, 카세우)와 미나 해안, 보다 정확히 말하면 다호메이[현재의 베냉] 연안의 네 항구에서 대부분의 노예가 공급되었다. 17세기 초기에는 아프리카 연안을 따라 보다 남쪽에 위치한 지역, 예를 들면 앙골라나 콩고가 가장 중요한 공급지가 되었다. 항구로는 르완다, 벵겔라, 카빈다 등이 이용되었다. 18세기에는 앙골라로부터 가장 많은 노예 이송이 이루어져, 같은 세기 브라질에 유입된 전체 노예의 약 70%를 차지했으리라 추산된다.

통상적으로 역사가들은 아프리카 사람들을 크게 두 개의 인종적 범주로 나눈다. 하나는 '수단인'으로, 이들은 서아프리카, 이집트계 수단 그리고 기니 만 북부해안에서 주로 거주한다. 다른 하나는 적도와 열대 아프리카, 다시 말해 기니 만의 일부, 콩고, 앙골라 그리고 모잠비크의 '반투인'이다. 이러한 두 개의 커다란 그룹 내에서도, 브라질에 건너온 흑인노예들은 매우 다양한 민족들로 구성되었다. '수단인' 중에는 요루바, 에웨, 타파, 하우사 족이 있었고, '반투인' 중에는 앙골라, 벵갈라, 몬졸로, 모잠비크 족이 있었다.

브라질 내에서 노예를 가장 많이 수입한 곳은 사우바도르였고, 리우데자네이루가 그 뒤를 이었다. 이 두 곳은 각각 독자적인 사업방식을 지닌 데다 서로 경쟁관계에 있었다. 바이아의 노예무역업자는 아프리카 연안에서 사용되는 가치 높은 교환수단을 이용했다. 바로 사우바도르 주변의 헤콩카부에서 생산된 담배가 그것이다. 그들은 항상 미나 해안, 기니,

베냉 만과 긴밀한 관계를 가졌는데, 특히 베냉 만과는 미나의 노예무역
이 쇠퇴하기 시작한 1770년대 중반 이후 더욱 밀접해졌다. 리우데자네이
루는 주로 앙골라로부터 노예를 받아들였다. 금광이 한번 발견되자 노예
무역은 사우바도르를 능가하였다. 또한 사탕수수 경제가 남쪽으로 더욱
확대되자, 19세기 초 리우데자네이루는 도시로서 괄목할 만한 성장을 이
루었다.

그런데, 원주민은 노예제에 저항한 반면 흑인은 그것을 수동적으
로 받아들였다고 생각한다면 그것은 오산이다. 개인 또는 집단적 도주,
노예소유주에 대한 공격, 일상적인 저항들은 매우 이른 시점부터 주인
과 노예 관계의 한 부분을 차지했다. 탈주한 노예들의 공동체를 '킬롬부'
quilombo라 불렀는데, 식민지 시대에 수백 개의 킬롬부가 형성되었다. 그
들은 브라질에서 아프리카와 유사한 사회조직을 재현하려 하였다. 이러
한 공동체 중에서 가장 중요하게 여겨지는 사례는 팔마리스 공동체로서,
오늘날 브라질의 북동부, 알라고아스 주에 위치하였다. 여러 부락들의 네
트워크인 팔마리스는 17세기 초에 만들어져서, 거의 한 세기 동안 포르
투갈과 네덜란드의 공격에 잘 저항했으나 1695년 패하고 말았다.

팔마리스 킬롬부에 대해서는 알려진 것이 거의 없다. 일부 포르투갈
사료에 간략히 언급될 뿐인데, 이에 따르면 팔마리스의 마지막 시기에
줌비Zumbi라는 이름의 흑인 반란 지도자가 체포되어 교수형에 처해졌다.
시간이 흐르면서 줌비는 흑인노예들에게 저항의 상징이 되었다. 오늘날
그의 초상은 모든 흑인운동에 등장한다. 최근의 고고학적 연구는 킬롬부
가 있던 지역에 사회적으로 다양한 신분의 사람들이 모인 커뮤니티가 존
재했음을 보여 준다. 그곳에는 노예에서 탈출한 흑인만이 아니라 종교적
이유나 경미한 위법행위로 왕실의 수배를 받던 백인들도 포함된 듯하다.

다양한 형태의 저항이 19세기 말까지 지속되기는 했지만, 아프리카 노예나 아프리카계 브라질인들은 강제노역을 폐지시킬 만한 힘이 없었다. 좋든 싫든 강제노동에 적응해야 했다. 그들의 집단적 반란 가능성을 가로막은 요소들은 매우 다양하다. 그 중에서 꼭 기억해야 할 부분은 원주민들과는 달리 흑인노예들은 자신이 살던 땅에서 끌려와, 임의로 분산되어 낯선 땅에 보내졌다는 사실이다.

한편, 국가는 물론 교회에서도 흑인의 노예화를 반대하지 않았다. 베네딕트회와 같은 종교단체조차 대규모 노예소유주가 되었다. 노예제에 대해 그들이 견지한 주장은 이렇다. 노예제도는 이미 아프리카에 존재하고 있었기 때문에 그들이 한 일은 단지 노예를 기독교 세계로 옮긴 것뿐이다, 따라서 교회에서 참된 종교를 알게 된다면 그들은 오히려 문명화되고 구제될 수 있다는 것이다. 게다가 흑인은 인종적으로 열등하다고 여겨졌다. 19세기를 지나면서 '과학적' 이론들이 이러한 편견을 강화시켰다. 이 이론들은 흑인의 두개골 크기와 모양, 뇌의 무게, 그리고 그 밖의 여러 요인들을 통해 흑인은 지능이 낮고 감정적으로 불안정하며 생리학적으로 지배당할 운명에 처한 인종이라는 점을 '증명'하였다.

법률적인 측면에서 흑인이 당한 불이익도 간과해서는 안 되겠다. 이 부분에서 원주민과 흑인의 차이는 너무도 분명하다. 비록 제대로 시행되지 않거나 예외적인 면도 많았지만, 그래도 원주민들에게는 노예화를 막아 줄 법률이 있었다. 반면 흑인노예들에게는 어떠한 권리도 주어지지 않았다. 법률적인 측면에서 그들은 사람보다는 물건으로 간주되었던 것이다.

잠시 인구에 대해 살펴보면, 통계 수치에 차이가 있긴 하지만, 미국의 노예 사망률에 비해 브라질 흑인노예 사망률이 더 높게 나타나는 것으로 조사되었다. 특히 아이들이나 새롭게 도착한 노예들은 위험에 더 쉽게 노출되었다. 19세기 초의 관측에 따르면, 브라질에서 노예인구는 매년 5~8%의 비율로 감소하였다. 최근의 자료는 1872년에 태어난 남성 노예의 기대 수명이 약 20세였음을 보여 준다. 당시 브라질 전체 인구의 기대수명은 27.4세인 데 비해, 1850년경 미국에서 태어난 남성 노예는 35.5세였다.

이러한 심각한 수치상의 문제에도 불구하고, 흑인노예는 원주민 사회를 파멸로 몰고 간 치명적 인구감소를 겪지는 않았다. 콩고, 앙골라 북부, 다호메이 출신의 흑인노예들은 천연두와 같은 전염병에 쉽게 감염되지 않았다. 여하튼 흑인노예가 이른 나이에 신체적 손상을 입는다 해도, 노예주는 항상 새로운 노예를 공급받을 수 있었다. 브라질의 노예제도는 이러한 공급방식에 전적으로 의존하였다. 매우 드문 예외는 별도로 하고, 브라질에서는 기존 노예를 통해 인구를 증가시키려는 정책은 시도되지 않았다. 따라서 여성 노예의 출산율은 낮을 수밖에 없었다. 더욱이, 노예의 열악한 생활 조건과 높은 사망률을 고려할 때, 어린아이를 12~14년 동안 키우는 것은 타산이 맞지 않는 위험한 일로 보였다.

*　　*　　*

포르투갈 왕실은 식민 사업에서 최대의 이익을 얻기 위해 수세기 동안 중상주의 경제정책을 전략적으로 구사하였다. 이는 당시 널리 보급된 사고로서, 식민지는 본국의 자급자족을 위해 공헌해야 한다는 것이 정책의 기조였다. 식민지는 종주국에 속한 특별보호지역으로 간주되었고, 이 식민종주국들은 국제무대에서 서로 경쟁을 벌이고 있었다. 그런 까닭에, 본국은 자신의 식민지를 다른 경쟁국의 침탈로부터 지켜내기 위해 규정이나 관행을 만들고, 독자적인 식민체제를 수립하였다. 그 기본 목표는 '배타적 독점'이었다. 다시 말해, 식민지는 자신의 본국을 제외한 그 누구와도 교역을 할 수 없었다.

포르투갈 왕실은 외국 선박이 자신의 식민지에서 상품을 반출하거나 반입하는 것을 가능한 한 막으려 하였다. 특히 식민지의 상품을 다른 유럽 국가들에게 판매하려는 경우, 또는 포르투갈에서 생산되지 않는 상품을 식민지로 들여오는 경우에는 더욱 철저하게 차단하였다. 간단히 말해, 식민 제국은 최소의 비용으로 식민지 생산물을 구입하여 최대한 높은 가격으로 본국에 내다 팔았다. 또한 본국에서 생산된 물품을 다른 공급자들과 경쟁을 벌이지 않고 식민지에 판매하여 이익의 극대화를 추구하였다. 식민지의 배타적 독점은 다양한 형태를 취한다. 토지의 임대, 국가에 의한 직접 개발, 본국의 특정 그룹에게 혜택을 주는 특권적 무역회사의 창설 등이 그렇다.

포르투갈의 경우 중상주의 이론이 항상 지속적으로 적용된 것은 아니었다. 포르투갈 왕실은 중상주의 원칙에 예외를 만들었는데, 그것은 왕실이 강제적으로 실행할 만한 힘이 없었기 때문이다. 이때 예외는 밀무역을 지칭하는 것은 아니다. 밀무역은 그저 규칙의 위반이라 할 수 있기 때문이다. 오히려 문제는 유럽 전체에서 포르투갈이 차지하는 위치였다. 포르투갈은 해외탐험의 선구자이긴 했으나, 식민지 무역을 독점할 수단이 없었다. 16세기 내내, 무역의 가장 큰 중심지들은 포르투갈이 아니라 네덜란드에 있었다. 네덜란드는 포르투갈의 중요한 교역 파트너로서 소금, 포르투갈 와인, 브라질 설탕을 실어 갔고, 치즈, 구리, 직물 등 공산품을 공급하였다.

그 후 17세기에, 포르투갈은 당시 유럽의 강국으로 떠오르던 영국과 불평등한 관계를 맺어야 했다. 그런 까닭에, 포르투갈의 식민지 '독점'은 상황에 따라 흔들렸다. 때로는 무역이 비교적 개방적이던 시기도 있었고, 때로는 특별한 이권을 용인하면서도 중앙집권화되고 통제된 체제에 의해 잘 조정되던 시기도 있었다. 특별한 이권이란 사실 타국이 포르투갈의 식민지 체제로부터 이익을 얻는다는 의미이다.

여기서 모든 상황을 세밀히 다루기는 어려우므로 전형적인 예를 몇 가지만 살펴보자. 1530년에서 1571년까지는 상대적으로 무역이 자유롭던 시기였다. 그러나 1571년, 동 세바스치앙 국왕은 포르투갈 선박에 한해서 식민지 브라질과 독점적으로 교역할 수 있다는 법령을 제정하였다. 이 방침은 사탕수수 경제가 비약적으로 확대되는 시기와 일치한다. 동군연합으로 알려진 1580년부터 1640년까지는 스페인 국왕이 포르투갈의 왕위를 겸하던 시기였다. 이 기간 중에는 다른 국가의 식민지 무역 참여가 점차 제한되었다. 특히 스페인과 전쟁 상태에 있던 네덜란드는 다른 어느 나라보다도 철저히 배제되었다. 그렇기는 하지만, 1590년 무렵 브라질과 독일 함부르크를 연결하는 정기 직항선이 있었다는 사료가 존재한다.

한편, 동군연합 시대는 동 주앙 4세가 포르투갈 국왕에 즉위한다고 천명하면서 막을 내렸다. 그리고 짧게나마 식민지 수입시장에 규제와 관리가 거의 없는 '자유무역' 시대가 뒤를 이었다. 그러나 1649년, 함대를 이용한 새로운 중앙집권적 통제 시스템이 수립되었다. 주로 신기독교도들[1497년 강제적으로 기독교로 개종한 유대인이나 그 후손들]에게서 획득한 자본으로 브라질 종합무역회사가 창설되었다. 이 회사는 무장 선박 36척으로 이루어진 함대를 유지하면서 연 2회 브라질을 왕복하는 상선단을 호위하는 임무를 맡고 있었다. 반면, 식민지로부터 포도주, 밀가루, 올리브유, 소금에 절인 대구를 독점적으로 수입하였기 때문에, 이 상품들의 가격 책정 권한을 갖고 있었다. 그리고 1694년 초 이 회사는 정부의 산하기관이 되었다.

그러나 이러한 기업이 존재해도, 특히 영국이나 네덜란드에게 특권을 내주지 않을 수 없었다. 간단히 말해, 왕실은 영국으로부터 정치적 보호를 받는 대신, 영국에 상업적 이익을 제공한 것이다. 1654년 크롬웰의 강요로 체결된 조약이 그 좋은 예이다. 이 조약으로 영국은 브라질 식민지와 직접 거래할 수 있는 권리를 획득했다. 그렇지만 종합무역회사가 독점하는 생산물을 구입하거나 판매할 수는 없었다. 그 후 이 함대 제도가 폐지된 것은 1765년의 일로, 폼발 후작이 무역을 부흥시키고 브라질에서 영국의 영향력을 제한하려 했던 바로 그해였다. 그러한 목적을 달성하기 위해 폼발은 새로운 무역회사(그랑-파라 마라냥, 페르남부쿠 파라이바)를 세웠다. 이 회사들은 브라질에서 추진된 중상주의 정책의 마지막 발현이었다.

* * *

브라질을 체계적으로 식민지화하는 데 가장 적합한 두 기관은 국가와 가톨릭교회였다. 가톨릭교가 국교로 인정받았기 때문에, 두 기관은 서로 긴밀하게 연계되어 있었다. 원칙적으로 이 두 기관 사이에는 역할의 분담이 이루어졌다. 국가의 기본적인 역할로는, 우선 식민지에 대한 포르투갈의 종주권을 확고히 하기 위해 통치기구를 창설하여 식민정책을 펼쳐 가는 일이 있었다. 또한 노동력의 공급과 같은 기본적 문제를 해결하면서,

본국과 식민지 사이의 관계를 설정하는 일 등도 있었다. 이러한 임무는 브라질에 있는 식민 개척자들이 강제적이든, 자발적이든 혹은 그 둘 모두에 의해서든 국가의 권위를 인정한다는 것이 전제로 되어야 했다.

바로 이 부분에서 교회의 역할이 필요했다. 교회는 일상생활에서 사람들의 행실을 교도하고, '영혼을 통제'하고 있었다. 따라서 복종, 좀더 구체적으로 말하면, 국가권력에 대한 복종이라는 사상을 확산하는 데 매우 유효한 수단이었다. 교회의 역할은 그것만이 아니었다. 교회는 탄생, 결혼, 죽음 등 사람들의 인생 전체에서 가장 중요한 순간에 개입하였다. 특정 공동체의 일원으로서 떳떳한 삶을 살고, '눈물의 골짜기'[현세]로부터 죄 없는 모습으로 떠날 수 있는지 여부는 교회가 독점하는 의식에 달려 있었다. 예를 들면 세례, 견신 성사, 혼인식을 비롯하여, 고해, 임종 때의 종부성사, '성스러운 들녘'이라는 중량감 있는 용어로 불리는 교회 묘지에 매장되는 일 등이 그것이다.

잘 알려진 바와 같이, 서양 문명의 역사에서 교회와 국가 간의 관계는 나라에 따라 차이를 보인다. 또한 한 나라에서도 시간의 경과와 함께 변화하기도 한다. 포르투갈의 경우, 교회는 '파드로아두 헤알'padroado real, 즉 국왕보호권이라는 메커니즘을 통해 국가에 종속되었다. 이 제도는 로마교회로부터 포르투갈 국왕에게 양도되었던 폭넓은 권한을 의미한다. 그 대신 국가는 교회의 권한을 보장해 주어, 새로 발견된 모든 영토에서 교회는 성직자의 활동을 장려하고 보호할 수 있었다. 국왕은 교회 신도에게 부과된 십일조, 즉 모든 활동 수입의 10분의 1에 해당하는 공납을 받을 권리를 지녔다. 교회는 교구를 창설하고 주교를 임명하는 권능을 지녔다.

적어도 이론상으로, 국왕이 행하는 대부분의 직무는 교회를 더욱 국가에 종속되도록 만들었다. 이를테면 성직자에게 보수를 지급하거나, 교회 건물을 건설하고 유지·관리해야 하는 국가의 책무 등이 그에 해당한다. 이러한 활동들을 감독하기 위해 포르투갈 정부는 일종의 종교 담당 관청인 '신앙과 교단에 관한 위원회'를 창설했다.

폼발 후작 시대(1750~1777년) 이전에는 예수회의 영향력이 왕실에까지 미쳤기 때문에 교회에 대한 왕권의 통제력은 어느 정도 제한되어 있었다. 브라질에서는 국가의 통제력에 제약을 가하는 요소들이 또 있었다. 우선, 광대한 영토에 산재해 있는 교구 성직자들의 활동을 관리한다는 것 자체가 매우 어려운 일이었다. 게다가 수도회들이 매우 큰 자치권을 누리고 있기도 했다. 이러한 수도회로는 프란체스코 수도회, 자비 수도회, 베네딕트 수도회, 카르멜 수도회 그리고 특히 예수회 등을 들 수 있다. 이들이 확대된 자치권을 누린 것은 다양한 상황이 빚어낸 결과였다. 각 교파는 자체의 율법에 따랐고, 원주민 문제와 같은 식민지 중대 현안에 대해서는 각자 명확한 정책을 지니고 있었다. 더욱이, 광대한 토지를 획득하여 일단 개간을 시작하면, 더 이상 생존을 위해 왕실에 의존할 필요가 없었다.

교구 사제들은 가능하다면 언제든지 국가나 교회 자체의 압력에서 벗어나려고 애를 썼다. 그들은 독자적으로 행동하길 원했다. 기록에 따르면, 1789년에 시작되어 브라질 독립 이후 19세기 중반까지 이어진 모든 반란 운동에 실질적으로 성직자들이 참여하였다. 하지만 그렇다고 모든 성직자들이 본질적으로 반역적이었다고 생각하면 오산이다. 반역자들이 두드러져 보인 것일 뿐, 그들의 움직임은 통상에서 벗어난 예외였던 것이다. 일상의 활동에서 교회는 원주민과 흑인을 개종시키는 자신의 사명을 조용하게, 때로는 화려하게 수행하였다. 또한 사람들을 설복하여 종교의 규율은 물론 국가의 규율에도 따를 수 있게 하였다.

*　*　*

식민 시대, 포르투갈은 절대주의 국가였다. 이론상, 모든 권력은 신으로부터 부여받은 권리로서 국왕에게 집중되어 있었다. 왕국——즉 영토, 신하와 백성 그리고 그들의 소유물——은 국왕에게 귀속되었기 때문에 왕의 기본재산이었다. 그러나 그러한 권력에도 불구하고, 국왕은 귀족, 상인, 성직자, 평민 등 다양한 사회적 계층의 이해관계를 고려해야 했다. '절대주의'라고 해도, 국왕이 단독으로 통치했다는 의미는 아니다. 포르투갈의 군주를 지칭하기 위해 '왕'보다 '왕실'이라는 단어를 선호하는 이유도 여기에 있다. 또한 왕이 임명한 관료들이 정부의 한 부분을 구성하였는데, 왕의 명령이 절대적이라고는 해도, 이들이 왕의 결정에 중대한 영향을 미칠 수 있는 여지가 있었다. 한편, 왕의 권력을 제한하기 위해 주로 재정적인 면에서 일련의 방책들이 강구되었고, 그로 인해 공적인 일과 사적인 일을 분별할 수 있게 되었다. 대출 강요나 사유재산 강탈 등의 국왕 권력을 제한하는 데 정당성을 부여하기 위해 '공익'이라는 새로운 개념이 등장했다.

　식민지 행정의 확립은 왕실의 권력을 분화시키고 약화시켰다. 물론 모든 중요한 결정은 본국에서 내려졌지만, 브라질의 행정관들에게도 그들만의 특권이 있었다. 때때로 예기치 못한 상황이 발생하면 임기응변으로 대처해야 했다. 그리고 그들은 종종 식민 개척자들로부터 받는 직접적인 압력과 저 멀리 리스본에서 내려지는 명령 사이에서 신중하게 균형을 유지했다.

4. 식민지 사회

식민지 사회구조 내에서 사람들을 차등 짓는 판단기준은, 적어도 1773년 까지는 '혈통의 순수성'이었다. 불순한 혈통을 가졌다고 여겨지는 사람들은 주로 신기독교도들과 해방된 흑인들이었는데, 원주민과 다양한 혼혈인들도 어느 정도 유사한 취급을 받았다. 이 인종적 구분 원칙에 따라 많은 사람들은 특정한 직업, 귀족 칭호, 권위 있는 단체에 진입하는 것 자체가 금지되었다. 1773년의 법령으로 신·구 기독교도 사이의 차별은 사라졌지만, 그 이후에 편견까지 바로 사라진 것은 아니다.

이러한 차등 기준은 기본적으로 인간에게 적용된 것이다. 하지만 더 깊은 차별의 골이 인간과 비인간 사이, 다시 말해 자유인과 노예 사이에 존재했다. 법률적 차원에서 노예는 인간이 아니라 물건이었다. 자유인인지 노예인지는 그 사람의 피부색이나 혈통과도 밀접하게 관련되었다. 노예는 주로 흑인이거나 원주민, 아니면 혼혈인이었다. 혼혈인들에게는 특별한 명명법이 있었다. 예를 들면, 물라토mulato[백인과 흑인 간의 혼혈인], 원주민과 백인의 혼혈인인 마멜루쿠mameluco, '거의 백인' 또는 '백인의 후손'이라는 의미를 지닌 쿠리보카curiboca 또는 카보클루caboclo, 원주민과 흑인의 혼혈인 카푸주cafuso 등이 있었다.

한편, 원주민 노예제와 흑인 노예제를 구별할 필요가 있다. 식민지화가 시작된 시기부터 원주민 노예제가 정식으로 폐지되는 시기까지 브라질에는 노예화된 원주민과 자유로운 또는 '관리되는' 원주민이 있었다. 이 후자의 원주민들은 포획되어 식민 개척자의 보호 아래 놓인 원주민을 말한다. 그들의 상황은 대체로 노예와 큰 차이가 없었다. 원주민의 운명이 대체로 비참하기는 했지만, 그래도 흑인들의 상황에 비하면 나은 편이었다. 원주민 마을에서 활동하는 수도회의 보호로 원주민에 대한 공공연한 착취는 제약을 받았다. 그리고 무엇보다 왕실 스스로 차별 없는 정책을 세우려고 노력했다.

예를 들면 1755년에 포고된 법령은 원주민과 백인 간의 결혼을 장려하는 데까지 이르렀고, 그러한 결합이 "전혀 이상하지 않다"는 점을 분명히 했다. 또한 그렇게 해서 태어난 자손들에게는 '직업과 명예'에 우선권이 주어졌으며, 그들을 카보클루나 다른 모멸적인 명칭으로 부르는 것도 법으로 금하였다. 몇 년 후, 브라질 부왕이 한 군대의 장교를 해임하는 일이 발생했다. 그는 원주민이었는데, "흑인 여자와 결혼하여 저급한 감정을 드러냈고, 이 결합으로 자신의 피를 더럽혀 스스로를 군 장교라는 직무에 어울리지 않게 만들었기 때문"이었다.

브라질 사회에서 아프리카인과 아프리카계 브라질인의 중요성은 식민지 시대 말기의 인구통계에서 확인할 수 있다. 가장 규모가 큰 네 개 지방(미나스제라이스, 페르남부쿠, 바이아, 리우데자네이루)에서 흑인과 물라토는 각각 인구의 약 75%, 68%, 79%, 64%를 차지했다. 오직 상파울루에서만 백인이 과반수를 이루었다(56%). 노예들은 주로 들판이나 사탕수수 농장 또는 광산 등지에서 일하였고, 노예주의 저택에서 하인으로 일하기도 하였다. 도시에서는 주로 사람들이 기피하는 작업, 이를테면 사람이나 상품의 운반, 악취 나는 쓰레기나 오물의 수거, 건설 노동 등을 맡았다. 그들은 또한 직공, 간이 야채 판매상, 노점상, 편지배달 심부름꾼으로 고용되기도 했다.

노예의 소유가 주인과 노예의 직접적인 관계만을 의미하는 것은 아니었다. 말하자면 다른 사람이 개입되기도 한다. 제3자에게 봉사하기 위해 대여되는 노예도 있고, 도시에서는 '돈벌이 노예'도 있었다. 후자의 경우, 노예주는 노예가 서비스 제공이나 상품 판매 등 자영 활동을 벌일 수 있도록 허용해 주고, 그 대신 매일 혹은 매주 노예가 벌어 오는 수입의 일정 비율을 수령하였다. 19세기 초반 리우데자네이루에서 '돈벌이 노예'의 존재는 흔한 일이었다. 이 노예들은 대규모 또는 소규모로 활용되었다. 노예주들은 적을 때는 한 명, 많을 때에는 30~40명의 돈벌이 노예를 소유하였다. 이들 노예의 대부분은 집 밖에서 일을 하지만, 일부는 주인의 동의하에 매춘이나 구걸을 일삼기도 했다. 또한 이발소에서 일을 하거나 날품팔이가 되는 경우도 있었다.

노예들 사이에서도 사회적 차별이 존재했으며, 대개 그것은 종사하는 업종으로 결정되었다. 노예주의 저택에서 일하는 것과 들판에서 일하는 것에는 차이가 있었고, 마찬가지로 대규모 농장에서 일하는 것과 도시의 돈 버는 노예로 일하는 것에도 차이가 있었다. 출신지나 브라질 체재 기간, 피부색 등도 또 다른 차별의 기준이 되었다. 아프리카에서 막 도착한 노예는 '보사우'[12]라 불렸는데, 언어나 현지의 관습을 몰랐기 때문이었다. 어느 정도 현지에 '적응'하여, 포르투갈어를 말하고 이해하는 노예들은 '라지누'[13]로 통하였다. 브라질에서 태어난 노예는 '크리올루' crioulo라 칭해졌다. 피부색으로 나누면, 한쪽 끝에는 '칠흑같이' 검은 흑인이 있고, 다른 끝에는 색이 엷은 물라토가 있었다. 일반적으로 물라토와 크리올루는 가정의 하인이나 직인, 그리고 관리직에 선호되었다. 반면, 색이 더 짙은 노예, 특히 아프리카인들에게는 가장 힘든 중노동이 기다리고 있었다.

---

12) 보사우(boçal)는 포르투갈어로 '무지한'이라는 의미를 지닌다.
13) 라지누(ladino)는 현지어를 말할 수 있는 사람이라는 의미이다.

노예집단 안에서의 차별 이외에도, 간과해선 안 될 부분이 있다. 그것은 식민지 브라질에 다수의 자유로운 또는 해방된 아프리카인과 아프리카계 브라질인이 존재했다는 점이다. 식민지 시대 말기의 자료에 따르면, 흑인과 물라토 인구의 약 42%가 자유인이었다. 다만, 그들의 자유에는 모호한 면이 있었다. 피부색이나 신체적인 특징이 흑인인 경우에는, 형식적으로는 자유인이지만 실제로는 자의적으로 노예상태로 되돌려지기도 했다. 또한 그들은 지방의회나 제3프란체스코회와 같은 권위 있는 신도회의 구성원이 될 수 없었다. 노예 신분에서 해방된 사람이라도, 만약 이전 주인에게 예의 없이 행동했을 경우, 그들의 자유는 무효가 될 수도 있었다.

브라질의 노예제도는 전국적으로 실시된 제도였다. 따라서 사회 전체에 스며들어 브라질 사람들의 행동이나 사고방식을 좌우하였다. 노예 소유주가 되고 싶다는 욕망, 또는 노예를 갖기 위한 노력은 지배계급에서 도시의 비천한 직인에 이르기까지 모든 계층에서 나타났다. 수백 명의 노예를 거느린 대농장이나 광산 소유주가 있는가 하면, 두세 명의 노예를 부리는 소농도 있고, 단지 한 명의 노예만을 소유한 도시의 가정도 있었다. 흑인에 대한 편견은 노예제 폐지 이후에도 지속되어, 오늘날까지 다양한 형태로 남아 있다. 적어도 유럽노동자들이 대규모로 브라질 중부와 남부에 들어오기 전까지, 육체노동은 단지 '흑인의 몫'이자 사회적인 멸시의 대상이었다.

이론적으로 식민지의 자유인은 신분계층의 위계질서 속에 포함되었다. 귀족, 성직자, 평민 등과 같은 구분은 전형적인 포르투갈 구체제ancien régime의 특징이었다. 이것이 브라질로 전이되는데, 실제적인 영향은 거의 없었다. 귀족 칭호를 두고 백인 엘리트들이 탐욕스럽게 다투었지만, 세습 귀족은 존재하지 않았다. 순수한 귀족은 매우 적었고, 대다수는 귀족 행세를 하는 평민들이었다.

그렇다고 브라질 식민지 사회가 주인과 노예만으로 구성된 것은 아니었다. 농촌에는 미개간지의 사람들, 소농민들, 노동자들이 거주하였다. 몇몇 도시에는 노점상, 소상인, 직인 등도 살고 있었다. 게다가 이러한 상황이 고정적이지 만은 않았다. 18세기 초 미나스제라이스, 고이아스, 마투그로수에서 금과 다이아몬드가 발견되었을 때, 또는 19세기 초 포르투갈 왕실이 리우데자네이루로 이전하였을 때, 그러한 상황들은 각자 나름대로의 방식으로 사회를 다양하게 만들고 도시-농촌 간의 관계를 변화시켰다. 사우바도르, 리우데자네이루와 같은 도시나 광산지대에서는 행정관료, 학자, 법률 관련 종사자들이 활동하였다.

*   *   *

각 직업이 지닌 권위에는 차이가 있었다. 일반적으로 가장 높은 명성을 얻을 수 있는 길은 식민사업과 관련된 활동에 있는 것이 아니라 엥제뉴 engenho[사탕수수 농장이 딸린 제당소]의 주인이 되는 것에 있었다. 이러한 경향은 특히 식민지 시대 초기에 더욱 두드러지게 나타났다. 안토니우 신부[14]가 18세기 초에 저술한 『약재와 광물을 통해 본 브라질의 문화와

---

14) 원래 이탈리아 태생으로 본명은 'Giovanni Antonio Andreoni'이나, 포르투갈어명인 'André João Antonil'로 더 많이 알려져 있다.

풍요』*Cultura e opulência do Brasil por suas drogas e minas*에 나오는 유명한 문장 그대로였다.

'시뇨르 지 엥제뉴'[엥제뉴 주인]는 많은 사람이 동경하는 칭호다. 왜냐하면 그 칭호에는 여러 사람들이 떠받들고 존경한다는 이미지가 따라다니기 때문이다. 그리고 …… 포르투갈 왕국에서 귀족 칭호가 높이 평가받는 것처럼, 브라질에서는 엥제뉴의 주인이 그러한 대접을 받고 있다.

상업은 가치가 떨어지는 직업으로 간주되었다. 그리고 이론적으로 상인들은 시의회에 들어갈 수도, 특별한 서훈을 받을 수도 없었다. 상인의 대부분이 신기독교도들인 것도 차별의 또 다른 요인이 되었다. 직인도 경시되었는데, 손을 사용하는 일은 천한 직업으로 여겨졌기 때문이다. 이들은 거의 대부분 시의회에 참여할 수 없었기 때문에, 자신들의 의견을 때때로 국왕이 임명한 행정재판관 주이세스 지 포라*juízes de fora*를 통해 전달하였다. 이 재판관들은 자신의 정규 업무 이외에, 대도시의 의회를 주관하는 의장직도 수행했다.

* * *

사회적 신분 피라미드의 정점에는 지방의 부유한 지주계급과 해외무역에 종사하는 상인이 있었다. 이것은 북동부 연안이나 추후 리우데자네이루에 형성되는 정착촌의 전형적인 구조였다. 이들은 식민지 사회에서 전략적으로 중요한 역할을 담당했다. 그런 까닭에, 특히 부유한 상인들은 원래 일상생활에서 받아야 할 차별을 피할 수 있었다. 뿐만 아니라 17세기 중반 무렵에는 역으로 사회적·정치적 신분상승도 가능해졌다. 시의회나 이름 있는 재속형제회에 가입하는 자들도 계속 증가하였고, 민병대에 들어가 높은 계급을 차지하기도 했다.

최상위 두 집단 사이에는 공유할 수 있는 접점이 있는가 하면, 갈등을 일으키는 쟁점도 있었다. 우선 그들은 서로 연합하여 노예집단이나 신분이 낮은 자유인들을 통솔하는 식민지의 지배층을 형성하였다. 상인들은 계속 증가하는 경제력 덕분에 식민지의 엘리트 대열에 들어갔다. 북동부에서는 결혼이나 토지 구입을 통해 많은 상인들이 사탕수수 농장의 소유주가 되었다. 그런 까닭에 상인과 대농장주 사이의 경계선이 매우 모호해졌다.

반면, 잠재적인 갈등의 소지도 존재했다. 부유한 상인들은 수출품이나 수입품의 가격을 조작할 수 있었다. 특히 왕실이 설립한 특허무역회사에서 일할 경우 더더욱 그러하였다. 그 외에도 이들은 지방 지주들에게 경작 비용이나 노예·농기구 구매 비용을 위해 자금을 융자해 주고 있었다. 하지만 이 자금 대출은 농장주의 토지를 담보로 한 것이다. 북동부 사탕수수 지대에서 채무 문제나 지불연기 신청을 둘러싼 분쟁은 일상적인 일이 되었다. 출신이 서로 다를 경우 갈등의 골은 더욱 깊어진다. 일례로 브라질 태생의 지방 지주와 포르투갈인 상인 사이의 문제는 출신지 문제가 얽힐 경우 한층 심각해진다.

이러한 분쟁의 극단적인 예가 브라질 북동부 페르남부쿠에서 일어난(1710~1711년), 소위 '마스카치스의 전쟁'이다. 올린다와 헤시피, 두 도시는 서로 경쟁 상대였는데, 그 이면에는 올린다의 오래된 사탕수수 농장주들과 헤시피의 '행상인'mascates[15]들 사이의 뿌리 깊은 갈등이 있었다. 그런데 사실 후자의 경우는 결코 '행상인'이라 볼 수 없는 부유한 상인들이었다. 그들 중 일부는 왕실에서 후원한 경매로 세금징수 권한을 차지하여 세력을 키워 갔다.

* * *

혈통의 순수성이라는 개념이 직접 적용되어 일어나는 사회적 차별은 종교와도 관련이 있다. 브라질에 거주하는 포르투갈 신민들은 당연히 가톨릭교도였다. 어떤 이들은 다른 사람들보다 더 훌륭한 가톨릭교도였다. 반대로 그렇지 못한 가톨릭교도들은 주로 신기독교도들이었다. 이들은 구기독교도들에게 멸시를 당했는데, 음지에 숨어서 유대교를 신앙하고 있을 것이라 의심을 받았다. 신기독교도는 식민지 시대가 시작될 때부터 상인, 수공업자, 제당소 소유주로서 중요한 역할을 수행하였다. 그들은 정부와 교회를 위해 일하기도 하였다. 그러한 의미 있는 역할을 맡았음에도 불구하고, 혹은 그렇기 때문에 더욱 그들은 차별을 받았고, 때로는 종교재판소에 끌려가 처형되기도 하였다. 다만 비교해서 말하면, 신기독교도에 대한 탄압은 스페인령 아메리카에서 일어난 것처럼 효과적으로 실행되지는 못했다. 종교재판소는 브라질에서는 상설 기구가 아니었으며, 사람들을 두려움에 떨게 만들던 감찰 방문도 1763~1769년 시기에 그랑파라에서 실시된 것을 제외하면 모두 스페인과의 동군연합 시대에 이루어졌을 뿐이었다. 종교재판소는 1591년부터 1595년까지 바이아와

---

15) 마스카치스(mascates)는 '행상인', '보부상'이라는 뜻으로, 올란다의 대농장주들(브라질인)이 헤시페의 무역상들을 얕잡아 부를 때 썼던 호칭이다. 두 도시 사이의 전쟁은 겉으로는 경계선 설정 문제가 도화선이 되었다.

페르남부쿠에 존재하였고, 1618년 바이아에 다시 설치되었다.

*　　*　　*

마지막으로 가족의 분석에서 나타나는 남녀의 차이도 간과해선 안 될 것이다. 특히 질베르투 프레이리Gilberto Freyre의 연구가 잘 보여 주듯, 식민지 기간 중 가족이라는 개념은 전통적인 가부장제 모델과 긴밀히 연결되어 있었다. 북동부에서는 가족이 규모가 컸으며, 혈족과 인척, 식객과 대자代子들로 구성되었다. 이러한 가족은 논란의 여지없이 남성 가장이 이끌어 갔다. 가부장제 가족은 매우 중요한데, 사회와 국가 사이의 관계를 예시하기 때문이었다. 그것은 지배계층, 더 정확히 말하면 북동부 지배계층의 전형이었다. 하층민 사이에서는 대규모 가족이 존재하지 않았고, 여성들은 독립적인 경향이 더 강했다. 특히 남편이나 반려 남성이 없는 여성들은 더욱 그러하였다. 예를 들면, 1804년 오루프레투에서 남성이 가장인 경우는 203세대 중 겨우 93세대에 불과했다.

　여성이 순종적이라는 일반적 관습에 대한 예외는 지배층 가족에서도 나타난다. 어떤 특정한 상황에서는 여성들이 경제활동의 중요한 역할을 담당했다. 상파울루 지역에서는 한 카피타니아 지방장관이 "아름답고 용감하다"고 평한 것처럼, 남성들이 수년간 오지 원정에 나가 있을 때 여성들이 가족과 재산을 관리했다.

　식민지 인구의 대다수는 농촌에 살았다. 도시는 느리게 성장하였고, 농촌 주민에게 의존하였다. 16세기 비센치 두 사우바도르 수도사가 묘사한 바에 따르면 식민지 수도인 사우바도르조차도,

텅 빈 집들로 가득한 기묘한 도시이다. 왜냐하면 집주인들은 대부분의 시간을 시골 저택에서 보내고, 단지 축제철에만 도시에 온다. 도시 주민은 주로 생업에 종사하는 장인, 상인 그리고 법률, 재정, 군에 종사하는 관리 등 의무적으로 거기에 살아야 하는 사람들로 구성되었다.

17세기에 한 예수회 신부는 당시 작은 도시에 불과했던 상파울루의 가난을 언급하면서, 그것은 주민들이 끊임없이 도시를 비웠기 때문이라고 지적하였다. 서너 개의 중요한 축제일을 제외하면 상파울루 주민들은 대개 지방 저택에서 생활하였고, 원주민을 찾아 숲 속을 거닐거나 초원 위를 뛰어다니기도 했다.

이러한 상황은 부유한 상인들의 영향력이 점점 커지고 행정기관이 증가하면서 점차 바뀌었고, 그와 비례하여 도시의 영향력도 함께 커졌다. 특히 포르투갈 왕실의 리우데자네이루 이전이나 네덜란드의 침략과 같은 사건들도 도시의 성장에 중요한 요인이 되었다.

*　　*　　*

브라질의 역사서술에는 국가와 사회의 관계성과 관련하여 기본적으로 정반대의 두 가지 해석이 존재한다. 하나는 국가가 지배적 위치에 있었다고 판단하는 해석 방식이다. 아마도 그 국가의 우세함은 포르투갈에서 기원을 찾을 수 있을 것이다. 14세기 이래, 포르투갈은 상당히 빠른 권력의 중앙집중화를 이루었다. 식민지에서는 국가 관료제도가 권력의 집중화를 추진하거나 권력과 탄압의 메커니즘을 강화했다고 볼 수 있다. 국가의 권한은 지방의 강력한 토호세력인 카우질류caudilho나 노예사냥과 광산시굴을 일삼던 반데이란치bandeirante에 의해 멀리 오지까지 미쳤다. 이들은 결국 국가를 대신해서 국가의 이름으로 행동했던 것이다.

또 다른 관점은 좀더 오래된 것으로서, 식민지 사회의 한 특정 세력이 무기력하고 결정력이 없는 국가 위에 군림하였다는 주장이다. 지배세력의 중심에는 대지주들이 있었다. 통치를 하고, 법을 만들고, 법을 집행하며, 오지의 원주민과 전쟁을 벌이는 것은 바로 그들이었다. 그들은 마치 봉건 영주의 성이나 영지처럼, 자신의 대농장 주변에 거주하는 사람들을 보호했다.

두 가지 주된 이유로 인해 어느 쪽의 해석 방식에도 동조하기 힘들다. 양쪽의 해석 모두 국가-사회 관계가 형성되는 특정의 역사적 시간과 지리적 위치를 감안하지 않고 있다. 그보다 더 중요한 것은, 국가와 사회를 양극단에 놓고 분리해서 보는 방식은 양자가 서로 뒤얽힌 상호작용의 가능성을 배제할 수 있다는 점이다. 한편, 몇몇 특정 지역에서는 국가가 부재했고, 그 대신 사적 집단이 그 역할을 떠맡았던 것도 사실이다. 이러한 경향은 특히 북동부의 목축지역에서 뚜렷했다. 그러나 그러한 상황이 식민지 전체에서 일어난 것은 아니다.

다른 한편, 포르투갈 국가는 식민지 브라질에 성공적으로 전이된, 압도적인 관료기구였다고 볼 수도 없다. 식민지 정부는 영토의 광대함, 본국으로부터의 거리, 포르투갈 행정제도를 브라질로 옮기는 과정에서 직면한 전례 없는 문제 등으로 심각한 곤경에 처했다. 시간이 경과하면서, 보다 정확히는 몇 세기를 지나면서 국가는 스스로의 영향력을 넓혀갔다. 식민지 수출경제의 주요 핵심지역에서 국가의 존재감은 더욱 컸다. 그러나 17세기 중반까지 관료들이 효과적으로 권한을 행사한 곳은 식민지 정부(총독부) 내부와 그 주변의 카피타니아 정도였다. 다른 지역에서는 수도회, 특히 예수회가 국가 내의 국가로서 그 역할을 대신했고, 다양한 영역에서 대농장주나 반데이란치가 자신의 목소리를 내고 있었다.

18세기 초에 금과 다이아몬드가 발견되자 국가는 자신의 지배력을 강화하였다. 국가의 목표는, 급속히 성장하는 사회를 체계화하여 새로운 부에 부과되는 세금을 안전하게 확보하는 것이었다. 하지만, 이 경우에도 국가가 사회를 압박하고 그 권위에 도전하는 사람들을 굴복시킬 수 있었던 곳은 미나스제라이스의 다이아몬드 생산지대뿐이었다.

그렇다고, 식민지 브라질에서 시대와 지역의 차이를 고려한다면 사회와 국가의 관계에 대해 일반적인 유형을 만드는 일이 불가능한 것은 아니다. 우선, 가장 높은 수준의 국가 활동을 다룰 때, 국가 활동과 사회의 지배적 이익은 대부분 서로 구별이 가능하다. 왕실과 브라질의 왕실 대행자는 식민지 생활 전반에 걸쳐 체계를 잡아 가는 역할을 담당했지만, 이 역할이 항상 식민지 사회의 지배적 이익에 부합했던 것은 아니었다. 예를 들면, 원주민의 노예화를 제한하기 위해 조치를 취했을 때, 또는 식량을 확실하게 공급하기 위해 농장주들에게 곡물 재배를 의무화했을 때, 원주민 포획자와 지방의 대지주들은 반란을 일으켰다.

그러나 국가와 사회는 서로 떨어져 있는 두 개의 이질적인 세계가 아니다. 오히려 그와는 정반대로, 국가에서 사회로, 사회에서 국가로 상호작용이 존재했으며, 그것은 결국 공적·사적 공간의 경계를 흐리게 만들었다. 따라서 사적인 이해가 국가에 영향력을 행사한 측면도 있었고, 국가의 활동 영역이 분명하게 확정되지 않은 측면도 있었다. 원래 신민들에게는 개인으로서의 권리가 없었다. 포르투갈의 국가 유산國産제도에서는 모든 것이 결국에는 국왕에게 귀속되기 때문이다. 하지만 식민지 사회에서는 이러한 특징이 필요에 맞게 새로 조정되었고, 가족의 연대가 계급의 이익보다 더 중요시되기도 했다.

가족, 혹은 지배계층 사이에서의 가족 동맹은 단지 혈연관계를 통해서만 이루어진 것은 아니다. 대부代父와 대자代子, 후원 관계 및 교우 관계를 통해 형성된 네트워크의 형태를 띠기도 한다. 왕실의 입장에서 말하면, 국가는 왕의 유산이며, 각료들은 왕에게 충성하는 신하들 중에서 선발해야 했다. 반대로, 사회의 지배적 세력들은 국가기구에 들어가려 한다거나, 가족 네트워크에 이익이 되도록 각료들의 환심을 사려 하였다.

결국 이러한 다양한 과정을 거치면서 나타난 결과는 일반적인 법을 존중하고 공정한 원칙에 따라 운영되는 정부가 아니라, 충성심에 따라 운영되는 정부였다. "친구에게는 모든 것을, 적에게는 법을"이라는 유명한 문구가 이러한 개념과 관습을 잘 설명한다.

5. 경제활동

포르투갈의 가장 큰 식민지, 브라질의 경제생활은 지역적인 다양성이 그 특징이다.

북동부의 해안지대가 새 영토를 식민지화하고 도시를 건설하는 데 첫 중심지가 되었다. 오늘날 북동부의 어려운 상황은 운명이 아니라, 역사적 과정의 산물이다. 18세기 중반까지 북동부는 브라질에서 가장 중요한 경제적·사회적 활동의 중심지였다. 그 시절에 남부는 단지 주변부에 지나지 않았다. 도시는 적었고, 수출경제에 직접적인 관련도 없었다. 1763년까지 식민지 브라질의 수도였던 사우바도르는 오랜 기간 브라질에서 유일한 중요 도시였다. 이 도시에 대한 18세기 중반 이전의 정확한 인구자료는 없지만, 아마도 1585년에는 약 1만 4,000명, 1724년에는 2만

5,000명, 1750년에는 약 4만 명 정도(이 중 절반은 노예)가 거주했으리라 추정된다. 이 숫자들은 초라해 보이지만, 다른 도시들의 인구와 비교하면 상당한 의미가 있음을 알 수 있다. 예를 들면, 상파울루 시의 주민은 1600년에 2,000명이 채 되지 않았다.

북동부 지역에서 사회경제 활동의 핵은 설탕산업이었다. 그 용도와 생산지를 살펴보면 설탕의 길고 모순된 역사를 이해할 수 있다. 15세기에는 아직 구하기 힘든 향신료의 일종으로 여겨졌고, 약이나 진기한 조미료로 사용되었다. 16세기의 요리책을 보면 당시 유럽 귀족들의 음식에 설탕이 널리 애용되었음을 알 수 있다. 그 후 얼마 지나지 않아 설탕은 사치품에서 대량 소비재가 되었다.

브라질에서 설탕 생산이 확실하게 자리 잡은 것은 1530년대와 1540년대의 시기였다. 1532년 항해 때, 마르팅 아폰수는 설탕 제조 전문가를 동반했다. 이 포르투갈인 전문가 외에도 마데이라 섬에서 설탕산업의 경험을 쌓은 이탈리아인들과 플랑드르인들도 함께 데려갔다. 상비센치에서 페르남부쿠에 이르기까지 모든 카피타니아에 사탕수수를 심고, 제당소를 설립했다. 브라질에 왕실 직할 정부(총독부)를 세우고, 사우바도르에 수도를 건설한 주요목적 중 하나는 버려진 바이아 주 카피타니아에 설탕 생산을 장려하기 위함이었다. 초대 총독 토메 지 소자가 지니고 다닌 칙령서에는 사탕수수 재배와 제당을 촉구하는 일련의 지시사항이 포함되어 있었다. 사탕수수 재배자들에게는 정해진 기간 동안 세금 면제의 혜택도 주었다. 또한, 총독은 사우바도르에서 멀지 않은 피라자에 왕실을 위한 제당소를 세웠다.

상비센치 섬의 카피타니아에서는 마르팅 아폰수가 포르투갈인들을 비롯하여 여러 외국인들과 제휴를 맺었는데, 아마도 그들의 제당소가 브라질 남부에서 최대 규모였을 것이다. 그 제당소는 상 조르지 두스 에라스무스São Jorge dos Erasmos라는 명칭으로 알려졌다. 이 이름은 농장을 최초로 경영했던 자들로부터 그것을 매입한 독일인 에라스무스 셰츠에서 유래한 것이다. 리우데자네이루, 특히 캄푸스 지방의 사탕수수 재배도 주목할 만하다. 그러나 18세기까지 이곳의 주 생산품은 설탕이 아니라 흰 럼주인 카샤사Cachaça였다. 그리고 이것은 주로 앙골라 노예들을 거래할 때 교환수단으로 사용되었다.

식민지 브라질에서 설탕 생산의 가장 큰 중심지는 페르남부쿠와 바이아였다. 그 이유는 이들 지역이 기후적으로나 지리적으로 최적의 조건을 갖추었고, 정치적·경제적 요인 또한 뒷받침되었기 때문이다. 해안을 따라 형성된 이 두 카피타니아는 비옥한 토양과 적절한 강우량이 잘 조합된 곳이었다. 유럽의 주요 수입지들과 가까워 수출이 매우 용이하였으며, 특히 사우바도르와 헤시피는 중요한 항구도시로 발전하였다.

*   *   *

사탕수수 농장을 설립하는 것은 거대한 사업이었다. 일반적으로, 사탕수수 농장은 자체적으로 거대한 사탕수수 재배지를 포함하고 있었다. 또한 제당 공정에 필요한 장비들과 건물, 노예, 가축, 목초지, 운반에 필요한 짐마차, 거대한 저택 등을 갖추고 있었다. 그곳에서 사탕수수에서 설탕을 생산하기까지 복잡한 과정을 거친다. 초창기부터 설탕 생산에 필요한 관리능력과 기술은 극히 중요하였는데, 해를 거듭하면서 완성도를 높여 갔다. 제당 과정은 여러 단계를 거쳐야 한다. 먼저 사탕수수에서 액을 추출한 다음, 그것을 정화하고 불순물을 제거한다. 사탕수수 줄기의 착즙작업은 수력이나 축력畜力으로 움직이는 톱니바퀴식 장치에 의해 이루어졌다. 수력으로 움직이는 사탕수수 농장들은 규모가 크고 생산성이 뛰어나서, '왕의 사탕수수 농장'이라는 별칭으로 불리게 되었다.

식민지 시대, 설탕 정제공장은 브라질과 포르투갈 어디에도 건설되지 않았다. 브라질 설탕은 제당 과정에서 진흙을 사용하기 때문에 '바헤아두'[16]라고 불렸다. 그렇다고 품질이 떨어진 것은 아니었다. 브라질 설탕은 백설탕이었고, 유럽에서 높은 가격에 거래되었다. 또한 '마스카부' mascavo라 불리는 갈색 설탕도 만들어졌는데, 이것은 백설탕에 비해 저급한 것으로 여겨졌다. 진흙을 이용해서 백설탕을 제조하는 기술 덕분에 정제공장의 미비를 부분적으로 보완할 수 있었다.

사탕수수 농장의 설립은 또한 많은 비용이 소요되는 사업으로, 자금의 대출이 불가피하였다. 16세기에 대출금의 대부분은 플랑드르인, 이탈리아인 등 외국인이나 포르투갈인들로부터 제공되었다. 그 후 17세기가 되면 이들 자금원의 비중은 줄어드는 듯 보인다. 바이아는 최소한 두 군데의 주요 자금원을 확보하고 있었는데, 바로 종교·자선 기관과 상인계층이었다. 상인은 사탕수수 농장의 소유주와 특수한 관계를 맺고 있었다. 한편으로는 사탕수수 농장의 설립 자금을 대부하거나 농장 운영비를 가지급해 주었고, 다른 한편으로는 그들의 직업상 대농장에서 필요로 하는 중요한 물품을 공급해 주기도 하였다. 양자 사이의 대차금은 수확이 끝나고 정산되었다. 종종 상인은 농장주의 부채를 설탕으로 대신 받아 갔다. 하지만 이때 설탕 가격은 시장보다 낮게 책정되었다. 설탕 거래의 최종단계는 현지인이나 포르투갈 상인의 손이 닿지 않는 곳에서 이루어졌

---

16) 사탕수수 추출액을 정제할 때, '진흙'(barro)을 사용하여 불순물을 걸러냈다.

다. 설탕을 제일 많이 수입하는 곳은 암스테르담, 런던, 함부르크, 제노바였다. 자신의 아메리카 식민지에서 생산되는, 가장 수익성이 좋은 산물을 독점하기 위해 포르투갈은 무던히 애를 썼지만, 그 가격은 외국 수입자들의 막강한 영향력과 힘에 의해 결정되었다.

원주민 노예제에서 아프리카 노예제로 점진적인 전환이 일어난 곳도 바로 설탕산업이다. 실제로 1550~1570년대 북동부의 사탕수수 농장에는 아프리카 노예가 없었다. 노동력은 원주민 노예로 구성되었으며, 때로는 매우 작은 규모였지만 보잘것없는 임금을 받고 일하는 예수회 마을 출신 원주민들도 있었다. 오늘날까지 사료에서 전해 내려오는 바이아의 사탕수수 농장, 세르지피 두 콘지를 분석해 보면, 이 전환이 어떻게 이루어졌는지 파악할 수 있다. 1574년에 아프리카인은 노예노동력 전체의 7%에 지나지 않았다. 그러나 1591년에는 37%로 증가하고, 1638년경에는 모든 노동력이 아프리카인과 아프리카계 브라질인으로 구성된다.

노예는 매우 많은 작업들을 수행했다. 하지만 노예의 대부분은 농경지의 중노동에 집중되었다. 제분기, 화덕, 큰 가마솥 등을 담당하는 노예들의 노동조건은 더욱 열악했다. 제분기에 손이나 팔을 잃는 경우도 드물지 않게 일어났다. 화덕과 큰 가마솥의 고온 열은 견디기 힘들 정도여서, 종종 화상을 입기도 했다. 이 작업에 배치되는 노예들은 대부분 일찍부터 훈련을 받지만, 이 위험한 노동은 반란자들에 대한 형벌로 이용되기도 했다. 이러한 모든 사실에도 불구하고 항상 예외는 존재했다. 노예의 일부는 직업의 계급구조 속에서 상위로 진급하여, 제당전문가의 조수인 '반케이루'banqueiro가 되거나, 심지어 제당전문가 자체가 되기도 했다. 제당전문가는 숙련노동자로서 설탕 생산의 최종 단계, 무엇보다도 설탕 품질의 최종 결과를 책임지고 있었다.

식민지 사회생활에서는 사탕수수 농장 소유주들이 두드러지게 경제적·사회적·정치적 권력을 장악하고 있었다. 그들은 부와 권력을 기반으로 귀족이 됐지만, 유럽에서와 같은 세습귀족은 아니었다. 국왕은 기여한 공로나 지불한 자금에 따라 귀족 칭호를 하사했다. 하지만 이런 칭호는 귀족의 후손에게 물려줄 수 없었다. 사탕수수 농장 소유주들을 다룰 때, 이들의 사회적 안정성과 부를 과장하지 않도록 주의할 필요가 있다. 일부 적은 수의 가족들에게서 나타나는 사실을 농장 소유주 전체로 확대해선 안 된다. 설탕 생산은 위험이 큰 사업이었다. 가격변동에 매우 민감했고, 훌륭한 관리자들과 제대로 훈련받고 통제된 노예 집단이 필요했다. 사탕수수 농장의 수명은 그들의 소유주보다 더 길었다. 소유주들은 계속 바뀌었지만 사탕수수 농장은 같은 이름을 수백 년간 유지했기 때문이다.

초기의 대농장주들은 어떤 사람들이었을까. 일부는 귀족 가문이 배경이거나 포르투갈 정부에서 중요한 지위를 지닌 자들이었다. 또는 무역이나 설탕 생산에 관계된 부유한 이주민이거나 상인인 경우도 있었다. 그러나 본래부터 귀족 혈통인 농장주는 매우 드물었고, 그들 모두가 구기독교도인 것도 아니었다. 1587년에서 1592년까지의 기간에 바이아에서 처음으로 사탕수수 농장의 소유주가 된 사람들 중에는 신기독교도가 다수 포함되어 있었다. 소유주의 출신이 확인된 41개의 사탕수수 농장 가운데 12개는 신기독교도의 소유였다. 시간이 경과함에 따라, 같은 계층의 가족들 간에 많은 혼인이 이루어졌고, 사탕수수 농장의 소유주들도 동질성을 지닌 계층이 되었다. 가장 큰 명성을 얻은 대농장주들은 그 뿌리가 포르투갈 귀족에 닿아 있는 가계도를 만들려고 시도하였다.

노예주와 노예라는 양극 사이에는 직인(대장장이, 목수, 톱장이 등)으로서 전문업에 종사한 해방 노예, 백인노동자, 제당전문가 등이 있었다.

설탕 생산에 종사하는 자유민들 중 가장 큰 그룹을 형성한 것은 제당소를 세울 만한 자금력이 없는 사탕수수 자영농들이었다. 그들은 사탕수수 대농장 소유주들에게 종속돼 있었지만, 이 대농장들의 사탕수수 생산이 저조할 때는 그들과 협상할 수 있는 힘을 갖고 있었다. 아주 드물게 물라토나 해방 노예들도 사탕수수 재배농이 되었다. 이렇듯 인종 장벽이 존재했기 때문에, 사탕수수 재배자들의 경제력은 매우 다양했다. 두세 명의 노예로 작은 땅을 경작하는 영세농이 있는가 하면, 20~30명의 노예를 소유해 차후 사탕수수 농장의 주인이 될 가능성을 지닌 재배농도 있었다.

식민지 시대 설탕의 역사는 몇 가지 기본 단계로 구분할 수 있다. 각 단계는 전쟁, 외국의 침략, 경쟁 등을 계기로 시작된다. 1570년에서 1620년 사이에는 설탕 생산이 확대일로에 있었는데, 유럽의 수요가 증가하고 실제적인 경쟁상대가 없었기 때문이다. 그러나 이 시기가 끝날 무렵에는 상황이 매우 복잡해졌다. 유럽에서 30년 전쟁이 발발하였고(1618년), 그 다음에는 네덜란드가 브라질 북동부를 침략하였기 때문이다.

네덜란드의 침략은 전체적으로 매우 부정적인 결과를 낳았다. 그럼에도 불구하고 부분적으로는 명확한 인식을 필요로 하는 사항도 있다. 네덜란드의 사우바도르 점령(1624~1625년)은 바이아의 헤콩카부 지역 설탕 경제에는 비극적인 재앙과도 같았지만, 페르남부쿠에는 그렇지 않았다. 그 후, 페르남부쿠가 또 다른 네덜란드의 침략(1630~1637년)으로 피해를 입었을 때, 바이아는 국제시장에서 설탕의 공급부족과 그에 따른 가격상승으로 이익을 얻었다.

1630년에서 1640년 사이에는 경쟁이 시작되었다. 카리브 해의 앤틸리스제도에서 영국, 프랑스, 네덜란드가 대규모 사탕수수 재배를 개시한 것이다. 이러한 상황은 지속적으로 브라질 북동부의 설탕 경제에 부정적인 결과를 가져왔다. 설탕 가격의 결정권은 점차 포르투갈 상인이나 브라질 생산자의 손에서 멀어지게 되었다. 카리브 해의 설탕도 노예노동을 기반으로 생산되었기 때문에 노예 가격이 상승하였고, 이에 자극받은 네덜란드, 영국, 프랑스는 아프리카 연안의 노예무역에 경쟁적으로 참여하였다. 브라질의 설탕 경제는 '좋았던 옛 시절'로 다시는 돌아갈 수 없었다. 그러나 식민지 시대 전체를 볼 때 가장 큰 수입원은 역시 설탕 수출이었다. 금 수출이 절정에 달했을 때에도, 적어도 합법적 무역에서 브라질의 가장 중요한 산물은 설탕이었다. 1760년에 설탕은 브라질 수출 총액의 50%를 차지한 반면, 금은 46%에 머물렀다. 뿐만 아니라, 식민지 시대의 종반에는 설탕 생산이 다시 살아나 북동부 이외의 지역으로도 확산되었다. 폼발 후작이 시행한 정책들과 일련의 국제적 사건들이 그 확산에 유리하게 작용했다. 이러한 국제적 사건 중에서, 당시 카리브 해의 프랑스령 식민지 생도맹그——현재의 아이티——에서 발생한 노예의 대반란을 언급하지 않을 수 없다. 10년에 걸친 전쟁 기간 동안 설탕과 커피의 핵심 생산지였던 생도맹그는 국제무대에서 자취를 감추었다. 19세기 초에는 중요도 순에서 가장 앞선 세 지역인 바이아, 페르남부쿠, 리우데자네이루가 모두 설탕을 생산하였다. 뒤늦게 상파울루도 설탕 생산을 시작하였지만, 그 수출량은 아직 미미했다.

사회·경제적 관점에서 볼 때, 식민지 브라질의 북동부는 설탕 생산지만은 아니었다. 엄밀히 말하면 설탕은 제한된 범위 내에서이긴 하지만 다양한 경제 활동을 일으켰다. 사탕수수 한 가지만 특정하여 재배하려는 경향은 지속적인 식량 부족사태를 낳았고, 그 결과로서 만디오카와 같은 식용작물의 재배가 힘을 얻었다. 목축도 부분적으로는 설탕 경제의 수요와 결부되어 있었다.

* * *

설탕에 크게 미치지 못했지만, 담배는 브라질에서 두번째로 중요한 수출
품이었다. 담배의 주 재배지는 바이아의 헤콩카부였다. 유럽으로 수출되
는 고급품으로부터 아프리카 연안에서 중요한 교환수단으로 사용되었
던 조악한 유형에 이르기까지 다양한 담배가 생산되었다. 담배는 재배가
까다로운 작물이므로 소농장주 계급이 출현할 수 있었다. 이들은 주로
이전에 만디오카를 재배한 경력이 있거나 또는 자금력이 거의 없는 포르
투갈 이민자들이었다. 시간이 경과하면서 물라토들이 담배를 재배하는
것도 자연스러운 일이 되었다. 1684년에서 1725년 사이에 바이아의 담
배 재배농에 대해 표본조사를 실시한 결과, 조사대상자 450명 중 물라토
는 3%에 지나지 않았다. 그러나 18세기 말에 이루어진 비슷한 조사에서
물라토의 비율은 27%까지 증가했다.

* * *

가축의 사육은 처음에는 사탕수수 농장 주변에서 시작되었다. 하지만, 비
옥한 토지를 독점하려는 목축의 성향 때문에 목축업자들은 내부의 오지
로 내몰렸다. 1701년, 포르투갈 당국은 해안으로부터 80킬로미터 이내
의 지역에서는 가축 농장을 설립하지 못하도록 법으로 금하였다. 결국
목축은 세르탕sertão이라 불린 광대한 오지를 개척하는 계기가 되었다. 피
아우이, 마라냥, 파라이바, 히우그란지두노르치, 세아라를 넘어 오지로
들어간 목축업자들은, 상프란시스쿠 강 유역을 출발하여 토칸칭스 강과
아라과이아 강에까지 이르렀다. 거대한 사유 농장, 라티푼디움은 해안 지

역보다는 이러한 오지의 특징이 되었다. 대목장의 규모는 방목된 가축들이 어슬렁거리며 시계視界 밖으로 사라질 정도였다. 17세기 말, 바이아 주의 세르탕에서 개인들은 포르투갈보다 넓은 토지를 소유하였고, 어느 유력 목축업자의 토지는 모두 합해 100만 헥타르를 넘기도 했다.

6. 이베리아 연합과 브라질에 미친 그 영향

포르투갈 왕실에서 발생한 진로의 변화는 식민지 브라질에도 중대한 결과를 초래했다. 포르투갈 왕위에 공백이 생겨 위기에 직면하자,[17] 포르투갈 귀족과 부유한 부르주아 계층은 1580년 스페인의 펠리페 2세를 포르투갈 국왕으로 선언하였다. 이로써 아비스 왕조는 막을 내리게 되었다. 스페인 합스부르크 왕가가 포르투갈 왕위를 겸한 시대는 1640년까지 지속되었다. 스페인과 포르투갈 귀족 사이의 긴밀한 유대, 식민지 세계의 이해관계도 이러한 형국을 만드는 데 중요한 요인으로 작용했다. 두 왕실이 연합함에 따라, 포르투갈 상인들은 스페인령 아메리카 시장으로 진출할 수 있는 기회가 더욱 확대되길 기대했던 것이다. 그들은 또한 노예와 식료를 제공하고 은을 들여온다는 희망도 품게 되었다.

이베리아의 동군연합이 수립되자 토르데시야스 선은 일시적으로 의미를 상실하였다. 이에 따라 포르투갈 개척자들에게 영토가 열려 아마존 지역은 물론 오늘날 브라질 중앙부에 해당되는 지역(마투그로수와 고이아스)으로도 진출할 수 있었다.

---

17) 포르투갈 왕위의 공석은, 국왕 동 세바스치앙이 젊은 나이에 북아프리카 원정에서 전사하면서 발생하였다.

제도적인 관점에서 볼 때, 이 시대에 마련된 가장 중요한 조치의 하나는 펠리페 법령이다. 1603년에 공포된 이 법령은 기존 포르투갈 법제를 더욱 공고히 하고 확대한 것이었다. 펠리페 법령은 많은 개정을 겪으면서도 오랜 기간 그 효력을 유지하다가, 1917년 민법으로 대체되었다.

동군연합의 가장 중요한 결과는 국제관계의 차원에서 찾을 수 있다. 포르투갈은 네덜란드와 긴밀했던 우호관계에 종지부를 찍고, 공공연한 대결 국면으로 들어섰다. 이것은 스페인과 네덜란드 간의 오래된 반목에서 비롯된 자연스러운 변화인 셈이다. 아메리카 식민지에서는 양측이 설탕사업과 노예무역의 지배권을 장악하기 위해 치열하게 경쟁했다.

네덜란드의 브라질 침략 뒤에는 이러한 배경이 있었다. 이것은 식민지 시대 브라질이 겪은 최대의 정치적·군사적 분쟁이다. 1595년 네덜란드는 아프리카 해안을 약탈하기 시작하였고, 1604년에는 사우바도르를 습격하였다. 다행히 1609년 스페인과 네덜란드 사이에 '12년 휴전협정'이 체결되어 포르투갈은 일시적으로 안정을 되찾을 수 있었다. 그러나 휴전협정이 만료되고, 네덜란드가 서인도회사를 설립하자(1621년), 상황은 일변했다. 국가와 민간 금융자본으로 설립된 서인도회사는 포르투갈령 아메리카에서 설탕 생산지역을 점령하고 노예공급에 주력하였다.

1624년 네덜란드의 침략은 사우바도르 점령에서 시작되었다. 불과 하루 남짓한 짧은 시간에 이 도시를 점령하였지만, 그 경계 너머로는 사실상 손을 뻗을 수가 없었다. 이른바 '훌륭한 사람들'[18]로 지칭되는 인물

---

18) 이른바 '훌륭한 사람들'(homens bons)은 포르투갈이나 브라질의 대지주 계급으로 도시의 정책을 결정하는 시의회에 참여하였으며, 자신들의 영지 내에서 사법권을 행사하거나 사병을 거느리기도 하였다.

들은 도시 근교의 농장으로 몸을 피하였다. 거기에서 그들은 저항운동을 조직하였는데, 그들이 선출한 새로운 행정장관 마치아스 지 알부케르케와 주교 동 마르쿠스 테이셰이라가 이 운동을 지휘하였다. 그들은 게릴라 전술을 이용하여 효과적으로 맞섰고, 유럽에서 보낸 원군의 도움을 받아 침략자들을 저지할 수 있었다. 52척의 선박으로 구성된 함대와 1만 2,000여 명의 군사가 전력에 합세하였다. 치열한 전투 끝에 1625년 5월 네덜란드는 백기를 들었고, 바이아 점령은 1년으로 끝났다.

페르남부쿠에 대한 공격은 1630년 올린다의 정복으로 시작되었다. 이 사건을 기점으로 하여 전쟁은 세 단계로 나눌 수 있다. 먼저, 1630년부터 1637년까지는 침략에 맞서 저항 전쟁이 펼쳐진 시기인데, 마지막에는 네덜란드가 세아라에서 상프란시스쿠 강에 이르는 지역 전체를 장악한다. 이 단계에서는 포르투갈과 브라질 사람들에게 부정적으로 낙인찍힌 인물이 한 사람 부각된다. 바로 도밍구스 페르난지스 칼라바르Domingos Fernandes Calabar이다. 칼라바르는 알라고아스 주의 포르투카우보 태생으로, 전장의 지형을 완벽하게 꿰뚫고 있었다. 포르투갈-브라질군에서 탈주하여 네덜란드군으로 망명한 그는, 후에 체포되어 처형될 때까지 네덜란드군을 위해 유용한 조력자 역할을 하였다.

두번째 단계는 1637년에서 1644년까지로 상대적으로 평화로운 시기이다. 네덜란드의 마우리츠 반 나사우 공公이 페르남부쿠 카피타니아의 지방장관으로 부임한 시기이기도 하다. 그의 이름에는 일련의 중요한 정치적 결단과 업적이 따라다닌다. 그는 경제의 정체를 극복하고 현지 사회와의 유대를 강화하기 위해, 소유주가 바이아로 피신하여 방치되어 있던 사탕수수 농장들을 외상으로 매각하였다. 또한 식량 문제에 대처하고자 지방의 농장주들에게 "국가의 빵", 즉 만디오카를 재배하도록 조치했다. 농장주들은 자신이 소유하고 있는 노예의 숫자에 비례하여 작물을 재배하여야 했다.

이론의 여지는 있지만, 여러 정황으로 볼 때 나사우 공 자신은 칼뱅파 신도임에도 불구하고 가톨릭교도는 물론 유대인들에게까지 관용적이었던 것으로 보인다. 이른바 '비밀 유대인', 즉 숨어서 자신의 옛 종교를 신앙하는 신기독교도에게 공개적으로 유대교를 신앙하도록 허가했다. 1640년대에는 헤시피에 두 개의 시나고그[유대교 사원]가 존재했고, 많은 유대인들이 네덜란드에서 건너왔다. 네덜란드인들이 브라질에서 퇴각할 때, 항복 조항 중 하나는 그들과 함께했던 유대인들에게 이주를 허용한다는 내용이었다. 유대인들은 수리남, 자메이카, 뉴암스테르담(뉴욕) 등지로 떠나거나 네덜란드로 돌아갔다.

나사우는 예술가, 박물학자, 문인들이 페르남부쿠를 방문하는 것에 매우 호의적이었다. 그러한 예술가들 중에는 프란스 포스트Frans Post가 있었다. 그는 최초로 브라질의 풍경이나 생활 모습을 그린 화가이다. 나사우의 이름은 헤시피의 개량사업과도 관련을 맺고 있다. 네덜란드인들은 올린다 대신 이 도시를 카피타니아의 수도로 결정했다. 그리고 헤시피의 구 도심지 옆에 새롭게 마우리츠의 도시라는 의미의 마우리슈타트Maurístaad 또는 '시다지 마우리시아'Cidade Maurícia를 건설했다. 기하학적인 설계 위에 운하를 건설하여 열대지방에 또 다른 암스테르담을 세운다는 시도였다. 그러나 서인도회사와 의견 충돌이 있은 뒤 나사우는 1644년 유럽으로 돌아갔다.

'재정복' 시기로 알려진 세번째 단계는 1645~1654년의 기간이다. 이베리아 동군연합의 종결이 평화를 가져오지는 못했다. 포르투갈과 네덜란드의 관계는 스페인의 지배 이후 일변하여, 양국 사이에 1580년 이

전까지 존재했던 평화가 자동적으로 회복되지는 않았다. 네덜란드는 여전히 브라질의 일부를 점령한 채 철수할 의향을 내비치지 않았다.

네덜란드에 대한 저항의 중심지인 페르남부쿠에서는 안드레 비달지 네그레이루스와 주앙 페르난지스 비에이라가 두각을 나타냈다. 비에이라는 가장 부유한 지방의 지주 중 한 사람이었다. 이 두 사람은 흑인 엔히크 디아스와 원주민 펠리피 카마랑과도 힘을 합쳤다. 포르투갈-브라질군은 초기 전투에서 승리를 거두었으나, 전쟁은 교착상태에 빠진 채 수년을 끌었다. 저항군은 지방을 점령했지만, 네덜란드는 헤시피를 계속 장악했다. 그러나 전쟁의 교착상태는 과라라페스에서 충돌한 두 번의 전투(1648년, 1649년)로 깨지게 된다. 두 전투는 모두 저항군 측의 승리로 끝났다. 설상가상으로 여러 주변 상황들이 점령자 측에게 더욱 불리하게 작용했다. 서인도회사가 위기에 직면하자, 누구도 그곳에 투자하려 들지 않았다. 또한, 네덜란드에서는 포르투갈과 평화 관계를 회복하자는 그룹이 나타났다. 이들의 주장에 따르면, 포르투갈의 세투발[19]로부터 들여오는 소금은 네덜란드 어업에 필수적인 요소이기 때문에, 해외 식민지의 불확실한 이익보다 포르투갈과의 관계 회복이 네덜란드 경제에 훨씬 더 중요하다는 것이다. 끝으로, 1652년 네덜란드와 영국 사이에 전쟁이 발발하면서 브라질에서 펼치던 군사 활동은 자금 부족을 겪게 되었다. 이 듬해인 1653년 포르투갈 함대가 헤시피를 포위하였고, 1654년 네덜란드는 결국 백기를 들었다.

네덜란드의 브라질 지배사는 식민지 산업과 노예무역의 관계성을 분명하게 보여 주는 좋은 예이다. 브라질 북동부에서 설탕산업이 어느

---

19) 포르투갈 남서부, 사두 강 하구에 위치한 항구 도시이다.

정도 안정을 되찾자, 네덜란드는 지체 없이 아프리카 노예 공급지를 장악하여 노예 조달에 치중하였다. 사실, 서로 멀리 떨어져 있지만 밀접하게 연결되어 있는 두 개의 전선에서 전투가 벌어지고 있었다. 먼저, 네덜란드는 1637년 미나 해안의 여러 지점들을 점령했다. 그 후, 포르투갈의 왕실이 복고되면서 네덜란드와 포르투갈 사이에 휴전협정이 체결되었으나, 나사우가 앙골라의 루안다와 벵겔라를 점령함으로써 협정은 파기되었다(1641년). 그 후 사우바도르 코레이아 지 사가 지휘한 포르투갈-브라질군이 앙골라를 탈환하였다(1648년). 앞서 언급한 주앙 페르난지스 비에이라와 안드레 비달 지 네그레이루스와 같은 인물들이 아프리카 식민지에서 포르투갈의 행정을 이끈 것은 우연이 아니다.[20]

북동부의 전쟁을 지원하기 위해 포르투갈이 현지 브라질에서 모금한 금액은 저항 전쟁에 사용한 비용의 3분의 2에 해당된다. 그리고 재정복 시기에는 비용의 전액을 충당했다. 이와 유사하게, 병력의 구성에 있어서도 제1단계에서는 군사의 대부분이 포르투갈인, 스페인인 그리고 나폴리 출신의 용병으로 이루어졌지만, 제2단계에서는 현지 병력, 특히 페르남부쿠 출신의 병사가 압도적으로 많았다. 이러한 현상은 군 지휘부에서도 나타났다. '유럽식 전쟁'에 맞서 신속한 유격전인 '브라질식 전쟁'을 펼쳐 네덜란드로부터 결정적인 승리를 거둔 책임자들도 바로 이들이었다.

전쟁에서 현지 병력의 역할이 강조되기는 해도, 그것이 곧 '세 인종의 융화'를 통한 민주적이고 모범적인 부대를 창출했다는 의미는 아니

---

20) 주앙 페르난지스 비에이라는 1658~1661년의 기간에, 안드레 비달 지 네그레이루스는 1661~1666년의 기간에 앙골라 총독을 맡았다.

다. 전쟁의 제1단계에서 칼라바르는 '대반역자'로 유명해졌지만, 그러한 행위들이 칼라바르에게만 나타난 것은 아니다. 실제로 네덜란드는 항상 현지인의 지원을 받고 있었다. 지원자들 중에는 사탕수수 농장 소유주나 사탕수수 재배농도 있었고, 포르투갈 식민지 체제에 매우 불완전하게 흡수되거나 전혀 통합되지 않은 사람들, 이를테면 신기독교도, 흑인노예, 타푸이아 원주민, 힘없고 궁핍한 혼혈인 등도 있었다. 물론 카마랑의 원주민들이나 엔히크 디아스가 이끈 흑인들이 포르투갈-브라질군에 가담한 것도 사실이다. 그러나 이들의 동원은 상대적으로 작은 규모였다. 예를 들면 1648년 엔히크의 부대에는 300명의 병사가 있었으나, 그것은 저항군 전체의 10%, 페르남부쿠 지역 노예인구의 0.75%에 지나지 않았다.

네덜란드인들을 물리치는 데 기여한 페르남부쿠인들의 역할은 페르남부쿠의 토착주의를 자극하였다. 1848년 프라이에이라 혁명이 일어나기까지 약 200년간, 페르남부쿠는 자치나 독립, 또는 공공연한 반란의 중심지가 되었다. 독립을 획득할 때까지, 페르남부쿠의 중심 표적은 포르투갈 본국이었다. 독립 이후에는 그 지방의 자치권 확립을 근본 목표로 삼았으며, 때때로 그 목표에 사회 정의를 위한 요구가 가미되기도 했다. 시간이 경과하면서, 토착주의는 특수한 역사적 상황이나 참가한 사회 집단에 따라 그 내용을 달리하였다. 그러나 토착주의는 페르남부쿠 사람들의 사회의식 속에 판단의 준거로 계속 남아 있었다.

7. 주변부의 식민지화

식민지의 중심부에서 멀리 떨어진 브라질 북부에서는, 북동부와는 매우 다른 삶이 펼쳐졌다. 식민지화의 과정도 매우 완만하게 진행되어 유럽시장과의 경제적 통합은 18세기 말까지 불완전한 상태였고, 원주민의 강제 노동이 두드러졌다. 상황을 단순화하기 위해 이 지역을 하나의 전체로서 다루고 있지만, 마라냥과 아마조니아 사이에 커다란 차이가 있음을 잊어서는 안 된다.

프랑스인들이 마라냥에 정착하여 상루이스를 건설한 1612년까지, 포르투갈인들은 북부에 대해 그다지 큰 관심을 기울이지 않았으며, 정착할 가능성도 내비치지 않았다. 그러나 영토를 잃을 수 있다는 위기감에서 프랑스인들을 추방하고 1616년 벨렝을 건설하였다. 벨렝은 아마존 강을 따라 진행된 탐험의 출발기지가 되었다. 1637년 페드루 테이셰이라는 강을 따라 여행하여 페루에 도달한다. 1690년에는 오늘날 마나우스의 근교, 히우네그루 강의 어귀에 작은 전진기지가 설치되었다. 왕실은 브라질 북부를 위해 별도의 행정체제를 수립하고, 마라냥 주와 그랑파라 주를 건설하였다. 이곳의 총독과 행정청도 식민지 브라질 정부로부터 분리되었다. 마라냥 주는 간헐적인 중단은 있었지만 형식적으로는 적어도 1774년까지 존속되었다.

원주민의 영향은 숫자적·문화적인 면에서도 뚜렷했다. 18세기 중반까지 주로 사용된 언어는 '링구아 프랑카'língua franca, 즉 투피Tupi어에서 변형된 언어였다. 아조레스제도에서 상루이스로 이민을 보내는 노력에도 불구하고 백인 여성의 수가 매우 적었기 때문에 광범위한 혼혈이 일어났다.

식민지 브라질에서는 어느 지역이나 통화 부족 문제를 겪고 있었지만, 북부에서는 이 문제가 더욱 심각했다. 18세기 중반까지 물물교환이 빈번하였고, 면화 직물이나 카카오 열매가 화폐처럼 사용되기도 했다. 설탕과 면화를 토대로 수출주도형 농업경제를 일으키려 시도하였지만 18

세기 말까지 대부분 실패하였다. 이때 마라냥은 재빨리 목화 재배에 뛰어들어 중요한 목화생산지가 되었고, 그 후 목화 재배는 북동부까지 확산되었다. 그러나 전체적으로 볼 때, 북부의 생산물은 주로 삼림에서 나왔다. 그 중에는 이른바 '오지의 약품'이라 불리는 바닐라, 사르사(청미래덩쿨), 그리고 특히 야생 카카오가 있었다. 이 산물들은 원주민과 혼혈인에 의해 하천유역에서 수확되어 벨렝으로 운반되었다.

북부에는 원주민 인구가 많았던 관계로, 예수회를 비롯한 수도회들의 포교활동이 활발하게 이루어졌다. 1740년경에는 약 5만 명의 원주민이 예수회나 프란체스코 수도회의 마을에 살고 있었다. 그곳에서 안토니우 비에이라Antônio Vieira 신부는 중요한 활동을 전개했다. 1653년 예수회 교구장으로서 브라질에 도착한 이래, 그는 원주민 학대를 막기 위해 강력한 설교 활동을 전개했다. 북부에서는 왕실 파견인, 식민 개척자, 선교사 사이의 갈등이 쉴 새 없이 일어났다. 예수회는 식민 개척자들과는 달리 원주민의 동화와 관리를 주된 활동으로 삼고 있었기 때문에 자주 세간의 주목을 받게 되었다. 게다가 예수회는 대규모 목장이나 면화 대농장, 또는 사탕수수 대농장을 소유하였고, '오지의 약품' 교역에도 적극적으로 참여하였다. 이로 인해 많은 문제에 직면한 그들은 결국 1648년 마라냥에서 추방당하게 된다. 2년 뒤 왕실의 지원으로 복귀하지만 식민 개척자와 항상 불안정한 관계를 유지하다가 1759년 영구히 추방되었다.

1627년 최초의 브라질 역사서를 집필한 비센치 두 사우바도르Vicente do Salvador 수도사는 식민화가 지닌 약탈적 본질을 개탄하면서, 포르투갈인들이 그때까지도 새로운 영토의 내부로 사람들을 정착시키지 못한 채 "게처럼 해안을 헤집고 다닐 뿐"이라고 한탄하였다. 그의 마지막 표현은 거의 진실이라고 할 수 있지만, 몇몇 지역 특히 브라질 남동부 지역에서는 이미 이주가 시작된 상태였다.

상비센치 카피타니아의 식민화는, 해안을 따라 시작되어 그곳에 사탕수수를 재배하거나 제당소를 건설하였다. 하지만 이러한 활동은 오래 가지 못했다. 북동부에 비해서 토양의 질이나 유럽 항구와의 거리 등 불리한 조건이 많았기 때문이다.

다른 한편으로, 상비센치는 원주민 인구가 매우 많아 초기 예수회의 관심을 끌었다. 선교사와 식민 개척자들은 서로 다른 목적에서 오지 대탐험에 나섰다. 먼저 그들은 해안 산맥인 세하두마르를 올랐고, 원주민들의 산길을 따라 해발 800미터의 피라치닝가 고원에 다다랐다. 1554년 노브레가 신부와 안시에타 신부가 이 고원 위에 상파울루를 건설했다. 1561년 상파울루는 작은 마을 단위인 '빌라'vila가 되었고, 예수회 학교도 들어섰다. 해안과는 자연의 장벽으로 분리되어 있어, 초기 식민 개척자와 선교사들은 점점 더 오지로 시야를 돌리게 되었다. 원주민의 도움을 받아 계속 정진한 그들은 치에테 강과 파라나이바 강, 그리고 그 외 여러 강으로 형성된 강의 네트워크를 활용하였다.

식민 시대 초기, 상파울루 지역과 북부의 변방 지역 사이에는 몇몇 유사점이 발견된다. 예를 들면, 수출 농업의 취약, 많은 원주민 인구, 원주민 지배를 둘러싼 식민 개척자와 선교사 간의 대립, 통화의 부족, 빈번한 물물교환 등이 그것이다. 특히 원주민의 영향은 매우 두드러졌다. 백인 여성이 매우 적어 서로 다른 인종 간의 광범위한 '이종교배'가 이루어졌고, '마멜루쿠'라 불리는 백인과 원주민 사이의 혼혈인이 탄생했다. 또한 18세기까지 주된 언어는 투피어였다. 상파울루의 포르투갈인들은 원주민의 습관이나 기술을 많이 받아들였다. 그들은 총포는 물론 활과 화살을 사용하여 전투를 치를 정도가 되었다.

이 지역에서도 원주민을 지배하는 방법과 목적의 차이로 인하여 선교사와 식민 개척자 사이에 충돌이 일어났다. 예를 들면, 원주민 노예화 제한을 재차 확인한 교황과 국왕의 결정(1639~1640년)은 리우데자네이루, 산투스 그리고 상파울루에서 격렬한 반발을 초래했다. 예수회는 이 지역에서도 추방되었는데, 1653년이 되어서야 상파울루로 복귀할 수 있었다.

비록 초기에는 북부와 유사했지만, 상파울루는 16세기 말부터 매우 독특한 역사를 새기게 된다. 정착자들은 포도, 면화, 밀 재배와 다른 경제 활동들을 연계하였다. 이러한 활동들은 그동안 전혀 알려지지 않았거나 거의 탐사되지 않았던 브라질 내륙으로 그들을 이끌었다. 예를 들면, 상파울루의 목장 소유자들은 상프란시스쿠 강 유역을 거슬러 피아우이까지 도달하여 북동부 지역 전체로 퍼져 갔다. 남쪽에서는 상파울루 사람들이 현재의 파라나 주에서 광산 채굴에 나서기도 했다. 당시 파라나 주는 상파울루의 영역 안에 들어 있었다. 한편 목축은 산타카타리나, 히우그란지두술, 그리고 오늘날 우루과이에 해당하는 '반다오리엔탈'로 확산되었다.

영토의 점령을 확고히 하고, 스페인령 아메리카와 접해 있는 경계를 가능한 한 더욱 외곽으로 밀어내기 위해, 개인의 추진력과 왕실의 노력이 서로 연합하였다. 1684년 아조레스제도에서 온 이주자들과 상파울루 출신자들은 산타카타리나에 '라구나' 시를 건설했다. 그보다 몇 년 앞서, 포르투갈인들은 부에노스아이레스 맞은편의 라플라타 강 유역에 콜로니아 두 사크라멘투Colônia do Sacramento를 건설했다(1680년). 이는 알토페루(현 볼리비아)의 무역, 특히 라플라타 강을 통해 해외로 운송되는 은銀 무역에 참가하려는 의도에서 비롯된 것이다.

8. 반데이라와 상파울루 사회

상파울루인들이 17세기 식민지 사회에 남긴 가장 중요한 자취는 반데이라bandeira, 즉 '깃발' 원정대였다.[21] 때때로 원정대는 수천의 원주민을 동원하기도 했다. 노예로 사용할 원주민을 포획하거나 귀금속을 찾기 위해 오지로 한번 출발하면 수개월, 혹은 수년을 보냈다. 이미 노예 상태가 된 원주민이 이러한 원정대에 가담한 이유는 쉽게 설명된다. 원주민 사회에서 남성이 해야 할 일은 농업이 아니라 전쟁이었다. 원정대의 구성 비율을 보면 원주민과 마멜루쿠의 수가 항상 백인의 수를 넘어섰다. 1629년 마누에우 프레투와 하포주 타바리스가 이끈 과이라 지방의 대규모 반데이라는 백인 69명, 마멜루쿠 900명, 원주민 2,000명으로 구성되었다.

반데이라는 여러 방면으로 진출했다. 미나스제라이스, 고이아스, 마투그로수는 물론, 스페인 예수회가 운영하는 과라니 원주민 마을까지 나아갔다. 그 중에서도 과이라 지역의 상황은 특별하였다. 이 지역은 파라나 주의 서부, 파라나파네마 강과 이과수 강 사이에 위치하는데, 반데이라의 구성원인 반데이란치들이 주기적으로 약탈·파괴하거나 원주민을 포획해 갔다. 모험을 찾는 여행에 경제적 목적이 추가되면서, 몇몇 반데이라는 대단한 거리를 탐험하였다. 반데이란치 경험이 풍부한 하포주 타바리스는 1648년부터 1652년 사이에 무려 12,000킬로미터를 여행했다. 파라과이 방향으로 출발한 그는 안데스산맥 기슭에 다다랐고, 거기서 다시 북동쪽으로 방향을 돌려 현재의 혼도니아 주를 횡단하였다. 계속해서

---

21) '반데이라'는 '깃발'이란 의미로, 각 원정대는 서로를 구별할 수 있는 깃발을 앞세워 출진하였다.

그는 마모레 강과 마데이라 강을 따라 내려와 아마존 강에 도착했고, 이번에는 이 강을 따라 전진하여 벨렝에 이르렀다.

왕실과 반데이라는 복잡한 이해관계로 얽혀 있었다. 반데이라 중 일부는 포르투갈 정부로부터 직접 지원금을 받았지만, 그렇지 못한 반데이라도 있었다. 일반적으로 귀금속의 탐사, 특정 시기의 원주민 포획, 영토 확장 등은 본국의 이익에도 부합하는 활동이었다. 반데이란치들은 브라질 북부나 북동부에서 주민들을 탄압하고 정복하는 데에도 일정한 역할을 하였다. 도밍구스 조르지 벨류와 또 다른 상파울루인인 마치아스 카르도주 지 알메이다는 '야만인들의 전쟁'으로 알려진 원주민 반란 기간(1683~1713년)에 히우그란지두노르치의 전투에 참가하였다. 또한 같은 도밍구스 조르지 벨류는 알라고아스의 팔마리스 킬롬부를 제거하는 마지막 전투에서 지휘를 잡았다(1690~1695년).

예수회 관계자들은 그들의 파라과이 선교마을에서만 약 30만 명의 원주민이 끌려갔다고 추정하였다. 이 숫자는 과장되었을 수도 있다. 다른 추정 수치들도 모두 큰 규모에 이른다. 포획된 원주민들은 어떤 운명에 처해졌을까? 신빙성이 높은 근거와 정황들은 상비센치나 특히 리우데자네이루에 노예로 팔려 갔을 가능성을 시사한다. 리우데자네이루에서는 17세기에 설탕산업이 줄곧 성장하고 있었다. 상벤투 수도원의 자료에 따르면, 리우데자네이루에 위치한 베네딕트 수도회의 사탕수수 농장에서는 원주민이 노동력의 3분의 1 내지 4분의 1을 차지하였다고 한다. 1625년에서 1650년까지의 기간에는 네덜란드의 침략으로 아프리카 노예 공급이 원할치 못했다. 따라서 이 시기에 반데이란치들의 활동이 적극적이었던 것은 단순한 우연의 일치가 아니다.

포획된 원주민의 상당 부분은 상파울루 경제, 특히 밀 재배에 동원되었음이 근년에 밝혀졌다. 이것은 특히 17세기에 주로 나타나는 현상으로, 네덜란드의 침략과 관계가 있다. 포르투갈 선단이 파괴되어 밀 수입이 격감한 데다 북동부에는 많은 수의 외국 병사가 주둔하고 있어, 밀의 수요가 증가하였다. 그러나 전쟁이 끝나자 밀 재배는 하향길로 접어들었다. 그리고 확보된 원주민 수가 감소하고 외국산 수입물과 치열한 경쟁을 벌이게 되면서 밀 재배는 결국 중단되고 만다.

*　*　*

오지를 편력하던 상파울루인들은 마침내 포르투갈 식민 개척자들의 오랜 꿈을 실현했다. 1695년, 오늘날 미나스제라이스 주의 사바라와 카에테 부근을 흐르는 벨랴스 강에서 상당량의 금을 발견한 것이다. 이는 오랜 탐사의 전통이 낳은 결과이다. 즉, 초기의 금 발견자 마누에우 보르바 가투Manuel Borba Gato는 '에메랄드 탐사자'로 유명한 페르낭 지아스Fernão Dias의 사위였다. 그 후 40년간 금은 미나스제라이스뿐만 아니라, 바이아, 고이아스, 마투그로수에서도 발견된다. 금과 더불어, 1730년경에는 미나스제라이스 북부의 세후프리우에서 다이아몬드가 발견되었다. 하지만 다이아몬드는 금에 비해 경제적 중요성은 떨어졌다.

귀금속의 채굴은 본국과 식민지에 중대한 영향을 미쳤다. 골드러시로 인해 포르투갈에서 브라질로 대규모 이민이 발생했다. 18세기의 처음 60년간, 포르투갈과 대서양의 도서에서 약 60만 명의 인구가 브라질로 들어왔다. 소농, 성직자, 상인, 매춘부, 각종 투기꾼 등 온갖 계층에서 매년 8,000명에서 1만 명의 사람들이 여행을 한 셈이다.

한편, 금을 발견함으로써 포르투갈은 일시적으로 재정 문제의 부담을 줄일 수 있었다. 영국에 대한 포르투갈의 무역수지 불균형은 18세기 초부터 구조적인 문제가 되었는데, 브라질에서 유입된 금으로 이를 상쇄할 수 있었다. 브라질의 금은 서로 다른 세 경로로 흘러갔다. 먼저 일부는 브라질에 남아, 광산지대가 누린 상대적인 풍요의 원천이 되었다. 다른 일부는 포르투갈로 가서 동 주앙 5세의 통치기(1706~1750년) 동안 왕궁의 경비나 거대한 마프라 왕궁 겸 수도원의 건설비 등에 사용되었다. 끝으로, 나머지 일부는 직접적으로 또는 밀수에 의해, 아니면 다른 간접적인 경로로 영국인들의 수중으로 들어가 영국의 자본 축적에 더욱 탄력을 실어 주었다.

귀금속의 붐은 북동부의 설탕경제에 타격을 입혔다. 북동부의 설탕 생산은 금이 발견되기 20년 전부터 이미 어려움을 겪고 있었는데, 그래도 파산 지경에 이를 정도는 아니었다. 하지만, 인구의 유출, 노예 수요 증가에 따른 노예 가격 상승 등 부정적인 여파가 미쳤음은 분명한 사실이다. 행정적인 면에서 식민지 생활의 중심도 남동부로 이동하였다. 특히 노예와 물자가 들어오고 금이 수출되는 리우데자네이루가 중심이 되었다. 1763년에는 브라질 부왕령의 수도도 사우바도르에서 리우데자네이루로 이전되었다. 당시, 양 도시의 인구는 거의 같았지만(약 4만 명), 수도라는 것과 단순히 북동부의 중심도시라는 것에는 큰 차이가 있었다.

광업경제를 통해 멀리 떨어진 지역들이 서로 연결되기도 했다. 소와 식료가 바이아에서 미나스제라이스로 운송되고, 그 반대 방향의 교역도 형성되었다. 남부로부터는 소뿐만 아니라 상품운송에 절대적으로 필요한 노새도 들여왔다. 상파울루의 후방에 위치한 소로카바 시는 미나스제라이스로 향하는 가축들이 반드시 거쳐 가야 하는 통과지가 되었고, 이 도시에서 열리는 시장도 매우 유명해졌다.

*　*　*

금과 다이아몬드를 채굴하게 되자 포르투갈 왕실은 브라질에 가장 광범
위한 관리체제를 수립했다. 포르투갈 정부는 특히 세금의 징수에 심혈을
기울였다. 그러한 목적을 달성하기 위해 광산지대는 물론 브라질의 기타
지역에서도 일상생활을 통제하는 다양한 조치들을 취해 갔다. 이는 왕실
의 이익을 위한 것이지만, 동시에 골드러시가 대혼란에 빠지는 것을 막
기 위해서이기도 했다. 밀수를 줄이고 수익을 증가시키려는 의도에서 왕
실은 시대의 변화에 맞는 세금징수 제도를 도입했다.

　　일반적 기초과세 방식에는 두 종류가 있었다. 킨투quinto라 불리는 '5
분의1세'와 '인두세'이다. 5분의1세는 취득한 모든 금의 5분의 1이 왕의
소유가 된다는 단순한 규정이다. 주조공장으로 운반된 모든 사금이나 괴
금에서 5분의 1이 공제되었다. 왕실 수입의 증가를 위해 5분의 1세 대신
실시된 인두세는 더욱 포괄적인 과세였다. 광산주가 소유한 12세 이상의
모든 노예는 노동 능력의 유무나 남녀 성별에 관계없이 과세의 대상이
되었다. 노예를 소유하지 않은 단독 채금업자들도 자신들에 대한 인두세
를 내야 했다. 이러한 세금은 사무실, 상점, 숙박업소, 도축장 등의 시설에
도 부과되었다.

　　왕실이 고심한 또 다른 문제는 금광지대로 들어가는 인구의 통제였
다. 초기에 상파울루 의회는 금을 최초로 발견한 상파울루 거주민들에게
만 금 채광권을 허용하라는 요청을 포르투갈 국왕에게 전달했다. 하지만
사실상 이 요청은 실현 불가능한 것이었다. 포르투갈은 물론 브라질, 그
중에서도 바이아 사람들의 이주 물결이 금광지대로 이어졌다. 그 결과
'엠보아바 전쟁'[22]이라 알려진 내전이 일어났다(1708~1709년). 이는 상

파울루인들을 상대로 한 외국인들과 바이아인들의 전쟁이었다. 결국 상파울루 사람들은 자신들의 요구를 관철시키지는 못했지만, 리우데자네이루에서 독립된 '상파울루 이 미나스두오우'라는 새로운 카피타니아를 설립하였다(1709년). 또한 1711년에는 정식으로 상파울루가 '시'cidade로 격상되었고, 1720년에는 미나스제라이스가 독립된 카피타니아로 지정되었다.

비록 실패는 했지만 상파울루인들은 금광지대의 독점권을 얻으려 노력했고, 한편 왕실은 금광지대가 개방된 지역으로 변모하는 것을 차단하려 애썼다. 그와 더불어, 왕실은 포르투갈의 인구감소를 억제하기 위해 이민에 관한 법규를 제정하였다. 특히 수도사들은 이민이 금지되었다. 카피타니아 지방장관에게 내려진 왕의 칙령에는, "직업이나 허가가 없는" 모든 성직자들을 구속하라는 규정이 있었다(1738년). 금의 채굴이 시작된 초기에 수도사들은 밀수자로 의심을 받았다. 금 세공인들도 직업상 엄밀한 감시를 받았으며, 직업을 전환하도록 강요받거나 금광지대에서 추방당하기도 했다.

포르투갈 왕실은 광산지대와 그 밖의 다른 지역 사이의 심각한 불균형을 해소하는 데에도 노력을 기울였다. 포르투갈에서 수입된 물품들이 바이아에서 미나스제라이스로 운반되지 못하도록 법으로 금하였다. 그리고 광산지대로 들어가는 노예의 할당량을 정해 북동부에도 노예공급이 확실히 이루어지게 하였다.

---

22) '엠보아바'(emboaba)라는 단어는 원래 투피 족 원주민들의 말로 '털로 덮인 발을 지닌 새'를 뜻한다. 당시 포르투갈인들은 긴 양말과 장화를 신었는데 상파울루인들에게는 거북한 풍습이었다. 여기에서 유래되어 상파울루인들이 포르투갈인이나 외국인을 얕잡아 부르는 용어로 줄곧 사용되었다.

'법과 질서'를 유지하려는 취지에서 왕실은 사법재판소를 신설하고 청문관ouvidor을 임명했다. 대개의 경우 청문관은 재판관으로서의 역할뿐만 아니라 재무관의 직무인 5분의 1세 징수도 관리했다. 노예의 통제, 금 수송의 경호, 또는 소요사태의 진압을 위해 포르투갈에서 미나스제라이스로 2개 중대의 직업군인, 용기병龍騎兵이 파견되었다. 또한 비상사태를 대비하여 민병대도 만들어졌다. 민병대는 백인에 의해 통솔되었지만 일반 사병은 백인뿐 아니라, 해방된 흑인이나 물라토들로 구성되었다.

그러나 포르투갈 정부는 금광지대에서 기본적인 목적들을 모두 이룰 수는 없었다. 본국과 식민지 사이의 엄청난 거리, 현지 당국자의 부패, 왕실과 식민지 사이에 끼인 이들 당국자의 모호한 입장, 권리를 둘러싼 관료들 간의 갈등 등은 포르투갈 정부의 활동을 어렵게 만들었다. 더욱이 리스본에서 내려지는 명령들도 그다지 일관적이지 못했다. 정책 결정 과정에서 나타나는 우유부단, 지체, 방향 선회 등이 의도와 현실 사이의 괴리를 더욱 크게 만들었다.

* * *

미나스제라이스로 유입된 사람들이 모두 포르투갈 출신은 아니었다. 상파울루인들이 원주민 노예와 함께 들어간 이래, 브라질 각지에서 사람들이 이주하기 시작했다. 그리하여 광산업자뿐만 아니라 사업가, 변호사, 성직자, 대농장주, 직인, 관료, 군인 등으로 이루어진 복합적인 사회가 탄생하였다. 대개 이러한 사람들의 이해관계는 식민지 브라질의 이해와 밀접하게 연관되어 있었다. 따라서 미나스제라이스에서 식민 당국에 대한 반란이나 음모가 많았던 것은 우연이 아니다. 비록 가장 부유한 계층은 대농장주들로 구성되었고, 또한 이들은 주로 먼 지방의 광산에도 투자를 했지만, 사회생활의 구심점은 도시에서 형성되었다. 도시는 주거, 상업, 기념 축제가 이루어지는 공간이었다. 이러한 도시에서는 미술, 문학, 음악 등 훌륭한 문화 활동이 이루어졌다. 미나스제라이스에는 수도회의 출입이 법으로 금지되었기 때문에 '형제회'나 '제3회' 등 신도들의 모임이 조직되었다. 그리고 그 단체들이 바로크양식의 교회를 건립하는 데 재정적인 후원을 했다. 바로크식 교회 건축물의 장식 분야에서는 '작은 불구자'라는 의미의 '알레이자지뉴'[23]로 불린 물라토 조각가가 단연 두각을 나타냈다. 그의 본명은 안토니우 프란시스쿠 리즈보아Antônio Francisco Lisboa로서 포르투갈 건축가와 흑인 여성 노예 사이에 태어난 서출이었다.

사회의 기저에는 노예가 있었다. 가장 심한 노동은 채굴이었는데, 특히 하천 바닥의 사금이 모두 소진하여 지하로 파고 들어가야 했을 때 노동환경은 더욱 가혹해졌다. 말라리아, 설사, 결핵과 같은 질병이나 사고로 인한 사망은 다반사였다. 채광에 종사하는 남성 노예의 노동 가능 연수는 7년에서 12년으로 추정된다. 계속적으로 새로운 노예가 수입되어 광업 경제의 수요를 채웠다. 때로는 노동이 어려운 노예와 대체하려는 목적에서 새로운 노예의 구매가 이루어지기도 했다. 1720~1750년의 기간 중에 브라질에 수입된 노예의 수는 설탕 생산의 위기에도 불구하고 오히려 증가하였다. 1776년에 실시된 미나스제라이스의 인구조사에 따르면, 흑인과 물라토의 비율이 압도적으로 높았다. 약 32만 명의 전체 주민 중 흑인이 약 52%, 물라토가 약 26%, 백인이 약 22%를 차지하였다.

---

23) 알레이자지뉴(Aleijadinho)는 질병을 앓아 손발의 움직임이 부자유스러웠기 때문에 붙여진 별명이다.

시간이 경과하면서 이인종異人種 사이에 강력한 혼혈이 이루어졌다. 여성의 비율이 높아져 1776년에는 총인구의 약 38%에 달했다. 한편, 모순된 해석으로 논쟁이 계속되는 특정 현상이 일어났다. 그것은 '아우포히아'alforrias, 즉 해방 노예가 상당수 존재했다는 것이다. 이들의 규모를 살펴보면, 1735년부터 1749년 사이에 해방 노예의 수는 아프리카계 인구의 1.4%도 되지 않았다. 그에 비해 1786년경에는 아프리카계 인구 전체의 41%, 미나스제라이스 카피타니아 총인구의 34%에 이르렀다. 이 비율은 바이아를 능가하는 것인데, 이러한 해방 노예의 증가에 대해 가장 신빙성 있는 설명에 따르면, 광산업이 쇠퇴하면서 노예 소유는 그 소유주들에게 경제적으로 타산이 맞지 않는 일이 되었다는 것이다.

광산지대의 사회는 금으로 인해 부와 연결 지어 생각하기 쉽다. 그러나 가까이 다가가 보면 그 부에는 많은 제한이 따랐다. 우선 골드러시 초기와 그 후의 시대를 구별하지 않으면 안 된다. 17세기 말부터 18세기 초까지의 초기 단계에서 금의 채굴은 다른 경제활동의 지원이 없었기 때문에 식량부족과 인플레이션을 초래했다. 이러한 현상은 식민지 브라질 전역으로 파급되었고, 심각한 기근으로 방치되는 작업장들이 다수 발생했다. 그러나 시간이 흐르면서 경작지들이 개간되고 다양한 경제활동이 일어나 심각한 결핍은 해소되었다. 그리고 마침내 미나스제라이스 사회는 부를 축적하기에 이르렀는데, 그 자취는 오늘날 역사도시의 건축이나 예술작품 속에 잘 나타난다.

하지만 그러한 부는 소수의 상류계층 손에 머물렀다. 이 부유층은 불안정한 금의 채굴에만 전념한 것이 아니라, 채굴과 관련된 다양한 일에도 종사하였다. 일부는 독립된 계약자로서 당국을 위해 일하였다. 그들 밑에는 빈민이나 하급관료, 경제력이 제한된 기업가나 상인 등 폭넓은 자유인 계층이 자리를 잡았다. 확실히 채굴 지역의 사회는 설탕 사회보다 훨씬 개방적이고 복합적이었다. 그렇다는 해도, 전체적인 면으로 보면 가난한 사람들로 구성된 사회라는 점에는 변함이 없었다. 금의 채굴이 최고 전성기에 이른 시기는 1733년부터 1748년까지이며, 그 후 곧 쇠퇴하기 시작했다. 19세기 초에는, 브라질 경제 전체에서 더 이상 금 채굴은 중요한 비중을 차지하지 못한다. 금광지대의 쇠락은 명백했고, 활기에 넘쳤던 도시들은 역사도시로 변모하였다. 이는 또한 그 도시들의 침체를 의미하는 것이다. 예를 들면, 오루프레투의 경우 1740년에 2만 명이던 인구는 1804년에는 불과 7,000명에 지나지 않게 되었다.

단, 이러한 쇠퇴가 미나스제라이스 카피타니아 전체에 영향을 미친 것은 아니다. 미나스제라이스가 광산 지대만은 아니었다. 금 채굴이 절정기일 때도 미나스제라이스의 대농장에서는 목축, 사탕수수 재배, 제분, 금 채굴이 동시에 진행되었다. 목축, 곡물생산, 그리고 이후의 제조업 덕분에 카피타니아 전체가 쇠퇴하지는 않았다. 오히려, 19세기 동안 이러한 경제활동이 확장되어 노예의 유입이 지속되었다. 이러한 과정 속에서 미나스제라이스 지방에서는 매우 흥미로운 결합이 나타났다. 그것은, 플랜테이션 경제도 수출 경제도 아닌 매우 독특한 경제에 노예제 사회가 더해진 특이한 결합이었다.

9. 식민지 경제의 검토: 내부시장

전통적으로──특히 카이우 프라두 주니오르Caio Prado Júnior의 저서를 기점으로──대다수의 역사가들은 식민지 브라질을 수탈 대상으로 삼으려는 포르투갈 본국의 목적에서 식민지화의 가장 중요한 의미를 찾으려는 경향이 있어 왔다. 이 본국의 목적이란, 수출지향적 대규모 생산이 본국에서 자본을 축적하고 이익을 창출할 수 있도록 식민지 경제를 체계화하는 것이다.

물론 이것이 포르투갈 왕실의 의도였다는 점에 대해서는 의심의 여지가 없다. 그러나 최근의 연구들은 그러한 의도가 과연 실현되었는지 의문을 제기한다. 적어도 식민지에서 가장 핵심적인 영역 중 하나가 그러한 해석틀에 맞지 않기 때문이다. 바로 대규모 노예무역상의 경우이다. 마노에우 플로렌치누Manoel Florentino와 주앙 루이스 프라고주João Luis Fragoso의 연구에 따르면, 적어도 18세기 말 이후 리우데자네이루의 노예무역상은 매우 강력한 집단을 형성하였으며, 이들은 거의 모두가 브라질인이나 브라질에 뿌리를 내린 포르투갈인이었다는 것이다. 이 노예상들은 주로 부동산 부문에서 자산을 축적하였고, 이를 토대로 거대한 교역 네트워크를 형성했다. 이 네트워크에는 노예 공급은 물론, 노예무역과 관련된 활동, 이를테면 아프리카 노예와 교환할 상품을 아시아에서 구입하는 일 등도 포함된다. 역사학자 카치아 마토주Kátia Mattoso의 연구결과는 사우바도르에도 유사한 구조가 존재했음을 보여 준다.

이렇듯 소위 '인간무역'에서 식민지 브라질 주민들이 지배적 위치에 있었다는 사실이 새롭게 증명되는 한편, 과거의 역사적 해석 방식이 최근 다시 한번 주목을 받는 경우도 있다. 이러한 시각의 대표적 연구자로 카피스트라누 지 아브레우Capistrano de Abreu를 들 수 있는데, 그는 국내시장을 대상으로 한 경제활동에 관심을 기울였다. 뒤이어 조르지 카우데이라Jorge Caldeira도 국내시장의 중요성에 초점을 맞추어, 식민지 브라질이 본국과의 관계를 점진적으로 축소시켜 갔다는 분석을 제시했다.

카우데이라는 목축관련 생산물(소, 육포, 밀, 상파울루의 내륙도시 소로카바 시장에 조달되는 노새)의 중요성, 이미 앞에서 언급한 광산업 쇠퇴기의 미나스제라이스의 사례, 항구에서 조달된 노예들의 국내 공급 등을 검토하면서 브라질은 일반적인 생각보다 훨씬 이른 시기에 독자적인 길을 걸었다고 결론을 내렸다.

또한 최근의 연구들은 식민지 브라질의 경제가 매우 복잡한 특성을 지니고 있어서 기존의 시각과 같은 연속적인 주기(예를 들면 설탕 주기, 광산업 주기 등)로 이해되어서는 안 된다는 점을 일깨워 준다. 또한 노예무역에 대해서는 지방의 대농장주보다 훨씬 중요한 사회계층을 탄생시켰다는 측면에서 그 의미를 강조하는 것도 중요할 것이다.

다만, 너무 지나치게 비약하지 않도록 주의할 필요가 있다. 수출경제는 많은 경우 국내시장과 연관된 활동들을 고무하였으며, 식민지의 중요한 축을 이루었다. 뿐만 아니라 19세기 중반부터 1930년 무렵까지 커피경제가 수행한 중심적 역할을 상기할 때, 수출경제의 의미는 식민지 시대에만 한정된 것은 아니었음을 알 수 있다.

10. 식민지 체제의 위기

18세기 후반, 서양세계는 일련의 변화를 겪는다. 이 변화는 관념의 차원과 실재의 차원, 양쪽 모두에서 나타났다는 데에 그 특징이 있다. 특정 개념과 관습에 바탕을 두고 16세기 초부터 지배력을 갖기 시작한 구체제 ancien régime, 즉 유럽의 절대왕정이라는 통치방식이 위기를 맞게 된 것이다. 먼저, 프랑스 철학자들과 영국 경제학자들에게서 시작된 계몽사상과 자유주의적 시각이 뿌리를 내리고 확산되었다. 그와 더불어 몇몇 중요한 역사적 사건들이 서양세계의 변화를 초래했다. 1776년 북아메리카의 영국 식민지가 독립을 선언했고, 1789년 초에는 프랑스혁명이 일어나 구체제에 종지부를 찍었다. 프랑스혁명의 반향은 무력 사용을 수반하면서 유럽 전체로 파급되었다. 비슷한 시기에 영국에서는 조용한 혁명이 진행되었다. 바로 산업혁명이다. 새로운 에너지 원천의 이용, 기계의 활용(특히 섬유분야), 그리고 농업의 발전과 국제무역의 장악 등을 통해 영국은 당대 세계 최강국으로 탈바꿈하였다.

더 넓은 시장을 찾아 나선 영국은 세계 도처에서 자유무역을 강요하고 중상주의 원칙을 포기하도록 종용하였다. 그러면서도 정작 자신들은 보호관세를 통해 자국과 식민지의 시장을 보호하려 들었다. 영국이 아메리카의 스페인 식민지나 포르투갈 식민지와 관계를 강화하자, 이들 식민지 체계에 갈수록 큰 균열이 나타났다. 영국인들은 이베리아 국가들의 식민지와 관계를 강화하기 위해 무역 협정, 현지 상인과의 동맹, 밀수 등과 같은 방식을 사용했다. 한편, 식민지 세계에 중대한 영향을 미친 또 다른 요인이 등장한다. 당시 강대국의 위치에 있던 영국과 프랑스가 처음으로 노예제도의 제한이나 폐지를 위해 움직이기 시작한 것이다. 1794년 2월, 프랑스혁명정부는 식민지에서 노예제를 철폐한다고 선언하였다. 1807년에는 영국도 같은 조치를 취한다(하지만, 프랑스에서는 나폴레옹이 1802년 노예제 폐지를 철회하였다는 점을 부가해 두자).

이러한 국제 정세의 영향은 포르투갈 왕실과 그 최대 식민지인 브라질 사이의 관계에도 파급되었다. 유럽의 열강들과 비교할 때, 포르투갈은 18세기 중반 이미 후진국의 지위로 전락한 상태였다. 포르투갈은 영국에 종속되는 대신, 프랑스나 스페인의 위협으로부터 보호를 받고 있었다. 그런 와중에도 포르투갈 왕실은 식민지 체제를 고수하고 브라질에 미치는 영국의 영향력을 제한하려 애를 썼다.

이 시기에 포르투갈에게 중요한 전환점이 된 것은 동 조제 1세의 즉위(1750년)였다. 하지만, 왕보다 더 중요한 역할을 한 인물은 후에 폼발 후작이 되는 세바스치앙 조제 지 카르발류 이 멜루Sebastião José de Carvalho e Melo이다. 폼발은 오스트리아에 외교관으로 파견되거나 영국 대사를 역임하기도 했지만, 50세가 넘어 수상에 임명될 때까지 그다지 잘 알려지지 않은 인물이었다. 임기(1750~1777년) 중 그는 포르투갈 행정을 더욱 효율적으로 개선하고, 식민지와의 관계 변화에 주력하였다. 폼발의 개혁은 구체제와 신체제의 독특한 조합이라 할 수 있는데, 그 배경에는 포르투갈이 지닌 특수성이 놓여 있었다. 그는 계몽적 절대주의를 지향하였고, 이를 중상주의 원리에 접목하려고 시도하였다. 이러한 기본 원칙은 일련의 구체적 조치들로 시행되었다. 여기서는 브라질에 해당되는 중요한 정책만을 검토하기로 하자.

폼발은 중상주의 논리에 따라 특권을 지닌 두 개의 무역회사를 설립했다. 하나는 1755년에 세워진 '그랑-파라 이 마라냥 종합무역회사' Companhia Geral do Comércio do Grão-Pára e Maranhão이고, 다른 하나는 1759년에 설립된 '페르남부쿠 이 파라이바 종합회사'Companhia Geral de Pernambuco e Paraíba이다. 전자의 업무는 북부 지역의 발전을 위해 그 지방에서 생산되는 수출물품을 저렴한 가격에 공급하여 수입업자들의 관심을 끄는 일이었다. 카카오, 정향丁香, 계피의 일종인 시나몬, 후일 새롭게 생산된 면화와 쌀 등을 독점적으로 수송하여 유럽의 소비시장에 공급하였다. 폼발은 흑인노예도 들여왔다. 하지만, 북부 지역의 빈곤으로 이 노예들은 마투그로수의 광산으로 향했다. 후자[페르남부쿠 이 파라이바 종합회사]의 목적은 유사한 전략을 구사하면서 북동부의 부흥에 힘쓰는 일이었다.

이 특권회사들에 의해 브라질 상인층이 밀려났기 때문에, 폼발의 조치는 그들의 이익에 반하는 것처럼 보일 수도 있다. 하지만 그의 정책에 식민지 지배층을 배제하려는 의도는 깃들어 있지 않았다. 오히려 그 반대로 식민지 상류층을 정부기관이나 사법, 군사기관에 채용하여 행정과 재무의 책임을 맡게 하였다.

폼발의 경제 프로그램은 전체적으로는 실패했다고 할 수 있다. 18세기 중반 브라질이 경제 불황에 직면했기 때문이다. 1770년대까지 이어진 이 불황의 주된 원인은 설탕산업의 위기와 금 생산량의 감소였다. 포르투갈은 수입 감소와 비용 증대의 이중고를 겪었다. 특히 리스본의 재건과 스페인과의 전쟁에 막대한 자금을 지출해야만 했다. 리스본은 1755년 지진으로 파괴된 상태였고, 스페인은 남부 상파울루에서 라플라타 강에 이르는 광대한 지역을 차지하기 위해 싸움을 걸어 왔다.

폼발은 금과 다이아몬드의 밀수를 줄이고 조세를 확충하여 이에 대처하려 하였다. 미나스제라이스에서는 인두세 대신 과거의 '5분의 1세' quinto를 부활시켰다. 정부는 연간 100아로바(약 1,500kg)의 금을 세금의 최저한도로 설정하였다. 한편, 다이아몬드 광산의 파산이 잇따르자, 1771년 왕실이 직접 운영에 나섰다. 그와 동시에 수입 제품에 대한 의존도를 낮추기 위해 포르투갈은 물론 브라질에도 공장을 설립하도록 장려금을 지급하며 독려하였다.

폼발 정부의 정책 중에서 가장 뜨거운 논쟁을 불러일으킨 것은 1759년 포르투갈 본국과 모든 식민지에서 단행된 예수회의 추방이었다. 그와 더불어 그들의 전 재산을 몰수하라는 명령도 함께 내려졌다. 이러한 조치들을 이해하기 위해서는 폼발의 근본적인 목표가 무엇인지 염두에 둘 필요가 있다. 포르투갈의 권력을 중앙으로 집중시키길 원하던 그에게 종교 교단의 자율적 활동은 금지의 대상일 수밖에 없었다. 교단의 활동과 국가의 목표 사이에는 분명한 간극이 존재했던 것이다. 그 밖에 예수회 다음으로 비중 있는 수도회인 자비수도회도 아마존 지역에서 추방되고 재산을 몰수당했다. 하지만 퐁발의 중심 표적은 예수회였다. 그들은 '국가 안의 국가'를 형성한다고 줄곧 비난을 받아 왔기 때문이다.

퐁발은 브라질의 북부와 남부 국경지대를 확실하게 지배하기 위해서는 그 지역의 원주민들을 포르투갈 문명 안으로 흡수할 필요가 있다고 판단했다. 브라질에서 태어난 주민들이 본국 포르투갈에 일체감을 느끼지 못해 협력하지 않을 경우, 광활하면서도 거주 인구가 적은 식민지 지역들을 통치하기란 사실상 불가능한 일이었다. 따라서 원주민과 관련된 다양한 정책들을 연속적으로 시행하였다. 먼저 1757년 원주민 노예제를 폐지하고, 아마존 지역의 많은 선교 마을들을 공적(公的)인 행정단위로 바꾸었다. 또한 백인과 원주민의 결혼을 권장하는 법률도 제정하였다. 이러한 동화정책들은 예수회의 온정적 가족주의와 정면충돌을 피할 수 없었고, 가장 핵심적인 쟁점으로 떠올랐다.

한편, 스페인 예수회는 우루과이의 '일곱 민족' 지역에서 선교활동을 하면서 원주민들의 반란을 조장했다는 비판을 받았다. 원주민들은 포르투갈이 그 영토를 차지하는 것에 반대하였는데, 이것이 소위 '과라니 전쟁'(1754~1756년)[24]의 도화선이 되었다. 예수회의 광대한 소유지는 브라질 지배층과 왕실 모두가 탐내는 목표물이었음도 간과해서는 안 된다.

---

24) 포르투갈과 스페인 양국이 국경을 확정 짓기 위해 체결한 마드리드조약에는 우루과이 강 동쪽의 이른바 '일곱 민족' 지역이 포르투갈령으로 지정된다. 따라서 그곳에 거주하는 원주민들은 포르투갈의 지배를 인정하며 그대로 머무르거나 강의 서쪽 스페인령으로 이주해야 했다. 이에 원주민들은 자신들의 영토를 지키기 위해 마드리드조약에 반대하며 반란을 일으킨다. 그러나 전쟁은 스페인-포르투갈 연합군의 승리로 종결되고, 원주민들은 큰 희생을 치른다. 이 전쟁은 영화 「미션」(The Mission, 1986)의 시대적 배경이기도 하다.

예수회로부터 압류한 농촌과 도시의 소유지들은 경매를 통해 대농장주나 부유한 상인들에게 넘어갔다. 규모가 큰 교회들은 수도회에 소속되지 않은 주교들에게 귀속되었다. 예수회가 운영하던 많은 학교들은 고관의 저택이 되거나 군대의 병원으로 바뀌었다. 전체적으로는 막대한 손실이 발생했다고 할 수 있다. 특히 예수회가 소장한 서적 등 문화적 자산들은 가치가 없는 것으로 여겨져 폐기되고 말았다.

본래 빈약했던 식민지 교육체제는 예수회의 추방으로 공백이 더욱 커졌다. 포르투갈 왕실은 스페인 왕실과는 달리 식민지에 학식 있는 지배층이 나타나는 것을 두려워했다. 스페인은 이미 16세기에 아메리카 대륙 곳곳에 여러 대학을 설립하였다. 1538년에는 산토도밍고에, 그리고 1551년에는 리마와 멕시코시티에 대학이 세워졌다. 하지만 포르투갈령 아메리카에서는 식민지 시대 동안 이런 일이 일어나지 않았다. 이는 언론 분야에서도 마찬가지였다. 16세기에 스페인령 아메리카의 주요 도시에는 신문이 등장했다. 브라질에서는 예외적으로 1747년 리우데자네이루에 인쇄소가 문을 열었지만, 그마저도 곧 폐쇄하라는 칙령이 내려졌다. 포르투갈 왕실이 리우데자네이루로 피신하기 전까지 브라질에는 인쇄·출판물이 나타나지 않았다.

예수회의 추방으로 발생한 교육부문의 문제점을 보완하기 위해 왕실은 몇 가지 대책을 강구했다. 먼저 국가에서 실시하는 교육을 재정적으로 뒷받침하고자 교육보조금이라 불리는 특별세를 신설했다. 올린다의 주교는 올린다 신학교를 세워 자연과학과 수학 등 전문교육을 실시했다. 또한 리우데자네이루와 사우바도르에는 지식인들의 작은 모임이 형성되기도 하였다.

수도회와 관련된 폼발의 정책들은 교회를 포르투갈 국가에 종속시키려는 방침의 일환이었다. 다만, 국가는 교황과 직접적인 충돌은 피하려고 노력했다. 교회 측에서도 예수회의 추방을 용인하였다. 뿐만 아니라, 1773년 교황 클레멘스 14세는 아예 예수회를 폐지하였다. 이 수도회의 존재가치보다 더 큰 문제들이 발생한다고 판단했기 때문이다. 그 후 예수회는 1814년이 되어서야 부활한다.

포르투갈 역사가들 사이에서는 폼발을 둘러싼 논쟁이 치열하게 전개되었고, 이를 통해 하나의 구체적인 개념이 형성될 수 있었다. 그것은 폼발 재임 시절과 그 직후인 도나 마리아 1세 통치기 사이에 급격한 변화가 있었다는 인식이다. 실제로 많은 점이 바뀌었다. 종합무역회사는 폐지되고, 브라질에서는 공장의 운용과 직물 제조가 금지되었다. 예외적으로 노예들이 입는 거친 무명 옷감에 한해 생산이 가능했다. 이러한 사실들과 뒤에 다룰 '미나스의 변절'Inconfidência Mineira의 연루자들에 대한 형벌로 인해, 브라질 역사서술에서 폼발 실각 이후의 시기는 매우 부정적인 이미지를 남겼다.

하지만 1777년에서 1808년까지, 포르투갈 왕실은 중상주의적 식민 정책과 병행하여 새로운 시대에 적응하기 위한 개혁을 지속한 것도 사실이다. 이전의 폼발 시기와는 달리, 도나 마리아 1세와 섭정 황태자 동 주앙 6세는 브라질 농업이 되살아나면서 유리한 환경을 맞이했다. 게다가 설탕의 주 생산지 생도맹그[25]에서 일어난 노예반란으로 브라질 설탕의 생산과 수출이 증가되었다. 경작물의 상황도 좋아졌다. 면화 재배는 폼발의 종합무역회사에서 육성시킨 것인데, 미국 독립전쟁의 덕을 보며 더욱

---

25) 오늘날 아이티에 해당하는 프랑스령 식민지 생도맹그(Saint-Domingue)는 당시 세계 최대의 설탕 생산지였다.

발전하였다. 일정 기간 동안 마라냥은 브라질에서 가장 부유한 지역으로 변모하였다.

11. 반란과 국민의식

포르투갈 왕실이 절대주의적 개혁을 계속하는 사이, 브라질에서는 포르투갈에 저항하는 반란들이 계획되거나 독립 요구의 움직임이 일기 시작했다. 국제사회에 나타난 새로운 사상이나 사건들이 이에 연관되어 있음은 말할 나위도 없다. 하지만 브라질 현지의 상황이 분명하게 반영되었기 때문에 이 움직임들은 전국적인 혁명이라기보다는 특정 지역의 반란이라는 측면이 더 강했다. '미나스의 변절'(1789년), '알파이아치스[재봉사]의 음모'Conjuração dos Alfaiates(1798년), 페르남부쿠의 '1817년 혁명' 등 일련의 사건이 지닌 공통적 특징은 모두 지역 반란이라는 점이다.

그렇다면, 브라질에서 태어난 사람들이나 브라질에 살고 있던 일부 포르투갈인들이 브라질을 포르투갈과는 별도의 구성단위로 인식하기 시작한 것은 언제부터일까? 달리 표현하면, 어느 시점부터 그들에게 '브라질인'이라는 의식이 나타난 것일까? 이런 종류의 질문에 표준이라고 할 수 있는 정확한 답변은 존재하지 않는다. 국민의식은 식민지의 여러 세력이 본국과는 다른 이해를 갖거나, 자신들이 지닌 문제의 근원이 본국에 있다고 생각할 때 형성되기 시작한다. 하지만 식민지 세력들을 동질적인 집단으로 묶기에는 상당한 무리가 따른다. 양 극단의 한쪽에 대토지소유자가 있다면, 다른 한쪽에는 직공과 낮은 급료의 병사가 위치한다. 그리고 그 중간에는 대학 졸업자나 지식인들이 놓인다. 또한 이들이 같은 사상을 공유하고 있는 것도 아니다. 물론 이들이 '프랑스 사상'이나 미국 혁명의 자유주의에서 자극과 영향을 받은 것은 사실이다. 하지만 지배계층은 그러한 사상들을 제한적으로만 수용하려 했다. 예를 들면 자신들의 이해에 반하는 노예제 폐지 문제에 대해서는 매우 신중한 태도를 취했다. 반대로 피지배층에게 독립사상은 평등주의적 사회개혁의 이상과 분리될 수 없었다.

페르남부쿠의 '마스카치스의 전쟁'Guerra dos Mascates(1710년), '펠리피 두스 산투스Filipe dos Santos의 반란'(1720년)을 필두로 한 미나스제라이스의 다양한 반란들, 그리고 1700년대 말부터 1820년대까지의 시기에 발생한 반란의 음모나 혁명들은, 종종 국민의식이 형성되었음을 증명하는 예로 거론된다. 물론 그러한 시각이 틀린 것은 아니지만, 브라질 국민의식에는 지역의식이 내포되어 있다는 점을 놓쳐서는 안 된다. 당시 반란자들은 자신들이 브라질인이라는 인식이 있었지만, 그와 동등하게 혹은 그 이상으로, 자신들을 미나스제라이스인, 바이아인, 페르남부쿠인, 그리고 때로는 가난한 평민으로 인식하고 있었다.

18세기 말 이후, 브라질에서 가장 중요한 저항 움직임은 이른바 '미나스의 변절'로 1789년 미나스제라이스에서 발생했다. 이 반란이 중요한 이유는 실제 사건 자체보다는 그 상징성이 지닌 의미 때문이다. 이 운동은 당시 미나스제라이스의 악화된 상황과 직접적인 관계가 있었다. 동시에 주모자들은 유럽이나 북아메리카에서 건너온 새로운 사상들의 영향을 받았다. 미나스제라이스의 많은 지도인사들은 유럽에서 수학하면서 세계를 여행하였다. 예를 들면 포르투갈 코임브라대학에 유학한 조제 조아킹 다 마이아는 1789년 프랑스 몽펠리에의 의과대학에 들어갔다. 그해부터 이듬해까지 그는 당시 미국대사로서 프랑스에 주재하던 토머스 제퍼슨과 접촉하였으며, 브라질에서 준비 중이던 혁명에 지원을 요청했다.

또 다른 주모자인 조제 알바리스 마시에우는 코임브라대학을 졸업한 후, 영국에서 1년 반을 보냈다. 거기서 그는 제조기술을 배우며 영국 상인들과 브라질 독립운동의 지원 가능성에 대해 논의한다.

'변절자'들의 대부분은 광산주, 대농원주, 사업에 관여한 성직자, 고급 관료나 변호사, 군의 상급 간부 등으로 이루어진 식민지 지도층 인사들이었다. 모두 미나스제라이스의 식민지 당국과 연관이 있었고, 일부는 사법 기관의 일원이기도 했다.

조제 조아킹 다 시우바 샤비에르José Joaquim da Silva Xavier는 어느 의미에서 예외였다. 일곱 형제 중 한 명으로 태어나 부모를 일찍 여읜 그는 부채로 재산을 잃고 사업 실패를 맛보기도 한다. 1775년 그는 장교 중에서는 가장 낮은 계급인 소위로 군에 입대했다. 또한 여가시간을 이용해 치과의사로도 일하였는데, 비하의 의미가 담긴 '치라덴치스'Tiradentes[26]라는 별명은 여기서 연유한 것이다.

18세기 말 미나스제라이스 사회는 쇠퇴기로 들어섰다. 금 생산량이 지속적으로 감소하였지만, 포르투갈 왕실은 여전히 5분의 1세를 철저히 징수하였다. 현지 지도층 인사들과 카피타니아 정부의 긴밀한 관계도 1782년 카피타니아의 신임 지방장관 루이스 다 쿠냐 메네지스가 부임하면서 흔들리게 되었다. 쿠냐 메네지스는 지역 유지들을 멀리하고, 친분이 있는 측근들에게만 혜택을 주었다. 비록 유지는 아니었지만 치라덴치스도 자신의 직위에서 해임되는 불리한 상황에 직면했다. 경비 부대 지휘관인 그의 임무는 만치케이라 산맥을 관통하여 금광 지대의 관문 역할을 하던 전략도로들을 순찰하는 일이었다.

---

26) 어휘상으로는 '이 뽑는 의사'라는 의미이다.

쿠냐 메네지스 후임으로 바르바세나 자작이 임명되자 사태는 더욱 악화되었다. 그는 포르투갈 수상 멜루 이 카스트루로부터 매년 100아로바의 금을 세금으로 징수하라는 명령을 받았다. 이 양을 채우기 위해 카피타니아 지방장관은 사용가능한 모든 종류의 금을 거둬들일 수 있었고, 그래도 부족할 경우는 '데하마'derrama라는 일종의 인두세를 부과할 수 있었다. 또한 그는 왕실에 채무를 진 사람들은 물론 정부당국과 일반 시민들 간의 계약에 대해서도 조사하라는 훈령을 받았다. 이러한 훈령으로 카피타니아 전체에 위기감이 팽배해졌다. 특히 왕실에 채무가 많았던 사회 유력자 계층은 더욱 큰 충격을 받았다.

'데하마'의 선포를 예상한 '변절'의 주모자들은 그보다 한발 앞서 1788년 말에 반란을 도모했다. 그러나 그들은 봉기 계획을 실행으로 옮기지는 못했다. 1789년 3월 계획이 발각되어 주모자들이 고발되었고, 바르바세나는 어떤 '데하마'도 실시하지 않겠다고 천명했다. 주모자 중 치라덴치스는 리우데자네이루에, 그 밖의 주모자들은 미나스제라이스에 투옥되었다. 식민지의 수도 리우데자네이루에서 열린 재판은 오래 지속되었고, 마침내 1792년 4월 18일 판결이 내려졌다. 치라덴치스와 다른 여러 피고인들에게 교수형이 선고되었다. 그러나 몇 시간 후 여왕 도나 마리아 1세의 '사면 서한'으로 치라덴치스를 제외한 피고인들은 전원 감형되어 브라질 추방형을 받았다. 1792년 4월 21일 아침 치라덴치스의 처형을 위해 구체제의 전형적인 교수형 무대가 설치되었다. 무대의 구성요소로 군대가 등장하고, 여왕을 찬양하는 연설이나 환호가 있었다. 교수형이 집행된 후 그의 몸은 동강이 났고, 베어진 머리는 오루프레투의 중앙 광장에 내걸렸다.

'변절자'들은 무엇을 추구한 것일까? 대답은 간단치 않다. 대부분 왕실이 주관한 법정에서 피고인이나 증인의 진술을 토대로 그 대답을 유추해야 하기 때문이다. 피고인들에게 법정진술은 말 그대로 생사가 걸린 문제였다. 외견상 대부분의 주모자들은 미국 헌법을 모델로 한 공화국의 수립을 목표로 하였다. 다이아몬드 지역을 압박한 여러 제한의 철폐, 왕실에 지고 있던 부채의 탕감, 장려금을 통한 공장 건설의 촉진 등도 모색하였다. 또한 상비군을 폐지하고 그 대신 필요한 경우 시민들이 무장하여 의용군을 구성한다는 계획도 있었다. 많은 제안 중에서 가장 흥미로운 것은 노예제도에 관한 것이다. 이념의 일관된 유지와 자신들의 이해 사이에서 주동자들은 중간적인 길을 선택했다. 그들은 표면적으로는 브라질 태생 노예들의 해방을 지지하였다.

미나스제라이스의 '변절'은, 외형적으로 제한된 영역에서 일어난 역사적 사건이 한 국가의 역사에 얼마나 커다란 여파를 미치는지 보여 주는 좋은 예이다. 중요한 사실은 이 반란은 실행에 옮겨지지 않았고 성공 가능성도 거의 없었다는 점이다. 군사적 성공이라는 측면에서 본다면, 페르남부쿠에서 북동부의 광대한 지역으로 확산된 '1817년 혁명'이 더 중요했다. 그러나 '미나스의 변절'이 지닌 중대한 의미는 그 상징성의 힘에서 나온다. 치라덴치스는 국민적 영웅이 되었다. 처형 장면, 시신의 절단, 내걸린 머리 등은 학교 수업에서 감동과 전율을 전해 가며 계속 상기되었다. 이는 하루아침에 빚어진 현상이 아니다. 독자적인 역사를 지닌 신화로 형성되기까지 오랜 시간이 소요되었다. 먼저, 식민지 시대에는 식민통치자들의 해석이 우세하였다. '미나스의 변절'이라는 표현 자체가 이를 잘 말해 주고 있으며, 기묘하게도 이 명칭은 오늘날까지 계속 사용되고 있다. '변절'은 부정적인 의미를 내포한 단어로, 충성심의 결여, 특히 국왕이나 국가에 대한 의무의 불이행을 뜻한다. 군주정 시대에 '미나스의 변절'은 거북한 사건이었다. '변절자'들이 군주제 통치방식에 호의적이지 않았기 때문이다. 게다가 브라질의 두 황제는 혁명가들에게 내려진 판결의 최종 책임자인 도나 마리아 1세의 직계 자손이기도 했다.

　19세기 말 브라질 공화국이 선포되자 '변절'의 입지는 완전히 바뀌었고, 치라덴치스는 공화국의 순교자로 거듭났다. 이런 변화는 현실적인 바탕 위에서 이루어진 것이다. 식민지 주민을 위압하려고 포르투갈 왕실이 기획한 거대한 처형 무대는 역효과를 가져왔다. 이로 인해 사건의 기억과 '변절자'들에 대한 동정심이 선명하게 유지되었다. 재판 과정의 어느 시점부터 음모의 전 책임을 혼자 짊어지고 끝내 처형당하는 치라덴치스의 희생적인 모습은 공화국 선포 후 이 인물의 신화화를 재촉하였다. 4월 21일은 축제일로 지정되고, 치라덴치스의 얼굴은 일반적으로 널리 알려진 예수의 초상과 갈수록 닮아 갔다. 이렇게 해서 좌파와 우파 모두에게, 그리고 일반 대중에게 순교자로 추앙받는 몇 안 되는 국민적 영웅이 탄생한 것이다.

＊　＊　＊

브라질의 독립은 본국과 혁명적인 단절을 통해서가 아니라, 식민지 시대의 연속선상에서 부분적인 변화 과정을 거치며 달성되었다. 이 과정은 포르투갈 왕실의 브라질 이전, 그리고 브라질 항구의 대외 개방과 더불어 시작되었다. 이를 계기로 브라질 식민 체제는 종말을 맞게 되었다.

　19세기 초, 나폴레옹이 영국을 상대로 일으킨 전쟁은 포르투갈 왕실까지 여파가 미쳤다. 서유럽 거의 전역을 지배한 나폴레옹은 영국과 유럽대륙 간 교역을 봉쇄했다. 하지만 봉쇄의 균열이 포르투갈에서 나타났다. 1807년 11월 프랑스군은 스페인-포르투갈 국경을 넘어 리스본으로 진군했다.

당시 포르투갈 왕국은 여왕 도나 마리아가 정신이상 증세를 일으켜 1792년부터 황태자 동 주앙 6세가 섭정을 하고 있었다. 그는 왕실 전체를 브라질로 옮기기로 신속하게 결정하였다. 1807년 11월 25일에서 27일까지, 약 1만~1만 5,000명을 태운 포르투갈 선박이 영국 함대의 호위를 받으며 브라질로 출발했다. 장관, 평의원, 최고재판관, 재무관료, 육·해군 지휘관, 고위 성직자 등 모든 관료기구가 식민지 브라질로 이동했다. 또한 왕실의 보고寶庫, 정부의 문서고, 인쇄기, 그리고 리우데자네이루 국립도서관의 토대가 된 많은 장서들도 함께 운반했다.

브라질에 당도한 동 주앙은 바이아에 일시 체류하였을 때, 우호국들에게 브라질 항구를 개방하였다(1808년 1월 28일). 그 당시 '우호국'이란 영국을 지칭하는 것이지만, 이 결정으로 300년에 걸친 식민 체제는 막을 내렸다. 리우데자네이루에 도착한 섭정황태자는 1808년 4월 브라질에 공장 설립을 금한 법령들을 혁파하고, 공업 원재료 수입에 부과된 관세를 폐지하였다. 또한 모직, 면직, 제철 산업 등에 보조금을 지급하고, 발명이나 신형 기계 도입을 장려하였다.

개항은 역사적으로 볼 때 예상 가능한 방책이었지만, 시대적 상황 때문에 촉발된 것도 사실이다. 프랑스군에 점령당한 포르투갈에서는 어떠한 무역도 불가능한 상태였다. 따라서 왕실 입장에서는 이미 횡행하던 식민지 브라질과 영국의 밀무역을 합법화하여 세금을 거두는 편이 이익이었다.

이러한 조치의 최대 수혜국은 영국이었다. 리우데자네이루는 영국 공산품의 수입항이 되었고, 이 제품들은 브라질은 물론 라플라타 강 지역이나 남미의 태평양 연안까지 유통되었다. 1808년 8월경에는 이미 150~200명의 영국 상인과 무역 대리인이 주재하였다. 개항은 설탕이나 면화 등 수출용 작물을 생산하는 농장주들에게도 유리하게 작용했다. 새로운 정책이 시행되자 이들은 본국의 무역독점에서 벗어날 수 있었고, 이후에는 식민 체제에 의한 규제 없이 누구에게라도 상품을 판매할 수 있었다.

반면, 이 조치는 리우데자네이루와 리스본 상인들의 커다란 항의를 유발하여, 황태자 동 주앙은 그들에게 몇 가지를 양보하지 않을 수 없었다. 1808년 6월의 법령에서 자유무역은 벨렝, 상루이스, 헤시피, 사우바도르, 리우데자네이루의 항구로 한정되었다. 또한 식민지 내부에서의 상거래는 포르투갈 선박만을 이용하도록 제한하였다. 가격의 24%로 책정되었던 수입 물품의 관세는 포르투갈 선박이 운송한 경우에 한해 16%로 인하되었다. 하지만 실질적인 의미를 지닌 것은 마지막 조치뿐이었는데, 이마저도 곧 효력을 잃게 된다.

식민지 브라질 시장을 장악하려는 영국의 시도는 마침내 결실을 맺게 되었다. 오랜 협상 끝에 1810년 2월 양국 간 통상·항해조약이 체결되었다. 포르투갈 왕실은 협상에서 사용할 수 있는 카드가 거의 없었다. 포르투갈 본국의 탈환은 전적으로 영국에 달려 있었기 때문이다. 구체적으로 나폴레옹 전쟁에서 영국이 승리해야 가능한 일이었다. 게다가 포르투갈 식민지도 영국 함대의 보호를 받는 상태였다. 1810년 조약에서 브라질에 들어오는 영국 수출품의 관세가 15%로 정해지면서, 영국 제품은 포르투갈 제품보다도 유리한 위치에 서게 되었다. 얼마 지나지 않아 양국의 제품에 동일한 관세가 적용되었지만, 영국 제품의 우세는 압도적이었다. 유럽 자본주의 세계에서 후발국에 해당하는 포르투갈에게 보호관세

동 주앙 6세의 초상. 프랑스 화가 장 밥티스트 드브레(Jean-Baptiste Debret)의 동판화이다.

가 없다면, 제품의 가격 면에서나 다양성 면에서 영국과 경쟁할 수 없었다. 결국 동 주앙이 초기에 표방한 공업화 정책은 몇 가지 드문 예외를 제외하고는 사문화되었다.

한편, 브라질 식민지 사회의 지배층은 영국의 어느 한 정책에 촉각을 곤두세우고 있었다. 과거 영국은 노예무역으로 막대한 이익을 얻었지만, 18세기 말부터는 노예제도에 공격적인 자세를 취하였다. 1810년 통상·항해 조약과 더불어 체결된 우호·동맹 조약에서, 포르투갈 왕실은 노예무역을 자신의 영토 내에서만 실시하는 것으로 협약하였다. 그리고 막연하지만 그 내부 무역도 앞으로 조치를 취하여 제한하겠다는 약속을 하였다. 수년 후 나폴레옹 전쟁의 전승국들이 모인 빈 회의(1815년)에서 포르투갈 정부는 적도 북부 지역에서 노예무역을 금지하기로 한 새로운 조약에 조인하였다. 이에 따라 아프리카 미나 해안에서 브라질로 향하는 노예무역은 중지해야만 했다. 또한 이 조약의 추가조항에서 노예선으로 의심되는 선박을 공해상에서 수색하고 나포할 수 있는 권한이 영국에게 주어졌다. 하지만 이러한 조치들이 노예무역을 멈추게 하지는 못하였다. 오히려 1820년대 들어 노예무역은 1700년대 말에서 1800년대 초 기간보다 더 증가하게 된다. 이로 인해 영국 정부와 브라질 사회 지배층 사이에는 대립구도가 형성되었다. 이 대립은 브라질의 독립 이후 더욱 첨예해진다.

포르투갈 왕실이 브라질로 이전하면서 남아메리카의 국제관계 구도에도 변화가 일어나기 시작했다. 전쟁·외무성이 리우데자네이루에 설치되자, 포르투갈의 외교정책은 이제 식민지에서 결정하게 되었다. 포르투갈 왕실은 영국의 요청으로 프랑스령 기아나에 원정대를 보내는 한편, 라플라타 강 지역, 특히 반다오리엔탈(현재의 우루과이) 지역에 관심을 집중했다. 그곳은 17세기 말 이후 스페인과 포르투갈이 충돌을 반복해 온 지역이었다.

동 주앙 6세는 반다오리엔탈을 브라질에 병합시키려고 1811년과 1816년, 두 차례에 걸쳐 군사작전을 전개했다. 우루과이 독립운동의 중심 인물인 아르티가스José Gervasio Artigas의 패배로 포르투갈은 반다오리엔탈의 소유를 확실히 하였다. 1821년 이 지역은 '시스플라티나'라는 이름으로 브라질에 합병되었다. 그러나 라플라타 강 지역을 둘러싼 양국의 갈등은 해결의 실마리를 찾지 못하였다.

왕가의 이전과 함께 리우데자네이루는 결정적으로 식민지 행정의 중심축이 되었다. 도시의 외형이 변화하고 사람들은 문화생활도 누리기 시작했다. 서적을 구할 수 있게 되자, 사상이 전파되었다. 1808년 9월에는 식민지에서 발행되는 최초의 신문이 등장하였다. 왕실은 물론 급증하는 도시민들의 필요를 충족시키기 위하여, 극장과 도서관, 문학 및 과학 아카데미 등이 설립되었다. 동 주앙 6세가 브라질에 체재한 기간 동안 (1808~1821년), 수도 리우데자네이루의 인구는 5만에서 10만 명으로 배증했다. 새로운 주민의 대부분은 이민자였으며, 포르투갈인만이 아니라 스페인인, 프랑스인, 영국인 등도 포함되어 있었다. 이들의 대부분은 전문직 종사자나 숙련된 장인으로, 도시의 중산층을 형성하였다.

그 밖에 외국인 과학자나 여행가들이 브라질을 찾았다. 그 중에는 특히 박물학자이자 광물학자인 영국인 존 모우, 바이에른 출신의 동물학자 스픽스와 식물학자 마르티우스, 프랑스인 박물학자 생틸레르 등을 꼽을 수 있는데, 이들이 남긴 저술은 당대를 이해하는 데 없어서는 안 될 필수 자료가 되었다. 또한 1816년 3월에는 프랑스 예술 사절단이 리우데자네이루를 방문했다. 이 사절단 속에는 도시건축 설계로 유명한 건축가 그랑장 드 몽티니, 화가 펠릭스 토네와 장 드브레가 포함되어 있었다. 토네와 드브레는 19세기 초 리우데자네이루의 풍경이나 풍속을 그린 스케치와 수채화를 남겼다.

포르투갈 왕실은 브라질로 이전한 후에도 포르투갈의 입장을 유지하면서, 포르투갈인들의 이익을 위해 행동했다. 따라서 브라질에서는 여러 곳에서 불만이 표출되었는데, 주요 진원지 중 하나는 군대였다. 동 주앙은 브라질의 중심 도시들을 방어하기 위해 포르투갈에서 병력을 불러왔다. 그리고 군을 편성하는 과정에서 가장 중요한 직위는 포르투갈 귀족에게 배정했다. 더욱이 왕실의 경비나 라플라타 지역의 군사작전 비용

등을 이제는 브라질이 홀로 떠안아야 했으므로 세금 부담은 더욱 무거워졌다.

여기에 지역 간 불평등이라는 문제도 존재했다. 브라질 북동부 지역에 팽배한 정서는, 왕실의 브라질 이전으로 식민지의 정치적 지배권이 하나의 먼 도시에서 또 다른 도시로, 즉 리스본에서 리우데자네이루로 옮아갔다는 것이었다. 1817년 3월 페르남부쿠에서 일어난 혁명에는 이러한 감정이 다른 여러 불만들과 섞여 있었다. 다른 불만들이란 주로 경제적 상황과 포르투갈인에게 주어진 특권에서 비롯된 것이었다. 1817년 혁명에는 군인, 농촌 지주, 판사, 장인, 상인, 다수의 성직자 등 광범위한 사회 계층이 참여했다. 이 혁명은 실제로 성직자들의 참여가 많아 '신부혁명'이라고도 불리었다. 특히 주목해야 할 점은 무역에 종사하는 브라질 대상인들의 존재이다. 이들은 그때까지 포르투갈 상인들이 독점하던 분야에 진출하여 그들과 경쟁하기 시작한 것이다.

'1817년 혁명'의 또 다른 중요한 특징은 그 파급 범위였다. 혁명은 헤시피에서 시작되어 알라고아스, 파라이바, 히우그란지두노르치의 오지까지 넓혀졌다. 이 지역에 대한 정부의 냉대와 강력한 반反포르투갈 정서는 혁명이 북동부 전 지역으로 확산되는 공통 동인이 되었다. 그러나 서로 다른 사회계층들이 동일한 목적을 공유한 것은 아니었다. 도시의 빈곤층에게 독립은 평등 사상과 연관되어 있었다. 한편, 지방 대농장주들의 주된 목표는 왕실이 좌우하는 중앙 정부를 종식시키는 것이었다. 그들은 식민지 브라질 전체는 아닐지라도 적어도 북동부의 운명만큼은 자신들의 손으로 결정하고자 했다.

혁명가들은 헤시피를 점령하고 '기본법'에 바탕을 둔 임시정부를 수립하였다. 기본법에는 공화국의 수립과 권리의 평등, 종교의 관용 등이 천명되었는데, 노예제도는 언급되지 않았다. 다른 한편, 혁명가들은 승인과 지원을 얻기 위해 여타 카피타니아들과 미국, 영국, 아르헨티나에 사절을 파견하였다. 그러나 반란이 오지로 확대되자 포르투갈군은 즉각 헤시피를 포위하고 알라고아스에 상륙하여 공격을 개시했다. 전쟁이 내륙지방을 휩쓸면서 혁명가들의 준비 부족과 내부 대립이 드러나게 되었다. 결국 포르투갈군은 1817년 5월 헤시피를 점령하고, 반란의 주동자들을 체포하고 처형하였다. 2개월 이상 지속된 이 혁명은 북동부에 깊은 흔적을 남겼다.

* * *

1817년 무렵에 누군가가 브라질은 5년 이내에 독립하리라고 말한다면 아마도 신빙성 없는 예견으로 치부되었을 것이다. 페르남부쿠 혁명은 북동부로 한정되었고, 게다가 패배로 끝났다. 1814년 나폴레옹의 패배로 유럽전쟁이 종결되자, 왕실은 포르투갈과 브라질을 통합하여 단일 왕국 내의 두 지역으로 삼는 방안을 추진하였다. 외견상 왕실이 브라질에 머물 이유는 더 이상 존재하지 않았다. 그러나 동 주앙은 아메리카 식민지에 계속 남겠다는 결정을 내리고, 1815년 12월 브라질을 포르투갈과 알가르베[27) 연합왕국의 지위로 격상시켰다. 수개월 후 여왕이 세상을 뜨자, 섭정 황태자는 동 주앙 6세의 칭호로 포르투갈, 브라질, 알가르베 연합왕

---

27) 알가르베(Algarve): 포르투갈 최남단 지역인 알가르베는 포르투갈이 건국 이후 이슬람 세력으로부터 레콩키스타(국토회복전쟁)를 통해 회복한 지역이다. 이러한 연유로 포르투갈 국왕은 전통적으로 '포르투갈·알가르베 왕'이라는 칭호를 사용했다.

국의 국왕으로 즉위했다.

브라질의 독립을 설명하기 위해서는 국내외의 다양한 요인들을 종합적으로 검토해야 한다. 하지만 당시 브라질 자치를 지지했던 대부분의 가담자들도 미처 예상치 못했던 방향으로 사건이 전개된 것은, 다시 말해 자치 수호에서 독립운동으로 상황이 급변한 것은, 외부에서 불어온 바람 때문이었다.

1820년 8월, 포르투갈에서는 계몽주의에 자극받은 자유주의 혁명이 일어난다. 혁명주의자들은 심각한 위기에 처한 포르투갈의 탈출구를 모색하였다. 그 위기는 정치, 경제, 군사 분야에서 나타난 복합적인 위기였다. 즉, 국왕의 부재 그리고 정부기관의 부재에서 비롯된 정치적 위기이고, 브라질에 유리한 무역 자유화가 불러온 경제적 위기이며, 군의 고위직을 영국인들이 차지하는 불공평한 처우에서 연유한 군의 위기였다. 동주앙의 부재 기간 중, 포르투갈은 영국군의 베레스포드 장군이 이끄는 섭정위원회에 의해 통치되었다. 나폴레옹 전쟁이 끝나자, 베레스포드는 포르투갈군의 사령관이 되었다.

포르투갈의 '1820년 혁명'에는 서로 모순되는 측면들이 혼재해 있었다. 절대왕정을 구태의연한 억압적 체제로 간주하고, 의회와 같은 사회 대표기관을 활성화했다는 점에서는 자유주의 혁명이라 정의할 수 있을 것이다. 하지만 다른 한편으로, 그 혁명은 포르투갈 부르주아의 이익을 증대시키기 위해 영국의 영향력을 제한하고, 브라질을 다시 한번 포르투갈에 완전히 종속시키려 하였다.

1820년 말, 혁명주의자들은 포르투갈에 임시평의회를 수립하여 국왕의 이름으로 통치를 시작했다. 그와 동시에 국왕의 환국을 요청했다. 또한 포르투갈 왕국 내 모든 지역에서 선거를 실시하여 대의원을 선출하고, 이들로 구성된 의회를 소집하기로 결정했다. 이 의회의 가장 중요한 임무는 헌법을 기초하고 승인하는 제헌의회의 역할이었다. 한편, 브라질에서는 장차 '성'provincia으로 불리게 될 카피타니아에 통치평의회를 설치하여 혁명을 지지하고 따르게 할 계획이었다.

포르투갈의 1820년 운동은 불만을 품은 군인들에 의해 시작되었다. 브라질에서 이 운동의 반향이 최초로 일어난 곳도 포르투갈인들이 포함된 브라질 군대 내부에서였다. 군인들은 벨렝과 사우바도르에서 봉기하여 곧바로 통치평의회를 수립했다. 리우데자네이루에서는 시민들과 포르투갈 병사들이 시위를 일으켜 국왕에게 압력을 행사했다. 국왕은 내각의 개편을 단행하고, 통치평의회가 없는 곳에서는 평의회를 수립하며, 대의원을 선출하기 위해 간접선거를 준비해야 했다.

이 무렵, 동 주앙 6세의 포르투갈 귀환을 둘러싸고 분열이 일어났다. 리우데자네이루에서는 '포르투갈파派'가 국왕의 귀환을 주장하였다. 포르투갈파의 구성원들은 주로 군 고위간부, 관료, 상인들이었는데, 이들은 가능한 한 식민체제 틀 안에서 브라질을 다시 본국에 복속시키고자 하였다. 이와는 정반대의 이유로 귀환에 반대한 것은 '브라질당'이었다. 이 당에는 수도에 가까이 있는 카피타니아의 대농장주, 브라질 태생의 관료와 법조인들이 가담했다. 또한 식민지 브라질에 이해관계가 있는 포르투갈인, 자유무역이라는 새로운 환경에 적응한 상인들, 도시의 토지와 건물에 투자한 이들도 포함되었다. 이러한 투자가들은 대개 혼인을 통해 식민지인들과 관계를 맺고 있었다. 여기에서 '브라질당'을 언급할 때 따옴표를 붙인 이유는 그것이 본래 의미의 정당이라기보다는 의견의 추세에 더 가깝기 때문이다. 당시 정치 선언은 특히 프리메이슨의 지부를 통해 이루어졌는데, 가장 급진적인 회원들은 독립을 지지했다.

동 주앙 6세의 포르투갈 귀환 문제는 곧 깨끗하게 정리되었다. 포르투갈에 돌아가지 않으면 왕위를 잃을지도 모른다는 두려움에 국왕은 결국 귀환을 결정했다. 1821년 4월, 동 주앙 6세는 4,000명의 포르투갈인을 이끌고 항해 길에 올랐다. 그 대신, 후에 동 페드루 1세가 되는 아들 페드루를 섭정 황태자로 남겼다. 이후 브라질에서는 수개월에 걸쳐 제정의회를 구성할 대의원 선거가 실시되었다. 선출된 의원들은 거의 모두 브라질 태생이었다. 그 중에는 1817년 혁명에 참가한 시프리아누 바라타Cipriano Barata(바이아), 무니스 타바리스Muniz Tavares(페르남부쿠), 안토니우 카를루스 히베이루 지 안드라다Antônio Carlos Ribeiro de Andrada(상파울루) 등 독립에 대해 급진적인, 혹은 과거에 급진적이었던 인물들이 포함되어 있었다.

제헌의회 개원은 1821년 1월 브라질에서 선출된 대의원들이 미처 포르투갈에 도착하기도 전에 이루어졌다. 그리고 식민지 브라질의 커다란 불만을 초래할 일련의 정책들이 통과되었다. 브라질의 각 지방정부는 리우데자네이루에서 독립하여 리스본에 직접 예속되었다. 또한 영국과 체결한 통상조약을 폐지하려는 움직임도 있었다. 그런데 이 조약은 영국만이 아니라 브라질의 지방 대농장주나 도시 소비자들에게도 혜택을 주었던 것이다. 여기에 더해, 자유주의 혁명의 지도자들이 식민지 브라질을 경멸적으로 묘사하자 끓어오르는 불만에 기름을 붓는 격이 되었다. 자유주의 지도자들 대다수에게 브라질은 그저 "원숭이와 바나나, 그리고 아프리카 해안에서 끌려온 흑인들의 땅"에 지나지 않았고, 질서 유지를 위해 순찰견이 필요한 곳일 뿐이었다.

1821년 9월 말부터 10월에 걸쳐 의회가 또 다른 새로운 조치들을 결정하자, 브라질은 여러 대안 중에서 독립을 선택할 수밖에 없는 상황이 되었다. 사실 이때까지 독립은 매우 막연한 계획 단계에 머물러 있었다. 의회는 과거 동 주앙 6세가 브라질에 설립한 주요한 행정기관을 리스본으로 이전하고, 리우데자네이루와 페르남부쿠에 새로운 부대를 주둔시키기로 결정하였다. 그리고 섭정 황태자의 본국 귀환을 의결함으로써 브라질에 마지막 일격을 가했다.

'브라질당'은 동 페드루가 계속 브라질에 남도록 모든 힘을 결집했다. 결국 황태자는 브라질에 남기로 결정하였고, 그 선언의 날인 1822년 1월 9일은 일명 '잔류선언["나는 남겠다"]의 날'Dia do Fico로 기념되고 있다. 황태자의 결정은 되돌릴 수 없는 길을 선택한 것이었다. '잔류선언' 이후 섭정 황태자의 행동은 단절의 행동일 수밖에 없었다. 동 페드루에게 충성 서약을 거부한 포르투갈 부대는 리우데자네이루에서 철수해야 했다. 그 대신 브라질군의 창설이 추진되었다. 동 페드루는 포르투갈인들로 이루어진 새로운 내각을 구성하였지만, 그 수장에는 브라질 출신 조제 보니파시우 지 안드라다 이 시우바José Bonifácio de Andrada e Silva를 임명하였다.

안드라다 형제(안토니우 카를루스, 마르칭 프란시스쿠, 조제 보니파시우) 중에서 특히 조제 보니파시우는 당시 브라질 정치의 중심인물이었다. 그의 부친은 설탕수출에 종사하여 산투스에서 가장 부유한 일가를 이루었다. 코임브라대학에서 수학한 조제 보니파시우는 1783년부터 1819년까지 유럽에 체류했다. 포르투갈에서는 정부 요직에 오르거나, 코임브라대학 교수를 역임하기도 했다. 브라질로 돌아온 후에는, 1821년 3월 상파울루의 임시 평의회를 주재해 달라는 요청을 받는다. 조제 보니파시우의 사상을 한마디로 정리하는 것은 쉽지 않은 일이다. 그는 사회 분야에서는 노예무역과 노예제도의 점진적 폐지, 농지개혁, 이민의 자유로운 허용 등 진보적인 사상을 주장했다. 정치적으로는 자유주의적인 보수인사였는데, 어느 기회에 한 발언처럼 "더럽고 무질서한 민주주의의 너덜너덜한 깃발"의 적이었다. 또한 계몽적인 지배계층에 한정된 시민 대표들이 뒷받침한다면 군주제가 브라질에 가장 적합한 통치 방식이라고 믿고 있었다.

브라질의 독립이 완결되어 가는 과정에서, '브라질당'의 보수세력과 급진세력은 어느 정도 서로 분명하게 구분되었다. 독립 직전의 수년간, 보수진영은 포르투갈과의 관계에서 브라질의 자치권 확대를 주장하였을 뿐, 독립에 관한 인식은 그 이후 가지게 되었다. 보수진영의 시각에서는, 제한된 대표제에 바탕을 둔 입헌군주제야말로 가장 바람직한 통치형태이고, 질서와 사회적 안정을 보장해 주는 제도였다. 급진진영을 정의하기는 더 까다롭다. 광범위한 민중의 참여와 다양한 자유, 그 중에서도 특히 출판의 자유를 확립하려는 군주제 지지자에서부터, 독립을 공화주의 사상이나 보통선거, 그리고 때로는 사회개혁과 연결시키려는 이른바 '극단주의자'들에 이르기까지 다채로운 주장이 그 안에 포함되어 있기 때문이다.

제헌의회의 소집이 결정된 이후에도 '포르투갈과의 연합'을 주장하는 목소리가 흘러나왔지만, 단절·독립을 향한 발걸음은 더욱 빨라졌다. 이제 공직에 들어가기 위해서는 브라질 독립을 지지하는 맹세를 해야 했다. 그리고 각 지방 정부에는 포르투갈 출신을 채용하지 말라는 권고가 전해졌다. 1822년 8월, 섭정 황태자는 본국에서 온 군 병력을 적으로 간주한다고 선언한다. 곤살베스 레두와 조제 보니파시우는 우호적 관계에 있는 국가들에게 이 선언문을 발송했다.

이때 리스본에서 보내온 공문서가, 브라질이 본국과 완전하게 단절하고 독립을 이루어야 한다는 사상에 더욱 힘을 실어 주었다. 공문서에는 섭정 황태자의 포고는 무효라는 주장과 함께, 각료들을 배신자라고 비난하며 섭정 황태자의 리스본 귀환을 다시 한번 촉구하는 내용이 담겨 있었다. 황태자비 도나 레오폴디나와 조제 보니파시우는 상파울루로 향하던 동 페드루에게 급히 이 소식을 전했다. 1822년 9월 7일, 이피랑가 강변에서 소식을 받은 동 페드루는 유명한 '이피랑가의 외침'을 발하였다.[28] 이로써 브라질은 정식으로 독립을 선언했다. 12월 1일, 22세의 섭정 황태자는 황제의 자리에 오르며 동 페드루 1세의 칭호를 받는다. 브라질은 군주정이라는 통치 형태를 유지한 채 독립하였다. 더욱이 새로운 국가의 왕위에는 포르투갈 출신의 왕이 등극하였다.

12. 식민지 시대 말기의 브라질

영토와 인구의 관점에서 접근할 때, 독립 당시의 브라질은 어떤 나라였을까?

18세기 이래 식민지 브라질의 지리적 범위는 토르데시야스 조약의 애매한 경계선과는 전혀 관련이 없게 되었다. 상파울루 반데이라의 탐험이 서쪽으로 확산되고, 목축업자와 군사들이 남서쪽으로 진출하자, 사실상 브라질의 경계는 더욱 확대되었다. 18세기에 시작된 광산업자들의 금광 탐색이 한층 더 국경을 넓혀 브라질 영토는 오늘날의 모습과 흡사해졌다.

새로운 경계선들은 법적으로 인정을 받아야 했는데, 이것은 주로 스

---

28) 이때 동 페드루의 외침은 "독립인가 죽음인가"(Independência ou morte!)였다고 한다.

페인과 관련된 문제였다. 포르투갈 왕실과 스페인 왕실 사이에 체결된 마드리드 조약(1750년)은 '점유물 유보' 또는 '현상유지'의 원칙을 인정하여 포르투갈에게 유리하게 작용했다. 단지, 남쪽 국경지대에서만 예외적인 결정이 내려져 포르투갈은 몬테비데오 부근 라플라타 강변의 콜로니아 두 사크라멘투를 포기했다. 그 대신, 우루과이 강 좌측 변에 위치한 영토, 즉 원주민과 예수회가 점유하던 이른바 '일곱 개의 선교마을' Território das Sete Missiões을 획득했다.

그러나 조약 체결 후에도 남부 국경을 둘러싼 분쟁은 그치지 않았다. 1761년 협정으로 마드리드 조약이 무효화되고, 산일데폰소 조약(1777년)을 통해 '일곱 개의 선교마을'은 스페인 측으로 반환되었다. 포르투갈은 콜로니아 두 사크라멘투의 소유권을 계속 주장하였는데, 그 지역이 파라나 강을 타고 볼리비아와 페루에서 은을 밀수입할 수 있는 전략 기지였기 때문이다.

국경선이 원만하게 확정된 이후에도, 브라질의 광대한 지역들은 사실상 미개척지로 남아 있거나 식민 개척자들과 접촉하지 않은 원주민의 거주지일 뿐이었다. 식민 시대 말기의 브라질 인구에 대해서는 신뢰할 수 있는 통계가 존재하지 않는다. 왕실 명령으로 실시된 인구조사에서는 종종 7세 이하의 어린이, 원주민, 때로는 노예들마저 제외되곤 하였다. 1819년 브라질에는 약 360만 명이 거주한 것으로 추산되며, 지방별로는 미나스제라이스, 리우데자네이루, 바이아, 페르남부쿠 순으로 인구가 집중되어 있었다. 브라질 남부는 여전히 주변지역이었다.

주요 지방에 남아 있는 자료를 토대로 인종적인 측면을 살펴보면 백인은 전체 인구의 30%를 넘지 않았다.

지나치게 개략적인 면이 있지만, 이상의 내용이 식민 시대 말기 브라질의 영토적·인구적 특징이다. 주민은 더 이상 해안을 게처럼 헤집고 다니지 않았다. 그러나 인구의 약 74%는 여전히 주요 수출항 주변에 몰려 있거나 해안에 접해 있는 카피타니아(리우데자네이루, 바이아, 페르남부쿠, 파라이바)의 농촌에 거주하였다.

제정 브라질,
1822~1889년

2장 | 제정 브라질, 1822~1889년

1. 독립의 공고화와 국가건설

독립의 토대는 몇 년 지나지 않아 굳게 다져졌다. 포르투갈군이 시스플라티나 지방에서 저항을 벌였지만, 1823년 11월 마침내 철수하였다. 그후 우루과이의 독립과 관련된 기나긴 전쟁이 시작되었다. 이제 우루과이군의 상대는 포르투갈이 아니라 브라질이었다. 한편, 바이아에서 브라질군과 포르투갈군 사이에 또 한 차례의 무력충돌이 있었는데, 이때에도 승리는 브라질군의 몫이었다.

국제사회로 눈을 돌리면, 우선 1824년 5월 미국이 가장 먼저 브라질 독립을 승인했다. 영국은 이미 비공식적으로 승인한 상태였다. 당시 브라질은 영국의 해외시장 중 세번째로 큰 규모였기 때문에 영국인들은 무역 이익을 위해 브라질의 혼란을 원치 않았다. 다만, 공식적인 승인이 지체된 것은 노예무역의 즉각적인 폐지를 브라질에 요구한 상태였기 때문이다. 브라질의 독립이 완성되는 과정에 영국은 직간접적으로 영향력을 행사하였다. 또한 이 신생국이 포르투갈로부터 승인을 얻는 데에도 중재역할을 담당했다.

포르투갈이 브라질의 독립을 승인하는 조약은 1825년 8월에 체결되었다. 이 조약에는 식민지 상실에 따른 보상으로 브라질이 포르투갈에 200만 파운드를 지불한다는 조항이 들어 있었다. 또 다른 조항에는 포르투갈의 다른 어느 식민지와도 통합을 시도하지 않겠다는 브라질의 약속이 포함되어 있었다. 브라질은 포르투갈 왕실에 보상금을 지불하기 위해 영국과 최초로 차관계약을 맺게 된다. 두번째로 언급된 조항은 일견 기이하게 보일 수 있다. 그 배경을 이해하려면, 브라질의 노예무역이 아프리카 연안의 여러 지역들과 긴밀하게 연결되어 있었음을 상기할 필요가 있다. 브라질의 독립 소식이 앙골라에 전해졌을 때, 벵겔라[1]도 '브라질의 대의명분'에 동참하자는 팸플릿이 등장했다. 그런데 이 인쇄물의 제작처가 브라질이었기 때문에, 포르투갈의 우려가 전혀 근거 없는 것은 아니었다.

* * *

전통적인 브라질 역사서술 방식에서는 스페인령 아메리카의 복잡한 해방 과정과 비교하여 브라질의 독립이 상대적으로 용이했음을 부각시키려는 경향이 있다. 또한 스페인령 아메리카는 여러 국가들로 분열된 반면, 브라질은 하나의 통일된 국가를 유지했다는 점이 강조되기도 하였다. 이러한 두 가지 관점은 상호연관성을 지니고 있지만, 여기에서는 이 둘

---

1) 벵겔라는 앙골라의 서부 해안에 위치한 도시이다.

을 편의상 분리해서 다루도록 한다. 1822~1840년 시기의 사건들을 분석해 보면, 영토적 통일성이 유지되는 과정을 좀더 명확히 이해할 수 있을 것이다.

하지만, 무엇보다 우선적으로 검토되어야 할 것은 과연 전통적인 역사 해석방식이 여전히 유효한가라는 점이다. 그와 상반되는 시각도 분명히 존재하기 때문이다. 이러한 비판적인 시각은 리우데자네이루를 중심으로 한 통일체적 독립이 합의의 산물이 아니라 전쟁을 통해 획득한 결과물이라고 평가한다. 지역 자치를 주장하는 운동이나 파라 주의 경우처럼 포르투갈에 계속 병합되어 있기를 바라는 움직임들이 전쟁을 겪으면서 모두 좌절되었기 때문이다.

이러한 반대의 시각은 브라질 독립이 결코 평화로운 과정을 거쳐 이룩된 것이 아님을 일깨워 주는 의미를 지닌다. 그러나 비록 무력이 사용되고 또 그 결과 희생이 발생했다고는 해도, 심각한 파괴나 손실 없이 독립이 단기간에 공고히 다져진 것은 부정할 수 없는 사실이다. 또한 브라질 독립은 사회경제적 질서나 통치체제에 특별한 변화를 가져오지 않았다. 라틴아메리카의 역사에서 브라질은 공화국 사이에 끼인 유일한 군주국이 되었다.

서로 다른 두 시대가 상대적인 연속성으로 이어질 수 있었던 근본적인 이유는 무엇인가. 우리는 그 답을 포르투갈 왕실의 브라질 이전과 독립 과정 속에서 찾을 수 있다. 개항을 계기로 포르투갈 왕실과 식민지 브라질의 지배계층은 서로 가까운 사이가 된다. 특히 리우데자네이루, 상파울루, 미나스제라이스의 지배층은 더욱 그러했다. 왕실 이전으로 리우데자네이루 지역이 얻게 된 이익은 곧 설탕산업, 커피산업, 노예무역 분야의 경제적 성장으로 이어졌다.

물론 왕실에 대한 불만도 여전히 남아 있었다. 하지만 공화주의 사상이 처음 등장한 북동부를 제외하면, 그 외의 지역들이 보인 불만은 그리 강하지 않았다. 독립운동을 이끈 정치 엘리트도 왕실과의 단절에는 관심이 없었다. 이미 틀이 갖춰져 안정된 구 식민지 사회에 위기를 초래할 수도 있기 때문이다. 자치를 위한 노력 그리고 나아가 독립 쟁취를 위한 운동이 국왕과 섭정 황태자를 중심으로 전개된 것은 의미심장한 일이다. 독립 후 몇 년 동안 군주는 권위의 상징이었고, 그 권위는 황제 자신이 비판을 받았을 때조차 흔들리지 않았다.

하지만 독립이 단기간에 큰 소동 없이 달성되었다는 사실이 다음과 같은 두 가지 잘못된 결론으로 이어지지 않도록 주의해야 한다. 첫째, 포르투갈을 통해 영국에 간접적으로 종속되었던 브라질이 이제는 영국에 직접 종속된 것이므로 변한 것은 아무것도 없다는 결론이다. 둘째, 확고한 사회적 기반과 새로운 국가에 대한 명확한 비전을 공유한 동질적인 정치 엘리트가 존재했다는 주장이다.

첫번째 결론은 몇 가지 이유에서 잘못되었다고 할 수 있다. 1808년 개항 이후 나타난 새로운 종속관계는 단순한 이름의 변화 그 이상을 의미한다. 옛 식민지 브라질이 국제경제 시스템에 편입되는 방식이 변화했기 때문이다. 게다가, 독립은 국가를 체계화하고 단일성을 유지하기 위해 국민국가 형성이라는 과제를 부여했다.

두번째 결론 또한 오류가 있다. 조제 보니파시우를 비롯한 독립운동의 중심인물들은 국가건설에 필요한 기본방침에 전혀 합의한 바가 없었다. 오히려 정반대로, 1822년에서 1840년까지의 기간은 심각한 정치적 동요와 각종 반란으로 얼룩졌고, 권력을 체계화하는 과정에서 서로 모순되는 시도들이 충돌하기도 했다.

＊　　＊　　＊

국가독립 이후 처음 2년간 가장 큰 정치적 쟁점은 헌법의 승인이었다. 브라질에서는 독립 이전부터 이미 제헌의회 구성을 위한 선거가 예정되어 있었다. 하지만 선거의 실시는 9월 7일[2] 이후가 되었고, 제헌의회는 1823년 5월 리우데자네이루에서 처음 소집되었다. 개원 후, 의회와 수상 보니파시우의 지원을 받은 동 페드루 사이에는 알력이 발생했다. 갈등의 원인은 행정부(이 경우는 황제)와 입법부 사이의 권력 분배였다.

제정의회 의원들은 황제에게 하원 해산권과 선거 소집권이 주어지는 것에 동의할 수 없었다. 또한 황제가 절대적인 거부권을 갖는 것도 원치 않았다. 그것은 입법부에서 수립한 어떠한 법률에 대해서도 황제는 그 유효성을 부정할 수 있다는 의미이기 때문이다. 반면, 동 페드루와 그의 지지자들은 '민주적이고 분리주의적인' 경향에 맞설 수 있는 강력한 행정권을 필요로 했다. 이들은 황제가 막강한 권한을 소유하는 것은 정당하다고 판단했다. 그러나 당시는 정치적으로 불안정한 시기였으므로 보니파시우는 독립 후 채 1년도 되지 않아 수상직에서 물러나야 했다(1823년 7월). 그는 자유주의자들의 비판과 보수주의자들의 불만 사이에서 곤혹스러워했다. 특히 보수주의자들은 그가 독단적으로 정부를 운영하며 황제에게 직접 다가가는 길을 막고 있다고 비판했다.

권력투쟁이 치열해지자 마침내 동 페드루 1세는 군의 지원을 등에 업고 제헌의회를 해산했다. 또한 안드라다 형제를 포함해 다수의 의원들을 구금하였다. 곧이어 헌법 제정 작업이 진행되어 1824년 3월 25일 독

---

2) 1822년 9월 7일은 동 페드루가 독립선언(이피랑가의 외침)을 한 날이다.

립 후 첫 헌법이 발포되었다. 새 헌법은 내용 면에서 해산 전 제헌의회가 제안했던 것과 큰 차이가 없었다. 단, 형식적인 면에서 절차상의 중요한 차이점 하나를 거론한다면 이 브라질 최초의 헌법은 위에서 아래로, 즉 왕이 '국민'에게 강제하여 탄생했다는 점이다. 이때 '국민'이란 투표권을 갖고 어떤 방식으로든 정치활동에 가담하는 소수의 백인과 혼혈인들을 의미한다.

노예의 경우는 인구의 대다수를 차지하면서도 헌법 조문에서 제외되었다. 해방민(해방된 노예)에 관한 조항에서조차 노예는 고려대상이 아니었고 간접적으로만 언급될 뿐이었다. 또 하나 염두에 두어야 할 점은 원칙과 실제 사이의 커다란 간극이다. 권력을 조직하고, 그 권한을 배분하며, 개인의 권리를 보장한다는 측면에서 헌법은 진일보했다고 볼 수 있다. 그러나 문제는 개인의 권리 등 헌법의 원칙이 매우 상대적으로 적용되었다는 점이다. 개인의 권리는 국가의 현실에 가려졌다. 당시 브라질에서는 노예가 아닌 자유인이라 할지라도 대부분 지방의 대지주에게 종속되어 있었다. 사회는 여전히 권위주의적 전통에 지배되었고, 교육의 혜택은 단지 소수의 사람들에게만 돌아갔다.

1824년 헌법은 약간의 수정을 거치면서 제정 말기까지 유지된다. 이 헌법에서 정치체제는 왕위 세습의 입헌군주국으로 규정되었다. 한편, 귀족의 작위는 인정되었지만, 세습귀족은 존재하지 않았다. 다시 말해, 황제로부터 작위를 수여받은 귀족은 있었지만 그 칭호는 물려줄 수 없어 이른바 '혈통 귀족'은 나타나지 않았다. 국가의 공식 종교는 로마가톨릭이 계속 그 지위를 유지했으며, 그 밖의 종교들은 개인 차원의 신앙으로만 허용되었다.

입법부는 상·하원으로 나뉘었다. 양원 모두 선거를 통해 구성된다는 점은 같지만, 둘 사이에는 근본적인 차이가 있었다. 하원은 임기제인 반면, 상원은 종신제였다. 게다가 상원의원의 경우, 각 지방에서 세 명의 후보를 선출하면 그 중에서 한 명을 황제가 선임하였다. 이러한 제한적 선거방식으로 인해 상원은 황제가 임명하는 종신의원 기관으로 전락하고 만다.

투표권의 행사는 간접적이고 제한적인 과정을 통해 이루어졌다. 간접적이라고 하는 이유는, 오늘날 유권자에 해당하는 투표자들이 이른바 '예비투표'를 통해 선거인단을 뽑고, 그 후 선거인단이 하원의원을 선출하였기 때문이다. 또한 선거가 제한적이라는 것은, 규정에 따라 '예비투표'에 참여할 수 있는 투표권자를 연간소득으로 한정하였기 때문이다. 부동산, 공업, 상업, 급료 등 1년에 최소한 10만 헤이스의 소득이 있는 브라질 시민에게만 투표권이 주어졌다. 결국 이들이 '투표자'가 되었다. 투표자는 선거인단, 다시 말해 '선거인'을 뽑는다. 선거인에 입후보하려면 앞에 언급된 투표자 자격에 덧붙여 20만 헤이스 이상의 연간 수입이 있어야 하고 해방민이 아니어야 한다. 하원의원의 경우, 이러한 조건에 40만 헤이스의 연 수입과 가톨릭 신자라는 조건이 더해졌다. 여성에 관한 직접적인 언급은 헌법에 나타나지 않지만, 사회적 관습에 따라 여성은 정치적 권리를 누릴 수 없었다. 한편, 흥미롭게도 1882년까지 상당수의 문맹자들이 투표권을 행사할 수 있었다. 이에 관한 구체적인 조항이 헌법에 없었기 때문이다.

브라질 전국은 크게 성省, província 단위로 나뉘어졌고, 성의 총독은 황제가 임명했다. 또한, 법 앞의 평등, 종교의 자유(앞서 언급한 제한이 따르기는 하지만), 사상과 표현의 자유 등 개인의 권리가 보장되었다.

정치구조상 또 하나의 중요한 기관으로 국가자문회의가 있었다. 자문위원은 최소 80만 헤이스의 연 수입을 지닌 40세(당시로서는 노령) 이상의 브라질 시민 중에서 황제가 선임하였다. 종신직인 자문위원은 또한 '학식과 능력, 미덕을 갖춘 인물'이지 않으면 안 되었다. 국가자문회의는 '국가의 중대사나 행정의 총괄적 조치', 예를 들면, 선전포고, 임금의 조정, 황제의 조정권 행사에 대한 교섭 등에 대해 조언할 수 있었다.

조정권 제도는 프랑스 작가 뱅자맹 콩스탕Benjamin Constant의 착상에서 비롯되었다. 동 페드루 1세와 그 밖의 많은 정치가들도 애독한 그의 저서에는 행정권과 황제의 권한을 분리해야 한다는 주장이 들어 있다. 행정권은 국왕의 장관들에게 속하는 권한이며, 국왕 자신은 중립권 또는 조정권을 행사한다는 개념이다. 이에 따르면 국왕은 정치나 일상의 행정에는 개입하지 않은 채, 심각하고 전면적인 대립이 발생한 경우에 한해 '국가의 의지와 이익'을 판단하여 조정하는 역할을 맡게 된다.

그러나 브라질에서는 조정권이 행정권과 명확하게 구분되지 않았다. 따라서 황제에게 더 많은 권한이 집중되는 결과를 낳았다. 조정권에 관한 헌법상의 원칙에 따라 황제는 신성하고 불가침한 존재였으며, 어떠한 책임으로부터도 자유로웠다. 그 밖에도, 상원의원의 임명, 하원의 해산과 새로운 하원 구성을 위한 선거 소집, 상·하 양원의 결정을 승인하거나 거부하는 일 등은 모두 황제의 권한이었다.

* * *

동 페드루 1세가 제헌의회를 해산하고 헌법을 발포했다는 것은, 달리 말하면 황제와 그의 관료 그리고 상인계층이 득세했음을 뜻하는 것이기도 하다. 특히 관료와 상인들은 대부분 포르투갈 출신으로서 권력의 핵심부를 구성하고 있었다. 황제의 행동은 1817년 이전부터 계속 불만으로 들 끓던 페르남부쿠에 기름을 붓는 형국이 되었다.

중앙정부에 대한 비판적인 움직임이 끊이지 않던 페르남부쿠는 공화주의, 반反포르투갈주의, 연방주의 사상이 유입되면서 새로운 동력을 얻었다. 반反제정 움직임의 중심에는 조아킹 두 아모르 디비누 사제가 있었다. 그의 별명은 손잡이 달린 컵이라는 의미의 카네카caneca였다. 이 별명은 그가 어린 시절 헤시피의 거리에서 카네카를 팔던 가난한 집안 출신임을 알려 준다. 자유주의 사상의 중심지인 올린다의 신학교에서 교육받은 그는 높은 학식을 지닌 지식인이자 행동하는 인물이었다. 때마침 페르남부쿠 성 총독으로 납득하기 힘든 인물이 임명되자 그 노여움은 반란의 도화선이 되었다. 겉으로 드러난 지휘자는 마누에우 지 카르발류였다. 그는 1824년 7월 2일 '적도연맹'의 수립을 선언한다. 미국 여성과 결혼하는 등 당시로서는 평범치 않은 삶을 살아온 카르발류는 대단한 미국 숭배자이기도 했다.

반란 이전의 일이지만 1824년 헌법이 발포된 날 카르발류는 미 국무장관 앞으로 정식 서한을 보낸 바가 있다. 서한에서 그는 영국과 프랑스 군함이 출몰하여 자유를 위협하고 있으므로 그에 대항할 소함대를 헤시피 항으로 보내달라고 요청했다. 그러한 요청 이면에는 유럽 열강의 아메리카 간섭을 반대하는 먼로선언이 반영되어 있었다.

적도연맹은 페르남부쿠 외에 파라이바, 히우그란지두노르치, 세아라, 그리고 아마도 피아우이와 파라까지 포함하는 연방공화국 형식을 추구하였던 것 같다. 지방의 대농장주와 일부 상인이 중심이 되었던 1817년 혁명과는 달리, 이 반란은 뚜렷하게 도시적이자 대중적인 특성을 지녔다. 당시 헤시피에 체재 중이던 영국인 여행가 마리아 그레이엄이 양

측의 중재를 위해 노력하기도 했다. 그녀에 따르면, 규모 면에서는 차이가 있지만 반란자들이 점거한 성 청사의 분위기는 프랑스혁명 때의 국민공회와 유사하였다고 한다. 청사의 경계임무는 민중세력——진정한 상퀼로트sans culottes——의 몫이었는데, 그들은 배반이나 속임수에 대비하여 눈을 부릅뜨고 귀를 바짝 기울인 모습을 하고 있었다.

적도연맹은 뿌리를 깊이 내리고 정부군에 저항할 수 있는 단계까지는 이르지 못했다. 북동부의 여러 지역에서 패전을 거듭하다 1824년 11월 최후를 맞이했다. 혁명가들에게는 모든 예상을 훨씬 뛰어넘는 가혹한 처벌이 내려졌다. 황제의 영향력이 절대적인 법정에서 카네카 신부와 다른 혁명가들은 사형을 선고받았다. 카네카 신부는 교수대로 옮겨졌지만 형 집행인이 실행을 주저하여 결국 총살형에 처해졌다.

'1824년 혁명'의 여운은 쉽게 사라지지 않았다. 사실, 이 혁명은 1817~1848년 기간에 페르남부쿠에서 일어난 반란이나 봉기의 일부라고 할 수 있다. 페르남부쿠는 북동부 지역에서 수많은 불만을 확산시킨 진원지였다.

한편, 출범한 지 얼마 안 된 브라질제국은 과거 포르투갈이 반다오리엔탈을 점유했을 때 직면한 문제들을 고스란히 이어받아야 했다. 훗날 우루과이가 되는 반다오리엔탈은 1825년 반란을 일으켜 브라질로부터 독립을 선언하고, '라플라타 지역 연합'에 편입한다고 발표한다. 이 사건이 원인이 되어 1825년 12월 브라질과 부에노스아이레스 사이에 전쟁이 시작되었다.

이 전쟁은 '이투사인고 전투'(1827년)에서 패한 브라질에게 군사적 재앙과도 같았다. 또한 양측 모두에게 재정적 파탄을 초래했다. 영국은 전쟁으로 중단된 무역을 재개하기 위해 중재에 나섰다. 전쟁을 매듭짓는 평화조약은 우루과이를 독립국으로 인정하는 한편, 라플라타 강과 그 지류를 통한 자유로운 항행도 보증했다. 후자는 유럽 열강, 특히 영국의 이해와 일치하는 것이었지만 브라질에게도 유리한 조건이었다. 브라질의 경우, 마투그로수 지역으로 접근하는 중심수단이 하천을 통한 운항이었기 때문에 지정학적인 문제와 경제적인 문제를 동시에 해결할 수 있게 되었다.

이 전쟁을 계기로 브라질에서는 혐오와 공포의 대상인 징병제가 강제로 실시되었다. 황제는 부족한 군사를 충원하기 위해 해외 부대들과도 계약을 맺었다. 하지만 이런 부대들은 대부분 직업군인과는 거리가 먼 빈민들로 이루어졌다. 유럽에서 모집된 이들의 희망은 브라질에서 작은 토지를 소유한 자영농이 되는 것이었다. 어느 정도 예상된 일이지만, 이들은 전쟁에서 브라질의 승리에 전혀 도움이 되지 않았다. 게다가 실망한 수백 명의 독일과 아일랜드 용병들이 1828년 7월 반란을 일으켰다. 상황이 심각하게 전개되자 정부는 영국과 프랑스 함대에 굴욕적인 보호 요청을 한다.

전쟁 비용은 기존의 경제적·재정적 문제를 더욱 악화시켰다. 1820년대에는 커피와 같은 생산물들의 수출량이 현저히 증가했다. 하지만 면화, 피혁, 카카오, 담배 그리고 커피마저도 가격의 하락세는 면할 수 없었다. 주로 수입관세에 의존하는 중앙정부의 세입은 넉넉지 못했다. 1827년 8월, 영국은 자국 상품에 대한 수입관세를 기존의 15%로 유지한다는 내용의 통상조약을 브라질에 강요하였다. 이 관세율은 그 후 다른 나라의 상품에도 적용되었다.

동 주앙 6세가 1808년에 창설한 브라질 은행은 1821년부터 위기를 맞이했다. 동 주앙이 포르투갈로 귀환할 때 은행 보유의 금을 가져갔기 때문이다. 결국 브라질 은행은 1829년 문을 닫았다. 동 페드루 1세는 구리 주화를 대량으로 유통시켰는데, 이는 통화의 위조와 물가 상승을 초래했다. 생활비의 상승은 특히 도시에서 현저하게 나타났으며, 아직 '인플레이션'이란 용어는 없었지만 사람들은 통화의 '팽창'inchação과 같은 유사 표현을 사용하였다.

비록 브라질 은행과 재무부에서 발행한 지폐가 있었지만, 리우데자네이루 밖에서는 제대로 대접받지 못했다. 1829년 상파울루에서 이 지폐들은 원래 가치의 57%로 유통되었다. 한편, 1820년대 전 기간에 걸쳐 영국 파운드에 대한 브라질 화폐의 가치는 계속 하락했다. 이러한 환경은 수출에 유리하게 작용했지만, 상류층이나 새로운 도시 중산층이 원하는 소비재 수입가격을 상승시켰다.

불만이 쌓이면서 브라질인과 포르투갈인 사이의 갈등은 더욱 악화되었다. 포르투갈인들은 소매점의 대부분을 장악하고 있었기 때문에 토착민들의 공격대상이 되었다. 이들의 정치적 충돌은 양국의 분리와 관련이 있지만, 그것에만 국한된 것은 아니었다. 동 페드루 시대에 정치 엘리트는 자유주의자와 절대주의자로 나뉘어 있었다. 절대주의자들은 질서와 재산의 보호를 중시하였으며, 그것은 힘과 권위를 지닌 황제에 의해 실현될 수 있다고 믿었다. 또한 그들은 '지나친 자유'가 자신들의 특권을 침해할까 두려워, 황제의 불법적인 행위도 질서유지라는 명목으로 묵인하였다. 절대주의자들과 마찬가지로 자유주의자들도 질서와 재산의 보호를 중시하였다. 하지만 이들은 헌법에 보장된 자유를 통해 이 목표를 실현해야 한다고 생각했다. 또한 자유주의자들은 '신사고'를, 그 중에서도 정부와 군주를 반대하는 획기적인 '신사고'를 지지하였다.

브라질 지도층의 대부분은 자유주의를 경계하면서 동 페드루 측의 입장을 지지하였다. 황제로부터 영예로운 작위를 받고, 정부 내에서 직위를 갖고 있었기 때문이다. 그러나 여러 사건들을 겪으면서 브라질인들은 갈수록 자유주의적 비판 대열에 합류하였고, 그와 반대로 포르투갈인들은 더욱 황제 주변으로 몰리게 되었다. 반포르투갈 정서는 도시 주민들과 군대 내부에서 강력한 동원력을 발휘했다. 또한 사람들은 동 페드루가 과거의 연합 왕국 시기로 회귀하려는 것은 아닌지 의심을 품기 시작했다. 특히 1826년 동 주앙 6세 사후死後, 그의 장남인 동 페드루에게 포르투갈 왕위 승계의 가능성이 열린 것이 불신의 주된 원인이었다.

한편, 군부도 점차 황제에게서 멀어져 갔다. 병사의 모집은 주로 도시 중심부의 가장 빈곤한 계층에서 이루어졌다. 물라토가 대부분인 병사들은 열악한 병영생활, 급료의 지연, 강제적인 규율로 괴로워하였다. 장교 그룹의 불만도 적지 않았다. 포르투갈인들이 최고지휘관 계급을 독차지한 데다 전쟁에서 연속적으로 패하자 심기가 매우 불편한 상태였다.

그러나 1830년 중반 이후 상황은 급변했다. 프랑스에서 발생한 사건, 즉 샤를 10세의 퇴위와 7월 왕정의 수립[3]은 브라질에까지 반향을 일으켰다. 심지어 국가자문회의에서 논의할 정도였다. 1831년 3월 리우데자네이루는 정치적 열기로 달아올랐다. 미나스제라이스를 방문한 황제가 냉대를 받고 돌아오자, 포르투갈인들은 황제에 대한 자신들의 지지를 과시하려 했다. 일종의 비밀결사인 '군주의 부대'를 통해 축제를 열기로 계획한 것이다. 이러한 움직임에 브라질인들은 크게 반발했고, 이는 곧 폭동으로 비화되어 5일간 지속되었다. 그 후, 내각을 개편하려는 시도까지 나타나자 저항은 더욱 강도를 높였다. 브라질인 군 간부들도 새로운

---

3) 프랑스의 1830년 7월 혁명을 지칭한다.

반란에 가담했다. 그 중에는 리마 이 시우바Lima e Silva 형제 ─형제 중 한 사람의 아들은 후에 카시아스 공작이 된다─등도 포함되어 있었다. 결국, 1831년 4월 7일 동 페드루 1세는 아들 동 페드루 2세에게 왕위를 물려주어야 했다.

이제 브라질은 자국 태생의 왕을 기대할 수 있게 됐다. 하지만 그것이 현실로 이루어지기까지는 10년의 세월이 더 필요했다. 왕위를 물려받은 어린 페드루의 나이가 다섯 살에 불과했기 때문이다. 한편, 동 페드루 1세는 동생 미겔이 차지한 포르투갈 왕위를 되찾겠다는 꿈을 안고 영국으로 향했다.

*   *   *

동 페드루 1세에 뒤이은 시대를 '섭정시대'라 부른다. 황제의 이름으로 다른 정치인들이 나라를 통치하였기 때문이다. 섭정은 황제의 성인식을 앞당겨 선포한 1840년까지 계속되었다. 처음에는 3인의 공동섭정 그리고 1834년 이후로는 단독섭정이 이루어졌다.

섭정시대는 브라질 정치사에서 가장 동요가 심한 시대 중 하나였다. 국가의 영토적 통일성도 위기를 맞았다. 또한 중앙집권과 지방분권, 지방자치의 수준, 군의 정비와 같은 주제들이 정치 논쟁의 중심에 자리했다. 절대왕정의 해악을 극복하기 위해 자유주의 방식을 도입하는 일이 얼마나 지난했는가는 섭정들이 실시한 개혁과정을 살펴보면 잘 알 수 있다. 당시 브라질이 처한 상황에서는 자유주의적 방식들이 오히려 혼란을 가중시킬 수 있었다. 실제로, 정치제도의 유연성과 개인의 자유를 보장하기 위한 많은 조치들은 엘리트 간의 격렬한 충돌을 낳았고, 지방 그룹들의 이해가 중앙정부를 압도하게 만들었다. 이러한 문제들이 섭정시대 동안에 전부 해결되지는 못했다. 1850년경이 되어서야 간신히 지방 반란이 가라앉고 중앙집권화된 왕정이 확립될 수 있었다.

섭정시대의 문제점을 정확히 인식하기 위해서는 한 가지 중요한 사항을 강조할 필요가 있다. 그것은 어떠한 제도적 장치가 브라질에 가장 적합한지에 대한 지배계층 간의 합의가 없었다는 점이다. 또한 포괄적이고 지배적인 이익을 수립하는 주체로서 국가의 역할이 무엇인지도 분명치 않았다. 왜냐하면 그를 위해 때로는 특정 사회부문의 특수한 이익을 희생시켜야 할 경우도 있기 때문이다.

4월 7일 섭정이 시작된 이후로 강세를 나타낸 정치적 성향은 온건적 자유주의자들의 사상이었다. 그들은 프리메이슨식 전통에 따라 '전국자유독립수호협회'를 결성했다. 회원들 중에는 미나스제라이스, 상파울루, 리우데자네이루 출신의 정치인들이 높은 비율을 차지했으며, 성직자와 코임브라대학 졸업생들도 적지 않았다. 그리고 상당수가 토지와 노예를 소유하고 있었다. 명망 있는 인물로는, 코임브라대학에 유학한 미나스제라이스 출신의 재판관 베르나르두 페레이라 지 바스콘셀루스, 상파울루 태생으로 후에 섭정이 되는 지오구 페이조_Diogo Feijó_ 신부, 그리고 그 당시 가장 중요한 자유주의 언론지 『리우데자네이루의 서광』_Aurora Fluminense_ 발행인 에바리스투 다 베이가 등을 꼽을 수 있다.

그와 대항하는 세력에는 크게 두 개의 그룹이 있었다. 하나는 '급진파'로 연방제, 개인의 자유, 그리고 때로는 공화제를 주장했다. 다른 하나는 '카라무루'_caramurus_라 불리기도 한 '절대왕정파'로 대부분은 포르투갈인 관료, 군인, 대규모 상인 등으로 구성되었다. 이들은 동 페드루 1세의 복위를 추진하였지만 그 희망은 오래가지 않았다. 1834년 동 페드루 1세가 포르투갈에서 생을 마감했기 때문이다.

* * *

섭정시대에 추진한 개혁은 군주제 기관들의 권한 폐지나 축소에 초점이 맞춰졌다. 또한 기존과 다른 형태의 군사조직을 창설하여 군의 역할을 제한하려 하였다.

1830년에는 형법이 마련되고, 2년 뒤인 1832년에는 형법의 운용규칙인 형사소송법이 시행되었다. 형사소송법은 치안판사에게 더욱 강력한 권한을 부여하였다. 각 지역에서 선거로 선출되는 치안판사는 이미 동 페드루 1세 시기부터 존재해 온 제도이다. 새로운 법령에 따라 치안판사는 경미한 위법행위에 대해서도 피고인을 체포하여 판결을 내릴 수 있게 되었다. 그와 함께, 영미 제도를 본뜬 배심제도를 설치하여 대부분의 범죄 심리審理에 적용하였다. 또한 불법으로 체포되었거나 자유에 위협을 느끼는 사람들을 위해 '인신보호 영장'habeas corpus 제도를 도입하였다.

1834년에는, '1824년 헌법'을 수정·보완하기 위한 이른바 '추가법령'이 제정되었다. 이 법령에 따라 섭정시대 동안에는 조정권 사용이 금지되고, 국가자문회의가 폐지되었다. 각 지방의 총독은 여전히 중앙정부에 의해 임명되었지만, 기존의 일반평의회를 대신하여 권한이 더 확대된 성의회가 설립되었다.

또한 '추가법령'에 의해 중앙정부, 성, 시·군 사이에 세수稅收의 할당이 이루어졌다. 성의회는 시·군 및 성의 예산을 결정하고, 중앙정부의 징세에 피해가 가지 않는 범위에서 이 예산에 필요한 세금을 결정하는 권한도 지니게 되었다. 이 모호한 형태의 세수분할에 의해 각 성은 독자적인 자금력을 확보하게 된 반면, 중앙정부는 재정의 약화를 면치 못했다. 성의회에 부여된 가장 중요한 권한 중 하나는 공무원의 임면권이다. 이 것은 지방 정치인들의 손에 막강한 무기를 쥐어 준 것과 같았다. 그들은 표를 얻기 위해 혜택을 베풀거나, 정적들에게 박해를 가할 수도 있었다.

섭정시대 초기, 군은 제대로 정비가 이루어지지 않아 정부의 신용을 잃었다. 동 페드루의 양위 후에도 포르투갈 출신 장교의 수는 여전히 무시할 수 없는 수준이었다. 그러나 가장 큰 우려의 대상은 하급 병사들이 었다. 낮은 급료에 불만을 품은 그들은 도시의 반란이 일어나면 언제든 지 그 지역의 민중 측에 가담할 태세였다.

한편, 1831년 8월에 기존의 민병대를 대체하여 국가경비대Guarda Na-cional를 창설하는 법안이 제정되었다. 이것은 같은 해 프랑스에서 제정된 법률을 모방한 것이다. 이 제도를 도입한 배경에는, 신뢰할 만한 시민들 로 조직된 군대는 중앙집권적 정부의 권력 남용을 견제하고 '위험한 계 급'의 위협을 완화시킬 수 있다는 판단이 깔려 있었다. 실제로, 새롭게 편 성된 병력은 시·군의 질서유지를 책임졌다. 특별한 경우에는, 자신들의 행정구역 밖에서 일어난 반란을 진압하기 위해, 또는 국경의 방어를 위 해 소집되기도 하였다. 그러한 경우에는 육군의 지휘를 받았다.

21세부터 60세까지 '예비투표'의 선거권을 가진 모든 남자들은 의무 적으로 국가경비대에 입대해야 했다. 경비대의 입대가 의무화되면서 일 반군의 병사는 감소하는데, 국가경비대원은 군의 징병에서 제외되기 때 문이었다. 1850년까지 경비대의 하급 장교는 선출직으로, 치안판사의 주 관하에 일반 경비대원들이 투표로 선발하였다. 하지만 국가의 현실 앞에 서, 그리고 군의 명령체계를 확립해야 할 필요성에서 이 선거의 원칙은 무시되었고, 법이 개정되기 전에 이미 사문화되었다.

                              *   *   *

섭정시대에 일어난 여러 반란들을 하나의 기준으로 정의할 수는 없다.
일상생활의 어려움과 정치체제의 불확실성이 주요 원인이긴 하였지만,
각각의 반란에는 그 지방의 특수한 현실이 반영되었기 때문이기도 하다.
대부분의 반란들, 특히 1830년대 중반까지의 반란들은 가장 중심적인 도
시에서 발생하였으며, 그 주역은 병사와 민중이었다. 리우데자네이루에
서는 1831년과 1832년 사이에 다섯 차례의 봉기가 있었다. 1832년에는
상황이 매우 심각하여 국가자문회의는 비상사태에 대비한 자문을 요청
받기도 했다. 예를 들면, 수도가 무정부상태에 빠지고 북부 지방들이 남
부로부터 독립할 경우 어린 황제를 지키기 위해 어떠한 조치를 취할 것
인지 등에 대한 자문이었다.

    1832년부터 1835년까지 페르남부쿠에서 발생한 '카바누들의 전쟁'
Guerra dos Cabanos은 이러한 봉기들과는 성격이 완전히 달랐다. 그것은 본
질적으로 농촌 운동이었고, 추구하는 내용도 다른 페르남부쿠 반란들과
는 차이가 있었다. '카바누'라 불린 반란가담자들은 주로 소지주, 농업노
동자, 원주민, 노예들이었으며, 초기에는 일부 사탕수수 농장주들도 참가
하였다. 어떤 면에서는 공화정 초기 카누두스에서 발생하게 될 '오지의
반란'의 전조라고 할 수 있다. '카바누'들은 신앙과 황제의 복위를 반란의
명분으로 삼았고, 이른바 '자코뱅주의적 카르보나리'[4]를 투쟁의 대상으
로 정했다.

    농촌의 가난한 사람들은 자신들의 이해력이 미치지 못하는 머나먼

---

4) 프랑스 혁명가들과 19세기 유럽의 자유주의 비밀결사체를 비판적으로 지칭하는 용어이다.

곳에서 일어난 변화에 대해 이러한 방식으로 불만을 표시했던 것이다. 이렇게 반란의 목적이 분명히 드러나자, 카바누들은 헤시피의 포르투갈 상인들과 동 페드루 1세의 복위를 지지하는 리우데자네이루의 정치인들로부터 예상 밖의 지지를 받았다.

카바누들은 게릴라전을 전개하지만 최종적으로는 패배하게 된다. 그런데, 아이러니하게도 반란을 진압한 지휘관은 1824년에 적도연맹을 선언한 바 있던 마누에우 지 카르발류로, 이때는 페르남부쿠 성의 총독을 맡고 있었다.

헌법의 '추가법령'이 제정된 후, 파라에서는 '카바나젱'Cabanagem (1835~1840년), 바이아에서는 '사비나다'Sabinada (1837~1838년), 마라냥에서는 '발라이아다'Balaiada (1838~1840년), 히우그란지두술에서는 '파호필랴'Farroupilha (1836~1845년)라 불리는 반란들이 연이어 발생한다. 특히 '카바나젱'은 페르남부쿠의 '카바누들의 전쟁'과 혼동해서는 안 된다.

이전 시기에 표출된 지방의 불만은 주로 황제의 권력 독점이 원인이었다. 따라서 지방의회에 일정 수준의 자치권을 부여하고 중앙정부와 지방 사이에 재정 분배를 체계화한 섭정시기에, 이렇듯 지방 반란이 빈발한 것은 기이한 현상이라 할 수 있다. 그러나 섭정정부가 추진한 일련의 조치들은 지방의 위상을 높였기 때문에, 더욱 강력해진 지방 실권을 둘러싸고 지역 유력자들 사이의 경쟁을 격화시킨 결과가 되었다. 게다가 좋든 싫든 황제가 제위에 있는 한, 그동안 쌓아 올린 정부의 정당성은 훼손될 수밖에 없었다. 설상가상으로 부적절한 인물들을 성의 총독으로 임명한 것도 상황을 더욱 악화시켰다.

'카바나젱' 반란은 리우데자네이루와 그다지 긴밀한 관계가 없는 파라에서 일어났다. 파라 성의 사회구조는 다른 지방과는 달리 안정적이지 못했고, 대농장주들도 확실한 계급으로 성장하지 못했다. 파라는 원주민, 혼혈인, 예속적 노동자와 노예들로 이루어진 세계였다. 백인은 소수였는데, 포르투갈 상인 그리고 약간의 영국인과 프랑스인이 전부였다. 게다가 이 백인들은 인구 1만 2,000명의 소도시 벨렝에 집중되어 있었다. 당시 벨렝은 담배, 카카오, 고무, 쌀 등을 약간씩 수출하는 보잘것없는 항구도시에 지나지 않았다.

성 총독 임명을 둘러싸고 지역 엘리트 사이에서 벌어진 갈등과 반목이 민중 반란의 도화선이 되었고, 파라 성의 독립이 선언되었다. 흑인, 혼혈인, 원주민을 주축으로 한 병력은 벨렝을 공격하여 수일간의 치열한 전투 끝에 시를 점령하였다. 그 후 반란은 지방으로 확산된다. 전투가 진행되는 가운데 에두아르두 안젤링이라는 인물이 반란 지도자들 사이에서 두각을 나타냈다. 21세의 나이에 불과한 그는 원래 세아라 출신이었으나, 1827년 고향이 극심한 가뭄으로 피해를 입자 파라로 이주했다. 안젤링은 한 성직자를 자신의 비서로 임명해 정부를 조직하려 하였다. 그 성직자는 글을 쓰고 읽을 수 있는 몇 안 되는 사람 중 하나였기 때문이다.

하지만 반란자들은 파라 성에 별도의 정부를 수립하는 데에는 이르지 못했다. 그 대신, 그들은 외국인과 프리메이슨을 공격대상으로 삼고, 가톨릭교회, 브라질인, 동 페드루 2세, 파라, 그리고 자유의 방어에 힘을 집중하였다. 반란 가담자들 중에는 많은 노예가 포함되어 있었지만, 그들은 결코 노예제를 폐지하지 않았다. 오히려 안젤링은 노예 폭동을 진압하기까지 하였다.

정부군이 아마존 강 하구를 봉쇄한 후, 각지에서 참혹한 전투가 지속되었다. 최후에는 정부군이 승리하여 반란은 종결되었다. 벨렝은 도시 전체가 거의 파괴되었고, 경제는 괴멸상태에 빠졌다. 양 측의 총 사망자는 당시 파라 성 전체 인구의 20%인 3만여 명에 달할 것으로 추산된다.

한편, '사비나다' 반란의 명칭은 그 중심 지도자인 사비누 바호주 Sabino Barroso의 이름에서 유래한다. 당시 그는 바이아 성의 의과대학 교수이면서 저널리스트로 활약하고 있었다. 독립 이후, 바이아는 노예반란을 비롯해 다양한 도시 반란의 무대가 되었다. '사비나다'는 광범위한 지지기반을 확보하고 있었는데, 그 중에는 연방주의와 공화주의 사상에 동조하는 사우바도르의 중산층과 상인계층도 포함되어 있었다.

이 운동은 노예제와 타협점을 찾기 위해 노예들을 현지 태생과 외국 태생으로 구분하였다. 봉기를 위해 무기를 들고 가담한 현지 태생의 노예들은 해방되고, 그 밖의 노예들은 그 신분을 계속 유지했다. 그런데, '사비누'들은 헤콩카부에 그들의 영향력을 침투시킬 수 없었다. 그곳에는 사탕수수 농장주들이 정부를 지지하였기 때문이다. 정부군은 육지와 바다에서 사우바도르를 포위한 채 백병전을 전개하여, 약 1,800명의 사망자를 내고 도시를 점령하였다.

마라냥 성의 '발라이아다'는 현지 유력 인사들 사이의 충돌에서 시작되어 대중 반란으로 이어진 사건이다. 반란의 중심무대는 피아우이 성과 경계를 이루는 마라냥 남부로, 소규모 면화 재배와 목축업이 주를 이루는 지역이었다. 반란을 이끈 지휘자 중에는 지역 정치에 몸을 담았던 라이문두 고메스와 바구니를 제작 판매하던 프란시스쿠 두스 안주스 페헤이라Francisco dos Anjos Ferreira가 있었다. 반란의 이름은 이 바구니balaio, 즉 '발라이우'balaio에서 유래한다. 페헤이라는 자신의 딸이 경찰서장에게 폭행을 당하자 복수를 위해 반란에 가담했다. 이들 외에도 3,000명의 도주 노예를 통솔한 흑인 지도자가 등장한다. 그러나 그는 사료에 단지 '코즈미'Cosme라는 별명으로만 알려져 있을 뿐이다.

'발라이우'들은 마라냥 성 제2의 도시인 카시아스를 점령하였다. 문자로 기록된 적은 분량의 선언서에는 가톨릭, 헌법, 동 페드루 2세, '자유라는 성스러운 대의'에 대한 지지가 나타나 있다. 사회·경제적인 문제에 관한 언급은 보이지 않지만, 코즈미와 그의 추종자들이 자신들의 개인적 자유——그것이 성스러운지 어떤지는 별개로 하더라도——라는 대의를 위해서 싸우지 않았다고 보기는 어렵다.

'발라이우'들 사이에는 다양한 경향성이 존재하였으며, 그것은 곧 내부의 알력으로 이어졌다. 반면, 중앙정부군의 행동은 신속하고 효과적이어서 1840년 중반 반란군을 모두 진압할 수 있었다. 그 후 반란자들에 대한 특별 사면이 내려지지만, 반란에 가담한 흑인들은 모두 노예로 원상복귀해야 한다는 조건이었다. 코즈미는 1842년 교수형에 처해졌다. 정부군 지휘관 중에는 루이스 알베스 지 리마 이 시우바라는 장교가 있었다. 그는 이후 제2제정기의 정치적 대립이나 분쟁에 지속적으로 관여하며 카시아스 백작의 지위에 오르기도 한다.

북부와 북동부에서 수천 킬로미터 떨어진 남부의 히우그란지두술에서는 1835년 '파하푸스'Farrapos 또는 '파호필랴스'Farroupilhas 전쟁이 일어났다. '파하푸스'와 '파호필랴스'는 동의어로 추한 옷차림, 누더기 옷을 걸친 사람들을 의미한다. 이러한 경멸적인 이름은 적대진영에서 붙인 별명이었다. 그러나 일반 병사들은 '파호필랴스'였다고 할 수 있지만, 지휘관들은 남부 지방의 대목장주 엘리트들로서 별명과는 거리가 멀었다.

히우그란지두술은 식민지 시기부터 브라질에서 매우 특수한 지역에 해당되었다. '가우슈'Gaúcho라 불리는 히우그란지두술 주민들은 지리적 위치, 경제 구조, 사회적 유대 등으로 인해 라플라타 강 지역, 특히 우루과이와 긴밀한 연관성을 지니고 있었다. '카우질류'caudilhos, 즉 국경지대 무장집단의 우두머리들도 우루과이와 폭넓은 관계를 유지하였다. 그들 중에는 역시 목장주가 많았는데, 우루과이에 토지를 소유하고 있거나 결혼을 통해 많은 유력 가문들과 인연을 맺고 있었다.

한편, 생산물이 공급되는 장소를 기준으로 볼 때, 히우그란지두술의 경제는 전통적으로 브라질 국내시장과 연결되었다고 할 수 있다. 철도가 건설되기 이전, 브라질 중남부 지방에서는 노새가 상품 운송의 중요한 역할을 담당하였는데, 히우그란지두술은 바로 이 노새 사육의 중심지였다. 농업의 부흥기라 할 수 있는 18세기 후반에는 아조레스제도에서 이주민들이 건너와 밀을 재배하였으며, 이때 생산된 밀도 역시 대부분 국내에서 소비되었다. 하지만 브라질이 독립할 무렵, 밀 생산은 병충해와 미국산 밀과의 경쟁으로 쇠퇴하기 시작했다.

그 후 목축업이 이 지방 전체로 확산되어 '샤르케'charque라는 건육乾肉 제조가 일반화되었다. 샤르케는 남부와 중남부의 하층민과 노예들이 소비하는 매우 중요한 산물이었다. 목축업자와 샤르케 제조업자들은 각기 서로 다른 그룹을 형성했다. 목축업자들은 우루과이와 국경을 맞댄 캄파냐 지역에 정착하였다. 반면, 샤르케 제조업자들은 히우그란지, 펠로타스 등의 도시들이 모여 있는 연안지대, 이른바 호반지역에 그들의 산업시설을 설립하였다. 두 그룹 모두 예속적 노동자들을 고용한 것은 물론 노예노동력도 함께 사용하였다.

히우그란지두술은 오래전부터 중앙정부를 향해 불만을 키워 왔다. 가우슈들은 자신들이 브라질 경제에 공헌해 왔지만 오히려 중과세重課稅 제도로 인해 착취를 당하고 있다고 여겼다. 따라서 자치의 회복이나 분리 독립을 요구하는 주장이 오랫동안 지속되었다. 더욱이 자유주의자, 보수주의자를 불문하고 모두가 이러한 주장에 지지를 보냈다.

섭정정치나 헌법의 '추가법령'도 이러한 불만을 진정시키지는 못했다. 당시 재정이 빈약한 여러 성들은 중앙정부로부터 보조금을 지원받았는데, 이 보조금의 일부는 부유한 다른 성에서 거둔 세금으로 충당하였다. 헌법의 '추가법령' 제정 이전에 시작된 이 제도는 법령 제정 이후에도 계속 시행되었다. 히우그란지두술은 산타카타리나를 비롯한 다른 성들로 전달되는 보조금을 위해 지속적으로 세금을 냈던 것이다.

하지만 반란이 히우그란지두술에서 모든 주민들을 결합시킨 것은 아니다. 이 반란은 국경지대의 목장주와 도시 중산층 일부가 주도한 것이었으며, 반란의 지지층도 역시 이 두 계층의 사람들이었다. 샤르케 제조업자들은 샤르케 및 피혁의 최대 소비지인 리우데자네이루에 의존하고 있었기 때문에 중앙정부 측에 가담했다.

앞서 기술한 일반적인 불만 이외에, 목장주들은 자신들만의 특별한 이유로 또 다른 불만을 품고 있었다. 그들은 브라질-우루과이 국경지대에서 사육된 가축에 대해서는 관세를 폐지하거나 감소해 줄 것을 요구해 왔다. 양국 모두에서 가축을 사육하는 목장주들은 자유롭게 국경 너머로 가축을 이동시킬 수 있어야 했다. 게다가, 목장주들은 이미 절대적인 지휘권을 행사하는 소규모 사병조직을 거느리고 있었다. 그들은 간부를 선거로 선출하는 새로운 국가경비대의 창설을 위험한 시도라 여겼다.

'파하푸스'는 히우그란지두술에 부임한 지 얼마 안 되는 일부 군 장교들의 지원을 받았다. 또한 그들의 진영에는 브라질에 망명 중인 20명 이상의 이탈리아 혁명가도 가담했는데, 그 중에는 유명한 주세페 가리발디도 들어 있었다. 반란의 중심인물은 부유한 목장주의 아들인 벤투 곤살베스Bento Gonçalves였다. 지역의 여러 전쟁에 참전하여 군사적 경험이 풍부한 그는, 국경지대를 따라 프리메이슨의 비밀 지부를 조직하여 그들의 우편제도를 비밀 통신수단으로 활용했다.

기병대가 중심이 된 전투는 상당 기간 지속되었다. 가리발디와 다비 카나바후Davi Canabarro는 전쟁을 성의 북부로 확대시켰고, 산타카타리나를 일시적으로 점령했다. 반란군의 지배하에 들어간 지역은 1838년 피라치니Piratini 시에서 '피라치니 공화국'의 수립을 선포했다. 그리고 대통령에 벤투 곤살베스를 지명하였다.

반란군에 대해 중앙정부가 취한 자세는 전투와 타협의 혼합이었다. 파하푸스의 지휘부는 엘리트들로 구성되었고, 전투가 벌어진 지역은 브라질에게 전략적으로 매우 중요한 요충지였기 때문이다. 일례로 정부는 1840년 초 파호필랴스의 핵심 요구사항 중 하나를 수용해, 현지 생산물과 경쟁 중이던 라플라타산産 수입 육류에 대해 25%의 관세를 선포했다.

1842년, 카시아스 백작이 히우그란지두술 성 총독 및 지방군 사령관으로 임명되자, 전쟁을 마무리할 수 있는 결정적인 국면을 맞이했다. 카시아스 백작은 군사공격과 회유책을 적절히 병행하였다. 그리고 여러 반란 지도자들과 개별적인 합의를 이끌어 낸 후, 마침내 1845년 카나바후와 평화협정을 체결하였다. 이것은 반란군 측의 무조건 항복이 아니었다. 반란 가담자 전원에게 총사면이 내려졌고, 파하푸스 간부들은 계급에 맞추어 브라질군에 편입되었다. 그리고 제국 정부는 피라치니 공화국의 외채도 떠안았다.

파하푸스가 브라질에서 분리하여 우루과이 및 라플라타 지역들과 함께 새로운 국가를 수립하려 했다고 확실하게 단정할 수는 없다. 어느 경우가 되었든지, 반란자들이 서로 교감했던 한 가지는, 히우그란지두술을 적어도 독자의 재원을 지닌 자치주로 만들어 리우데자네이루가 추구하는 권력의 집중화로부터 자유로워지도록 하는 것이었다.

파호필랴스 혁명을 계기로 브라질은 라플라타 지역에 대해 기존 방식과는 다른 새로운 대외정책을 구사해야 했다. 국경지대에서 발생한 반란에 대처하기 위해 수년 동안 브라질은 라플라타 지역에서 강경한 정책을 피하고 부에노스아이레스 정부와 우호관계를 유지해야 했다. 그러나 일단 전쟁이 종결되자 우루과이에 강력한 영향력을 행사하려는 의도가 되살아났다. 또한 하나의 권력이 라플라타 강 양안을 모두 지배하는 것에 대해 우려를 나타내기 시작했다. 이 위구심은 부에노스아이레스와 그밖의 아르헨티나 지방에서 후안 마누엘 데 로사스Juan Manuel de Rosas가 권력을 공고히 함에 따라 더욱 증가한다.

그 결과 반反로사스 연합이 결성되었다. 이 연합에는 브라질, 우루과이의 전통적 친브라질 세력인 '콜로라도당', 그리고 로사스에 적대적인 아르헨티나의 코리엔테스, 엔트레-리오스 두 개 주가 가담했다. 동 페드루 2세가 이미 왕위에 오른 1851년에 전쟁이 발발하였고, 브라질은 전쟁에서 매우 주도적인 역할을 담당하였다. 주로 히우그란지두술에서 모집된 약 2만 4,000여 명의 브라질 병사들이 참전하였다. 전쟁의 결과 '콜로라도당'이 우루과이의 지배력을 확고히 하였고, 로사스군은 아르헨티나 영토 내에서 패퇴하였다(1852년 2월, 몬테카세로스).

* * *

지방에서 일어난 반란들이 브라질을 뒤흔드는 동안, 중앙에서는 정치적 성향이 점점 더 명확하게 윤곽을 잡아 갔다. 그리고 마침내 두 개의 거대 정당, 보수당과 자유당이 출현하였다. 보수당은 치안판사와 행정관료, 그리고 리우데자네이루, 바이아, 페르남부쿠 출신의 지방 농장주, 다수의 포르투갈인들을 대상으로 구성됐다. 반면, 자유당에는 소규모 도시 중산층, 일부 성직자, 그리고 상파울루, 미나스제라이스, 히우그란지두술 등 상대적으로 전통이 길지 않은 지역의 지주들이 포함되었다.

하지만 정치제도는 안정적이지 못했다. 1835년 4월, 1인 섭정을 선출하기 위한 선거에서 페이조 신부는 그의 라이벌인 페르남부쿠 출신 대농장주 올란다 카발칸치Holanda Cavalcanti를 눌렀다. 그러나 2년 후인 1837년 9월 페이조는 자리에서 물러났다. 파하푸스를 진압하는 데 전력을 기울이지 않았다는 의회의 비난과 압력에 직면했기 때문이다. 게다가 반란군 지도자 중 한 명이 그의 사촌이었다.

그다음 선거에서는 페드루 지 아라우주 리마가 승리했다. 전직 하원의장을 역임하고 페르남부쿠에 제당소를 소유한 그는 후에 올린다 백작이 된다. 아라우주의 승리는 '복고'regresso의 시작을 상징했다. '복고'란 중앙집권과 강력한 권위로 되돌아가기를 바라는 보수주의 흐름의 활성화를 지칭한다. 이러한 '복고'를 뒷받침하는 법률 하나가 헌법의 '추가법령'을 임의로 적용한 '해석법'(1840년 5월)이었다. 이 법은 지방정부의 여러 권한들을 제한하였는데, 특히 공무원의 임명에 관한 권한을 박탈하였다.

2. 제2제정

정치에는 역설적인 현상이 일어나기 마련이다. 이 역설을 증명하듯, 동페드루의 즉위를 서두른 것은 보수주의자들이 아니라 자유주의자들이었다. '복고주의자'들에게 기선을 빼앗긴 자유주의자들은 헌법의 '추가법령'을 또다시 임의로 해석하여, 의회에서 국왕의 성인 선언을 앞당겼다. 이렇게 해서 아직 청소년기를 벗어나지 못한 페드루 2세는 1840년 7

월, 14세의 나이로 브라질 왕위에 오르게 된다.

복고적 조치들은 1840년 이후에도 계속 이어진다. 국가자문회의가 부활하고, 1841년에는 형사소송법이 개정되었다. 치안판사를 제외한 모든 사법, 행정 기관들을 중앙정부가 다시 장악하였다. 그리고 치안판사의 경우도 경찰의 비중이 증가함에 따라 그 중요성이 감소하였다.

각 성의 수도에는 법무부 장관이 임명하는 경찰청장이 배속되었다. 또한 모든 교구와 시, 군 지자체에는 경찰서장, 경찰부서장의 직책이 신설되었다. 이들은 가벼운 범죄의 재판을 포함하여 그때까지 치안판사가 담당했던 많은 기능들을 넘겨받았다. 사안에 따라 경찰은 범죄의 조사뿐만 아니라, 재판 및 형의 선고 권한까지 지니게 되었다.

복고의 근본 목표인 중앙집권과 황제의 권한 강화는 국가경비대의 개혁을 끝으로 그 과정이 마무리된다. 선거를 통한 간부 선출의 원칙은 실제로는 제대로 실행되지 않았는데, 그마저도 이 개혁을 통해 완전히 폐지되고 말았다. 간부는 이제 중앙정부 혹은 각 지방의 성 총독에 의해 선발되었고, 직책 수당도 인상되었다. 이렇게 해서 계급제도가 확립되었으며, 간부는 더욱 제한된 범위에서 선발되었다. 그 후로는 군과 국가경비대 사이에 경쟁 대신 역할 분담이 이루어졌다. 경비대는 지역 차원에서 질서유지 및 지배계층의 경호를 맡고, 군은 분쟁의 조정, 국경 방어, 국가의 전체적 안정 유지를 담당하게 되었다.

* * *

자유당은 집권기간 중에 중앙집권화의 혜택을 받긴 했지만, 모든 것이 순조로웠던 것은 아니다. 1840년대 초, 제국 정부는 국민들 사이에서 아직 확고한 지지 기반을 갖추지 못했다. 1842년 5월과 6월, 그동안 반란의 영향을 거의 받지 않았던 상파울루, 미나스제라이스 두 성에서 '자유주의 반란'이 발생하여 리우데자네이루의 발리두파라이바까지 확산된다. 지방의 대지주들은 두 편으로 나뉘어 서로 대립하였다. 리우데자네이루 반란의 지도자는 커피농장주이자 성에서 가장 부호인 조아킹 지 소자 브레베스였다. 그가 중앙정부에 반발한 주된 이유는, 커피의 탈세 방지와 노예무역 제한을 위해 중앙정부가 여러 조치를 준비했기 때문이다.

수년 후인 1848년, 페르남부쿠에서 '프라이에이라 혁명'이 발발했다. 이 혁명의 명칭은 한 자유주의 신문 ——『지아리우 노부』*Diário Novo* ——과 관련이 있다. 이 언론의 본사가 헤시피의 프라이아 거리에 있었던 것이다. 1848년은 유럽에서도 일련의 자유주의 혁명이 휩쓸고 지나갔기 때문에, 결코 평범한 해는 아니었다. 올린다와 헤시피에서는 시민들이, 수년 전 어느 반혁명주의 작가가 명명한 '페르남부쿠의 사악한 기운'을 마시고 있었다. 이 기운은 이제 사회비판이나 사회주의 사상도 머금고 있었다. 그 일례로서 통렬한 사회비평가인 안토니우 페드루 지 피게이레두António Pedro de Figueiredo를 들 수 있다. 그는 1846년에서 1848년까지 자신이 발행한 잡지 『진보』*O Progresso*에서 사회의 거대한 악을 지적하였다. 그에 따르면, 페르남부쿠 사회의 거대악은 소수 지주들에게 토지가 집중된 농업구조와 외국인들의 상업독점이었다. 사회주의 사상은 다양한 사람들에 의해 유포된다. 그 중에는 프랑스 건축가로서 헤시피의 도시 미화를 위해 성 총독에게 고용된 루이 보티에르, 후에 '사회주의'라는 제목의 소책자를 발간하는 아브레우 이 리마 장군 등이 있었다. 다만 이들의 사회주의는 당시 유럽에서조차 잘 알려지지 않은 맑스적 사회주의가 아니라, 프루동, 푸리에, 오웬 등의 사상에 바탕을 둔 사회주의였다.

하지만 프라이에이라 혁명 자체는 사회주의 혁명이 아니었다. 이 혁명에 앞서 포르투갈인들을 비판하는 시위가 일어났고, 그로 인해 헤시피에서는 다수의 사망자가 발생했다. 농촌 지역에서는 자유당과 연계된 사탕수수 농장주들이 혁명의 주축을 이뤘다. 그들의 불만은 지방의 주도권을 보수주의자들에게 빼앗긴 것에 있었다. 도시 지역의 핵심인물들 중에는 원로 공화주의자 보르지스 다 폰세카Borges da Fonseca가 두각을 나타낸다. 도시 지역의 혁명가들은 연방제에 가까운 정책들을 주장하였다. 또한 황제의 조정권 폐지, 포르투갈인들의 추방, 그리고 이들이 대부분 장악하고 있던 소매업의 국민화nacionalization를 강조하였다. 특기할 만한 것으로는 보통선거의 옹호를 들 수 있다. 이들의 제안에 선거권과 피선거권을 위한 최저연령이 언급되긴 하나, 최저소득 조항은 나타나지 않는다. 약 2,500명의 혁명 가담자들이 헤시피를 공격했으나 격퇴되고, 전투는 게릴라전 형태로 1850년까지 지속된다. 그러나 제국 정부에게 심각한 문제를 야기하지는 못했다.

*　*　*

프라이에이라 혁명은 최후의 지방 반란이었다. 또한, 네덜란드와의 전쟁 기간 중에서 시작된 페르남부쿠의 혁명 주기週期에 종지부를 찍는 사건이었다. 이제 페르남부쿠는 제국 질서에 통합된다.

프라이에이라 혁명이 일어나기 훨씬 전부터, 제국의 엘리트는 정치적 경쟁의 규칙을 정하는 데 힘을 쏟았다. 최종적으로 이루어진 가장 중요한 합의는 제국의 중추에 해당하는 황제의 권한을 강화하는 것이었다. 이에 따라, 조정권과 국가자문회의가 부활되고, 명문화된 법규와 불문법이 뒷받침되었다. 불문법으로는 당시 의도적으로 모호하게 '체제의 정신'이라 부르던 것들이 해당될 수 있다. 의원내각제와 유사한 시스템이 작동하기 시작했지만 본래 의미의 의회정치제와는 차이가 있었다. 당초 1824년 헌법은 의회제 요소를 포함하지 않았다. 헌법 조항에 따르면 행정부는 황제의 지휘하에 놓이고, 황제가 임명한 정부 각료들에 의해 집행된다. 제1제정과 섭정 기간 중에 의회정치는 실행되지 못했다. 1847년이 되어서야 의원내각제와 유사한 제도가 시행되긴 하지만 그것도 특수하고 제한적인 모습을 띨 뿐이었다. 1847년 법령에서 '각료회의'의 의장직이 신설되었고, 황제가 그 의장을 임명한 것이다.

이후에는 이 새로운 정치 책임자가 장관을 임명하여 각료회의 또는 내각을 구성하고, 그 내각이 행정부를 책임지게 된다. 이러한 제도가 제대로 기능하기 위해서는, 내각이 의회와 황제 양쪽으로부터 신뢰를 얻어 집권해야 했다. 때로는 하원이 내각을 개편하도록 강요한 경우가 있었는데, 이때 황제는 조정권을 통해 강력한 권한을 유지할 수 있었다. 따라서 1850년에서 1889년까지의 기간에도 브라질의 정치제도는 완전한 의회제와는 거리가 멀었다. 자신이 선호하는 내각을 하원이 지지하지 않을 때, 황제는 조정권을 행사하였다. 국가자문회의의 의견을 듣고 하원을 해산한 후 새로운 의원선거를 소집하였다. 정부가 선거에 막강한 영향력을 행사하였으므로, 황제는 자기 휘하의 내각과 조화를 이루는 의원들을 선출할 수 있었다.

이 메커니즘을 통해 50년 동안 36개의 내각이 이어졌다. 한 내각의 평균 수명이 1년 3개월이므로 일견 매우 불안정한 체제로 보일 수 있다. 그러나 실제로는 이러한 정치제도를 통해 양대 정당이 교대로 정권을 획득할 수 있었다. 야당의 입장에서 보면, 언제든지 정권에 복귀할 수 있는 기회가 열려 있으므로 무력 수단에 의존할 필요가 없었다.

* * *

제정 시대의 중심적 두 정당, 즉 보수당과 자유당은 1830년대 말에 형성되었다. 본질적으로 양 정당 간에 이념 또는 사회적 차이가 존재했을까? 아니면 거의 유사한 성향의 사람들이 단지 개인적 경쟁관계에 의해두 그룹으로 갈라진 것일까? 당대의 많은 사람들은 후자의 경우로 인식했던 것 같다. 페르남부쿠 출신 정치가 올란다 카발칸치의 표현으로 알려진 다음 문장은 유명하다. "그 어떤 것도 정권을 잡은 '루지아'Luzia보다더 '사쿠아레마'Saquarema를 닮은 것은 없다." '사쿠아레마'란 제2제정 초기 보수주의자들을 가리키는 별명이다. 이 명칭은 리우데자네이루 성의지방도시 '사쿠아레마'에서 유래한다. 그곳에는 보수당 지도자 이타보라이 자작의 대농장이 있었다. 반면 '루지아'는 자유주의자들의 별칭으로,미나스제라이스 성의 산타루지아 마을과 관련 있다. 이 마을에서 1842년혁명이 시작되었기 때문이다. 양당 간에 차이가 없다는 인식은 정치가들이 한쪽 진영에서 다른 진영으로 빈번하게 이동한 사실로도 확인된다.

이와 같은 문제를 고찰할 때 염두에 두어야 할 점은, 그 당시의 정치는 대개—사실 당시에만 그런 것은 아니지만—중대한 이데올로기적목적을 위해 펼쳐지는 것은 아니라는 점이다. 권력에 오른다는 것은 자신과 자신의 지지자들에게 특권과 이익을 가져다준다는 것과 같은 의미였다. 선거에서 후보자에게 기대하는 것은 정당 강령의 실현이 아니라지지자에 대한 약속의 실천이었다. 보수당도 자유당도 선거에서 승리하기 위해서는 같은 수단을 사용했다. 후원자들에게는 호의를 베풀고, 기회주의적이거나 적대적인 사람들에게는 폭력을 행사하였다. 결국 자유당과 보수당의 분리는, 이익이나 권력의 혜택을 놓고 서로 대립하는 지지자들 사이의 갈등과 깊은 관련이 있다.

그러나 동시에 정치는 개인적인 이익에만 국한되지는 않는다. 제정 시대 정치 지도자들은 한 단계 넓은 차원에서 국가의 구성, 개인의 자유, 대의제, 노예제 등 중대한 문제를 책임지지 않으면 안 되었다. 결국 이러한 문제들에 대한 입장 차이가 정당을 구별하는 기준이 될 수 있을까? 만약 그렇다고 한다면 그 구별의 기준이란 무엇을 의미하는가? 노예제 문제는 별도로 다룰 필요가 있으므로 추후에 다시 논하기로 하고, 여기서는 그 밖의 주제들에 대해서 살펴보기로 한다.

권력의 중앙집중인가 지방분산인가라는 주제가 보수당과 자유당을 구분 짓는 기준이 될 수도 있을 것이다. 그러나 실제로 이 구분이 분명하게 드러난 시기는 오히려 두 정치적 흐름이 아직 정당으로 되기 이전인 1830년대 초였다. 이후 '복고'를 위한 조치들과 자유당 자신이 추진한 동 페드루 2세의 성인 선언으로 중앙집권 모델이 승리를 거두게 된다. 그러므로 자유당이 비록 대외적으로는 지방분권을 옹호하는 듯한 발언을 많이 했어도, 결국 두 정당 모두 중앙집권을 지지한 셈이다.

또 다른 주제로, 개인의 자유와 광범위한 시민을 위한 대의제 정치를 들 수 있다. 이는 자유당이 내건 기치였다. 이 주제에 대해서 자유당의 태도에 진화가 나타났음을 알 수 있다. 자유당은 1860년대에 접어들어 비로소 이런 주제에 힘을 쏟고, 지방분권 문제도 다시 제기한 것이다. 그리고 1870년에는 이른바 '신자유당'이 결성된다. 여기에는 나부쿠 지 아라우주와 자카리아스 지 고이스 등의 보수당원들도 가담하였다. '신자유당'은 대도시의 직접선거, 상원의원의 임기제, 국가자문회의 권한 제한,

양심·교육·매매·산업의 자유, 노예제의 점진적 폐지 등을 표방하였다.

만약 두 정당 사이에 이데올로기적인 차이가 발견된다면, 그것은 어디에서 기인한 것일까? 제정 시대 내각을 분석한 역사가 조제 무릴루 지 카르발류José Murilo de Carvalho는 몇 가지 중요한 결론을 이끌어 냈다. 그에 따르면, 1840년대와 특히 1850년대에 보수당은 지방 대지주와 국가 관료의 연합, 그리고 도시의 혼란을 우려하는 일부 대상인을 대표했다. 반면, 자유당은 주로 지방 대지주와 전문직 종사자들로 이루어졌다.

양당 사이의 또 다른 중요한 차이는 지역적 기반이다. 보수당이 바이아와 페르남부쿠에서 가장 큰 지지를 확보하였다면, 자유당은 상파울루, 미나스제라이스, 히우그란지두술에서 우위를 점하였다. 치안판사가 중심이 된 관료층과 리우데자네이루 대지주 간의 동맹이 보수당에서 추진하는 중앙집권화 정책의 중핵을 이루었다.

리우데자네이루 대지주들은, 국가 관료에 바탕을 둔 '안정되고 통일된 제국'이라는 개념을 수용하였다. 이들은 지리적인 측면에서, 그리고 산업적인 측면에서 왕실과 긴밀하게 연결되어 있었다. 보수당에 속한 바이아와 페르남부쿠의 대지주들은 지방자치권을 요구하는 투쟁들을 생생하게 체험한 바 있다. 그리고 이러한 투쟁들이 일반 평민의 지지를 받았던 사실도 알고 있었다. 그들이 '강력한 권위를 지닌 중앙정부'라는 사고를 지지하게 된 데에는 이러한 경험적 배경이 깔려 있었다.

한편, 지방분권을 추구하는 자유주의자들의 주장은, 지배계급이 전통적으로 자치를 누리던 상파울루, 히우그란지두술과 같은 지역에서 시작되었다. 미나스제라이스에서는 농장주들은 물론이고 광산업을 통해 성장한 도시의 주민들도 자유주의에 찬동하였다.

다른 한편, 보다 더 광범위한 계층을 대표하는 대의제 정치와 여론의 역할을 강조하는 정책노선이 등장했다. 이 주제들은 주로 도시에 거주하는 자유당 소속 전문직 종사자들에 의해 제시되었다. 당 내에서 이들의 존재감이 힘을 얻게 된 것은 1860년대 이후, 즉 도시가 발전하고 고등교육 이수자의 수가 증가하면서부터였다.

끝으로, '커피부르주아'의 출현을 상기할 필요가 있다. 1870년 전후 상파울루를 중심으로 사회경제적 변화가 일어났고, 이 변화를 통해 커피 생산에 기반을 둔 계층이 출현하게 된 것이다. 여러 복합적 상황의 결과, 이 계층은 지방분권화의 핵심 요소인 지방자치를 옹호하게 되었다. 이와 동시에 사회 기반을 서로 달리하는 집단들——예를 들면 커피부르주아와 도시 중산층 등——사이에 새로운 확신이 형성되었다. 그것은 지방분권이나 대의제의 확충과 같은 개혁은 군주제의 틀 속에서는 실현되기 어렵다는 불신감이기도 했다. 이렇게 해서 공화주의 운동이 탄생하게 된다.

*   *   *

어떻게 브라질은 분열되지 않고, 식민지 시대부터 이어져 온 영토의 통일성을 유지할 수 있었을까? 지방에서 빈번했던 반란들이나 중앙권력의 조직화 과정에서 드러난 불안정성을 고려할 때, 브라질의 통일성은 독립 선언과 함께 자동적으로 확보된 것은 아니라고 할 수 있다. 오히려 영토의 일체성은, 힘으로 또는 능숙한 수완으로 갈등을 해결하면서 얻은 결과물이고, 중앙집권화된 국가를 건설하기 위해 통치자들이 기울인 노력의 산물이었다. 다만, 이러한 과정에서도, 각 성이 분리·독립한다는 가정은 통일된 형태로 남아 있으리라는 가정보다 항상 개연성이 낮았다는 점은 의심할 바 없다.

브라질 역사서술에서 이 주제는 치열한 논쟁을 유발하였다. 국가의 통일성에 대한 설명은, 사회문화적 요인을 강조하는 시각에서 지도층 인사들의 성격을 강조하는 시각까지 다양하고, 심지어 서로 모순되는 부분이 존재하기도 한다. 그러나 이러한 설명들을 종합하는 것이 불가능한 일은 아니다. 구조적 측면에서 가장 근본적인 요인은 노예제이다. 가장 영향력이 큰 지방들은 노예제를 유지하기 위해 제국에서 스스로를 분리한다는 선택지를 염두에 두지 않았다. 그들이 만약 제국에서 독립한다면, 영국이 주도한 국제적인 반노예제 운동의 압력에 굴복하여 세력이 크게 위축되었을 것이다. 또한 영국도 라틴아메리카 최대시장인 브라질이 영토의 통일성을 유지할 수 있도록 후원했다. 내정이 불안정하고 혼란스러운 주변의 공화국들과 달리 브라질은 상대적으로 안정된 군주국이었기 때문이다.

또 다른 측면에서, 동질성을 지닌 엘리트층의 형성도 제국의 통일성 유지에 일익을 담당했다고 할 수 있다. 브라질 엘리트는 초기에는 코임브라대학 법학부에서, 후에는 올린다-헤시피와 상파울루의 대학에서 교육받은 계층이다. 이들은 계급 서열을 중시하는 보수적인 의식을 지녔을 뿐 아니라 중앙집권국가 건설을 지향하는 정책을 지지하기도 했다. 브라질 각지에서 행정직을 담당한 것도 바로 이들이었는데, 이들은 각 지방의 특수한 이해와 거리를 두고 중앙권력의 옹호에 많은 힘을 기울였다.

3. 사회경제구조와 노예제도

19세기 초 브라질 경제에 나타난 가장 큰 변화는 커피가 수출상품으로 생산되기 시작한 일이다. 브라질에 커피를 들여온 것은 프란시스쿠 지

멜루 팔레타Francisco de Melo Palheta이다. 그는 1727년 파라 지방에 처음으로 커피 종자를 가져왔다. 가정에서 소비되던 커피는 1760년경 리우데자네이루로 전해지고, 이 식민지 수도 주변의 작은 밭이나 과수원에서 다른 작물들과 함께 재배된다.

그러나 상업적인 차원에서 대규모 재배를 처음 시작한 곳은 파라이바 강 유역이었다. 리우데자네이루와 상파울루의 일부를 가로지르는 이 강의 광활한 유역은 커피 재배에 필요한 조건을 두루 갖추고 있었다. 이 지역은 광산업이 번성한 시절부터 미나스제라이스로 향하는 크고 작은 도로들이 지나가고 있어 잘 알려진 곳이었다. 또한 활용 가능한 미개간지와 커피 재배에 알맞은 기후를 지녔다. 비록 교통망은 충분치 않았지만, 리우데자네이루 항에 인접해 있어 상품 수출이 용이하고 자금 조달이나 물자 구입이 원활한 것도 큰 장점이었다.

커피농장은 노예노동력에 의존한 전통적 대규모 농장 형태로 설립되었다. 훗날 콜롬비아에서 증명되듯이, 수출용 커피의 소단위 재배도 불가능한 일은 아니었다. 그러나 토지의 접근성과 노동력의 편성·공급 등 당시 브라질이 지닌 조건에서는 대규모 경작이 선호될 수밖에 없었다.

토지 획득은 과거의 전통적인 방식에 따라 이루어졌고, 브라질 역사를 통해 계속해서 되풀이된다. 소유지의 경계는 매우 불확실했으며, 많은 영토가 개간되지 않은 채로 남아 있었다. 때로는 토지소유증서를 간직하고 있어도 소송에 휘말리는 경우가 있었다. 주된 원인은 동일한 토지에 대해 다수의 소유증서가 발행되었기 때문이다. 이러한 상황에서는 힘의 법칙이 우선하였다. 권세 있는 사람들은 우수한 변호사를 고용하거나 재판관에게 영향력을 행사하여 힘없는 농민들을 내몰고 토지의 소유를 합법화했다.

커피농장을 설립하려면 농장주는 상당한 액수의 투자 자금을 준비해야 했다. 삼림의 벌채, 토지 정지작업, 커피의 파종, 노예 구입 및 시설의 설치 등 막대한 비용이 들어갔기 때문이다. 더욱이 커피는 다년생 작물로서 단기간에 재경작을 할 수 없고, 4년이 경과해야 첫 수확이 가능하다. 동 주앙 6세가 브라질을 방문한 후 무역이 크게 확대되는데, 초기 커피농장의 설립에는 무역 증대로 축적된 자금이 투입되었을 것으로 판단된다. 그 후에는 커피 생산 자체에서 발생한 수익이, 그리고 1850년 이후에는 노예무역 금지로 자유로워진 자본이 투자된다.

제정 시대 전 기간을 통해 커피는 매우 간단한 기술로 재배되었다. 이러한 기술 중에서, 토양의 이용법(또는 소모방식) 등 일부는 아직도 이용되고 있다. 또한 생산은 조방농업으로 이루어졌는데, 이것은 토지 생산성에는 그다지 큰 관심을 기울이지 않았음을 뜻한다. 비료나 손길이 부족하여 토양이 피폐해지면 또 다른 새로운 농지에서 커피를 재배하였다. 오래된 농지는 방치되거나, 식용작물 재배에 이용되었다.

대규모 커피 경작 지역에서 거의 유일하게 사용된 기본 도구는 괭이와 큰 낫이었다. 노예들은 브라질에서 전통적으로 사용하던 이러한 농기구에 익숙해졌다. 또한 파라이바 지역의 지형에는 괭이와 낫의 사용이 적합하기도 하였다. 쟁기의 사용은 1870년경 상파울루의 신흥지대에서부터 시작되었다.

예외적인 경우도 있지만, 대개 커피 재배는 다음과 같은 방식으로 진행되었다. 우선 삼림을 벌채하여 목재의 일부를 사용하고 나머지는 소각시킨다. 그리고 그 장소에 커피묘목을 옮겨 심는데, 초기에는 열을 맞추는 것조차도 제대로 되지 않았다. 앤틸리스제도의 전통에 따라 커피묘목들 사이사이에는 콩, 옥수수, 만디오카 등을 재배하였다. 이러한 방식의 이점은 생장기 어린 커피묘목들에게 필요한 그늘이 만들어질 뿐만 아니라, 농장주와 그에 딸린 노동자·노예의 식량도 확보된다는 점이다.

커피농원을 돌보는 일은 잡초 제거 정도에 국한되었다. 나무에서 열매가 맺기 시작하면, 수확은 노예들의 수작업을 통해 이루어졌다. 리우데자네이루의 농원에서는 노예 한 명이 평균 4천에서 7천 그루의 커피나무를 관리한 것으로 추정된다. 이 수치는 나무에 일일이 손길이 미치지 못했음을 의미한다. 생산과 가공기술은 산업화 이전 단계의 수준이었고, 가공된 커피를 자루에 담아 수출항으로 수송하는 방법도 불완전하였다. 철도가 건설되기 전까지 커피 수송은 노새 행렬이 담당했는데, 이 행렬은 안내자 한 명과 노새를 모는 노예들이 이끌었다. 노새 행렬은 한 해에도 몇 번씩 파라이바 강 유역과 리우데자네이루 사이를 왕복하였다. 리우데자네이루로 가는 길에는 생산된 커피를 실어 나르고, 돌아오는 길에는 대구, 육포, 베이컨 등의 식료품이나 농기구를 가져왔다. 시간이 지나면서 농장주들은 고급가구, 크리스털 제품, 도자기와 같은 사치품도 구입하기 시작한다.

커피 교역에서는 일종의 중개인인 '코미사리우'comissário들이 중요한 역할을 담당했다. 이들은 초기에는 항만도시인 리우데자네이루에, 그리고 후에는 산투스에 사무실을 개설하여, 생산자와 수출업자 사이에서 중개인으로 활동했다. 즉 생산자에게 상품을 인수받아 가장 적절한 시기에 수출업자에게 판매하는 일을 수행했다. 또한 농장주들이 수출상품을 담보로 소비품이나 기계를 주문하면, 그 주문품들을 공급해 주고 수수료를 거두기도 했다. 이러한 과정을 통해 농장주와 코미사리우 사이에는 신뢰관계가 형성되었고, 코미사리우는 농장주의 은행구좌를 개설해 대금과 차금을 정리하였다. 종종 둘 사이의 관계가 너무 가까워 코미사리우는 수도를 방문한 농장주를 안내한다거나, 공부를 위해 수도로 나온 농장주의 자녀를 돌봐 주기도 하였다. 일반적으로 커피 생산과 코미사리우는 브라질인들이 담당했지만, 커피수출은 처음부터 영국과 미국의 대기업들이 장악하였다.

비록 커피를 마시는 습관이 브라질에 널리 퍼졌다고는 해도, 국내시장이 대규모 생산을 모두 흡수하기에는 역부족이었다. 따라서 예나 지금이나 커피산업은 해외시장에 의존할 수밖에 없다. 커피 생산의 증가는 미국 또는 유럽 중산층의 커피 소비 확산과 비례하였다. 브라질 커피는 미국에서 가장 많이 소비되었고, 점차 독일, 네덜란드, 스칸디나비아 국가들로 수출이 확대되었다.

반면, 차 마시는 습관이 깊이 뿌리내린 영국은 그다지 커피 소비가 많지 않았다. 게다가 적은 양의 커피마저도 카리브 해, 중앙아메리카, 또는 남아시아의 영국 식민지에서 수입했다. 자국 식민지에서 들여오는 커피에는 낮은 관세를 적용하였기 때문에 브라질산 커피는 영국 시장에서 경쟁력이 떨어졌다. 이러한 상황은 19세기, 그리고 20세기의 일정 기간까지 경제와 금융부문에서 브라질의 국제관계를 특징짓는 중요한 요소가 된다. 브라질은 기본적으로 차관이나 신용을 영국에 의존하였다. 그것은 외채의 대부분이 영국계 은행을 상대로 이루어진 것이기 때문이다. 그러나 영국과의 무역이 균형을 이루지 못하여 수입대금의 지불이나 채무 변제를 위한 수익을 충분히 얻지 못했다.

커피 생산의 발전과 그것이 브라질의 대외무역에서 차지하는 중요성은 간단한 자료를 통해서도 알 수 있다. 1821년부터 1830년까지 10년간, 브라질 수출 총액에서 커피가 차지하는 비율은 18%였지만, 1881년에서 1890년까지의 10년간은 61%로 증가했다.

사회경제적인 관점에서 보면, 커피 생산시설이 들어서면서 다양한 경제활동이 전개되었고, 국가경제의 동력은 중남부 지역으로 완전히 중심이동을 하였다. 커피산업으로 항만이 정비되고, 새로운 신용체계가 수립되었으며, 고용창출과 운송의 혁명을 가져왔다. 그러나 이러한 일들이 하루아침에 이루어진 것은 아니다. 북동부의 쇠퇴와 중남부의 활성화는 상대적으로 긴 과정 속에서 일어났고, 1870년경이 되자 되돌릴 수 없는 추세로 굳어졌다.

파라이바 강 유역의 대농장주들은 중앙권력으로부터 특혜를 받았고, 귀족 칭호를 하사받아 허영심도 채울 수 있었다. 1842년 자유주의 반란을 이끌었던 리우데자네이루의 대농장주, 조아킹 지 소자 브레베스의 모험도 이젠 옛일이 되었다. 19세기 중반, 제국은 부유한 대상인과 지방의 농장주, 특히 리우데자네이루의 커피 귀족들 속에서 지지기반을 확보하였다. 하지만 그렇다고 이 사회계층이 국가를 장악했다는 의미는 아니다. 국가와 사회지배층 간에는 거리가 있었다. 그 일례로 각 지방의 성 총독에는 현지의 유력인사들은 선발되지 않았다. 이로써 중앙정부는 성 총독이 지방의 이해관계에 연루되는 것을 차단하면서, 각각의 지방에서 독립성을 유지한 채 자신의 정책을 펼칠 수 있었다.

황제와 제국 관료는 전체적인 질서를 유지한다거나 노예제 문제에 완만하게 대처해 가면서 기본적으로 지배층의 이익을 옹호했다. 그렇지만 때로는 자신의 지지기반이 지닌 견해와 상충하는 일도 있었다. 예를 들면, 황제가 거의 모든 농장주들의 반대를 무릅쓰면서 발의한 '태내자유법'[5]의 경우가 그렇다. 브라질의 국가주의적 시각은 국가자문회의의 종신회원들에게 응축되어 있었다. 조제 무릴루 지 카르발류의 묘사에 따르면, 제국의 국가자문위원들에게 브라질은 태양계와 같았다. 즉 국가라는 태양이 지배하고, 그 주위를 다양한 보수주의적 계층들이 거대한 행성이 되어 둘러싸고, 그 너머에는 무수한 별과 같은 거대한 일반 대중이 휘돌고 있는 것이다.

"브라질은 곧 커피이고, 커피는 곧 흑인이다." 19세기 전반, 지배계층 사이에서 흔하게 사용되던 이 문구는 단지 진실의 일면을 나타낼 뿐이다. 과거의 브라질이 설탕만은 아니었던 것처럼, 이 시기의 브라질도 커피만은 아니었다. 게다가 향후 커피 생산은 노예노동력에 의존하지 않고 발전해 간다. 다만 그 당시 노예무역의 확대는 커피 재배의 노동력 수요에 기인했다는 점은 두말할 나위가 없다.

독립 후, 브라질 정부가 처한 상황은 매우 복잡했다. 극히 일부의 독자적인 목소리를 제외하면, 대농장주와 노예상인은 물론 거의 모든 해방민들까지도 노예무역의 중단은 브라질 사회를 단기간에 파탄으로 몰고 갈 것이라 믿었다. 하지만 브라질이 의존하던 영국은 갈수록 그 노예무역 폐지의 방향으로 브라질을 압박했다. 이 문제를 둘러싸고 양국 간에는 갈등과 합의가 반복되었는데, 이는 브라질의 종속성에도 불구하고 모든 것이 영국의 의도에 따라 즉각적으로 진행되지는 않았다는 점을 시사한다.

독립 후 첫 10년간 노예무역은 이전 시기에 비해 더욱 증가했다. 공식 통계에 의하면, 브라질로 수입된 노예 수는 1811년에서 1820년까지 연평균 32,700명이었으나, 1821년에서 1830년까지는 43,100명을 기록했다. 바이아 이남의 항구들, 특히 리우데자네이루를 통한 수입이 급격히

---

5) 태내자유법, 또는 벤트리 리브리 법(Lei do Ventre Livre)의 핵심은 여성 노예의 자녀들을 자유인으로 한다는 것이다.

증가하였다. 이 항구들은 1811~1820년 기간에는 전체 수입 노예의 53%를, 그리고 1821~1830년 기간에는 무려 69%를 받아들였다. 수입된 노예의 대부분은 파라이바 강 유역의 커피대농장으로 보내지거나 리우데자네이루에 잔류하게 되었다. 이 커피경제 단계에서 이루어진 노예공급은, 얼마 전까지만 해도 미나스제라이스 지역의 노예들을 이동시켜 해결했다고 추정되었다. 그러나 실제로 노예공급의 주요 원천은 노예무역이었다.

1826년 영국은 브라질로부터 조약을 이끌어 낸다. 이 조약의 핵심은, 비준 후 3년이 경과하면 해외 모든 지역에서 브라질로 들여오는 노예무역은 불법화된다는 규정이다. 또한 영국은 노예무역선으로 의심되는 선박을 공해상에서 수색할 수 있는 권한을 지니게 된다. 1827년 3월에 비준된 이 조약은 1830년 3월부터 효력을 발생시켰다. 또한 브라질은 1831년 11월 7일 이 조약을 뒷받침하는 법령을 제정하여, 이후 적발되는 노예거래상을 엄벌하고, 브라질에 들어오는 모든 노예들에게 자유를 부여케 했다. 이 법률은 노예 거래가 일시적인 감소를 보이던 시기에 수립된 것으로서, 노예무역은 곧 다시 증가하고 법률 조항들도 사실상 유명무실해졌다.

당시 노예무역상들은 아직 지배층 사이에서 비난의 대상이 아니었고, 섭정시대에 추진된 지방분권 개혁에서도 혜택을 받았다. 노예무역상이 재판에 회부되는 일은 매우 드물었고, 그마저도 대농장주들이 조종하는 배심원들에 의해 무죄선고를 받았다. 결국 1831년 법은 '영국인에게 보이기 위한'para inglês ver 법령이라 간주된다. '단지 보이기 위한 것일 뿐 진심이 담기지 않은 무의미한 태도'라는 의미를 지닌, 오늘날에는 진부하게 느껴지는 이 표현은 여기에서 유래한 것이다.

지배층이 노예노동력에 집착한 데에는 여러 이유가 있다. 그 중에서 특히 대농장에는 노예노동력을 대체할 수 있는 수단이 없다는 점, 그리고 대규모 노예반란이 일어나지 않았다는 점이 매우 중요하다. 후자의 경우, 하나의 예외라면 바이아의 레콩카바와 사우바도르를 들 수 있다. 19세기 초부터 이 지역에서는 노예반란이 빈번하여 일상적인 일이 되었다. 그러나 브라질 태생 노예들은 대체로 이러한 움직임에 동조하지 않았기 때문에, 노예반란은 곧 한계를 드러냈다. 노예반란 중에서 가장 의미 있는 사건은 1835년에 일어났다. 수백 명의 아프리카 이슬람교도 흑인들(노예와 자유인)이 사우바도르에서 봉기하였다. 흑인 이슬람교도들은 사악한malês 존재로 알려졌기 때문에, 반란의 이름도 그렇게 붙여졌다. 이 '말레스Malês 반란'은 폭력적으로 진압되어, 가담자 중 약 70여 명이 사망하였다. 또한 500명 이상의 아프리카인들이 재판에 회부되어, 일부는 사형을 선고받고, 나머지는 징역형, 채찍형, 추방형에 처해졌다.

바이아 성의 상황은 예외적이라 할 수 있지만, 1835년 이후에는 이 성에서마저도 더 이상 의미 있는 반란은 일어나지 않았다. 리우데자네이루는 노예가 전체 인구의 40%를 넘었음에도 불구하고 이에 비견될 만한 사건은 일어나지 않았다. 탄압, 자유를 얻을 수 있다는 희망, 그리고 다양한 형태의 분열——좋은 여건에 놓인 노예와 그렇지 못한 노예, 자유를 얻은 해방민과 일반 노예, 브라질에서 태어난 크리올루와 아프리카 출신 노예들 사이의 분열——등이 그 원인이었다.

브라질 정부의 무성의한 자세에 직면한 영국은 사태를 수수방관하지는 않았다. 많은 노예운반선들이 적발되거나 나포되었다. 하지만, 1846년 영국에 선박 수색 권한을 부여한 조약이 종료되었을 때, 브라질은 조약 연장의 의지를 보이지 않았다. 이에 맞서 영국 의회는 '애버딘 법'으로

알려진 법률을 가결했다. 당시 영국 외무장관의 이름을 딴 이 법은 노예
운반선을 해적선으로 간주하여 영국 해군에게 노예무역상들을 체포하
고 영국법정에 세울 수 있는 권한을 부여했다. 브라질에서 '애버딘 법'은
민족주의적인 공격의 표적이 되었다. 영국 국내에서도 자국이 '세계의
도덕적 감시인' 역할을 담당한 것에 대한 비판의 목소리가 거세졌다.

    1848년 9월, 브라질에서는 보수당 내각이 권력을 잡고, 1849년 10월
부터 몬치 알레그리Monte Alegre 후작이 내각을 이끈다. 이 내각은 관료, 치
안판사, 대지주, 특히 리우데자네이루 커피대농장주로 구성된 동맹세력
을 대변하였다. 법무장관에는 에우제비우 지 케이로스Eusébio de Queirós가
임명되었다. 그는 포르투갈 판사인 아버지가 앙골라에 주재할 때 태어났
고, 후에는 리우데자네이루의 무역가 가문 여성과 결혼하는 특이한 내력
을 지녔다. 신임 법무장관은 '1831년 법'을 보강하여 노예무역을 더욱 효
과적으로 저지하는 법안을 의회에 제출한다. 이 법안의 조항 중에는 노
예무역을 해적행위로 간주하고, 범법자를 재판하기 위해 특별법정을 설
치한다는 내용이 들어 있다. 이 법안은 1850년 9월 정식으로 입법된다.
이번에는 법의 효력이 발휘되었다. 1849년 거의 54,000명에 이르던 수
입 노예의 수가 1850년에는 23,000명 이하로, 1851년에는 3,300명으로
감소하고, 그 후에는 노예수입이 사실상 사라지게 되었다.

    1831년과 1850년 사이에 어떤 변화가 있었던 것일까? 왜 두번째 법
률은 효력을 발휘한 반면, 첫번째는 유명무실하였을까? 그 해답은 1840
년대 말의 특별한 상황, 특히 영국의 압력이 증가한 현실과 관련이 있다.
애버딘 법에 근거하여 영국 해군은 노예무역선으로 의심되는 선박을 수
색하였는데, 감시 영역을 공해상으로 한정하지 않았다. 영국 함대는 브
라질 영해 내로 들어와 주요 항구를 봉쇄할 태세까지 보였다. 영국 해군

의 활동이 확대되면서 브라질 해안을 따라 여러 사건이 발생했다. 가장 심각한 사건은 파라나 성의 파라나과 요새와 영국 함대 사이의 포격전일 것이다. 하지만 브라질제국 정부가 영국의 강력한 압력에 맞서 저항할 수 있는 여지는 거의 없었다. 더욱이 브라질 남부는 아르헨티나로부터 위협을 받고 있어 영국의 보호막이 필요했다.

결국 외부의 압력이 노예무역 폐지에 결정적 요인으로 작용했다고 할 수 있다. 그 밖에, 수년간 집중적으로 노예수입이 이루어졌기 때문에 1840년대 말에는 브라질 노예시장이 포화상태에 이른 현실도 어느 정도 작용했을 것이다. 리우데자네이루의 농장주들은 노예 구입 자금을 확보하기 위해 대규모 노예무역상들에게 재산을 담보로 자금을 대출받았다. 따라서 노예무역상들은 혐오의 대상으로 전락하고, 브라질 국내의 반영 反英전선은 허물어지게 되었다.

여기에 더해, 보수당 주도로 중앙정부가 강화되면서 노예무역에 대한 강압적인 행동도 훨씬 용이해졌다. 예를 들면, 1853년부터 1857년까지 법무장관을 역임한 나부쿠 지 아라우주는 페르남부쿠에서 거의 마지막 노예수입이 시도되었을 때, 페르남부쿠 성 총독을 강제적으로 교체해 버린다.

노예무역을 효과적으로 막는 조치들이 강구되면서, 노예제 자체도 종말에 이르게 된다. 브라질의 노예소유주들은 노예의 '자체 증가'에 관심이 없었으므로 늘 수입에 의존할 수밖에 없었다. 이러한 상황에서 노예수입이 차단되자 다양한 노동활동을 떠맡을 노예가 충분히 확보되지 못했다. 더욱이 노예무역의 폐지는 정치적·이념적 측면에서도 하나의 분수령이 된다. 브라질에서 노예수입이 불법화된 이상, 노예제의 유지도 정당성을 잃게 된 것이다. 그러나 이에 대해 다양한 질문들이 제기될 수 있다. 브라질에서 노예제 폐지는 어느 정도의 기간이 소요되었고, 또 어떠한 방식으로 이루어졌을까. 그리고 노예노동력은 어떤 노동력으로 대체되었을까.

이러한 질문에 대한 답변의 실마리는 1850년, 노예무역이 폐지되고 2주 후에 성립된 토지법에서 찾을 수 있다. 토지법은 지방의 토지소유를 둘러싼 혼란에 종지부를 찍기 위한 시도였다. 이제 과거의 세즈마리아와 같은, 공유지의 무상 양도는 금지되고, 그 취득은 전부 매매를 통해 이루어져야 했다. 또한 토지 소유를 합법화하는 규정이 마련되어, 의무적으로 소유지를 등록하도록 강제하였다. 이 법률에는 장래 이민자들의 토지 취득을 제한하려는 의도가 숨어 있었다. 공유지는 무단 점유농민들이나 가난한 이민자들이 다가가지 못할 정도의 높은 가격으로 판매되었다. 그리고 브라질 입국을 위해 이주비용을 보조받은 이민자들에게는 도착 후 3년 동안 토지 소유가 금지되었다. 요컨대 대농장주들이 노예를 대신할 노동력으로 외국이민자들을 희망했기 때문에, 이들이 단기간에 토지 소유주가 되는 것을 저지해야 했다. 그러나 대규모 이민은 아직 먼 미래의 일이었다. 중남부 대농장주들이 일반적으로 선택한 대안은 국내시장, 다시 말해 쇠퇴한 지역에서 노예를 구입하는 방법이었다.

4. 근대화와 커피 생산의 확대

1850년은 브라질에게 단순한 세기의 반환점이 아니었다. 노예무역의 폐지, 토지법의 선포, 국가경비대의 중앙집중화, 최초의 상법 제정 등 복합적인 의미를 새긴 해였다. 상법은 새로운 제도를 도입하고 식민지 시대부터 전해 내려온 다양한 법률들을 통합하였다. 그 중에서도 특히 브라질에 설립할 수 있는 회사의 종류를 규정하거나 회사의 운영 규칙을 수립한 조항들이 눈에 띤다. 또한 토지법과 마찬가지로, 노예무역 폐지는 상법 제정에도 결정적인 계기가 되었다.

노예무역이 금지되면서 자본이 자유로워지자, 거래량이 급격히 증가하고 투기가 발생했다. 또한 은행, 산업시설, 증기선박 회사 등이 설립되었다. 한편 1840년대 중반(1844년), 수입물품에 대한 관세가 인상되자 정부의 세입이 증가하였다. 그 덕분에 1852년과 1853년의 관세수입은 1842년, 1843년 수입의 두 배에 달했다.

정치 분야에서는 자유당과 보수당이 일시적으로 국가적 화합을 이루었다. 그 이면에는 파라나 후작이 이끄는 화해내각의 성립이 있었다. 어떤 의미에서 이 합의는 다음 내각에도 이어져 1861년까지 지속된다.

이제 브라질의 가장 역동적인 부문에서는 자본주의적 근대화의 변화가 싹트기 시작했다. 다시 말해 노동시장, 토지시장, 자원시장 등을 설립하려는 첫 시도들이 나타났다.

근대화를 위해서는 불완전한 수송체계의 개선이 최우선 과제였다. 19세기 중반에 근대적 교통수단은 증기선과, 그리고 특히 철도와 동의어였다. 더욱이 19세기 전체를 통틀어 가장 중요한 도로라 할 수 있는 '통합과 산업 도로'Estrada União e Indústria가 마리아누 프로코피우의 발의로 건설되었다. 리우데자네이루 성의 페트로폴리스와 미나스제라이스 성의 주이스지포라를 연결하는 연장 144킬로미터의 이 도로는 1856년에 착공되어 1861년에 완공되었다. 도로에는 '마카당'macadam이라 불리는 쇄석을 깔아 포장하였는데, 이 명칭은 도로 공법을 고안한 영국인 기사 존 매캐덤John Mcadam의 이름에서 유래됐다. 또한 도로 곳곳에 철교나 정기 운행 마차를 위한 역이 건설되어 사람들에게 깊은 인상을 주었다. 그러나

이 '통합과 산업 도로'는 건설비용이 매우 높은 데다 유지·보수도 쉽지 않아 결국 경쟁에서 철도에 밀리고 만다.

철도건설이 추진된 가장 큰 이유는, 주요한 상품들을 수출항구로 보내는 운송 수단의 개선이 필요했기 때문이다. 노새를 이용하여 불안전한 도로를 따라 운반하는 방식은 비용이 많이 들 뿐만 아니라, 상품공급도 원활하게 유지할 수 없었다.

북동부에서는 페르남부쿠에 가장 중요한 철도건설이 이루어진다. 근본 목적은 수확된 설탕의 수송이었다. 처음으로 그곳에 영국 자본의 두 철도회사가 설립되었다. 먼저 첫발을 내디딘 것은 1855년에 건설을 시작한 헤시피-상프란시스쿠 철도회사이고, 훨씬 늦은 1880년대에 그레이트웨스턴 철도회사가 세워졌다. 북동부와는 달리, 중남부의 철도건설은 커피수송이 가장 큰 목적이었다. 커피 재배가 점차 내륙지대로 확산되면서 미나스제라이스의 삼림지대나 상파울루 서부까지 이르게 되자, 커피 수송은 더욱 중요한 문제가 되었다.

철도와 증기선을 이용한 수송은 1840~1880년 기간에 영국 경제를 혁명적으로 변화시켰다. 게다가 철강, 석탄 등 광공업의 생산도 증가하였다. 자본이 축적되자 해외투자나 차관 제공이 가능해졌다. 그 중에서도 철도는 인기 있는 투자분야였다. 브라질 철도의 경우도 예외는 아니어서, 대체로 영국 회사와 계약을 맺고 영국의 자본과 자재, 장비에 의해 건설되었다.

1850년경, 파라이바 강 유역의 커피경제는 절정기에 이른다. 운송 수단의 문제는 '동 페드루 2세 철도선' ——후에 '브라질 중앙선'Central do Brasil으로 불림——이 건설되어 대부분 해결되었다. 이 철도선은 1855년에 건설이 시작되어 여러 단계에 걸친 오랜 공사 끝에 1875년 마침내 상파울루 성의 카쇼에이라까지 이어졌다. 그 후, 상파울루에 설립된 회사가 카쇼에이라와 성도省都인 상파울루 사이를 연결하였다. 이로써 리우데자네이루에서 상파울루까지 철로가 놓이게 되었다.

*　*　*

이러한 일이 일어나는 동안, 커피는 상파울루 성 내륙지의 새로운 지역, 이른바 '상파울루 서부'에서도 재배되기 시작한다. 커피관목은 이 지역의 오래된 농원에서 사탕수수를 대신할 작물로 도입되었다. 브라질 경제 전체를 고려할 때, 상파울루는 언제나 설탕 생산의 주변지에 불과했다. 설탕가격은 커피와는 대조적으로 하락 추세를 면치 못했기 때문에, 설탕에서 커피 재배로 문화의 전환이 추진되었다. '상파울루 서부'에서 커피 경제의 성공여부는 근본적으로 운송수단과 활용가능한 수출항의 확보에 달려 있었다. 그곳에서 리우데자네이루까지는 너무나 먼 거리였다. 가장 큰 관건은 어떻게 세하두마르 산맥의 경사면을 가로질러 연안지역까지 도달할 것인가 하는 문제였다. 이 문제는 산투스와 준지아이 사이에 철로가 놓이면서 해결되었다. 영국계 회사인 '상파울루 철도회사'가 건설을 맡은 이 노선은 1868년부터 가동을 시작했다. 산투스는 18세기 말부터 상파울루 연안지대에서 생산되는 소량의 커피를 수출하고 있었는데, 이 철도건설을 계기로 일약 수출의 중심도시가 된다.

상파울루 철도회사는 준지아이에서 상파울루 성의 히우클라루까지 철도 연장 건설권을 지니고 있었지만, 런던 자본시장의 어려움을 이유로 건설에서 손을 뗀다. 그러나 아마도 전략적인 이익이 가장 주된 이유였을 것이다. 실질적으로 이 회사가 산투스 항에 도달하는 내륙 경로를 독점하고 있었기 때문이다. 결국 브라질은 1868년부터 대책을 모색하여, 커피산업과 관련된 자본으로 파울리스타 철도회사를 설립한다. 또한 그 뒤를 이어 모지아나, 이투아나, 소루카바 철도회사가 등장한다. 이 중에서 소루카바 철도회사는 예외적으로 커피가 아닌 면화 자본과 깊은 관련이 있는데, 소루카바 지역은 1860년대부터 면화 재배가 번성한 곳이다.

파라이바 강 유역과 상파울루 서부의 커피경제는 정반대의 궤적을 그린다. 제정 시대 마지막 20년간 커피경제는 파라이바 강 유역에서 쇠퇴를 면치 못한 반면, 상파울루 서부에서는 두드러진 신장세를 보였다. 두 지역 모두 조방농업에 의존했지만, 광대한 토지가 남아 있는 상파울루 서부는 새로운 지역을 개척할 수 있었던 반면, 지형적인 제약을 지닌 파라이바 강 유역은 옮겨 다닐 토지가 많지 않았다. 결과적으로 파라이바 강 유역에서는 토양이 황폐해지고 부식되어 토지의 생산성과 가치가 크게 하락하였다. 뿐만 아니라, 노예제가 폐지될 무렵 이 지역 대농장주들의 가장 큰 자본이 노예였다는 사실은, 노예제 폐지로 인해 이 지역이 받은 타격이 얼마나 컸을지를 미루어 짐작케 한다.

광활한 토지의 이용가능성 외에도 상파울루 서부가 상승곡선을 탄데에는 또 다른 요인들의 작용이 있었다. 예를 들면, 자연환경, 기술혁신, 역사적 시의성 등이 그것이다. 상파울루 성의 광활한 내륙 고원지대는 커피 재배에 가장 적합한 기후와 토양을 지녔다. 이곳의 붉은 토양, 즉 '테하 호샤'terra roxa는 생산성이 높아 커피를 수확할 수 있는 연한이 30년에 이른다. 반면 다른 지역의 토양에서는 커피 생산 연수가 채 25년을 넘지 못한다. 이 토양의 이름은 이탈리아 이주민들이 '로싸'rossa[붉다]라고 부른 데에서 유래한다. 기술적인 진보에 대해서 과장된 언급은 삼가야겠지만, 쟁기나 커피 탈피기를 최초로 도입한 곳도 바로 상파울루 서부였다. 커피 탈피기는 커피콩의 껍질을 제거하는 방식에서는 말 그대로 혁명적인 기술이었다.

마지막으로, 역사적인 시의성을 살펴보자. 상파울루 서부에서는 노예노동력을 대신할 수단이 필요해진 시기에 이미 자본이 축적된 상태였다. 그에 비해, 파라이바 강 유역에서는 커피 재배가 그보다 이른 시기, 즉 노예제가 유일한 선택사항인 시기에 시작되었다. 그리고 그 지역 경제가 최전성기에 다다랐을 때 노예무역이 폐지되었다. 노예를 대체할 노동력을 찾는 일은 토지 생산성이 저하됨에 따라 갈수록 어려워져 끝내 극복하지 못할 벽이 되었다.

이렇게 해서, 서로 다른 운명을 지닌 두 지역의 계층이 형성된다. 파라이바 강 유역의 커피 농장주들은 본래 군주제를 지지하였는데, 노예제의 점진적인 폐지를 추구하는 법령들이 제정되자 군주에게서 멀어지기 시작했다. 양자 사이의 소원한 관계는 1888년 노예제가 폐지되면서 돌이킬 수 없는 단계에 이른다. 하지만 파라이바 강 유역의 커피 귀족들은 사회적·정치적으로 이미 그 비중을 상실한 상태였다.

* * *

상파울루 서부의 경제는 흔히 커피부르주아라 불리는 새로운 계급을 낳았다. 1880년 전후를 기점으로 상파울루 지역에는 자본주의 경제의 기초적 토대를 만드는 변화가 일었다. 하지만 그것은 단시간에 이루어진 것은 아니다. 어떤 의미에서 자본주의 도입은 최근에야 겨우 완성되었다고 볼 수 있다. 자본의 축적, 경제의 다각화, 토지·생산·소비 시장의 형성 등은 수십 년에 걸쳐 이루어진 것이다.

자본 축적은 커피 생산을 통해 처음 이루어졌다. 그 후 축적된 자본은 철도, 은행, 상업 부문의 투자로 이어졌다. 커피 생산의 확대는 도시 간 네트워크를 탄생시켰고, 그 도시들이 소규모 생산과 소비의 중심이 되어 경제의 다양화를 이끌었다. 또한 1880년대에 시작된 대규모 이민자의 입국은 생산, 소비, 노동력 시장의 형성을 촉진했다.

그런데, 파라이바 강 유역과 상파울루 서부의 사회집단은 서로 완전히 이질적이며, 한쪽은 '낡음'을 상징하는 몰락하는 귀족, 다른 한쪽은 '새로움'을 대변하는 기업가 정신이 풍부한 부르주아였다고 믿는 것은 옳지 않다. 두 그룹은 동일한 사상과 전제에서 출발하였으나, 사회적·물리적 환경의 차이로 인해 각기 다른 모습을 지니게 된 것이다. 양자 모두 조방농업을 실시했고, 광범위하게 노예노동력을 사용했다. 상파울루 커피 농장주들이 이민자들에게 시선을 돌린 이유는 자유노동이 지닌 미덕이나 더 나은 수익성을 믿었기 때문이 아니다. 단지 그들에게 노예라는 선택사항이 사라지자 노동력 문제에 대한 해결책이 필요했던 것뿐이다. 1887년, 즉 노예제 폐지까지 1년이 채 남지 않은 시점에서 상파울루는 10만 7,000명의 노예를 포함하고 있었는데, 이는 브라질 전 지역에서 노예 인구로는 세번째 규모였다. 제일 큰 규모는 19만 2,000명의 미나스제라이스였고, 리우데자네이루가 16만 2,000명으로 그 뒤를 이었다.

1850년 이후 노예 공급은 대부분 국내에서 지방 사이의 거래를 통해 이루어졌다. 다시 말해 브라질에서 국내 이주는 노예의 지역 간 강제 이동이라는 비참한 형태로 출발했다. 그러자 이제는 새로운 형태의 노예 매매상이 등장한다. 이 새로운 직업은 여러 지방을 편력하며 가난한 농장주나 도시주민에게 노예를 팔도록 설득하고 다니는 노예 구매자라 할 수 있다. 노예들은 단지 해로를 통해서만 커피지역으로 수송된 것은 아니었다. 오히려 대부분의 노예들은 항구에서 징수하는 세금을 피하기 위해 바이아나 미나스제라이스의 내륙을 관통하는 육로로 여행하지 않으면 안 되었다.

지방 간의 노예거래 규모를 알 수 있는 정확한 자료는 존재하지 않는다. 전체적인 추산에 따르면 1850년에서 1888년까지 약 10만에서 20만 명의 노예가 북동부의 사탕수수 생산지역에서 중남부로 이동했을 것으로 보인다. 1864년에서 1874년 사이에 북동부의 노예인구는 77만 4,000명(브라질 전체 노예수의 45%)에서 43만 5,000명(전체의 28%)으로 감소했다. 같은 시기 커피 재배 지역의 노예인구는 64만 5,000명(전체 노예수의 43%)에서 80만 9,000명(전체의 56%)으로 증가하고, 상파울루 성에서는 8만에서 약 17만 4,000명으로 두 배 이상 증가했다.

노예무역의 폐지로 노예가격이 상승했기 때문에 바이아나 페르남부쿠와 같은 전통적인 작물 생산지역에서도 노예를 대량으로 수출했다. 1874년 이래, 브라질 전 지역에서 노예인구의 감소가 나타나는데, 특히 1885년부터 그 추세는 더욱 가속화되었다. 하지만 감소현상은 중남부보다 북동부에서 훨씬 두드러진다. 1874년에서 1884년 사이의 전국 감소율이 평균 19%인 데에 비해, 중남부에서는 9%, 북동부에선 31%를 기록했다. 남부에서도 역시 노예는 격감하여, 히우그란지두술에서는 같은 시기에 거의 39%의 감소율을 보였다.

5. 대량 이민의 시작

한 지역에서 노예노동력 의존도의 크기는 노예제 폐지의 진전에 중요한 영향을 미친다. 또한 상파울루의 예에서 볼 수 있듯이, 노동력 문제 해결을 위해 다른 대안을 찾는 능력과 가능성도 의미 있는 역할을 한다.

다른 대안적 해결책이란 대규모 커피농장에 유럽 노동력을 끌어들이는 것이다. 그렇다면, 왜 노예를 자유노동자로 전환하는 방법은 택하지 않았을까? 또는 왜 북동부의 빈곤한 지역 주민들을 적극적으로 유입하려는 시도가 없었을까?

첫번째 질문에 대한 답변은 복합적인 성격을 띤다. 먼저, 대농장주들은 편견을 지니고 있어서 노예를 자유노동자로 바꾸는 것을 어렵거나 혹은 불가능한 일이라고 생각하였다. 또한 오랫동안 노예상태에 있던 해방 노예들이 과거에 비해 그다지 향상되지 않은 조건에서도 계속 일을 했을지 의문이다. 비슷한 맥락에서, 특히 노예제 폐지 이전 시기에, 이민자들이 노예보다 좋은 조건을 얻기 위해 농장주들에게 압력을 가할 수밖에 없었던 사실을 염두에 두자.

두번째 질문에 대한 답변은 첫번째 답변과 관련이 있다. 당시 제국의 지배 계층은 버클[6]과 고비노[7] 등과 같은 작가들로부터 영향을 받아 인종주의 사상에 젖어 있었다. 그들은 단지 노예나 해방 노예만 멸시한 것이 아니라 포르투갈 식민지 시대에 태어난 혼혈인들mestiços도 역시 열등하다고 여겼다. 따라서 브라질을 구할 수 있는 유일한 길은 가능한 한 빨리 유럽화하는 것이라 생각했다. 이러한 문화적 요인 외에 다른 요인도 존재했다. 북동부의 사탕수수나 면화 농장주들은 노예노동력을 상실한 지

---

6) 헨리 토머스 버클(Henry Thomas Buckle, 1821~1862). 영국의 역사가이자 문명사가이며, 역사의 발전을 지배하는 과학적 법칙을 규명하려고 노력하였다. 그의 실증주의적 논리나 진화론적 관점은 궁극적으로 유럽문명의 우월성을 뒷받침하는 결과를 낳았다.

7) 조제프 아르튀르 드 고비노(Joseph Arthur de Gobineau, 1816~1882). 프랑스의 작가, 외교관, 민족학자이다. 『인종 불평등론』(Essai sur l'inégalité des races humaines)의 저자이며, 인종주의 이론을 발전시킨 것으로 유명하다.

얼마 되지 않은 상태에서 그들에게 남은 일반 노동력마저 중남부로 이전시키는 것을 달갑게 생각하지 않았다.

분명 북동부의 일부 성에서는 정기적인 가뭄의 피해로 대규모 난민이 발생한 적도 있다. 그러나 이들 중 대부분은 방치되었고, 일부 사람들은 북부의 고무 채취나 바이아의 카카오 농장에 고용되었다. 19세기 말, 부를 획득한다거나 아니면 적어도 약간의 더 나은 삶을 얻을 수 있다는 꿈은 멀리 떨어진 중남부가 아니라, 아마조니아 지역이나 북동부 자체의 다른 지역에 존재했다.

상파울루 커피지대로 향하는 대규모 이민의 역사는 정치사의 시대 구분과 꼭 일치하지는 않는다. 이민은 제2제정기에 시작되지만, 브라질 사회에 결정적인 영향을 미치는 시기는 공화국 선언 이후이다. 이민자들의 유치는 수차례의 시행착오를 겪으며 진척되었다. 1847년 니콜라우 지 캄푸스 베르게이루Nicolau de Campos Vergueiro가 처음으로 이민 유치를 시도하였다. 한때 제국의 섭정이었던 그는 노예무역으로 부를 축적한 농장주이기도 하다. 그는 자신의 농장과 상파울루 서부의 기타 농장들에서 일하는 소작제 이민을 구상하고, 제국 정부의 지원을 받아 독일 및 스위스에서 이민자들을 받아들였다.

이 시도는 수많은 마찰을 야기했다. 이민 소작농들은 비록 유럽에서 식량난을 겪었다고는 해도, 당시 브라질의 열악한 생활조건을 따를 수가 없었다. 그들은 편지 검열이나 대농장 내의 이동 제한 등 매우 엄격한 규율에 얽매여 있어야 했다. 마침내 1856년 베르게이루 소유의 이비카바 농장에서 폭동이 일어난다. 이 사건을 계기로 소작제 형태의 이민은 중단된다.

그 후, 이민자들을 유치하려는 노력은 1871년 '태내자유법'의 제정과 때를 같이하여 재개되었다. 이번에는 농장주들과 함께 지방 당국이 주도적으로 나섰다. 1871년 3월에 수립된 법령은 상파울루 성 정부에 채권 발행의 권한을 부여했다. 이로써 성 정부는 자금을 조성하여 농장주들에게 이민자 도입 비용을 융자할 수 있게 되었다. 또한 이민자들을 유치하기 위한 항해 경비의 보조금도 기획할 수 있었다. 이러한 과정을 거쳐 상파울루에서는 조성助成 이민, 즉 국가로부터 보조금을 지급받는 이민이 시작되었다. 시간이 경과하면서 보조의 내용은 변화를 거듭한다. 8일간의 상파울루 숙박이 제공되거나 때로는 농장까지의 교통비가 보조되었다.

상파울루에 유입된 이민자 수는 1880년대 초반까지는 그리 많지 않았다. 1875년에서 1879년 사이에는 불과 10,455명이 들어왔다. 커피 생산에 필요한 노동력을 충당하기에는 턱없이 부족한 숫자였다. 이탈리아 이민자들은 1874년부터 조금씩 유입되었으나, 그들 중 대다수가 브라질의 생활조건에 적응하지 못하고 되돌아갔다. 1885년 이탈리아 정부는 브라질 이민을 제지하는 안내문을 발행하는데, 그 자료에는 상파울루가 살기 어렵고 불건전한 지역으로 묘사되어 있다.

이러한 상황에 대처하기 위해 상파울루의 가장 유력한 인사들이 나서게 되었다. 그 시점은 노예제의 해체가 분명해진 매우 민감한 시기였다. 1886년 마르치뉴 프라두 주니오르, 안토니우 다 시우바 프라두 형제를 비롯한 여러 인사들의 발의로 '이민진흥협회'가 설립되었다. 이 협회는 커피 농장으로 이민자들을 유치하기 위해서 다양한 방안들을 모색하였다.

또한 협회는 포르투갈어, 독일어, 이탈리아어로 팸플릿을 작성하여 상파울루 성 이민의 유리한 점을 홍보했다. 미국, 아르헨티나 등 브라질보다 흡인력이 강한 국가들과 비교하여 상대적인 이점을 강조했다. 그러나 노예제의 존재 등 부정적인 측면은 언급하지 않았다. 마르치뉴 프라두 주니오르는 이민 유치 방법을 연구하기 위해 이탈리아 북부를 여행하고, 이민진흥협회는 제노바에 사무실을 개설하기도 한다.

마침내 대서양을 사이에 둔 양 대륙에서 여러 요인들이 발생하면서 대량 이민이 가능하게 되었다. 그 중에서도 이탈리아 내부의 위기가 가장 근본적인 요인으로 작용했다. 국가의 통일, 자본주의로의 전환 등 여러 사건이 가난한 사람들에게 심각한 타격을 입혔다. 그와 함께, 항해비의 지원이나 숙박 제공 등도 크든 작든 이민의 촉진제가 되었다.

20세기 초까지 상파울루에 들어온 이민자들은 대부분 이탈리아 북부의 농업 노동자나 소규모 자영농들이다. 특히 베네토나 롬바르디아 출신들이 많았는데, 그들이 소유한 한 조각의 땅으로는 생활을 영위하기가 어려웠다.

제정 말기, 상파울루에 유입된 총이민자 수는 1885년에 6,500명을 기록했으나 1888년에는 92,000명으로 급증한다. 그리고 1888년 전체 이민자의 90%는 이탈리아인들이 차지했다. 여기서 중요한 점은 다음 사실일 것이다. 노예제 폐지 직후 있었던 1888년 5월의 커피 수확이 노동력 수급의 어려움을 겪지 않고 무사히 완료된 것이다.

6. 파라과이 전쟁

상파울루 서부 지역에서 커피 재배가 계속 확대되고, 노예제의 단계적 폐지를 위한 방침들이 처음 시행될 무렵, 국제적인 사건 하나가 제2제정의 역사에 큰 파문을 일으킨다. 바로 파라과이 전쟁이다. 1864년 11월 11

일 첫 무력충돌이 일어나 1870년 3월 1일 종전될 때까지 전쟁은 5년 넘게 지속되었다.

파라과이 전쟁을 명확히 이해하기 위해 관련국들의 일반적 상황과 상호관계를 먼저 살펴보자. 19세기 초, 스페인의 식민체제가 종결되었을 때, 라플라타 부왕령은 하나의 정치적 통일체로서 존속할 수 없었다. 오랜 분쟁 끝에 그 지역에는 아르헨티나, 우루과이, 파라과이, 볼리비아가 탄생한다. 그런데 특히 아르헨티나 공화국은 나라를 세우기까지 연방주의와 중앙집권주의의 대립을 비롯해 많은 갈등과 전쟁을 겪어야 했다.

주로 부에노스아이레스 상인으로 구성된 중앙집권주의자들은 옛 부왕령 수도의 지휘 아래 중앙집권적 국가 모델을 추구하고 있었다. 상인계층은 부에노스아이레스 항을 통해 아르헨티나의 대외무역을 통제하고, 수입관세에서 수익을 얻으려 하였다.

연방주의자들은 지방엘리트, 대지주, 중소 제조업자, 국내시장에 의존하는 상인들로 이루어졌다. 이들이 지방분권화된 국가를 지향한 것은 자신들의 이익을 보호할 뿐만 아니라, 부에노스아이레스의 상업부르주아가 설정한 관세를 지불하지 않으려는 의도 때문이었다.

우루과이는 아르헨티나, 브라질, 그리고 우루과이 독립주의자들 사이에서 발생한 3년간의 충돌 끝에 1828년 독립한다. 라플라타 강 유역의 금융과 무역에 이해관계가 걸린 영국은 이 지역의 안정을 희망하여 우루과이의 독립을 지지했다. 하지만 19세기 우루과이 역사는 평화와는 거리가 멀었다. 사회는 블랑코[백색]당, 콜로라도[적색]당[8]으로 분열되어 치열한 권력투쟁을 벌인다. '콜로라도당'은 상인 및 유럽 강대국들과 긴밀

---

8) 각 당의 이름인 '백색'(branco), '적색'(colorado)은 그 당이 내건 깃발 색에서 유래한다.

한 관계에 있었고, 자유주의 사상에 공명하였다. 한편 '블랑코당'은 주로 스페인 권위주의 전통을 계승하는 지주들로 이루어져, 유럽 신흥강국들의 우루과이 진출을 의심의 눈길로 바라보았다.

옛 파라과이 지방에 거주하던 주민은 대부분 과라니 원주민의 후손들로, 부에노스아이레스의 권위에 복종하지 않고, 1810년대부터 라플라타 부왕령에서 분리하여 독자적인 자치행정을 시작했다. 하지만 부에노스아이레스 부르주아는 이 자치를 인정하지 않았으며, 1813년에는 파라과이의 대외교역을 사실상 가로막았다. 파라과이에서 바다로 나아가는 방법은 파라과이 강과 파라나 강을 따라 배로 접근하는 길뿐이었는데, 이 자연 통행로를 봉쇄한 것이다. 이 봉쇄를 계기로 파라과이 지도자 호세 가스파르 데 프란시아José Gaspar de Francia는 고립정책을 실시하면서 독재정치를 펼친다. 그리고 국가가 나서서 교회 소유지와 친親부에노스아이레스 계층의 토지를 몰수하고, 생산과 교역의 중심 역할을 자처한다.

파라과이를 통찰력 있는 정부가 이끈 소규모 토지 소유자들의 국가라고 정의하는 것은 1970년대 좌익 역사서술에서 공통적으로 나타나는 부분이었고, 그것은 특히 프란시아의 독재 시기를 지칭하는 면이 있다. 분명 프란시아는 남아메리카에서는 예외적이라 할 수 있는 정책들을 채택했다. 그러나 그의 정책들을 진보적이라고 분류하는 것은 지나친 단순화라 할 수 있다. 정부는 몰수한 토지에 이른바 '조국의 농장'을 설립하여 직접 경영하거나 소규모 차지인들에게 분배하였다. 하지만 정부가 경영하는 농장에서는 노예나 죄수들을 노동력으로 이용했다. 또한 화폐경제를 중단하고, 지대나 세금을 화폐가 아닌 현물로 징수하였다.

프란시아 사후 카를로스 안토니오 로페스가 대통령에 임명되고, 1842년 파라과이의 독립이 정식으로 선포되었다. 로페스는 파라과이의 고립정책을 종결하고, 대외 무역을 일으키기 위해 철도를 건설하였다. 또한 아들 프란시스코 솔라노 로페스를 영국으로 보내 군수 물자를 구입하는 한편, 국가의 근대화를 위해 유럽 기술자들을 채용하였다. 파라과이는 점진적으로 외국시장과의 연결을 확대해 갔다. 뿐만 아니라, 파라과이 강과 파라나 강을 이용하는 선박운행의 통제에 관심을 쏟고, 부에노스아이레스 항을 통한 자유항행에도 더욱 주의를 기울였다. 이러한 상황 속에서 안토니오 로페스가 세상을 뜨자 그의 아들 솔라노 로페스가 권좌에 올랐다(1862년).

19세기 전반, 주변 국가들에 대한 브라질의 입장은 다음과 같이 요약할 수 있다. 브라질제국 정부에게 가장 큰 우려는 아르헨티나의 정세였다. 하나로 통일된 강력한 공화국이 된다면 아르헨티나는 브라질의 지배력을 견제하면서 히우그란지두술의 동요하는 지역들을 유인할 수 있는 경쟁국가가 될 것이다.

브라질의 대 우루과이 정책에는 항상 영향력을 행사하고자 하는 의도가 반영되었다. 히우그란지두술의 가우슈들은 목축업자로서 우루과이에 경제적 이해가 걸려 있었다. 가우슈들은 국경지대의 밀무역을 억제하려는 우루과이의 조치들을 곱지 않은 시선으로 지켜보았다. 브라질은 자신들에게 유리한 정치노선을 지닌 콜로라도당을 지지했다. 급기야 제국 정부는 로사스에 적대적인 콜로라도당과 비밀협정을 맺기에 이르고, 매월 자금을 원조한다는 약속까지 한다.

19세기 전반 브라질과 파라과이의 관계는 브라질과 아르헨티나의 관계에 따라 변화한다. 아르헨티나와 갈등이 증가하면 브라질은 파라과이에 가까이 다가갔다. 그러나 아르헨티나와 관계가 호전될 때는, 브라질-파라과이 사이의 갈등이 수면 위로 떠올랐다. 양국 간의 대립은 국경

문제에서 비롯된다. 또한 마투그로수로 통하는 중심수단인 파라과이 강의 자유항행을 브라질이 집요하게 요구했기 때문이기도 하다.

외견상으로 브라질, 아르헨티나, 우루과이 3국이 동맹을 맺고 파라과이를 상대하여 전쟁을 일으킨다는 것은 거의 현실성이 없는 일로 보인다. 하지만 실제로 그런 일이 일어났다. 이 미래의 동맹국들이 처음으로 서로에게 다가선 것은 1862년 바르톨로메 미트레Bartolomé Mitre가 연방주의자들을 누르고 아르헨티나의 권력을 장악했을 때이다. 아르헨티나 공화국이라는 이름으로 국가가 재통일되고, 미트레는 대통령에 선출된다. 그는 같은 해에 정권을 잡은 브라질 자유주의자들에게 환영받을 만한 정책을 펼쳤다. 우루과이의 콜로라도당과 교섭하면서 하천의 자유항행을 주장한 것이다.

이러한 상호 연관성 속에서 브라질-파라과이 간의 대결 분위기가 조성되었다. 양국은 마테 차茶 시장을 놓고 경쟁관계에 있었지만, 브라질 정부의 입장에서 대립의 핵심 원인은 지정학적인 문제, 즉 국경이나 강의 자유항행 등에 관한 문제였다. 솔라노 로페스는 파라과이의 고립 상황을 타개하고 라플라타 지역에서 입지를 강화하기 위해, 우루과이의 블랑코당, 그리고 아르헨티나의 엔트레리오스, 코리엔테스 지방 지도자들——미트레의 경쟁자들——과 손을 잡았다.

1860년대 초, 브라질제국 정부는 더 이상 영국의 이해에 맞게 움직이는 도구가 아니었다. 오히려 영국과 '크리스티 문제'라고 알려진 여러 분쟁들에 얽히게 된다. 브라질 주재 영국 대사의 이름이 붙여진 이 사건은 리우데자네이루 항에 정박 중인 브라질 상선이 영국 해군에게 나포됨으로써 불거졌다. 1863년 초 브라질 정부가 영국과 국교를 단절하자 국내에는 애국주의적 감정이 고양되었다. 그러한 와중에 블랑코당이 권력을 장악한 우루과이에서 브라질 시민이 폭행을 당했다는 소식이 전해지자 감정은 더욱 격해졌다. 1864년 9월, 제국 정부는 콜로라도당의 집권을 돕기 위해 우루과이를 침공한다.

이렇듯 상황이 긴박하게 돌아가자 솔라노 로페스가 먼저 기선을 제압하려 나섰다. 1864년 11월 11일, 파라과이군함이 브라질 선박 '올린다 후작Marquês de Olinda호'를 파라과이 강에서 나포했다. 이 사건은 곧바로 양국의 외교관계 단절로 이어졌다. 실제적인 무력 충돌은 1864년 12월 23일 솔라노의 마투그로수 공격을 계기로 발생한다. 계속해서 솔라노 로페스는 히우그란지두술과 우루과이에 주둔 중인 브라질군을 공격 목표로 정하고, 파라과이군이 코리엔테스 주를 통과할 수 있도록 아르헨티나 정부에게 허가를 요청한다. 그러나 그의 요청은 거절되었다.

전쟁이 일어나면 오랜 두 경쟁국가, 브라질과 아르헨티나가 서로 연합하여 파라과이에 대항할 수 있다는 가능성을 솔라노 로페스도 분명 감지했을 것이다. 그렇다면 그러한 위험을 무릅쓰고 솔라노 로페스가 군사작전을 감행한 이유는 무엇일까? 아마도 그는 파라과이가 이웃 강대국들의 위협을 충분히 극복하고 남미의 정치적 역학관계에서 그 중심에 설수 있으리라 예상했던 것 같다. 그러기 위해서는 먼저 무방비 상태에 있던 마투그로수에서 승리를 거둘 필요가 있었던 것이다. 그 승리는 분명브라질을 협상테이블로 끌어낼 것이기 때문이다. 또한 그는 내심 우루과이의 블랑코당과 아르헨티나의 반反미트레 지역들의 지원도 기대했다.

그러나 그의 기대는 실현되지 않았다. 아르헨티나의 어느 지방에서도 지원의 움직임은 나타나지 않았다. 우루과이에서는 제국 정부의 압박으로 콜로라도당의 베난시오 플로레스Venancio Flores가 권력을 잡았다. 1865년 3월 파라과이는 아르헨티나에 선전포고를 한다. 그러자 5월 1일

아르헨티나, 브라질, 우루과이가 삼국동맹에 서명하고, 동맹군의 총사령관에는 아르헨티나 대통령 미트레가 취임한다.

경제와 인구 규모에서 세 동맹국은 파라과이를 크게 앞서고 있었다. 흔히 전쟁이 개시될 때 공통적으로 나타나는 것처럼, 브라질과 아르헨티나는 이 전쟁을 가벼운 나들이 정도로 여겼다. 그러나 현실은 그렇지 않았다. 솔라노 로페스는 그의 적대국들과는 달리 군사적으로 훌륭하게 대비를 갖추고 있었다. 정확한 자료가 없어 추정치가 되겠지만, 전쟁이 발발했을 때 병력은 브라질이 1만 8,000명, 아르헨티나 8,000명, 우루과이 1,000명이었다. 그에 비해 파라과이는 6만 4,000명의 병력과 함께 2만 8,000명의 예비군을 갖추고 있었다. 다만, 강에서 전투를 수행하는 해군력에서는 브라질이 월등히 우세하였다.

시간이 경과하면서 삼국동맹의 병력은 계속 증강된다. 그 가운데 브라질 군사들이 주축을 이루어 적어도 동맹군 전체의 3분의 2를 차지했다. 1865년 브라질의 남성인구는 약 490만 명으로 추산되는데, 그 중에서 병력으로 동원된 인원은 13만 5,000명에서 20만 명에 이를 것으로 보인다. 병력은 모두 정규군으로 국가경비대 소속 병사들과 강제징병으로 모집된 병사들로 구성되었다. 강제적 징병임에도 불구하고 많은 사람들은 자원병들이 소속되는 '애국지원단'으로 배치되었다.

노예소유주들도 자신들의 노예를 병사로 싸울 수 있도록 제공했다. 1866년 법령은 군대에서 노역하는 '국가 노예'에게 자유를 부여했다. 여기서 말하는 '국가 노예'란 노예무역 폐지 이후 불법적으로 수입된 아프리카인들 중에서 제국 정부에 의해 체포·감호를 받았던 노예들을 일컫는다.

브라질 군대는 파라과이 전쟁을 겪으면서 기반을 다진다. 그때까지 브라질제국은 장교로 구성된 적은 수의 직업군인들에 의존하였고, 병력 증강에 많은 어려움을 안고 있었다. 병역의 의무가 없었기 때문에, 매우 제한된 추첨방식을 통해 병역에 종사할 사람을 선정했다. 국가경비대는 대부분 백인으로 구성되었으며, 이들에게는 병역이 면제되었다. 파라과이 전쟁 이전, 라플라타 지방에서 브라질의 군사작전을 담당한 부대는 히우그란지두술의 민병대였다. 이들이 파라과이군과 같은 근대화된 부대를 상대하기에는 역부족이었다.

전쟁사에서 볼 때, 양 교전 측의 군사행동에는 궁핍, 전사戰死, 콜레라와 같은 질병의 이미지들이 뒤섞여 있다. 개전 초기에, 브라질 해군은 아르헨티나의 리아추엘로에서 벌어진 전투에서 파라과이 해군을 격파한다. 이로써 동맹군은 파라과이의 유일한 대외 교통로인 파라나 강을 가로막고 파라과이를 봉쇄한다. 하지만 동맹군은 유리한 전세를 적절하게 활용하지 못했다. 파라과이 강 연안——특히 우마이타 주변——에 설치된 요새를 두려워한 나머지 수년 동안 파라과이군의 육상 방위체제에 막혀 전진하지 못한 것이다.

1865년 6월에는, 아르헨티나 코리엔테스에 진출해 있던 파라과이군이 히우그란지두술을 공격하지만, 곧 격퇴된다. 같은 해 11월, 이차적인 전선인 마투그로수를 제외하고, 모든 전선은 파라과이 영내領內에 형성된다. 그리고 1866년 5월 최대의 전투가 투이우티에서 벌어졌다. 동맹군은 파라과이에 승리를 거두지만 더 진격하지 못하고 쿠루파이티에서 강력한 역공을 만난다. 이 전투의 목표는 우마이타 요새의 점령이었다.

이러한 와중에서, 1866년 10월 전쟁의 향방을 좌우할 중요한 요소가 등장한다. 브라질군 총사령관에 카시아스가 임명된 것이다. 이 인사는 당시 야당이던 보수당의 압력에 의한 것으로, 보수당은 전쟁의 불확실한 결과에 대해 자유당에게 책임을 전가했다. 1868년 초 카시아스는 동맹군의 총사령관에도 취임한다. 미트레가 국내 정치문제에 대응하기 위해 부에노스아이레스로 귀환해야 했기 때문이다. 아르헨티나 국내 문제 중에서 특히 눈여겨볼 것은 파라과이 파병에 대한 일부 지방의 반대이다. 이때부터 브라질은 실질적으로 홀로 전쟁을 수행해야 했다.

우마이타 요새를 공격하기에 앞서, 카시아스는 먼저 군의 기반을 정비하는 데 힘을 쏟았다. 그리고 만반의 태세를 갖춘 후 비로소 공격에 나섰다. 1868년 8월 우마이타 요새를 함락한 브라질군은 1869년 마침내 아순시온에 입성한다. 병중의 몸인 데다 평화를 원한 카시아스는, 남은 전쟁은 단순히 파괴를 위한 것이라 생각하여 총사령관직에서 물러난다. 그의 후임으로는 왕위계승자인 이자벨 공주의 남편, 되 백작Conde d'Eu⁹⁾이 임명되었다.

수차례의 전투 끝에 브라질군은 얼마 남지 않은 마지막 파라과이군을 격퇴하였다. 구성원이 노인, 병자, 어린이뿐인 소규모 부대였다. 브라질군에게 진지를 포위당한 솔라노 로페스는 1870년 3월 1일 결국 최후를 맞이했다.

파라과이는 이 전쟁으로 폐허가 되었고, 브라질과 아르헨티나에 영토의 일부를 빼앗겼다. 그러나 그보다 더 큰 피해는 미래의 상실이었다. 근대화 과정은 과거의 이야기가 되었고, 그리 큰 가치가 없는 생산물의 수출국으로 전락했다. 가장 신빙성 있는 자료에 따르면 파라과이 인구의 절반이 전쟁으로 사망했다. 전체 인구는 1864년 40만 6,000명에서 1872

---

9) 프랑스의 왕자로서 루이 필립 1세의 손자이며, 정식 이름은 '루이 필립 마리 페르낭 가스통 도 를레앙'(Louis Philippe Marie Fernand Gaston d'Orléans)이다.

년 23만 1,000명으로 격감했다. 생존한 사람들의 대부분은 노인과 여성, 그리고 아이들이었다.

전쟁이 끝났을 때, 브라질은 영국에 대해 더 큰 채무를 지게 되었다. 개전 초 양국의 외교관계가 다시 회복되었기 때문이다. 그러나 전쟁의 가장 중요한 결과는, 독자적인 목적과 외형을 지닌 기관으로서 군대의 위상이 확립되었다는 점이다. 특히 오랜 기간 지녀온 제국 정부에 대한 불만이 다른 방식으로 표출되었다. 승리와 패배가 교차되는 속에서도 어쨌든 군은 끝까지 최전선에서 전투를 수행했다. 그에 반해, 민간 엘리트들은──이후 조롱 섞인 의미로 '외투족'外套族이라고 불리지만── 위험에서 멀리 떨어져 있었고, 일부의 경우는 군에 대한 물자공급으로 부를 얻기까지 했다.

7. 제2제정의 위기

1870년대로 접어들자, 제2제정에 위기의 징후가 나타난다. 공화주의 운동의 시작, 제국 정부 대 군과 교회의 마찰 등이 그것이다. 게다가 노예제 문제의 해결방식은 국가와 그 사회적 지지기반 간의 관계를 소원하게 만들었다. 하지만 이러한 요인들은 군주제의 종말을 가져올 정도의 비중은 지니지 못했다. 군주제에 종지부를 찍기 위해서는 다양한 요소들, 이를테면 새로운 사회집단을 낳고 개혁 이념을 수용하기 쉽게 만드는 사회경제적 변화 등이 총체적으로 작용해야 했다.

노예제 폐지는 단계적으로 추진되어 1888년 완전히 일단락되었다. 그러나 법률적 조치에 대한 최대의 논쟁은 1888년이 아닌 1871년에 일어났다. 제국 정부가 이른바 '태내자유법'을 발의한 시기이다. 이 발의에 따르면, 법률이 시행된 후 노예 여성에게서 태어난 아이는 자유인이 되며, 노예모의 소유주 밑에서 8세까지 남을 수 있었다. 그 이후에는 노예소유주가 국가로부터 아이에 대한 배상금을 받거나, 아니면 21세가 될 때까지 아이의 노동력을 사용할 수 있었다.

법안은 히우 브랑쿠 자작Visconde do Rio Branco이 이끄는 보수당 내각이 제안하였다. 이로써 노예제 폐지운동의 주도권을 자유주의자들로부터 빼앗은 격이 되었다. 내용에 혁명적인 요소는 전혀 들어 있지 않았지만, 그래도 자신의 사회적 지지기반과 갈등을 초래할 수 있는 법안을 제안한 것이다. 어떻게 이러한 일이 가능할 수 있었을까?

가장 합리적인 설명은 황제와 국가자문회의 위원들이 이 법안을 주도했다는 것이다. 비록 노예반란은 일어나지 않았지만, 파라과이 전쟁이 끝난 후 국가통치집단 사이에서 내려진 결론은 국민 대다수의 충성도가 매우 낮아 브라질은 국내전선에서 근본적인 취약점을 안고 있다는 것이다. 물론 '노예제 문제'의 해결은 중요한 경제적 이익에 악영향을 미칠 수 있다. 하지만 브라질이 직면한 취약한 충성도와 잠재적 노예반란의 위험성을 고려한다면, 그것은 '더 작은 악'mal menor이라고 볼 수 있었다.

반면, 사회 유력계층은 그 법안에 사회질서를 전복시킬 수 있는 심각한 위험요소가 포함되어 있다고 인식했다. 그들의 시각으로 보면, 노예소유주가 관용을 베풀어 노예를 해방시켜야 감사와 복종심이 계속 유지될 것이다. 하지만 법의 힘으로 해방의 길을 열어 줄 경우, 노예에게 권리의식이 싹트고, 국가는 인종 간의 전쟁에 매몰될 것이다.

이 법안은 최종 가결되지만, 이에 대한 하원의원들의 태도는 당시의 상황을 충분히 암시한다. 북동부 의원들은 압도적으로 찬성표를 던진 반면(찬성 39표, 반대 6표), 중남부 의원들은 반대의 성향을 보인다(반대 30

표, 찬성 12표). 이러한 반응은 지역 간 노예무역으로 북동부에서는 노예 노동력 의존도가 감소하였다는 사실을 어느 정도 입증해 준다.

그 밖에도 의원들의 직업에 관한 정보도 얻을 수 있다. 적지 않은 수의 하원의원이 공무원, 특히 치안판사직에 종사하고 있었다. 대부분 북동부와 북부 지역에서 선출된 이 그룹은 정부의 방침에 따라 법안에 지지표를 던졌다. 정당별로 분석해 보면, 자유당원과 보수당원 사이에 뚜렷한 차이는 발견되지 않는다. 양당 의원 모두 자신이 처한 입장에 따라 찬부를 결정한 것이다. 1871년 법이 실제로 거둔 성과는 매우 미미하였다. 노예 아동들을 국가에 맡기는 경우는 극히 드물었고, 대체로 노예소유주들이 이들의 노동력을 계속 이용했다.

노예제 폐지운동은 1880년대에 들어서면서 추진력을 얻기 시작한다. 새로운 단체나 신문이 등장하고, 선전활동이 진전되었기 때문이다. 다양한 사회적 배경이나 지위, 견해를 지닌 사람들이 운동에 참여했다. 지도층 인사들 가운데 두드러진 인물로는 하원의원이자 문인인 조아킹 나부쿠가 있다. 그는 페르남부쿠 지방의 대지주 겸 정치가 가문 출신이다. 또한 조제 두 파트로시니우, 안드레 헤보사스, 루이스 가마 등 빈민 출신의 흑인이나 혼혈인들도 중심적인 역할을 담당했다.

파트로시니우는 가톨릭 사제이자 노예소유주인 아버지와 과일 판매상이던 흑인 어머니 사이에서 태어났다. 노예제 폐지를 주창한 리우데자네이루 언론지 『가제타 다 타르지』*Gazeta da Tarde*를 운영한 그는 특히 감동적인 연설로도 매우 유명하였다.

그와는 대조적으로 내성적인 인물인 헤보사스는 공학기사로서 코르치 과학기술전문학교에서 교편을 잡고 식물학, 미적분학, 기하학을 가르쳤다. 그는 노예제 폐지를 '농업 민주주의'의 확립과 연계시키려 하였다.

따라서 해방 노예들에 대한 토지분배, 대지주들의 토지 매각 또는 분할을 이끌어 낼 수 있는 토지세의 신설 등을 주장했다.

루이스 가마는 소설과 같은 삶을 살았다. 그의 아버지는 바이아 성의 부유한 포르투갈계 가문 출신이고, 어머니 루이자 마인은, 아들의 자부심 넘치는 설명에 따르면, "항상 기독교 교의와 세례를 거부한 자유 아프리카 흑인"이었다. 가마는 곤궁해진 아버지로 인해 불법적으로 팔려가 노예가 된 경우였다. 그는 처음에는 리우데자네이루로, 그다음에는 산투스로 보내졌고, 100명의 다른 노예들과 함께 맨발로 굶주린 채 세하두마르를 올라야 한 적도 있었다. 그 후 주인집에서 도망쳐 군인이 된 가마는 마침내 시인, 변호사, 저널리스트로 활약하기에 이른다.

이렇듯 노예제 폐지운동이 발전함에 따라, 북부의 여러 성들은 노예제 유지에 점차 관심을 잃게 된다. 그리고 1884년에 세아라 성이 독자적으로 노예제 폐지를 선언한다. 이러한 분위기 속에서 1885년 이른바 '60세 해방 법'lei dos sexagenários 또는 '사라이바-코테지피 법'Lei Saraiva-Cotegipe이 통과되었다. 이 법은 국가자문위원인 사라이바가 자유당 내각을 이끌 때 상정되었고, 코테지피 남작이 주도하는 보수당이 정권에 복귀했을 때 상원에서 가결되었다. 핵심 내용은 60세 이상의 노예에게 자유를 부여하고, 보상금을 통하여 모든 노예들을 단계적으로 해방한다는 것이다. 사실 이 법안은 급진적인 노예제 폐지운동을 지연시키기 위해 발의된 것이지만, 상황은 그 의도대로 전개되지는 않았다.

짧은 정체기가 지나고 1885년에서 1888년 사이에 노예제 폐지운동은 다시 한번 동력을 얻는다. 이 시기에 나타난 가장 중요한 사실은 노예의 집단 도주로 인해 상파울루 커피농장들이 혼란을 겪었다는 점이다. 노예제 폐지 운동가들은 커피농장이나 지방 도시로 들어가 노예반란을 모의했다. 이들을 선도한 인물은 상파울루의 부유층 가문 출신인 안토니우 벤투Antônio Bento였다. 얼마 지나지 않아 산투스는 도주 노예들이 머무르는 중심지가 되었다. 이러한 분위기 속에서 상파울루의 커피 엘리트는 노예제의 급속한 붕괴를 예상하고 이민 제도의 시행을 서둘렀다.

1888년 무렵, 유일하게 노예제에 집착한 자들은 파라이바 강 유역의 오래된 커피지대 농장주들뿐이었다. 그들의 자산은 거의 노예에 집중되어 있기 때문에, 자산 규모가 계속 감소하고 있었다. 상파울루 서부에 연고가 있는 상파울루 보수당 상원의원 안토니우 프라두는 새로운 법안을 준비하여 시간을 지연시키려 하였다. 그는 노예주에 대한 배상, 그리고 다음 수확을 위해 3개월의 노동 제공을 전제로 노예의 즉시 해방을 제안했다. 그러나 자유당이 반대하고 나서자, 국가자문회의 의장인 보수당 주앙 알프레두는 조건 없는 해방을 제안한다. 의회는 절대 다수로 이 법안을 가결하였고, 1888년 5월 13일 당시 섭정이던 이자벨 공주가 최종적으로 재가하였다. 반대표를 던진 9명 중 8명이 리우데자네이루 성의 의원이었다. 상원에서는 코테지피 남작이 공포심을 유발하는 언사를 늘어놓으며 저항했지만 아무 소용이 없었다. "얼마 지나지 않아 그들은 토지 분할을 요구할 것이고, 결국 국가는 보상도 하지 않은 채 토지를 몰수할 것이다."

해방된 노예들의 운명은 지역에 따라 천차만별이었다. 일반적으로 북동부에서는 대지주의 예속민이 되었다. 다만, 예외적으로 마라냥에서는 해방민들이 농장을 버리고 미개간지에 정착하여 점유 농민이 되었다.

파라이바 강 유역에서 옛 노예들은 사양길로 접어든 커피농장에서 소작농으로 일했고, 나중에는 소농이나 목부가 되었다. 상파울루 서부의 특징은 노예제 폐지 직전 수년간 노예들이 집단적으로 도주를 시도하였다는 점이다. 그럼에도 상파울루 시나 그 밖의 지역으로 유입된 흑인의 흐름은 적어도 10년은 더 지속된다. 상파울루와 리우데자네이루의 도심에서는 서로 다른 양상이 펼쳐졌다. 상파울루 시에서 안정된 직종은 이민노동자들이 차지했고, 옛 노예들에게는 주로 불규칙적이고 임금이 낮은 일자리가 돌아갔다. 반면, 리우데자네이루에서는 상황이 달랐다. 전문직공의 작업장이나 공장에서 자유흑인이나 노예들을 고용하는 전통이 존재한 데다 이민자의 비중도 적었기 때문에 흑인 노동자들은 상대적으로 많은 기회를 얻을 수 있었다. 예를 들면, 1891년 리우데자네이루에서는 공장 노동자의 약 30%가 흑인이었던 데 반해, 1893년 상파울루의 공장에서는 고용의 84%를 이민자들이 차지했다.

상파울루와 마찬가지로 히우그란지두술에서도, 이민자들이 노예나 해방 노예들을 대체하여 안정된 일자리를 차지하는 흐름이 이어졌다.

지역에 따라 차이는 있지만, 노예제 폐지가 '흑인문제'를 근절시키지는 못했다. 경제가 활발한 지역에서는 이민노동자가 선호되었고, 그 밖의 지역에서는 해방 노예에게 노동의 기회가 거의 열려 있지 않았다. 따라서 흑인주민들은 매우 심각한 사회적 불평등에 놓이게 된다. 편견에서 불평등이 태어났고, 다시 그 불평등이 편견을 강화하는 결과가 되었다. 특히 이민자들이 대거 유입된 지역에서는, 흑인은 열등하며 순종적일 때만 유용한 존재라고 생각되었다. 더욱이 흑인은 게으르고 범죄 성향이 있으며, 본질적으로는 위험한 존재라고도 여겨졌다.

* * *

브라질 역사에서 노예제도만큼 많이 연구되고 논의된 주제는 아마도 없을 것이다. 대서양 항해 도중 일어난 노예의 사망률, 노예의 가족구성 가능성, '아우포히아'alforria, 즉 노예해방——1888년 이전에 일어난, 법률에 의하지 않은 비강제적, 자율적 노예해방——, 그리고 이른바 '농민적 균열'의 문제, 다양한 직업 환경에서 노예들이 처한 삶의 조건 등 온갖 주제에 대해 뜨거운 논쟁이 있어 왔다.

이러한 논쟁들은, 비록 공공연한 폭력이 노예제의 기본을 이룬다고는 해도, 단지 그것만으로는 노예제가 유지되기 어려웠다는 주장에 힘을 실었다. 노예제의 광범위한 영향력, 노예들 간의 차이, 자유를 얻을 수 있으리라는 실질적 또는 공상적 기대 등도 노예제가 오랜 기간 존속하는 데 일조하였다. 이런 점에서 특히 다음 두 가지 주제를 주목해 볼 필요가 있다. 그것은 이른바 '농민적 균열'과 '노예해방'이다.

'농민적 균열'이라는 개념은 시루 카르도주Ciro Cardoso를 비롯한 일군의 학자들이 내놓은 것으로서, 이들은 식민지 시대부터 19세기까지 브라질 경제에서 내수용 생산의 중요성을 강조한다. 이들의 조사에 따르면, 사탕수수나 커피농장에 속한 노예들에게는 숙사 근처의 밭이나 소규모 농지의 경작이 허용되었다는 것이다. 따라서 노예들은 그 경작지에 자신들이 직접 소비하거나 시장에 판매할 식용작물을 재배할 수 있었다. 그리고 이러한 재배는 점차 일반화되어 결국 하나의 관습처럼 뿌리를 내렸다. 이렇게 시장판매를 위해 자체적인 생산을 할 때 노예는 농민이 되기도 하는데, 결국 이러한 신분 전환이 노예제도에 균열을 초래했다는 것이다. 나아가 이 학자들은 노예가 법적으로는 물건이지만, 실제로는 사회적 관계 속에서 이러한 관습을 통해 어느 정도 권리를 누리고 있었다고 주장한다.

'노예해방'이라는 주제는, 영국이나 프랑스 식민지에 비해 스페인 식민지와 브라질에 해방 노예가 매우 많았다는 사실에서 비롯된다. 이 점에 대해서는 식민지 시대를 다룰 때, 특히 미나스제라이스의 경우를 언급할 때 이미 논한 바 있다. 사실 신뢰할 만한 통계는 없지만, 식민지 시대 말기에 해방 노예와 자유민은 아프리카계(흑인과 물라토)의 약 42%, 브라질 총인구의 약 28%를 차지한 반면, 노예는 전체 인구의 38%였다고 추산된다. 1872년의 인구조사에 따르면, 해방 노예와 자유민은 아프리카계의 73%, 브라질 총인구의 43%에 달하지만, 노예는 총인구의 15%에 지나지 않는다.

노예해방은, 노예자신이나 제3자가 노예의 자유를 매입하거나 노예 소유주가 해방을 결정할 때 이루어진다. 매입에 의한 해방이 도시에서 더 많이 나타났다는 사실은 도시가 노예에게 저축의 기회를 더 많이 제공했음을 시사한다.

노예소유주에 의한 해방이라고 할 때 쉽게 떠올릴 수 있는 생각은, 경제적인 이유로 고령자나 병약한 노예들만 해방되었으리라는 해석이다. 그러나 이러한 가설에 의문을 제기한 연구들도 있다. 예를 들면, 1684년에서 1785년까지 사우바도르에 거주한 7,000명의 해방 노예에 대한 연구는 이들의 평균연령이 겨우 15세였다는 사실을 보여 준다.

하지만 그렇다고 상당한 수의 해방노예가 발생한 원인들 중에서 경제적인 요인을 제외해야 한다는 의미는 아니다. 지금까지의 연구들을 토대로 경제가 성장한 지역과 쇠퇴한 지역을 비교해 보면, 전자보다는 후자에서 노예해방이 많았기 때문이다. 그러나 연정戀情이라는 심리적 이유가 해방의 결정에 큰 영향을 미쳤을 가능성도 있다. 해방된 노예들의 성별 구성에서는 확실히 여성이 높게 나타난다. 예를 들면 1807년에서 1831년까지 리우데자네이루에서는 해방된 노예의 64%가 여성이었다. 노예 전체 인구에서 남성이 차지하는 비율이 여성을 훨씬 상회한다는 점을 고려한다면, 이 수치는 매우 높은 것이다.

끝으로, 해방된 노예들이 자유민들과 동등한 처우를 받지 못했다는 사실도 기억해 두자. 매입에 의한 경우이든 노예주의 결정에 의한 경우이든, 해방 노예들은 1865년까지 옛 소유주에게 단지 은혜를 모른다는 이유만으로도 고발당하거나 해방이 무효화될 수 있었다. 게다가 문서상으로든 혹은 현실상으로든, 해방에는 옛 주인에 대한 노동의 제공 등 여러 제한이 따라붙었다. 1870년 이후, 어린이나 고령자를 조건부로 해방하는 법령에도 이러한 관습은 여전히 남아 있었다.

비록 해방 노예들이 흑인반란에 가담한 경우도 있었지만, 그들의 사회적 위치는 자유민과 노예의 중간지점이었다. 사회적 측면에서 그들은 백인 빈곤층에 가까웠다. 그러므로 노예해방은 인종 간의 직접적인 충돌을 완화하는 작용을 했다. 흑인인구가 두텁게 존재하는 상황에서, 해방 노예는 공동체의 보전에 중요한 역할을 하였다. 가장 전형적인 예는 바이아에서 찾을 수 있는데, 아프리카와 유럽 문화가 결합된 공동체는 19세기 해방 노예들로 인해 계속 존속할 수 있었다.

8. 공화주의

공화주의는 18세기 말 이후 혁명사상 또는 일부 사회개혁 사상과 연계되어 왔고, 독립을 지향한 운동에도 영향을 미쳤다. 1870년 리우데자네이루에서 시작된 공화주의 운동에도 이러한 사고를 계승한 인물들이 있었다. 1870년 공화주의 선언에 서명한 로페스 트로방과 제정 말기에 활동한 시우바 자르딩 등은 공화국을 수립하는 방법으로 민중혁명의 필요성을 주장했다. 그러나 대다수 사람들은 킨치누 보카이우바의 의견에 동조했다. 그는 통치양식의 평화적인 변환을 선호했고, 가능하다면 페드루 2세가 수명을 다할 때까지 기다린다는 자세를 취했다.

도시 지역 공화주의의 사회적 기반은 군부와 함께, 주로 전문직 종사자와 언론인들로 구성되었다. 이들은 도시 발전과 교육 확대를 통해 나타난 계층이었다. 리우데자네이루의 공화주의자들은 공화정 수립과 더불어 시민들의 정치참여 확대, 개인의 권리 보장, 연방제, 노예제 폐지 등을 추구하였다.

1870년대의 새로운 움직임으로는 각 지방에 등장한 보수적 공화주의 운동을 들 수 있다. 그 중에서도 가장 특기할 만한 것은 상파울루 공화당Partido Republicano Paulista, PRP의 결성(1783년)이다. 이 정당의 구성원은 절대 다수가 커피부르주아이고, 정강의 기본 방향은 지방의 폭넓은 자치권을 보장해 주는 연방제의 지지였다. 비록 연방제 주창자 중 비중 있는 인물인 타바리스 바스투스가 연방군주제를 들고 나오긴 했지만, 상파울루의 공화주의자들은 제국과 연방제는 양립할 수 없다고 믿었다. 그들에게 연방제란 금융정책과 이민정책을 각 지방 정부가 관리하고, 재정의 중앙집중을 탈피한다는 것과 같은 의미였다.

상파울루의 공화주의는 연방제 개념은 매우 중시하면서도, 공민권이나 정치적 자유의 수호에 대해서는 관심이 낮았다는 면에서 리우데자네이루의 공화주의와 차이가 있다. 또한 노예제 문제를 다루는 방식에서도 양자는 다른 자세를 취했다. 사회적 구성을 고찰할 때, 상파울루 공화당은 노예제에 대해 명확한 입장을 유보하며, 노예제 폐지 직전까지 논의를 회피하는데, 이것은 단순한 우연이 아니다. 상파울루 공화주의자들이 중앙정부를 상대로 품은 불만의 핵심은, 상파울루 출신자가 의회나 행정기관에서 차지하는 비중이 매우 적다는 데 있었다. 게다가 정부의 예산 집행방식도 못마땅했다. 상파울루 성의 경제는 계속 성장세에 있고, 제국 정부의 재정을 위한 공헌도는 갈수록 커지는데, 그에 합당한 혜택은 받지 못한다고 느낀 것이다.

리우데자네이루의 공화주의 운동은 선전과 신문 발행에 매우 적극적이었지만 정당을 결성하는 단계에는 이르지 못한다. 제정 말까지 의미 있는 활동을 전개한 정당은 상파울루와 미나스제라이스의 공화당이었는데, 특히 전자가 더욱 그러했다. 1884년 상파울루 공화당은 당시 야당이던 보수당과 협정을 체결하고 하원 선거에서 프루덴치 지 모라이스와 캄푸스 살리스를 당선시켰다. 이 두 의원은 후에 공화국의 초대, 2대 대통령이 된다. 1889년의 추정 통계에 따르면, 상파울루 성에서 공화주의자는 유권자의 4분의 1(3,600명)을 차지하나, 아직 자유주의자(6,600명)와 보수주의자(3,900명)에는 미치지 못했다.

* * *

1870년대에는 국가와 가톨릭교회 사이에 긴장감이 감돌았다. 1824년 헌법에서 추구된 '왕좌와 제단'의 결합은, 그 자체로서 잠재적인 갈등의 원인이기도 했다. 비록 가톨릭이 국교로 정해지긴 했지만, 헌법은 국가에게 교회의 포교를 승인하거나 거부할 수 있는 권한을 부여했기 때문이다.

대립의 발단은 1848년 바티칸 교황 비오 11세가 새로운 방침을 정한 것에서 비롯된다. 비오 11세는 '근대적 자유'를 비판하고, 가톨릭교회의 정신적 권위를 전 세계에 확립하려 하였다. 1870년 바티칸 공의회가 교황의 무류성無謬性을 교의로 공포하면서 교황의 권한은 더욱 강화된다. 하지만 이러한 교회의 자세는 세계 여러 나라의 반발을 초래했다. 예를 들면, 당시 미국에서는 가톨릭계 아일랜드인들의 대규모 이민이 진행 중이어서, 프로테스탄트 지배층은 미국이 가톨릭 국가로 전환될까 두려워하였다. 한편, 바티칸은 브라질의 성직자들에게 종교적 규율을 엄격히 지키고 국가로부터 독립성을 유지할 것을 촉구했다.

브라질에서는 교황의 결정에 따라 올린다 주교 동 비타우Dom Vital가 가톨릭 형제회에 프리메이슨의 입회를 금지하자 국가와 교회의 갈등이 첨예화되었다. 프리메이슨은 숫자상으로는 많지 않아도 브라질 지배층에 상당한 영향력을 행사하고 있었다. 당시 수상(각료회의 의장)을 지낸 히우 브랑쿠 자작도 프리메이슨이었다. 서로 간의 시각차로 인해 결국 동 비타우는 '반항적 공직자'로 몰려 처벌을 받았고, 그 후 또 다른 주교도 비슷한 처지에 놓이게 된다. 이 파동은 히우 블랑쿠Rio Blanco 내각의 교체, 처벌받은 주교들의 사면, 프리메이슨에게 내려진 금지사항의 철회 등 조정 합의(1874~1875년)를 거치면서 진정되었다.

*   *   *

페드루 1세의 양위 때까지 군 장교들은 정부 내에서 중요한 입지를 차지하였지만, 그 이후로는 갈수록 군의 참여도가 떨어졌다. 독립 후에는 병사들이 민중반란에 가담했기 때문에 정부는 불신의 눈으로 군을 바라보았다. 섭정시대, 페이조를 비롯한 자유주의자들은 군의 규모를 축소하고, 국가경비대를 창설한다. 아르헨티나와 멕시코에서 이미 나타난 것처럼, 대규모 상비군은 '작은 보나파르트(나폴레옹)들'을 낳을 수 있다는 우려 때문이었다.

반대로, 해군은 후한 대우를 받았다. 독립 직후에 영국인 장교들이 가세한 점도 좋게 작용하여 해군은 고귀한 조직으로 여겨졌다.

이와 같은 불평등한 처우에도 불구하고, 1850년까지는 군에 엘리트적 특성이 존재했다. 하지만 19세기 후반에 들어서면 군 장교의 사회적 출신은 크게 변화한다. 낮은 봉급, 열악한 생활 조건, 늦은 진급 등으로 세력가의 자제들은 군인의 길을 외면했다. 그 대신 사관후보생에는 군인이나 관료 자제의 지원이 증가하였다.

지역적으로 보면, 새로운 장교들은 대부분 북동부와 히우그란지두술 출신이었다. 북동부에는 전체적으로 자식들의 교육비조차 지불할 수 없게 된 몰락한 세도가들이 많았다. 한편, 히우그란지두술에서는 국경지대의 특성상 많은 부대가 집결해 있어 군 장교는 상대적으로 권위 있는 직업에 속했다. 그에 대한 일례로 1853년 정부가 히우그란지두술에 보병 및 기병 간부양성 사관학교를 창설한 사실을 들 수 있다.

군의 사회적 출신배경이 변화함에 따라, 군 간부들은 제국의 정치 지도자, 특히 법과대 출신자들과 더욱 소원한 관계가 된다. 군인들은 이들을 '법학자'라 불렀는데, 무익한 문화를 영위하고 부정선거를 감행할 뿐 아니라, 국가발전을 저해하는 법률과 규칙을 만든 장본인이라고 여겼다.

브라질 경제가 번영한 1850년대에 정부는 군 개혁을 위한 일련의 조치를 취한다. 1850년 9월 제정된 법령은 간부 구성을 변경하고, 사관학교 졸업생에게는 비졸업생보다 더 많은 특혜를 주었다. 이는 특히 기술 장교들에게 뚜렷이 나타났다. 1810년 리우데자네이루에 창설된 사관학교에서는 엄격한 군사교육과정과 함께 토목공학이 교과에 포함되어 있었다. 1858년 국방부 장관은 공학과정을 군사교육과정에서 분리시켜 프라이아 베르멜랴로 이전했다. 공학과정은 그곳에서 1904년까지 지속됐다.

파라과이 전쟁 전부터 군 간부 사이에는 제국 정부에 대한 비판이 존재했다. 그 중에는 승진 기준의 명확화, 국방장관의 허가 없이 결혼할 수 있는 권리 등 군 특유의 문제도 있었지만, 브라질의 전반적인 상황에 대한 비판도 있었다. 젊은 장교들은 교육에 중점을 두면서 산업진흥, 철도 건설, 노예제 폐지를 주장하였다.

사관학교가 재규정되고 파라과이 전쟁이 종료되자, 군부는 조직으로서의 힘을 키운다. 정치에 개입할 때, 많은 장교들은 과거와 달리 소위 정치군인으로서가 아니라 순수 군인으로 행동했다. 두 세대의 차이를 상징하는 가장 좋은 예는 카시아스(공작)와 플로리아누(제2대 공화국대통령)일 것이다. 의심할 바 없이 카시아스는 권위 있는 군인이었지만, 동시에 보수당 중진의 한 사람으로서 이미 파라과이 전쟁 전에 수상을 역임한 바 있다(1861년 3월~1862년 5월). 반면, 플로리아누는 자유당의 도움으로 승진하고 당 간부와 밀접한 관계를 맺고 있었으나, 항상 군인으로서 그리고 시민으로서 발언했다. 기본적으로 그의 충성심은 군을 향한 것이었다.

프라이아 베르멜라의 육군사관학교는 원래 군사교육기관으로 구상되었으나, 실제로는 수학, 철학, 문학을 가르치는 교육센터의 기능을 했다. 그러한 환경 속에서 정부에 대한 비판은 군주정 자체에 대한 비판으로 발전하였고, 공화주의 사상의 토대가 형성되었다. 이 과정에서 실증주의가 끼친 영향은 막대하였다. 특히 1872년 벤자밍 콘스탕[10]이 사관학교의 교수로 부임한 이후 실증주의의 수용은 더욱 확산된다.

---

10) 벤자밍 콘스탕(Benjamin Constant Botelho de Magalhães, 1836~1891)은 브라질의 군인이자 정치사상가로, 133쪽에서 언급했던 프랑스의 사상가 뱅자맹 콩스탕(Benjamin Constant de Rebecque, 1767~1830)과는 다른 인물이다.

오귀스트 콩트의 사상은 멕시코, 칠레, 아르헨티나, 브라질 등 라틴 아메리카 여러 나라에 광범위한 영향력을 행사했다. 실증주의는 과두제 자유주의가 초래한 정치적·사회적 위기를, 질서를 유지한 채 해결할 수 있는 과학적 해답이라고 여겨졌다. 그리고 기술혁신과 산업의 가치를 중시한다는 점에서, 법대 출신자들의 형식적 지식을 비판한 신흥 엘리트를 더욱 매료시켰다.

브라질의 경우, 실증주의는 보수주의적 근대화 방식을 취하고 있었으며, 국가의 역할에 초점을 맞추어 전통적인 정치가들의 힘을 무력화시켰다. 그리고 이런 모든 것은 군인계층들의 커다란 공감을 불러냈다. 하지만, 군인들이 실증주의의 근본 원리를 온전하게 받아들인 것은 아니다. 일반적으로 군 장교들은 자신들의 관점과 가장 일치하는 부분만을 흡수하였다. 따라서 국가의 근대화를 위해서는 개입주의적인 강력한 행정부를 추구하였고, 그렇지 않을 경우는 단순한 군사독재를 선호하였다.

* * *

노예제 폐지 이외에, 1880년대에 단행된 중요한 조치 중 하나는 선거제도의 개혁이었다. 1881년 1월에 승인된 선거법은 '사라이바Saraiva 법'이란 이름으로 더 잘 알려졌다. 이 개혁으로 국회의원 선출에서는 직접선거가 확립되었고, 투표자와 선거인 사이의 자격 구별이 사라졌다. 다만, 최소한의 소득 기준을 두었던 경제적 제한은 그대로 존속되었고, 1882년부터는 글을 읽을 수 있는 사람만 투표할 수 있는 식자識字적 제한도 도입된다. 그렇지만 투표권은 비가톨릭교도, 귀화한 브라질인, 해방 노예들에게로 확대되었다.

선거의 공정성과 시민참여 확대를 표방하며 준비된 사라이바 법은
시행 첫해인 1881년 선거에서 성공을 거두었다. 47석을 획득한 보수당
은 여전히 소수당에 머물렀지만 의미 있는 결과를 얻었고, 어느 한쪽이
압도적 승리를 거두는 구태가 사라지는 것처럼 보였다. 하지만 다음 해
에는 부정선거, 유권자에 대한 압력 등 과거의 악습이 되살아났다. 제정
시대 도시 시민층과 지식인들이 희구했던 '진정한 선거'는 자취를 감추
고 말았다. 그 외에도 주의를 기울일 부분이 또 있다. 문맹률이 매우 높
은 나라에서 문맹자의 투표를 제한한 사라이바 법은 선거층을 급격히
감소시켰다. 예를 들면, 1872년 선거에서 유권자는 브라질 전체 인구의
10.8%를 차지했으나, 1886년 선거에서는 0.8%로 격감한다.

＊　＊　＊

1883년부터는 정부, 국회의원, 군 장교 사이에 여러 갈등이 표출되었다.
그 중에서 가장 주목할 만한 일은 세나 마두레이라 중령과 관련된 사건
이다. 명망 있는 군 간부이자 황제의 친구인 그는 당시 리우데자네이루
의 사격 전술학교 총장직을 맡고 있었다. 그런데 1884년 세아라 성의 노
예해방 전투에 참여한 뗏목 어부 한 명을 자신의 학교에 초대한 것이 문
제가 되었다. 이 일로 그는 히우그란지두술로 전출되지만, 공화주의 신문
『연방』*Federação*에 세아라의 노예해방 전투 과정에 대한 글을 싣는다.

　　세나 마두레이라의 경우 외에도 신문에 글을 발표하여 논쟁을 불러
일으킨 사례들이 계속 이어졌다. 그러자 국방장관은 군인들이 언론에서
정치나 군사 관련 주제에 관해 논하는 것을 금지시킨다.

　　히우그란지두술에 주둔한 장교들은 포르투알레그리에서 대규모 집

회를 갖고 국방부 장관의 금지명령에 항의했다. 히우그란지두술 성 총독, 데오도루 다 폰세카는 집회에 참가한 장교들의 징계를 거부한 이유로 리우데자네이루에 소환되었다. 하지만 결국 군인들에게 유리한 타협안이 만들어져 금지는 철회되고 내각은 의회의 질책을 받았다.

그 무렵인 1887년 6월, 군 장교들은 자신들의 권리를 지키기 위하여 상설 조직인 '군인 클럽'을 결성하였다. 그리고 의장에는 데오도루 다 폰세카가 선출되었다. 이 클럽의 창설과 같은 달, 데오도루 다 폰세카는 도망 노예의 포획에 더 이상 군을 가담시키지 말라는 요청을 국방부 장관에게 전달한다. 비록 장관은 이 요청을 거절하지만, 노예 포획을 위한 군사 동원은 사실상 사라지게 되었다.

1889년 6월, 황제가 자유주의자인 오루프레투 자작에게 내각의 구성을 제안하자, 군의 불만과 공화주의 활동은 더욱 확산되었다. 오루프레투는 일련의 개혁을 기획하지만, 히우그란지두술 성의 총독에 데오도루 다 폰세카의 개인적 라이벌을 임명하여 반감을 키웠다.

상파울루와 가우슈(히우그란지두술) 공화주의자들 중 일부 지도자들은 군주정을 전복시키기 위해 1887년부터 군인들과 접촉을 가졌다. 1889년 11월 11일, 후이 바르보자, 벤자밍 콘스탕, 아리스치지스 로부, 킨치누 보카이우바 등과 같은 민간인과 군인들이 데오도루 다 폰세카 사령관을 만나 반反군주정 운동의 통솔자가 되어 달라고 촉구한다. 자신의 체포, 군대의 축소나 폐지 등 젊은 장교들 사이에서 떠도는 소문에 자극받은 데오도루는 최소한 오루프레투 내각만이라도 끌어내려야겠다는 결심을 하게 된다.

1889년 11월 15일 이른 아침, 데오로두 다 폰세카는 군대를 이끌고 군주제 지지자들이 모여 있는 국방부 청사로 향했다. 그 후의 과정은 극도로 혼란스럽게 전개되어, 어떤 일들이 발생했는가를 놓고 다양한 견해들이 나타났다. 그날 데오도루 다 폰세카가 공화정의 수립을 선포했는지, 단순히 오루프레투 내각만을 쓰러뜨렸는지 정확하게 알려진 바는 없다. 어느 쪽이 되었든 그다음 날 군주정은 붕괴되었고, 며칠 후 왕실은 망명길에 올라야 했다.

9. 군주제의 몰락

군주제의 종말은 비중이 다른 다양한 요인들이 조합되어 만들어 낸 결과이다. 가장 먼저 강조할 수 있는 것은 서로 상이한 특징을 지닌 두 세력의 존재이다. 구체적으로 말하면, 그 하나는 군부이고, 다른 하나는 상파울루 공화당에 정치적으로 연결된 커피부르주아이다. 11월 15일 사건은 거의 전적으로 군의 주도하에 이루어졌다. 군은 군주제의 붕괴를 재촉하는, 작지만 결정적인 압력이 되었다. 한편, 커피부르주아는 공화정에 안정된 사회적 기반을 제공했다. 그것은 군부도 리우데자네이루의 도시 주민들도 독자적으로는 할 수 없는 일이었다.

또한 인적 요인들도 염두에 둘 필요가 있다. 황제가 당뇨병으로 쓰러지자, 갈등이 소용돌이치는 중앙무대에서 안정을 유지해 줄 인물이 없었다. 동 페드루 2세의 인간적인 면과 왕위로부터 나온 위신은 그동안 군인들의 불만을 완화시키는 역할을 하였다. 그러나 황제가 자리를 지키지 못하자 군 장교들이 불신의 대상인 제국 엘리트와 직접 맞부딪혔다. 반면, 제국 엘리트는 그들대로 문민의 우월성이란 신념을 굽히지 않았다. 이러한 태도는 신중함이 요구되는 시기에 민간 출신을 국방부 장관에 임명하는 결과를 초래한다.

또 다른 문제로서, 제3제정의 수립을 낙관하는 전망이 많지 않았다는 점을 들 수 있다. 동 페드루 2세가 사망하였을 때, 후임으로 이자벨 공주가 왕위에 오를 예정이었다. 하지만 그의 남편 되 백작은 프랑스 혈통인 데다 성격문제로 자주 구설수에 오른 인물이었다.

과거에는 군주제의 몰락에 결정적 기여를 한 두 가지 요인으로 가톨릭교회와 국가의 대립, 그리고 노예제 폐지를 거론하는 일이 통례였다. 첫번째 요인은 어느 정도 체제를 약화시키는 데 조력했다고 볼 수 있으나, 그렇다고 그 중요도가 과장돼서는 안 될 것이다. 군주제의 붕괴는 의견이 서로 다른 엘리트 간 충돌에서 비롯된 것이며, 교회의 영향력은 군주제주의자들과 공화주의자들에게 그리 크게 작용하지 못했다. 반대로, 실증주의자들은 근본주의자이든 아니든 교회와는 거리를 두고 있었다.

두번째 요소인 노예제 폐지 문제를 살펴보자. 황제 주도로 노예제의 점진적 폐지가 진행되면서 농장주들의 거센 반발이 일어났다. 파라이바강 유역의 커피 농장주들은 자신들의 이해를 방어해 주리라 기대했던 제국에게 실망감을 느끼지 않을 수 없었다. 이를 계기로 제국은 사회의 중요한 지지기반을 잃게 된다. 하지만 노예제 폐지 그 자체는 군주정의 종말에 큰 의미를 지니지 못한다. 노예제 폐지에 반대한 유일한 세력은 리우데자네이루의 커피 귀족들이었는데, 이들은 1888년경에는 이미 사회적 영향력을 상실한 상태였다.

10. 경제와 인구

우리가 제2장에서 다루고 있는 시기(1822~1889년)에는 1872년, 1890년 2회의 총인구 조사가 실시되었다. 여러 미비점이 있기는 했지만 이전보다 신뢰할 수 있는 통계 수치가 산출되었다. 1819년에 약 460만(80만의 원주민 인구포함)이었던 브라질 인구는 1872년에는 990만, 그리고 1890년에는 1,430만에 이르렀다. 1872년 자료에 따르면, 가장 인구가 많은 성은 변함없이 미나스제라이스로 대략 210만 명이 거주하고 있었다. 130만의 바이아가 그 뒤를 이었고, 페르남부쿠와 상파울루는 나란히 84만 명을 기록했다. 가장 눈에 띄는 인구 변화는 상파울루 성의 증가와 리우데자네이루 성의 감소세인데, 특히 후자는 2위에서 5위로 내려앉았다.

인종적인 측면에서 볼 때, 물라토가 전체 인구의 약 42%를 차지했고, 백인은 약 38%, 흑인은 약 20%를 구성했다. 1819년에는 백인이 전체 인구의 30%에도 미치지 못했을 것으로 추산되어, 백인의 비율이 증가하였음을 알 수 있다. 이러한 현상은 이민의 유입과 관련지을 수 있다. 1846년부터 1875년까지 30만이 넘는 이민자들이 브라질로 들어왔는데(연평균 약 1만 명), 그 중 절반은 포르투갈인이었다.

교육과 관련하여 처음 실시된 통계자료는 브라질이 이 분야에서 심각하게 뒤쳐져 있음을 보여 준다. 1872년 노예의 문맹률은 무려 99.9%에 달했다. 자유인들도 약 80%에 이르렀는데, 그 중에서 여성만을 놓고 보면 86% 이상이 되었다. 비록 이 통계는 유아 인구가 제외되지 않은 전체 인구를 대상으로 한 것이지만, 그래도 대단히 높은 수치임에는 변함이 없다. 또한 6세에서 15세까지의 취학률은 17%에 지나지 않았고, 중등학교에 등록한 학생 수는 1만 2,000명에 불과했다. 그러나 고등교육을 받은 인구수는 8,000명에 이를 것으로 추산된다.

좋은 교육을 받은 엘리트와 대다수가 문맹이거나 초보적 교육밖에 받지 못한 민중 사이에는 깊은 골이 존재했다. 외과 학교와 그 밖의 의학 교육기관은 동 주앙 6세의 브라질 방문을 계기로 바이아와 리우데자네이루에 설립되었다. 이들 의학 교육기관의 기원은 공학 학교와 마찬가지로 군 기관과 연결되어 있다. 엘리트 계급의 형성이라는 관점에서 볼 때, 상파울루(1827년)와 올린다-헤시피(1828년)에 창설된 법과대학은 중요한 발판이 되었다. 치안판사나 변호사로 활약한 이 법과대학 출신들은 제국의 정치 구도에서 중핵을 이루었다.

여전히 브라질은 기본적으로 농업 국가였다. 1872년의 경제활동 인구 중 80%가 농업 분야에 종사했으며, 서비스업과 공업에는 각각 13%, 7%가 몸담고 있었다. 더욱이 서비스업의 절반가량은 가사노동자였고, 초기단계의 공업에는 광산업이 포함되어 있었다는 점을 부기해 두자.

1890년, 인구 52만 2,000명의 리우데자네이루가 브라질에서는 유일하게 대도시를 형성했다. 정치·여가 문화의 중심지인 이 제국의 수도에 교통, 조명, 도시 미화를 위한 대규모 투자가 집중되었다. 인구 면에서 리우데자네이루 다음으로 큰 도시는 사우바도르, 헤시피, 벨렝 순이었고, 그 뒤를 잇는 상파울루의 인구는 불과 6만 5,000명에 지나지 않았다. 그러나 커피 교역의 중심도시로 변모하면서 상파울루로 유입되는 외국이민은 갈수록 늘어났다. 1872년에서 1886년까지 연간 3%였던 인구증가율이 기하급수적으로 상승해 1886년에서 1890년 사이에는 8%에 달하는데, 이러한 추세는 이후에도 오랫동안 이어진다.

1870년 무렵에는 경제적으로 중남부의 발전과 북동부의 쇠퇴가 뚜렷하게 나타났다. 이는 주로 해외의 다양한 농산물 수요가 빚어낸 결과였다. 커피 소비국들은 인구와 소득 면에서 급격한 증가세를 보였다. 최대 소비국인 미국의 인구는 1850~1900년 기간에 세 배로 증가했고, 그와 함께 커피를 마시는 습관도 확산되었다. 이러한 현실과 또 다른 요인들이 만들어 낸 환경 속에서, 커피 생산자는 커피 가격의 변동에 따른 충격을 흡수할 수 있게 되었다. 다시 말해, 국제 수요가 계속 증가하였으므로 국제시장에서 커피 가격이 하락할 경우에도 일시적인 손실을 견딜 수 있게 된 것이다.

북동부에서 핵심이 되는 경제활동(설탕 생산이나 면화 재배 등)은 변함없이 중요한 역할을 하였지만, 커피와 같은 운명을 지니지는 못했다. 설탕은 커피에게 밀리기는 했지만 줄곧 브라질 제2의 수출품으로 자리를 잡았다. 단지 1861년에서 1870년까지의 기간에만 면화에게 자리를 양보했을 뿐이다. 하지만 국제시장에서 브라질 설탕이 직면한 상황은 결코 만만치 않았다. 강력한 경쟁 상대가 두 지역에 존재했기 때문이다. 하나는 19세기 중반 독일에서 대규모로 생산되기 시작한 첨채당[11]이고, 또 다른 하나는 쿠바를 중심으로 한 카리브산 설탕이었다. 브라질과는 달리 쿠바는 노동력 확보에 어려움을 겪었다. 하지만 비옥한 토지와 자본——처음에는 스페인, 그리고 후에는 미국의 자본——을 바탕으로 쿠바는 생산량에서뿐만 아니라 제당산업의 근대화에서도 선도적 위치에 서게 되었다. 게다가 쿠바 설탕은 소비시장에 가까운 뛰어난 근접성까지 지니고 있었다. 1860년경, 쿠바에서는 제당시설의 70%가 증기기관을 이용한 데 비해, 페르남부쿠에서는 불과 2%에 지나지 않았다. 브라질 북동부는 정부의 지원 아래 근대화를 진행하였지만, 그 속도는 상당히 느렸고 성과도 제한적이었다. 따라서 1875년 무렵 오랫동안 10%를 유지하던 브라질 설탕의 국제시장 점유율이 5%로 떨어진 것도 그리 놀랄 만한 일은 아니다.

면화 재배는 식민지 시대부터 북부, 북동부의 여러 지역으로 확대되

---

11) 사탕무(첨채)를 이용한 당류의 하나이다.

었으며, 특히 페르남부쿠, 마라냥, 알라고아스, 파라이바에서 집중적으로 발전하였다. 면화 생산은 주로 중소규모의 농민들이 담당하였는데, 이들은 식용작물도 함께 재배하여 자체적으로 소비하거나 국내시장에 공급하였다.

19세기 초부터는 경쟁력이 뛰어난 미국산 면화가 등장하여 최대 수입시장인 영국 섬유산업에서 브라질산 면화의 자리를 위협했다. 그러나 1861년에 발발한 미국 남북전쟁이 5년간 지속되자 그 영향으로 브라질산 면화의 수출은 다시 급증했다. 1860년대 브라질 수출품목 중에서 면화는 두번째 순위로 뛰어올랐다. 그러나 이것은 일시적 현상일 뿐, 면화는 또다시 쇠퇴의 길로 접어든다. 후일, 브라질 국내 섬유공업이 신장되고 국내시장의 수요가 증가하자 면화생산은 다시 한번 활력을 되찾는다.

아마존 지역에서는 천연고무의 채취가 중요한 경제활동으로 부상하여, 소수의 지역민들과 북동부의 노동자들을 끌어들였다. 세계적으로 고무의 수요가 발생한 것은, 1839년 찰스 굿이어Charles Goodyear가 가황 처리법[12]을 완성하면서부터다. 가황처리된 천연고무는 열과 추위에 강하여, 벨트, 호스, 신발, 비옷 등 다양한 제품에 사용되었다.

1850년까지 브라질산 고무의 수출은 미미하였는데, 그 후 해를 거듭할수록 증가하여 1880년대에는 브라질의 제3수출품이 된다. 또한 수출 총액의 8%를 차지하여 설탕(10%)에 거의 근접한 수준으로까지 성장한다. '고무의 붐'이라고 할 만한 급속한 확산은 바로 이 시기에 시작된 것이다. 단지 고무의 수출량만 증가한 것이 아니라, 지역 경제의 중심축도 형성되었다. 이때까지 고무 교역은 작은 규모의 포르투갈 중개인 그룹이

---

12) 생고무에 유황을 섞고 가열처리하여 신장성(伸張性), 탄성(彈性)을 늘리는 일이다.

나 몇몇 외국 무역회사들이 장악하고 있었다. 그러나 수출량이 증가하면서 금융 네트워크가 형성되었고, 중개상과 소비재 수입회사의 수도 늘어났다. 결과적으로 이러한 변화들은 벨렝과 마나우스의 성장으로 이어졌다. 그렇지만 노동자와 소규모 고무 채취자들의 삶에는 그 성장의 혜택이 돌아가지 않았다.

브라질 커피의 주요 수입국은 미국이었지만, 1870년대까지 브라질 상품이 가장 많이 수출된 나라는 영국이었다. 1870년에서 1873년까지 영국은 브라질 전체 수출액의 40%를 차지한 반면, 2위 미국은 29%에 머물렀다. 같은 기간, 영국은 브라질 전체 수입 총액의 상당 부분(53%)을 점유한 최대수입국이기도 했다. 그 뒤를 이어 큰 격차를 두고 프랑스(12%)가 제2위에 올랐다.

식민지 시대와 마찬가지로 브라질의 생산물들이 모두 수출용으로 사용된 것은 아니다. 많은 지역들이 자급용이나 국내시장 공급용으로 소를 비롯한 가축의 사육과 식료 생산에 매진하였다. 이런 의미에서 두 개의 지역, 즉 미나스제라이스와 남부(특히 히우그란지두술)를 강조할 수 있다.

미나스제라이스는 교통로가 제대로 정비되지 않아, 성격이 다른 여러 지역으로 분리되어 느슨하게 연결된 상태였다. 커피를 생산하는 삼림지대는 리우데자네이루와 밀접하게 연결되어 있었다. 목축지대인 '상프란시스쿠 강 유역'은 다른 지역들보다는 바이아, 페르남부쿠와 긴밀한 관계를 맺고 있었다. 또한 성의 남부는 상파울루나 제국의 수도와 깊이 연관되어 있었다.

리우데자네이루를 통한 커피 수출량이 증가하면서 생산량도 더욱 늘어났다. 하지만, 미나스제라이스의 경제가 전적으로 외국시장에만 의

존했다고는 할 수 없다. 그 경제의 토대는 오히려 가축사육과 식용작물의 재배였다. 옥수수, 콩, 만디오카 가루 등 식물성 식료의 대부분은 성 내에서 자체적으로 소비되었고, 소나 돼지에서 나온 육류와 기타 가공품들은 국내의 타 지방으로 판매되었다.

노예제 폐지 전까지 미나스제라이스 성은 브라질에서 최대의 인구를 자랑했으며, 비록 인구대비 노예 비율은 리우데자네이루에 뒤졌지만, 전체 노예수도 가장 많았다. 커피 생산이 확대되면서 노예를 대규모로 받아들였기 때문이다. 그러나 미나스제라이스 내에서 노예가 가장 많이 거주한 곳은 오히려 커피를 생산하지 않는 지역이었다. 이로써 식민지 시대로부터 이어져 온 특수한 결합, 즉 노예제도와 국내시장 지향적 경제의 결합은 계속 유지될 수 있었다.

브라질 남부에서는, 국내시장을 위한 생산과 전통적인 목축부문, 이민의 유입이 서로 맞물려 연관성을 지니게 되었다. 남부의 이민 유치는 상파울루보다 일찍 시작되었고, 그 목적도 크게 달랐다. 상파울루 성에서는 대농장에 노동자를 공급하기 위한 것이었지만, 남부에서는 소규모 토지 소유에 기초한 식민·개척 사업을 전개하기 위해서였다.

독립 직전, 조제 보니파시우와 동 페드루는 사회경제적 그리고 군사적 이유에서 남부, 특히 산타카타리나와 히우그란지두술에 처음으로 독일 이민자의 유치를 시도했다. 조제 보니파시우는 이러한 이민이 브라질에서 농업 중산층을 형성하는 촉매제가 되어 주길 기대했다.

모든 독일인 정착지 중에서 가장 성공한 사례로 평가받는 상레오폴두가 포르투알레그리 부근에 등장한다(1824년). 그 후 독일인 입식(入植)지는 산타카타리나의 북동부까지 확대되고, 블루메나우(1850년), 브루스케, 도나프란시스카(현재의 조인빌리) 등이 형성되었다.

이민자들은 돼지, 닭, 젖소의 사육과 감자, 야채, 과일——특히 사과와 같이 그때까지 브라질에는 존재하지 않던 과일——의 재배에 종사했다. 또한 이들은 지역의 작업장이나 공장 설립에 중요한 역할을 하였다. 최초에는 보잘것없는 규모였지만, 유지油脂, 유제품, 육류 통조림, 맥주와 기타 음료 등의 제조산업이 탄생했다.

남부를 향한 이민이 계속되면서 독일인은 1846년에서 1875년 사이에 외국인 이민 중 두번째로 많은 수를 차지한다. 그러나 1860년 이후 독일인 이민은 감소세로 돌아섰다. 거기에는 다양한 원인이 있을 수 있지만, 스위스와 독일 이민자들이 받은 열악한 대우가 가장 큰 문제였다. 특히 베르게이루 상원의원이 상파울루에서 실시한 소작제가 단초를 제공했다. 1871년, 국가 통일을 이룬 독일제국은 브라질 이민에 대한 지원을 중단한다. 히우그란지두술 관련 자료에는 두 시기의 차이가 잘 나타나 있다. 독일인 이민자는 1824년부터 1870년까지 이 지방이 받아들인 전체 이민자의 93%를 차지했으나, 1889년에서 1914년 사이에는 불과 15%에 지나지 않는다.

1870년 이래 브라질제국 정부는 히우그란지두술에 이탈리아 이민의 유치를 장려했다. 주로 티롤, 베네토, 롬바르디아 출신인 소농들은 여러 정착촌을 건설한다. 그 중에서도 카시아스는 가장 중요한 입식지였다. 이탈리아 이민자들의 경제활동은 독일 이민자들과 유사하지만, 포도 재배와 포도주 제조에서 전문성을 보였다. 1882년부터 1889년까지 히우그란지두술에 유입된 4만 1,000명의 이민자 중에 이탈리아인은 무려 3만 4,000명에 달했다.

이민자의 경제와 목축업자의 경제 사이에 나타나는 유일한 공통점은 양쪽 모두 국내시장을 위한 제품을 생산한다는 점이었다. 그 밖에는,

토지의 취득시기에서 소유지의 구조에 이르기까지 모든 면에서 차이가 있었다. 광활한 토지를 소유한 목장주들은 그 이전 시기와 마찬가지로 캄파냐 가우샤라 불린 드넓은 평원지대와 우루과이 영토 내에 집중되어 있었다. 소는 무두질한 가죽 그리고 특히 육류를 얻기 위해 사육되었다. 소고기는 주로 자체 지역에서 소비되거나 해안지방에 설비된 육포 제조 공장으로 보내져 건육으로 가공되었다. 건육은 중남부의 가난한 주민이나 노예들의 식료로 활용되었다. 이처럼, 히우그란지두술의 목축업자와 보존육 제조업자들은 기본적으로 국내시장을 대상으로 생산 활동을 펼쳤다. 그런데, 이들에게는 항상 신경을 써야 하는 경쟁 상대가 있었다. 그것은 좋은 품질로 브라질 시장에서 전혀 경쟁력이 뒤지지 않는 아르헨티나 라플라타산 육류였다.

식민지 시대부터 미진한 상태로 계속되어 온 국가의 영토적·경제적 통합은, 교통이 상대적으로 발달된 브라질 독립 이후에도 크게 달라지지 않았다. 중앙정부의 영향력은 식민지 시대와 마찬가지로 제국의 수도 주변과 몇몇 지방 수도에는 매우 강하게 나타났으나, 멀리 떨어진 지역에는 거의 미치지 못했다. 각 성의 내부에서도 다양한 성격의 지역들이 서로 흩어져 존재했다고 할 수 있다. 공화정은 이러한 지역적 특성을 반영하여 연방제에 기초한 정치체제를 수립한다.

제1공화국,
1889~1930년

3장 | 제1공화국, 1889~1930년

1. 공화정의 기반 다지기

제정에서 공화정으로 전환된 과정은 단순한 사건에 불과한 듯 보였다. 하지만 그와는 반대로, 1889년 11월 15일 이후의 시간들은 매우 복잡하고 혼란스러운 불확실성의 연속이었다. 권력투쟁에 뛰어든 여러 세력들은 각기 다른 이해를 갖고 있었고, 공화국의 수립과 체제 방식을 둘러싸고 의견의 대립을 보였다. 주요 지방(상파울루, 미나스제라이스, 히우그란지두술)의 지배계급을 대변하는 정치인들은 지방의 폭넓은 자치권을 보장하는 연방공화제를 옹호했다.

그러나 권력 구조에 관한 그 밖의 다른 측면에서는 의견의 차이가 드러났다. 상파울루 공화당과 미나스제라이스의 정치가들은 자유주의적 모델을 선호하였으나, 히우그란지두술의 공화주의자들은 실증주의를 추구하였다. 줄리우 지 카스칠류스Júlio de Castilhos가 이끄는 히우그란지두술이 실증주의의 영향을 강하게 받은 이유는 분명치 않다. 군사적 전통이 뚜렷한 지역이었고, 소수파인 공화주의자들이 굳은 결속력을 가져다

줄 정치적 원리를 구하고 있었다는 사실과 관련이 있을 것이다. 그들은 제정 시대 자유당으로 대표되는 전통적인 정치 흐름에 맞서야만 했다.

또 하나 염두에 두어야 할 대상으로 군부가 있다. 공화국 초기, 군인들의 영향력은 막강했다. 데오도루 다 폰세카 원수가 임시정부의 수반에 오른 것은 물론, 수십 명의 군인들이 제헌의회 의원에 선출되었다. 하지만 군은 동질성을 지닌 집단이 아니었고, 육군과 해군은 서로 경쟁관계에 있었다. 육군이 새로운 체제의 주역이라면, 해군은 군주정과 긴밀한 관계에 있다고 간주되었다.

더욱이 인간적 대립이나 사상적 차이도 존재했다. 특히 데오도루 다 폰세카의 지지자들과 플로리아누 페이쇼투Floriano Peixoto 지지자들 사이의 분열이 두드러졌다. 원로 원수인 폰세카 주변에는 파라과이 전쟁에 참전한 베테랑 군인들이 모여들었다. 그들 대부분은 사관학교를 나오지 않았으며, 실증주의 사상과 친숙하지도 않았다. 군주정의 전복을 도운 것은 '군의 명예를 구하기 위한' 것일 뿐, 공화정에 대한 정교한 개념을 세우는 데까지는 이르지 못했다. 그들은 단지 제정 시대보다 군의 역할이 더 확대되어야 한다는 믿음을 지니고 있었던 것이다.

사실 플로리아누 페이쇼투의 경우에도 그 자신은 실증주의자가 아니며 다른 원로들처럼 파라과이 전쟁에 참전한 경력도 있었다. 하지만 그를 지지하는 장교들은 전혀 다른 특성을 지녔다. 그들은 아직 젊었고 사관학교를 거치면서 실증주의의 영향을 받았다. 스스로를 군인이자 시민으로서 사회 안의 존재라고 생각했으며, 자신들에게 국가가 나아가야 할 방향을 제시할 사명이 있다고 믿었다. 그들이 추구하는 공화정은 질서와 진보를 다함께 이룰 수 있어야 했다. 특히 진보란 기술지식의 발전, 산업화, 교통 통신의 확대를 통한 사회의 근대화를 의미했다.

군 내부에서 이 두 그룹은 심각한 경쟁관계에 있었지만, 그래도 근본적인 점에서는 의견의 일치를 보였다. 자유주의적 공화정을 주장하는 자들과 달리, 이들은 특정 사회계급의 이익을 옹호하지는 않았다. 무엇보다 먼저, 국가 기구의 한 부분인 군이라는 조직의 대변자였다. 임무의 성격상 그리고 군 내부에 만연된 문화적 체질로 인해 군 장교들은 자유주의에 적대적이었다. 이러한 성향은 실증주의자인지의 여부와 관계없이 모두에게 나타났다. 군 장교들이 볼 때 공화정에 필요한 것은 강력한 행정부나 어느 정도 장기간에 걸친 독재체제였다. 그들에게 지방자치란 지방 대토지 소유주들의 이해에 봉사하고 나아가 국가의 분열을 초래할 수 있는 경계해야 할 사상이었다.

자유주의적 공화정의 지지자들은 데오도루 다 폰세카의 준ㅤ독재 통치가 장기화되는 것을 우려해 제헌의회 소집을 서둘렀다. 브라질 신체제를 바라보는 유럽의 시선에도 불신감이 서려 있었다. 외부로부터 공화국에 대한 승인을 확보하고 차관을 끌어오기 위해서는 하루빨리 헌정 체제를 수립할 필요가 있었다.

최초의 공화주의 헌법은 1891년 2월에 공포되었다. 미국 헌법을 모델로 삼은 이 헌법에서 브라질은 자유주의적 연방공화국임을 선언하였다. 그리고 그때까지 성省, província이라 불리던 지방을 주州, Estado로 개편하였다. 주에는 외국과 차관 계약을 맺거나 독자의 군사력, 즉 주 방위군을 조직하는 권한이 암묵적으로 인정되었다. 이러한 권한은 상파울루와 같은 주요 주들의 이해와도 합치되었다. 외국과 차관 계약을 맺는 권한은 상파울루 주 정부에게는 극히 중요한 문제였는데, 이를 통해 안정적으로 커피가격을 책정할 수 있었기 때문이다.

상파울루를 비롯한 수출 지향적인 주들에게 또 다른 중요한 권한이 있었다. 바로 수출품에 대한 과세권이었다. 이는 자치권 행사를 가능케 하는 재정확보에 크게 기여했다. 또한 각각의 주는 독자적으로 사법제도를 구성할 수 있는 재량까지 보유하였다.

하지만 '우니앙'União으로 불리는 연방정부가 권한을 잃은 것은 아니었다. 히우그란지두술의 실증주의자들이 주장한 극단적 연방주의ultra-federalism는 군부는 물론 상파울루로부터도 비판을 받았다. 중앙권력의 해체는 다양한 이유에서 양측 모두 피하고 싶은 위험이었다. 연방정부는 수입물품에 대해 관세를 부과할 수 있었고, 화폐 발행 은행의 창설이나 국가정규군의 조직 등 다양한 권한을 행사할 수 있었다. 더불어, 질서 회복이나 연방공화제의 유지를 위해 각 주에 개입할 수 있는 자격도 갖추었다.

신헌법과 함께 대통령중심제의 정부 형태가 막을 열었다. 과거 황제에게 속했던 행정권은 4년 임기의 공화국 대통령에게 이전되었다. 한편 입법부는 제정 시대와 동일하게 상·하 양원으로 구성되었지만, 상원의원의 종신제는 폐지되었다. 3년 임기의 하원의원은 각 주에서 인구비례의 의원 수를 선출하였다. 상원의원의 임기는 9년이며, 각 주와 연방구, 즉 공화국 수도에 세 명의 의원수가 할당되었다.

보통·직접선거의 선거제도가 도입됨으로써 소득에 따른 경제적 제한이 철폐되었다. 원칙적으로 21세 이상의 모든 브라질 국민이 유권자에 해당되지만, 문맹자, 걸인, 병역복무자 등은 제외되었다. 한편, 헌법에 여성에 관한 언급은 없었으나 묵시적으로 여성들은 투표권을 제한받았다. 초대 정·부통령의 경우 예외적인 절차로 선출되었지만, 제헌의회가 일반의회로 전환된 이후 공화국의 정·부통령은 의회에서 간접선거로 선출되었다.

「공화국 선언」, 상징화. 프랑스와 브라질에서 공통으로 나타나듯 공화국은 여성상으로 표현된다. 군주제를 상징하는 남성이 그녀의 발밑에 무릎꿇고 있다

　헌법은 브라질인과 브라질에 거주하는 외국인에게 개인의 자유, 안전, 소유에 관한 권리를 부여하였다. 과거 제정 시대에도 거의 적용되지 않던 사형제는 완전히 폐지되었다. 국가와 교회를 분리하여, 브라질에는 더 이상 공식 종교가 존재하지 않게 되었다. 이에 따라 가톨릭교회가 독점하던 중요한 역할들을 국가가 담당하게 되었다. 결혼과 장례의식에도 변화가 일어났다. 공화국에서는 오직 세속 결혼만 인정되었고, 일반 공동묘지의 관리도 지방자치 당국으로 이관되었다. 공동묘지에서는 모든 종

교의 제례의식이 허용되었다. 나아가 헌법의 원칙을 보완하기 위해 1893년 법률이 제정되었는데, 개인의 출생과 사망 신고도 이제는 교회가 아니라 공공기관에서 기록하도록 세속화되었다. 이러한 조치들은 공화국 지도자들의 세속주의적 신념에서 비롯된 것이었다. 또한 대부분 루터교도인 독일계 이민자들의 빠른 사회적 융화, 국가와 교회 간의 마찰 완화 등과 같은 필요성도 반영되었다.

이민자들의 통합을 위해 실시된 또 다른 정책으로는 이른바 '대규모 귀화'가 있었다. 이 정책에 따라 1889년 11월 15일 시점에 브라질에 거주하고 있는 외국인은 자동적으로 브라질 시민권을 획득하였다. 자신의 원 국적을 유지하려면 헌법이 발효되고 6개월 내에 의사를 표명해야 했다.

* * *

브라질에 공화국이 수립되자 영국의 미온적인 반응과 달리 아르헨티나는 열광적으로 환영하였다. 공화국 선언은 미국과도 긴밀한 관계를 맺게 해주었다. 브라질에 정체政體 변혁이 일어났을 때, 워싱턴에서는 미국 주도로 제1회 미주국제회의가 열리고 있었다. 브라질은 파견 대표를 급히 사우바도르 지 멘도사로 교체하였다. 오랫동안 공화주의를 신봉해 온 이 인물은 많은 부분에서 미국과 일치되는 관점을 지녔다.

히우 브랑쿠 남작barão do Rio Branco이 외무장관에 취임한 뒤 브라질 외교의 중심축이 런던에서 워싱턴으로 이동한 것은 분명하다. 히우 브랑쿠는 여러 대통령의 교체에도 영향을 받지 않고 1902년부터 1912년까지 외무장관을 역임하였다. 그의 친미정책은 무조건적인 미국 추종이 아니라, 남미 최강국으로 도약한다는 목표 아래 미국에 다가간 것이었다.

한편, 브라질과 아르헨티나의 밀월관계는 오래가지 못했고, 군사적인 면에서 공공연한 경쟁이 시작되었다. 브라질은 우루과이나 파라과이와 같은 중소국가들의 환심을 사거나 칠레에 접근하여 아르헨티나의 영향력을 제한하려 하였다. 하지만 히우 브랑쿠는 임기 말 수년 동안 'ABC' 삼국, 즉 아르헨티나, 브라질, 칠레 간의 안정적인 우호관계를 모색하였는데, 결과는 그리 성공적이지 못했다.

히우 브랑쿠 외무장관 시기에 브라질은 우루과이, 페루, 콜롬비아 등 남미 여러 나라와 국경 문제를 해결하였다. 볼리비아와는 무력충돌이 일어나기도 했다. 고무경제의 붐에 힘입어 갑자기 가치가 높아진 아크리 지역이 갈등의 원인이었다. 아마존에 위치한 아크리는 본래 볼리비아 영토였지만 브라질 이민자들이 토지의 대부분을 차지한 상태였다. 양국은 협상을 통한 해결을 시도하여 마침내 페트로폴리스 조약(1903년)을 체결하였다. 조약에 따라 볼리비아는 250만 파운드의 보상금을 받고 브라질의 아크리 소유를 인정하였다.

*   *   *

공화국 첫해, 과도한 통화 발행과 용이한 신용대출은 거래의 과열과 금융투기를 불러왔다. 사실, 당시의 통화제도는 임금노동과 이민자의 대량 유입이라는 새로운 현실에 적합하지 않았다. 또한 수많은 기업들이 설립되었지만, 그 중에는 실체가 없는 유령기업도 있었다. 주식 투기가 늘어나고, 물가는 급격히 올랐다. 그러나 1891년 초, 주가 폭락과 금융기관 및 기업들의 도산은 위기를 불러왔다. 곧이어 영국 파운드에 대한 브라질 통화의 가치가 떨어지기 시작했다. 이것은 아르헨티나의 심각한 금융위

「데오도루 정부의 위기」. 데오도루 최고사령관이 폭발 직전의
여러 문제들에 찬물을 끼얹어 진화하려 하고 있다.

기(1890년) 이후, 영국자본이 라틴아메리카로부터 빠져나갔기 때문이기
도 하다.

금융위기가 한창일 때, 의회는 데오도루 다 폰세카를 공화국의 대통
령으로, 플로리아누 페이쇼투를 부통령으로 선출했다. 데오도루 다 폰세
카는 행정권 강화를 위해 제정 시기 폐지된 황제의 조정권을 부활시키
려다 의회의 완강한 반대에 부딪혔다. 그러자 그는 의회를 폐쇄하고, 새
로운 선거의 실시와 헌법 개정을 약속했다. 개헌의 골자는 행정권 강화
와 각 주의 자치권 제한이었다. 데오도루 다 폰세카의 성공 여부는 군부
의 결속에 달려 있었다. 하지만 그런 일은 일어나지 않았다. 플로리아누

페이쇼투 지지자들, 반정부 시민세력, 그리고 해군 내부로부터 터져 나온 반발에 직면하자 데오도루는 결국 사퇴하고(1891년 11월 23일), 부통령 플로리아누 페이쇼투가 그 자리를 계승했다.

플로리아누 페이쇼투 원수가 지닌 공화주의관은 지배적인 경제세력과는 맞지 않았다. 그는 안정되고 중앙집권적이며 막연하지만 국가주의적인 정부를 수립하고자 했다. 그리고 군대를 비롯해 민간학교 및 군사학교의 젊은 생도들 사이에 자신의 기반을 쌓으려 하였다. 이러한 그의 관점은 자유주의적이고 지방분권적인 이른바 '대농장주들의 공화국'과 충돌하지 않을 수 없었다. 이 '공화국'을 추구하는 사람들은 군대의 강화나 수도 리우데자네이루 시민들의 시위를 경계의 눈초리로 바라보았다.

그러나 예상을 뒤엎고 플로리아누 페이쇼투 통치 기간 중 대통령과 상파울루 공화당 사이에는 전술적인 합의가 이루어졌다. 양측의 연대가 성립할 수 있었던 근본적인 이유는 공화주의 체제를 위기에 빠뜨릴 수 있는 위험——실제적이든 또는 가상적이든——이 존재했기 때문이다. 상파울루 정치 지도자들은 플로리아누 페이쇼투라는 인물에게서 공화정의 존속을 보증하는 가장 확실한 가능성을 발견했다. 한편 플로리아누 페이쇼투는 상파울루 공화당의 협력 없이는 통치를 위한 정치적 기반을 마련할 수 없다고 느꼈던 것이다.

*　*　*

공화국 초기, 정치적으로 가장 불안정한 지역 중 하나는 히우그란지두술 주였다. 공화국 선언으로부터 1893년 11월 줄리우 지 카스칠류스^{Júlio} de Castilhos가 주지사에 선출되기까지 무려 17명의 지사가 교체되었다. 이러한 혼란의 배경에는 역사적 공화주의자들과 자유주의자들 간의 대립이 있었다. 전자는 실증주의를 신봉하면서 히우그란지두술 공화당Partido Republicano Riograndense, PRR을 결성하였다. 후자는 1892년 3월 연방주의당Partido Federalista을 결성하고, 제정 시대부터 자유당을 이끌며 명성을 쌓은 시우베이라 마르친스를 지도자로 내세웠다.

연방주의당의 사회적 지지 기반은 주로 캄파냐 지방의 대목장주들이었다. 캄파냐는 히우그란지두술 주의 남부에 위치하여 우루과이와 국경을 마주한 지역이며, 그곳의 연방주의자들은 제정 시대에 뿌리를 둔 전통적인 정치 엘리트들이었다. 반면, 공화당의 기반은 해안과 산간 지역의 주민들로서 그 속에는 이민자들도 많이 포함되어 있었다. 공화주의자들은 권력을 장악하기 위해 정계로 뛰어든 신흥 엘리트였다.

1893년 2월, 서로 대립하던 이 두 그룹 사이에 '연방주의 혁명'으로 알려진 내전이 발발하였다. 이 전쟁은 장장 2년 반을 끌었고 프루덴치 지 모라이스Prudente de Moraes 정권이 들어선 뒤에야 겨우 종지부를 찍을 수 있었다. 전쟁은 무자비하게 진행되어 수천의 사망자가 발생했다. 특히 사망자의 대부분은 전투가 아니라 포로로 잡힌 후 목이 베여 살해되었다.

전쟁이 시작되자 플로리아누 페이쇼투는 상파울루 주로부터 재정적 지원과 잘 조직된 군사력을 제공받았다. 그와 동시에, 정부 내에서 군부의 영향력은 점차 줄어들었다. 재무부 장관에는 상파울루 출신인 호드리게스 알베스가 임명되었다. 그의 가족은 파라이바 강 유역의 상파울루에 기반을 두고 있었으며, 그 자신은 제정 시대에 국가자문회의 위원을 지내다 공화주의자로 변신한 인물이었다. 재무부 장관뿐만 아니라 상·하양원의 의장도 상파울루 공화당이 장악하였다.

하지만 플로리아누 페이쇼투와 상파울루의 정치 엘리트 사이의 전술적 연대는 페이쇼투의 후임자가 결정되면서 끝을 맺는다. 플로리아누는 일명 자코뱅파라 불리는, 요란하고 비효율적인 급진주의자들 외에는 이렇다 할 지지기반이 없어 후계자를 지명할 여건도 안 되었다. 결국 유력한 후보자로 떠오른 상파울루 출신의 프루덴치 지 모라이스가 1894년 3월 1일 대통령에 선출되었다. 플로리아누 페이쇼투는 신임 대통령의 취임식에 참석하지 않음으로써 자신의 반대의사를 분명하게 드러냈다. 당시 신문 보도에 의하면, 그는 소박한 자택에 남아 정원의 장미를 손질하고 있었다.

모라이스 대통령 이후로는 군인 출신 대통령이 등장하는 일은 거의 없었다. 단 한차례 예외적으로 에르메스 다 폰세카Hermes da Fonseca 원수가 1910년에서 1914년까지 대통령을 역임했을 뿐이다. 또한 군부의 정치활동도 크게 줄어들었다. 그동안 군의 정치활동을 이끌던 '군인클럽'이 1896~1901년 기간에 해산되었기 때문이다.

한편, 플로리아누 페이쇼투 정부 시절부터 주요 지방의 정치 엘리트와 수도 리우데자네이루의 자코뱅파 공화주의자 사이에 갈등이 표출되기 시작하였는데, 모라이스 정부 시기에 그 갈등은 더욱 첨예화되었다. 자코뱅파는 주로 하층 중산계급이 중심을 이루었고, 높은 물가와 열악한 생활조건에 고통받는 노동자와 병사들도 이에 가세하였다. 하지만 그들이 추구한 목표는 단순히 물질적인 부분만은 아니었다. 그들은 모든 분야에 아직도 군주제주의자들의 영향력이 존재한다고 보았고, 그 위협과 싸우기 위해서는 강력한 공화정의 수립이 필요하다고 생각했다. 또한 그들은 자유주의적 공화국에 반대하면서, 오래된 애국주의와 반포르투갈적 전통을 계승하고자 했다. 그리고 리우데자네이루 무역의 대부분을 장악한 '갈레구'galegos[포르투갈인]들을 공격의 표적으로 삼았다. 플로리아누 페이쇼투를 지지한 자코뱅파는 1895년 그가 세상을 떠나자 곧 그를 자신들의 표상으로 삼기 시작했다.

＊　＊　＊

한편, 모라이스 대통령 집권기에 수도에서 상당히 멀리 떨어진 지방에서 일어났지만 공화국 정치 전반에 심각한 영향을 미친 사건이 발생한다. 1893년, 바이아 주 북부 산간지대의 어느 버려진 대농장에 카누두스라 불린 정착촌이 형성되었다. 그곳의 지도자는 안토니우 콘셀례이루Antônio Conselheiro[1]라는 이름으로 더 알려진 안토니우 비센치 멘지스 마시에우 Antônio Vicente Mendes Maciel였다. 콘셀례이루는 세아라 주에서 상인의 아들로 태어났다. 그의 아버지는 그를 성직자로 만들고자 했으나 경제적 문제와 복잡한 가정환경으로 인해 그는 교사나 행상 등 여러 직업을 전전해야 했다. 그리고 결국 베아투가 되었다. 베아투란 성직자와 민간지도자의 중간적 성격을 띤 신분이다.

그 후 그는 오지를 떠돌며 사람들을 규합해 교회를 세우거나 개보수를 하였고, 때때로 마을 공동묘지에 담장을 세우기도 하였다. 그리고 그렇게 모인 사람에게 금욕적인 삶을 소개했다. 이윽고 콘셀례이루는 카누두스에 정착하였는데, 그곳에 약 2~3만 명에 달하는 오지 주민들이 들어왔다.

콘셀례이루의 설교는 당시 가톨릭교회의 입장에 배치되었다. 나무 벌채와 관련된 사소한 일을 계기로, 바이아 주의 주지사는 이 '광신도'들

---

1) 콘셀례이루는 '조언자'라는 의미로, 당시 가톨릭교회에서 부여해 주던 칭호의 하나였다.

에게 따끔한 교훈을 주겠다는 결정을 내린다. 하지만 놀랍게도 바이아 주의 병력은 패배를 당하고, 당황한 주지사는 곧 연방군의 지원을 요청한다. 그러나 대포와 기관총으로 무장한 두 차례의 파견부대들마저 모두 격퇴당하고 만다. 그 중 한번은 지휘관까지 전사하는 참패였다. 리우데자네이루에는 항의와 소요가 이어졌다.

이 사건은 오지의 생활조건 및 주민들의 정신세계와 깊은 관련이 있었지만, 자코뱅파는 그 뒤에 군주제주의자들의 모략이 숨어 있다고 믿었다. 이러한 추측은 콘셀례이루가 군주정의 복고를 주창했다는 사실로 인해 더욱 힘을 얻었다. 원래부터 콘셀례이루는 공화국을 무신론자와 프리메이슨의 합작품에 불과하다고 보았는데, 그것은 공화정부가 세속혼을 도입하고 예수회를 폐쇄——실제로는 일어나지 않았다——하였다고 믿었기 때문이다.

1897년 8월, 카누두스는 아르투르 오스칼 장군이 이끄는 파견부대와 1개월 반에 걸친 전투를 벌였지만, 근대적 무기로 무장한 약 8,000명의 병력 앞에 굴복하고 말았다. 카누두스를 방어하던 사람들은 전투 중 사망하거나, 포로가 되어 참수당했다. 실증주의에 물든 군 간부나 공화주의 정치가에게 이것은 야만에 맞선 문명의 싸움이었다. 하지만 사실상 '야만'은 양측 모두에서 나타났다. 특히 오지 주민들을 이해하려는 노력조차 없었던 교육받은 사람들 속에 '야만'은 더욱 현저하게 나타났다.

* * *

자유주의-과두제적 공화정의 확립은 모라이스의 후임이자 역시 상파울루 출신인 캄푸스 살리스 대통령 시기(1898~1902년)에 이루어졌다. 자코뱅파는 구성원 중 일부가 프루덴치 지 모라이스 대통령 암살 미수 사건에 연루된 것이 밝혀진 후 점차 활동이 쇠퇴하였다. 군인들도 대부분 자신들의 병영으로 돌아갔다.

정치의 주도권은 상파울루 주를 비롯하여 규모가 큰 주요 주들의 정치 엘리트가 장악하였다. 이제 남은 과제는 과두제 공화정이 안정적인 정치시스템 위에 정착할 수 있도록 기구를 정비하는 일이었다. 주의 역할이 확대되자, 일부 주에서는 경쟁 그룹들 간에 권력다툼이 일어났다. 지방 내부의 분쟁에 개입하기 위해 연방정부는 헌법에는 명시되어 있지만 논쟁 중에 있던 권력을 행사하였다. 하지만 이로 말미암아 오히려 몇몇 주에서는 권력의 장악이 불확실해졌고, 연방정부와 주 사이의 항구적인 융화도 어렵게 된다. 한편, 행정권이 입법권을 장악하려는 시도가 증가하였으나 뜻대로 성사되지 않았다. 물론 이것은 헌법에 명시된 "각 권력(삼권)은 협조적임과 동시에 상호 독립적"이라는 원칙에 위배되는 것이다.

이러한 문제들을 계기로, 캄푸스 살리스는 '주지사의 정치'política dos governadores라고 알려진 방식을 고안했다. 하원의 내부 규정을 임의로 조정하여 각 지방의 지배 그룹이 그 주를 대표하는 의원직을 확실하게 차지하며, 이와 동시에 하원은 행정권에 더욱 종속되도록 만드는 것이었다. '주지사의 정치'가 지닌 목적은 주 차원의 파벌 정쟁을 종식시키면서, 캄푸스 살리스가 '빼어난 권력'이라 여긴 행정권을 강화하는 데 있었다. 하지만 '주지사의 정치'는 부분적인 성공을 거두는 데 그쳤다.

재정 분야를 살펴보면, 제정 시대부터 이어져 온 심각한 위기는 더욱 악화되었다. 공화정부는 제국의 대외 채무를 그대로 이어받았기 때문에 그 변제를 위해 매년 무역수지 흑자의 대부분을 사용하였다. 1890년대에는 재정적자가 증가하면서 상황은 최악으로 치달았다. 지출의 대부분은 불안정한 시대의 특징인 군사작전 비용과 관련이 있다. 빈번하게 외국 차관을 도입함으로써 1890~1897년 기간에 외채는 약 30% 가까이 증가 하였고, 채무 이행에 대한 부담도 가중되었다.

다른 한편, 1890년대 초 커피 재배가 확산되면서 결과적으로 1896 년과 1897년에는 막대한 양의 수확이 이루어졌다. 국제시장에 공급되는 커피양이 증가하자, 가격은 현저하게 떨어졌고 외화수입도 크게 감소하 였다. 프루덴치 지 모라이스 정부 말기, 브라질의 채무 이행은 더 이상 불 가능하게 보였다. 따라서 대통령은 해외 채권자들과 합의를 이끌어 내 기 위해 협상을 시작했다. 런던앤리버플레이트 은행London and River Plate bank과는 리우데자네이루에서 의견일치를 보았다. 한편, 차기 대통령에 선출되었으나 아직 취임 전이던 캄푸스 살리스는 금융가문 로스차일드 Rothschild 가家와 협상을 벌이기 위해 런던을 방문했다. 브라질 독립 이후, 로스차일드 가는 유럽에서 브라질의 금융 대리인 역할을 맡아 왔다.

결국, 캄푸스 살리스 정부 출범 후인 1898년 6월에 커다란 부담이 뒤 따르는 차환융자 계약을 체결한다. 이 계약의 골자는 새로운 차관을 통 해 잠정적으로 지불을 유예하면서 기존 채무와 그 이자의 지불을 보증 한다는 것이다. 나아가 브라질은 지불 보증을 뒷받침하기 위해 리우데자 네이루에서 거두어들이는 모든 관세 수입을 채권자에게 제공하고, 1901 년 6월까지 새로운 차관 계약을 금지하기로 했다. 또한 통화수축 정책을 철저히 이행한다는 약속과 함께 유통 지폐의 일부를 소각하였다. 이렇 게 해서 브라질은 간신히 국가파산을 면할 수 있었다. 하지만 그 이후 경 제활동은 침체되고 은행과 기업이 줄지어 도산하는 등, 브라질은 캄푸스 살리스 정부 기간 내내 비싼 대가를 치러야 했다.

2. 과두 지배자들과 코로넬

공화국 체제하에서 주는 자치를 실현하고 지역의 이해를 추구할 수 있는 환경을 맞이했다. 그리고 이는 정치 면에도 반영되어 각 주는 자체적인 공화주의 정당을 결성한다. 전국 정당을 결성하려는 시도도 있었지만 일시적인 움직임에 머물거나 실패로 끝나고 만다. 제한된 소수의 지배자들이 장악한 각 주의 공화당이 국가 정책의 방향을 결정지었으며, 때로는 대통령 후보를 지명하기 위해 서로 합의를 이끌어 내기도 했다.

그런데 각 주의 과두 지배자들은 과연 무엇을 대표한다고 할 수 있을까? 좀더 구체적인 예를 들어 설명하면, 상파울루, 히우그란지두술 또는 미나스제라이스 주의 이름을 걸고 말한다는 것은 어떤 의미인가? 과두 지배자들이 정치권력을 독점한다는 역학구조는 각 주의 공통적 특징이지만, 그들이 사회와 맺는 관계성에서는 차이점이 나타난다. 상파울루에서 과두 정치 엘리트는 초기에는 커피경제, 그리고 후에는 산업경제의 지배적 이해계급들과 긴밀한 관계를 유지했다. 물론 정치 엘리트가 지배적 이익집단들의 단순한 대리인이었다는 뜻은 아니다. 상파울루의 과두 지배자들은 효율적으로 주를 운영할 능력을 갖추었으며, 지배 계층의 전체적인 이익을 염두에 두고 있었다.

한편, 히우그란지두술과 미나스제라이스의 과두 지배자들은 각각 자체의 공화당(즉 PRR과 PRM)을 장악하였으며, 사회와의 관계에서는 상당히 높은 자율성을 지녔다. 히우그란지두술 공화당은 실증주의에서 나온 권위주의적인 시각을 물려받아 강력한 정치 기구로 작동하였다. 그리고 대농장주와 세력이 커진 이민자들의 이해관계를 조정했다. 미나스제라이스의 과두 지배자들도 커피농장주나 목축업자들의 꼭두각시는 아니었다. 물론 그러한 부문의 이해관계를 고려하지 않을 수는 없었지만 스스로 전문적인 정치 기구로서 기능했으며, 공무원의 임명, 토지 소유의 합법화, 교육이나 운송에 대한 예산 책정 등을 통해 독자적인 권력의 원천을 만들었다.

언뜻 보면, 과두 지배자들의 권력독점은 일반 대중들이 투표를 통해 극복할 수 있는 문제라고 생각될 수 있다. 그러나 당시에 투표는 의무가 아니었고,[2] 대체로 일반 국민들은 정치를 권력자들 간의 홍정이나 이권의 거래로 보았다. 또한 대통령 선거에서는 여러 주의 공화당들이 연합하여 단일 후보를 내세운다거나 야당 후보의 승산이 희박한 점도 있어 정치에 대한 무관심은 더욱 증가하였다. 전체 인구 대비 투표자의 비율은 최저 1.4%(1906년 아폰수 페나Afonso Pena 당선)에서 최고 5.7%(1930년 줄리우 프레스치스Júlio Prestes 당선) 사이를 오르내렸다.

또 하나 강조할 점은 선거 결과가 현실을 그대로 반영하지 않았다는 점이다. 투표는 비밀이 보장되지 않았고, 유권자들은 정치적 거물들로부터 압력을 받았다. 또한 유권자들 역시 이들의 비위를 맞추려 한 측면도 있었다. 선거의 부정행위는 일상적인 일이었다. 허위 기록, 사망자 명의의 투표, 외국인 투표 등도 버젓이 일어났다. 이러한 폐해는 처음 있는 일이 아니라 제정 시대부터 이어져 온 악습의 연장일 뿐이었다.

하지만 이러한 모든 문제에도 불구하고, 제정 시대에 비해 투표자의 수는 크게 증가했다. 제정 시대 마지막 의회선거(1886년)와 모든 주의 유권자들이 참여한 공화국의 첫 대통령 선거(1898년)를 비교하면, 투표자 수가 약 400% 증가했음을 알 수 있다. 또한, 모든 대통령 선거가 단순히

---

2) 현재 브라질은 의무투표제를 실시하고 있다.

특정 후보를 인정해 주는 투표는 아니었다. 1910년, 1922년, 1930년 선거에서는 후보자들 간의 치열한 경쟁을 뚫고 에르메스 다 폰세카, 아르투르 베르나르지스Artur Bernardes, 줄리우 프레스치스가 각각 당선되었다.

＊　＊　＊

흔히 브라질 제1공화국을 '코로넬의 공화국'이라 부른다. 이 표현은 과거 국가경비대의 '대령'coronel에서 유래한다. 대체로 이들은 지방에 권력기반을 둔 지주들이었다. '코로넬 체제'coronelismo는 일반적으로 널리 사용되는 사회정치적 관계인 '후견제'clientelismo[후원-수혜관계]의 한 변형으로, 농촌이나 도시에 뿌리를 둔 체제라 할 수 있다. 이러한 관계가 발생한 배경에는, 사회적 불평등, 시민의 권리 행사가 불가능한 환경, 각 주의 빈약하거나 아예 전무한 복지제도, 전문적 공공 서비스의 결여 등의 원인이 있었다. 이 모든 것은 식민 시대로부터 시작된 문제들이지만, 공화국 시기에 들어오면 지방의 정치 수장들에게 더 많은 권력이 집중되는 환경이 조성된다. 각 시 당국에 허용된 조세 권한의 확대나 시장 선거는 이러한 환경이 만들어 낸 결과이다.

선거적인 측면에서 보면, '코로넬'은 자신의 영향권 내에 있는 유권자들을 통제하고 있었다. 사람들은 '코로넬'이 지정한 후보에게 표를 던지고, 그 대가로 한 켤레의 구두에서 병원의 입원실이나 교사직에 이르기까지 다양한 혜택을 받았다. 물론 제1공화국의 정치무대를 '코로넬'이 독점한 것은 아니었다. 도시의 다양한 이해관계를 대변하는 여타 그룹들도 정치의 운영에 중요한 역할을 맡았다. 한편, '코로넬'은 과두 정치체제의 기반을 유지하는 중요한 존재이긴 하였지만, 자신의 권력을 유지하기 위하여 그들도 더 높은 차원의 권력기구에 의존해야 했다. 이러한 기구의 일례로, 규모가 큰 주에서는 주 정부를 들 수 있다. 주 정부는 '코로넬'의 단순한 모임터는 아니었다. '코로넬'은 그 주의 정치적 수장들에게 표를 제공하고 그 대가로 유권자가 기대하는 혜택들, 그 중에서도 특히 공동의 혜택을 얻기 위해 그 수장들에게 의존하였던 것이다.

코로넬 체제는 브라질 각 지역의 사회정치적 현실에 따라 다양한 특징을 지닌다. '코로넬'의 권력을 보여 주는 극단적인 예는 북동부의 오지에서 볼 수 있다. 상프란시스쿠 강 유역에는 자체의 군사력을 갖춘 진정한 '코로넬의 국가'가 등장했다. 그에 비해, 비중 있는 주들에서 '코로넬'은 더 큰 기구, 즉 주 정부나 공화당에 의존했다.

3. 연방정부와 주의 관계

일반적으로 제1공화국은 밀크커피란 뜻의 '카페 콩 레이치'café com leite 시대로 알려져 있다. 이 문구는 상파울루(커피)와 미나스제라이스(우유)의 동맹이 당시 브라질 정치를 좌우했다는 견해를 상징적으로 나타낸 것이다. 하지만 현실은 그렇게 단순하지 않다. 그러한 현실을 이해하기 위해서는 연방정부와 최소한 세 개의 주(상파울루, 미나스제라이스, 히우그란지두술) 사이의 관계를 상세히 살펴보아야 한다. 게다가 이 세 주들에도 서로 간에 큰 차이점이 존재한다.

상파울루 주는 연방정부의 분열을 원치 않았지만, 주의 자치를 확고하게 지키려 하였다. 더욱이 팽창하는 경제에서 거둬들이는 세입과 강력한 군사력이 주의 자치를 뒷받침해 주고 있었다. 그러나 상파울루인들은 전적으로 자신의 힘에만 의존할 수는 없는 상황이었다. 가장 확실한 예로, 통화정책이나 외환정책의 결정은 근본적으로 연방정부의 소관이었다. 이 정책들은 나라 전체의 금융 방향을 결정할 뿐만 아니라, 커피무역의 운명에도 절대적인 영향을 미쳤다.

연방 차원에서, 상파울루 주의 정치가들은 이러한 정책들 외에도 커피 가격 안정화정책에 연방정부의 지원을 얻기 위해 노력을 집중했다. 따라서 제1공화국 기간 동안 상파울루 경제는 다양화된 모습을 보이지만, 정치 엘리트들은 주로 커피부르주아의 이해에 따라 행동했다. 물론 정치 엘리트 중에는 상당수가 커피부르주아 출신이기도 했다.

커피가격 안정화정책은 연방 내에서 상파울루가 차지하는 역할을 이해하고, 여러 주들 사이의 관계를 살펴볼 수 있는 가장 분명한 예이다. 1890년대부터 상파울루 주에서 커피 생산량이 막대한 규모로 증가하면서, 커피농업의 수익에 문제가 발생했다. 이 문제는 기본적으로 두 가지 원인에서 출발한다. 하나는, 커피 공급량이 격증하면서 국제시장에서 가격이 하락하게 된 점이다. 또 하나는 캄푸스 살리스 정부 이후, 브라질 화폐가치가 상승하여 국제가격 하락에 따른 손실을 메울 수 없게 된 점이다. 그 결과 실질적으로 생산자의 수중에 들어오는 국내 통화는 감소할 수밖에 없었다.

20세기 초, 상파울루 주는 커피산업의 수익을 보장받기 위해 다양한 방식으로 정부의 커피시장 개입을 모색했다. 그 결과, 1906년 2월 '타우바테Taubaté 협정'이라 불리는 대책안이 마련되었다('타우바테'는 협정이 체결된 상파울루 주의 도시명이다). 이 협정에는 세 개 주, 즉 상파울루 주, 미나스제라이스 주, 리우데자네이루 주가 조인했다.

이 협정의 핵심은 다음 두 가지로 요약할 수 있다. 하나는, 주 정부가 시장에 개입하여 적정한 가격으로 커피를 수매할 수 있도록 1,500만 파운드의 차관을 도입하는 것이다. 또 하나는, 브라질 화폐가치의 상승을 억제하기 위해 환율안정화 방안을 수립한다는 내용이다. 요약하면, 정부가 외국 차관을 이용해 과잉 생산물을 사들여 저장한 후, 가격이 오르는 적절한 시기에 국제시장에 다시 내놓는다는 구상이다. 이 계획은, 커피 생산이 풍작과 흉작을 번갈아 반복한다는 분명한 사실과 정부의 수매로 공급량이 감소하면 가격이 상승할 것이라는 전망에 근거한 것이었다.

하지만 이 계획안에 연방정부가 반대의 입장을 보이고, 협정에 서명한 다른 두 주 또한 우유부단한 태도를 보이자, 상파울루 주는 결국 독자적인 행동을 취하게 된다. 허먼 실켄Hermann Sielcken이 이끄는 미국 수입업자 그룹과 제휴를 맺고, 이 그룹의 재정지원과 금융대출을 통해 시장에 과잉 공급된 커피를 거둬들였다. 하지만 더 큰 규모의 장기적 재정지원을 확보하지 못하면, 이 상황을 계속 유지하기는 사실상 불가능하였다.

그러자 상파울루 주가 계획한 1,500만 파운드의 차관계약을 성사시키기 위해 아폰수 페나 대통령이 나섰다. 그는 연방정부를 보증인으로 내세우는 방안을 수립하여 1908년 후반 의회의 승인을 얻어냈다. 이후 상파울루 주는 국제적 은행가들의 관리하에 가격 안정화정책을 지속할 수 있게 되었다. 이 계획의 첫 성과는 이듬해인 1909년 커피의 국제가격 상승으로 나타났다. 커피의 비축으로 공급량이 축소된 데다 수확량마저 감소하자 커피가격의 상승은 1912년까지 계속 이어졌다. 1913년 6월 마침내 상파울루 주는 차관을 완전히 변제하게 되었다.

그 후에도 연방정부의 지원 아래 2회에 걸쳐 커피가격 안정화정책이 실시되었다. 하지만 1924년 아르투르 베르나르지스 대통령은 연방정부의 예산을 우려하여 커피보호정책을 중지하였다. 이를 계기로 상파울루 주는 항시적인 커피보호정책을 직접 책임지고 시행하게 된다.

지금까지 간단하게 기술한 내용을 통해 상파울루와 연방정부 사이에 어떤 관계가 이루어졌는지 파악해 보았다. 상파울루 주는 자치성을 확보하고 일정 수준까지 연방정부의 지원 없이 스스로 경제정책을 수행할 수 있는 수단을 갖추고 있었다. 그러나 연방정부의 환율정책으로 화폐가치가 상승하자 상파울루의 커피산업에 부정적인 여파가 몰아쳤다. 또한 해외차관을 도입하는 과정에서도 연방정부의 보증은 필수적이거나 적어도 도입을 용이하게 해주는 촉매 요소였다.

* * *

미나스제라이스 주 정치인들의 입장은 달랐다. 그들은 경제적 분화를 이룬 주들의 대표 격이었다. 당시 미나스제라이스 경제는 주도적인 중심축이 없었으며, 커피와 목축 그리고 약간의 산업으로 분산된 상태였다. 게다가 상파울루 주와 같은 경제적 역량도 없어 연방의 원조에 의존해야 했다. 이러한 상황에서 미나스제라이스의 정치 지배자들은 '커피'와 '우유'의 특정 이해관계로부터 일정한 거리를 유지하며 전문 정치가로서 권력을 쌓아 갔다. 이들은 하원에서 37개의 의석을 차지하여 강력한 영향력을 발휘할 수 있었다. 반면 상파울루 주가 획득한 의석은 22석에 불과했다. 이 의석 비율은 1890년 인구조사를 토대로 산출된 것이다. 1920년에 실시된 인구조사에서 급격한 인구증가를 보인 상파울루 주는 인구비례에 의한 의석 재분배를 추진하였으나 뜻을 이루지는 못했다.

미나스제라이스 주의 정치가들은 연방정부의 다양한 직책으로 진출하는 통로를 장악하고 있었다. 또한 그들은 자신들의 최우선 과제 중 하나를 성공적으로 실현하였다. 그것은 주 전체의 이해와 맞물려 있는 철도건설이었다. 1920년대, 브라질 전국에 새로 건설된 철도의 약 40%가 미나스제라이스에 집중되었다. 그와 동시에, 국내에서 소비되는 미나스 제라이스의 생산물을 보호하기 위해 여러 방안들을 강구하였으며, 자신들에게 유리하다고 판단될 경우에는 커피가격 안정화정책을 지지하기도 하였다.

* * *

브라질 국내 정치에서 히우그란지두술 주의 역할은 매우 독특하여 군부의 존재와 밀접한 관련이 있다. 하지만 서로 가깝다는 것이 히우그란지두술 공화당과 군부가 일체였다는 의미는 아니다. 1894년에서 1910년까지 히우그란지두술 출신의 정치인들은 군의 상급 간부들과 마찬가지로 연방정부에 거의 진출하지 못했다. 이들이 재등장한 것은 에르메스 다 폰세카 원수가 대통령으로 선출된 이후였다.

두 세력이 접근한 데에는 그럴 만한 이유가 있다. 제정 시대 이래 히우그란지두술 주에는 가장 많은 군 병력이 집중해 있었다. 제1공화국에서는 브라질 전체 병력의 3분의 1에서 4분의 1을 차지했다. 1919년에 수립된 제3군관구는 행정의 고위직으로 연결되는 가교 역할을 하였다. 제3군관구 사령부의 많은 지휘관들이 전쟁부Ministério da Guerra에 진출했기 때문이다. 군의 역할이 중요해지면서 히우그란지두술 주의 특정 사회계층에서 직업군인의 길을 선택하는 경우가 많아졌다. 그 결과, 제1공화국의 전쟁부 장관이나 군인클럽 회장에는 대부분 히우그란지두술 출신자들이 취임했다.

한편, 이 지역에서 끊임없이 발생한 무력충돌도 군 간부와 정당 사이의 접촉을 활발하게 만들었다. 예를 들면, 연방주의 혁명을 계기로 많은 군 간부와 히우그란지두술 공화당 사이에 연대가 이루어졌다.

이데올로기적 특징이나 독특한 정치성향도 양자 간의 접근을 용이하게 했다. 우선, 군 내부에서 그 중요성이 폭넓게 인정된 실증주의가 그들의 이데올로기적 연결고리가 되었다. 또한 히우그란지두술 공화당의 경제, 금융정책도 군인그룹의 시각과 일치했다. 이 정당은 연방정부의 신중한 재정지출과 물가 안정을 주장하였다. 인플레이션은 건육 시장에 문제를 유발하기 때문이다. 건육은 주로 북동부와 수도의 서민들이 소비하였는데, 이 계층의 소비력이 조금이라도 감소하면 곧바로 수요의 감소로 이어졌다. 이러한 관점은 군의 입장과 상통하였다. 비록 동기는 달랐지만, 군에서도 보수적인 재정정책을 지지하였다.

아마도 북동부의 과두 지배자들이 하나의 집단을 형성하였다면 브라질 국내 정치에 상당한 영향력을 발휘하였을 것이다. 그러나 북동부 여러 주들 사이에는 서로 이해관계가 충돌하여 상호 연대를 형성하는 데 어려움이 있었다. 그 일례로 각 주들은 수출에 부과하는 관세 수입이 적었기 때문에 연방정부의 지원을 얻으려 서로 경쟁하였다. 또한 한 주에서 다른 주로 상품이 이동할 때 부과되는 주 간 유통세의 경우에도 그 징수권을 둘러싸고 분쟁이 끊이질 않았다.

상파울루와 미나스제라이스 과두 지배자들 사이의 동맹은 제1공화국 정치사에 빼놓을 수 없는 근본 요소이다. 양 세력의 동맹은 교대로 우위를 점하면서 유지되었다. 하지만 시간이 경과할수록 마찰이 일어나 끝내 커다란 입장 차이를 드러내고 만다.

상파울루 주는 군의 영향력에도 불구하고 공화국 초기 수년간 국정의 주도권을 장악했다. 상파울루는 미나스제라이스의 지원에 힘입어 제헌의회에서 자신의 목적을 달성할 수 있었다. 또한 상파울루는 1894년에서 1902년까지 푸르덴치 지 모라이스, 캄푸스 살리스, 호드리게스 알베스 등 세 명의 대통령을 연속적으로 배출——이런 일은 두 번 다시 일어나지 않는다——하여 문민대통령의 길을 열었다고 평가받는다. 이 시기에 상파울루 주가 누렸던 주도권은 단지 경제적 중요성만으로는 설명되지 않는다. 정치 지도자들이 한 정당을 중심으로 결속한 점도 결정적인 요인이었다. 대부분의 정치 엘리트들은 과거의 대립을 신속히 버리고 상파울루 공화당에 가입했다.

미나스제라이스 주에서는 상황이 달랐다. 이 주에서는 여러 세력들 간에 반목이 있었는데, 1897년 이른바 미나스제라이스 공화당의 재창당으로 겨우 진정되었다.[3] 그 후 국내 정치에서 존재감을 키워 갔다.

상파울루, 미나스제라이스 두 주의 합의는 캄푸스 살리스 시기에 시작되어 1909년까지 지속되었다. 하지만 1909년 양자관계에 틈이 벌어졌고, 이는 군부와 히우그란지두술 주에게 국정 장악의 기회가 되었다. 그해, 군부에게는 일시적인, 그리고 히우그란지두술에게는 항구적인 국내 정치 복귀의 길이 열렸다.

1909~1910년에 실시된 대통령 선거는 공화국 출범 이래 처음으로 후보자들 간에 실질적인 경쟁이 이루어진 선거였다. 데오도루 다 폰세카의 조카인 에르메스 다 폰세카 원수가 히우그란지, 미나스, 그리고 군부의 지지를 얻어 후보자로 나섰다. 야당의 입장이 된 상파울루는 바이아 주와 동맹을 맺고 후이 바르보자Rui Barbosa를 후보로 내세웠다.

---

3) 미나스제라이스 공화당은 1888년에 처음 결성되었으나 곧 해체되고, 1897년에 다시 창당되었다.

후이 바르보자는 민주주의 원칙과 비밀투표를 표방하며 도시 중산층의 표심을 얻고자 하였다. 그리고 군의 정치개입이 불러온 반발심을 선거운동에 반영하였다. 그는 군의 지휘부를 비판하면서, 추구해야 할 모범은 군이 아니라 각 주의 대중적 힘이라고 주장했다. 사실 후이 바르보자의 가장 중요한 정치 기반은 상파울루의 과두 지배자들이었다. 하지만, 그의 선거 운동에는 무지하고 권위주의적이며 과두 지배적인 브라질에 대항하여, 시민의 권익, 문화, 자유주의적 전통을 지키는 지식계급의 투쟁이라는 이미지가 부각되었다. 그러나 결과적으로 선거는 에르메스의 승리로 끝이 났고, 제한적인 지식인 계층 내에서는 커다란 환멸이 일어났다.

히우그란지두술이라는 별은 1906년 미나스 출신 대통령 후보 아폰수 페나와 이해관계를 맺으면서 빛을 발하기 시작했다. 에르메스 다 폰세카 정부가 출범한 후에는 '카페 콩 레이치'라는 성좌에서 세번째로 밝은 빛을 발하는 별이 되었다. 이러한 상황이 전개되자 상파울루와 미나스제라이스는 서로 새로운 갈등을 피하기 위해 노력한다. 그리고 1913년 미나스 주의 오루피누에서 체결된 구두 협약에서 양측은 교대로 대통령을 배출한다는 합의를 도출한다. 그렇지만 국내정치에서 히우그란지두술의 존재감은 사라지지 않았다. 비록 대통령 선거에는 영향력을 행사하지 못했지만, 1910년 이후 위상이 높아진 주의 과두 지배자들은 연방정부의 행정기구에 대거 진출하게 된다. 그에 비해, 상파울루 주의 과두 지배자들은 자신의 주에서 입지를 강화하는 데 주력하였다.

그러나 상파울루 출신인 와싱톤 루이스Washington Luis 대통령이 게임의 법칙을 어기고 자신의 주 출신인 줄리우 프레스치스를 후계자로 지명한다(1929년). 이것이 결정적인 원인이 되어 이듬해 양 주[상파울루와 미나스제라이스] 사이에 정치적 분열이 일어난다.

＊　＊　＊

다양한 과두 지배층 사이의 협정들을 분석해 보면, 연방정부가 단순한 커피 농장주들의 집합체가 아님을 알 수 있다. 당시 중앙권력은 미약하게나마 존재했던 국민통합을 유지하고 조율하는 역할을 수행하였다. 일정 수준의 국가 안정을 책임지고, 다양한 이해관계를 조정하며, 나아가 외국의 투자를 유치하고, 대외 채무문제를 관리하는 것이 중앙정부의 책무였다.

그러나 당시 경제의 주축은 커피산업이었다. 제1공화국 전체 기간을 통해, 커피는 브라질 수출 총액의 약 60%를 차지하는 가장 중요한 상품이 되어, 그 밖의 다른 수출품목들과는 커다란 격차를 보였다. 특히 제1공화국 말기에는 수출 총액의 72.5%까지 도달한다. 브라질의 가장 발전된 지역들은 경제성장과 고용을 커피산업에 의존하였다. 물자의 수입이나 외채 상환에 필요한 외화를 제공한 것도 또한 커피였다.

따라서 대통령의 출신과 관계없이 연방정부는 정책을 입안하는 과정에서 커피부문의 비중을 무시할 수 없었다. 그러나 가장 의미심장한 사실은, 커피부문의 이해관계와 연결되었다고 여겨진 대통령이 항상 그 이해를 위해 행동한 것만은 아니라는 점이다. 특이하게도 세 명의 상파울루 출신 대통령(캄푸스 살리스, 호드리게스 알베스, 와싱톤 루이스)은 커피부문과 합의점을 찾지 못하거나 충돌을 일으켰다. 일견 기이하게 보이는 이러한 행동은 국가 전체의 이익이 무엇인지 고려해야 하는 대통령의 역할 때문에 나타난 것이다. 나라의 전반적인 이익이란 재정의 안정화를 실현하고 해외 채권자들과 협의를 이끌어 냈을 때 비로소 도달할 수 있는 것이었다. 해외 채권자들 중에서도 특히 대외적으로 브라질 금융대리인 역을 맡은 로스차일드 가와의 협력은 필수였다.

4. 사회경제적 변화

19세기 후반 이후, 브라질의 사회경제적 변화를 가져온 가장 중요한 요인의 하나는 대량이민이었다. 노동기회나 사회적 신분상승을 찾아 아메리카로 들어 온 수백만의 유럽인이나 아시아인들이 브라질에 흡수되었다. 브라질 이외에도 미국, 아르헨티나, 캐나다 등이 대량이민을 수용하였다.

1887년에서 1930년까지 브라질에 입국한 외국인 수는 약 380만 명이다. 특히 이민자가 가장 많이 집중된 시기는 1887~1914년 기간으로 전체의 72%인 274만 명에 달한다. 이러한 집중 현상이 나타난 것은 여러 요인 때문이지만, 그 중에서도 커피산업의 노동력 수요가 급증한 것이 결정적 원인이었다. 그 후 제1차 세계대전이 발발하여 이민의 흐름이 크게 감소하지만, 종전 후 또다시 이민의 물결이 일어 1930년까지 지속되었다.

1929년 세계 대공황의 여파와 브라질과 유럽에서 발생한 정치적인 변동으로 인해 1930년대에는 노동자 이민의 흐름이 의미를 둘 수 없을 정도로 약화되었다. 단, 일본인들은 예외였다. 10년 단위로 비교할 때, 1931년에서 1940년까지 브라질에 가장 많은 이민자를 보낸 나라는 일본이었다.

브라질에서 집단이민을 수용한 지역은 중남부, 남부 그리고 동부였다. 1920년에는 외국인 인구의 93.4%가 이들 지역에 거주했다. 그 중에서도 상파울루 주가 단연 앞서, 브라질 전체 외국인의 과반수(54%)를 받아들였다. 이민자들이 상파울루 주를 선호한 이유는 주 정부의 이민보조금(항해비와 숙박비)과 경제성장에 따른 풍부한 노동기회가 있었기 때문이다.

1887~1930년 시기를 살펴보면, 가장 큰 이민자 그룹을 형성한 것은 이탈리아인들로 전체의 35.5%를 차지한다. 그리고 포르투갈인(29%)과 스페인인(14.6%)들이 그 뒤를 이었다. 전체적인 관점에서 보면, 수적으로 규모가 작은 그룹들도 질적인 면에서는 그 나름의 중요성을 지닌다.

가장 좋은 예는 일본인 이민이 될 것이다. 이들은 특히 상파울루 주로 몰려들어, 1920년이 되면 일본 이민자의 87.3%가 이 주에 모여 살게 된다. 1908년 산투스 항에 도착한 최초의 일본인 이민자들은 곧바로 커피농장으로 보내졌다. 일본인들을 커피농장에 정착시키는 것은 쉽지 않았다. 그럼에도 상파울루 주 당국은 1925년까지 수년간 일본인 이민을 원조했다. 제1차 세계대전으로 유럽 이민이 중단되자 '농업노동력 부족 사태'가 일어날까 염려했기 때문이다. 1925년부터는 일본 정부가 항해비 원조의 책임을 맡았는데, 그 무렵 일본 이민자들은 더 이상 커피 농장으로 향하지 않았다. 그들은 농촌에 정착하여 다른 어느 민족보다 오랜 기간 머물렀는데, 자신의 땅을 소유한 소지주로서 브라질 농업의 다양화에 의미 있는 역할을 하였다.

그 밖에 중요한 소수민족으로 시리아-레바논인과 유대인이 있었다. 이들에게는 몇 가지 유사점이 있다. 일본인, 이탈리아인, 스페인인과는 달리 이 두 그룹은 브라질에 도착한 순간부터 주로 도시에서 생활하였다. 또한 이들은 정부 보조를 받지 않은 자발적인 이민이었다. 정부 지원은 오직 대농장으로 향하는 이민자들에게만 주어졌기 때문이다.

이탈리아인들은 대부분 상파울루와 히우그란지두술에 집중되었다. 1920년 당시, 브라질 거주 이탈리아인의 71.4%가 상파울루 주에 살았으며 주 전체 인구의 9%를 차지했다. 이민자들의 이탈리아 내 출신 지역은 시기별로 변화한다. 19~20세기 전환기까지는 북부 출신자가 대세였으나 20세기가 시작되면서 이민자의 대다수는 남부(특히 칼라브리아와 나폴리) 출신으로 바뀌었다.

커피 재배에 가장 중요한 노동력도 이탈리아인들이 제공했다. 1887년에서 1900년까지 상파울루 주에 들어온 이민자의 73%가 이탈리아인이었다. 물론 이들이 모두 농업에 종사한 것은 아니지만, 상파울루 주 정부의 보조금이 큰 매력으로 작용했다는 점에서 볼 때 무엇보다 이들의 가난이 이민의 결정적 원인이었을 것이다. 따라서 이 보조금 제도에 문제가 발생하자 이민자 규모에도 큰 영향을 미쳤다.

그러나 초기 이민자들의 열악한 처우에 대응하여 이탈리아 정부는 이민 모집을 규제키로 방침을 정한다. 우선 1889년 3월에서 1891년 7월까지 잠정적인 제한 조치를 실시하였고, 1902년에는 보조금 지원 이민을 금지하는 이른바 '프리네티 법'을 제정한다(프리네티는 당시 이탈리아 외무장관의 이름이다). 이 이후에도 여전히 브라질 이민은 가능하였지만, 더 이상 항해비나 그 밖의 원조는 받을 수 없었다. 이러한 조치는 브라질 거주 이탈리아 이민자들이 자국 영사에게 불만을 토로하면서 비롯된 것이다. 그들이 겪은 불안정한 생활여건은 커피산업의 위기로 더욱 악화되었다. 여기에다 이탈리아 국내의 사회경제적 환경이 향상된 점도 이민의 억제와 관련이 있었을 것이다.

이탈리아에서 브라질로 향한 이민의 흐름은 멈추지 않았지만, 프리네티 법령, 커피산업의 위기, 이탈리아 내부의 상황이 서로 맞물려 이민자 수는 감소했다. 국적을 불문하고 산투스 항으로 들어오고 나간 이민인구를 조사하면, 수년 동안 출국자 수가 입국자 수를 상회한 사실을 알수 있다. 예를 들면, 커피위기가 한창이던 1900년에는 약 2만 2,000명이 출국한 반면, 입국은 약 2만 1,000명에 그쳤다. 프리네티 법 직후인 1903년에는 1만 6,500명이 들어왔으나 3만 6,400명이 브라질을 떠났다. 이듬해인 1904년에도 상황은 바뀌지 않았다.

1901~1930년 기간에 상파울루에 도착한 이민자들의 출신지는 훨씬 고르게 분포되었다. 이탈리아인의 비율은 26%로 낮아졌고, 포르투갈인(23%)과 스페인인(22%)이 그 뒤를 이었다. 포르투갈 이민자들은 연방수도(리우데자네이루)와 상파울루에 집중되었다. 특히 리우데자네이루 '시'는 가장 많은 포르투갈 이민자를 받아들여, 전국의 다른 '주'들과 비교해도 결코 뒤지지 않았다. 포르투갈 이민의 대표적 특징은 철저하게 도시 지향적이라는 점이다. 1920년에는 상파울루에 6만 5,000명의 포르투갈인이 거주했다. 도시 전체 인구의 11%에 해당하는 규모다. 리우데자네이루로 가면 그 비율은 더 늘어나 도시 총인구의 15%인 약 17만 2,000명이 거주했다. 그렇다고 포르투갈인들이 커피 재배나 다른 농업에 전혀 종사하지 않았다는 뜻은 아니다. 그러나 그들은 주로 소·대규모 무역업, 리우데자네이루의 산업부문에서 활약하면서 존재감을 확실하게 각인시켰다.

스페인 이민은 1887년부터 1914년까지의 시기에 가장 많이 몰렸다. 하지만 이탈리아 이민과 비교했을 때 한 가지 차이가 있다. 1887~1903년 시기에는 이탈리아 이민자가 스페인 이민자를 크게 상회했지만, 1906~1920년 기간에는 그 관계가 역전되었다. 스페인인은 일본인 다음으로 상파울루에 집중된 비율이 높아, 1920년에는 스페인 이민자 전체의 78%가 거주하였다. 또한 스페인 이민과 일본인 이민 사이에는 몇 가지 공통점을 발견할 수 있다. 일본인 이민자들처럼 스페인인들도 독신이 아니라 아이들을 포함한 가족단위로 브라질에 건너왔다. 또한 오랫동안 농업에 종사한 점, 상파울루 시보다는 내륙의 소도시를 선호한 점 등도 일본인들과 닮았다.

도시에서 이민자들이 사회적 신분 상승을 이룬 것은 의심할 여지가 없다. 상파울루, 히우그란지두술, 파라나, 산타카타리나 등 여러 주의 무역 및 산업 분야에서 그들이 거둔 성공이 그 증거이다. 한편, 농업의 경우는 훨씬 상황이 복잡했다. 상파울루 주를 예로 들어보자. 대량 이민 초기에는 이민자들이 매우 혹독한 환경에 놓이게 되었다. 이것은 브라질 국가 전체에서 노동자들이 일반적으로 받는 대우였다. 이민노동자들은 거의 노예나 다름없는 취급을 받았다. 귀국자 수의 증가, 영사에게 제출된 탄원서, 이탈리아 정부의 조치 등이 이러한 환경을 잘 대변해 준다.

시간이 경과하면서, 많은 이민자들이 사회적 신분의 계단을 오르기 시작했다. 적은 수이긴 하지만 대농장주가 탄생하기도 하였다. 대부분의 이민자들은 중소규모의 토지를 소유한 지주가 되어 후손들을 위한 길을 열었다. 그리고 그 후손들이 마침내 상파울루 농산업의 중심적 존재가 되었다. 1934년 실시된 상파울루 주의 농업 인구조사에 따르면, 토지의 30.2%를 외국인이 소유하였다. 구체적으로는 이탈리아인이 12.2%, 스페인인 5.2%, 일본인 5.1%, 그리고 포르투갈인이 4.3%를 보유했고, 나머지는 그 밖의 외국인들이 차지했다. 하지만 이 수치는 이민자들의 사회적 상승이 극히 부분적으로만 반영된 것이다. 토지를 소유한 이민자 후손들은 당연히 브라질인으로 간주되었기 때문이다.

19세기 후반기부터 1930년까지, 브라질은 여전히 농업이 주를 이루는 국가였다. 1920년 인구조사에 따르면, 전체 경제활동 인구 910만 명 중에서 농업 630만 명(69.2%), 공업 120만 명(13.2%), 그리고 서비스업에는 150만 명(16.5%)이 종사하였다.

'서비스업'이라는 항목에는 유급 가사노동과 같은 생산성이 낮은 도시형 직업들도 포함되었다. 가장 두드러진 변화는 1872년 통계 때 7%에 지나지 않던 공업종사자의 비율이 증가한 점이다. 하지만 여기서 '공업'이라 해도 대부분은 소규모 작업장에 지나지 않았음을 기억해 두자.

제1공화정 시기의 경제활동에서 농업 수출이 주도적인 역할을 한 것은 사실이지만, 그렇다고 절대적이었다고까지는 말할 수 없다. 농업생산은 수출만이 아니라 국내 수요를 위해서도 중요하였다. 더욱이 공업의 중요성은 갈수록 커지고 있었다. 상파울루 주는 농업의 다양화, 도시화, 공업의 급성장 등으로 특징지어지는 자본주의 발달과정의 선두에 서 있었다. 커피는 계속해서 경제의 중심축이었고, 자본주의 과정이 형성되는 밑거름이 되었다. 커피 생산을 확실하게 유지하기 위해서는 노동력의 공급과 안정된 노동관계의 확보가 관건이었다. 노동력의 공급은 이민을 통해 해결하였고, 안정적인 노동관계는 '콜로나투colonato 제도'에서 해답을 얻었다.

콜로나투는 실패한 소작제를 대체하여 실시되었다. 콜로누, 즉 이민 가족은 커피농장의 관리와 커피 수확을 책임졌고, 그 대가로 두 종류의 보수를 현금으로 받았다. 하나는 커피농장 관리에 대한 연간 보수로서 천 그루 단위로 금액이 책정되었다. 또 하나는 커피 수확기에 받는 임금으로, 이것은 커피 수확량에 비례하여 액수가 정해졌다. 농장주는 콜로누에게 주거 공간 외에도 식료 작물을 재배할 수 있는 작은 구획의 토지를 제공하였다. 콜로나투 제도는 커피 판매로 얻는 이익을 서로 나누지 않는 등 소작제와는 여러 면에서 차이를 보인다. 또한 임금 이외의 보수를 포함하고 있기 때문에 순수한 의미의 임금노동도 아니다.

새로운 커피농장의 경우는 이른바 '조성 계약'contratos de formação에 따라 운영되었다. 여기에서 콜로누는 커피묘목을 심고 4년에서 6년 정도 돌보게 된다. 일반적으로 커피나무는 4년이 경과해야 열매를 맺기 때문이다. 이 기간 동안 조성을 맡은 계약자는 사실상 임금을 받지 못한다. 그 대신 열을 지어 심어진 커피나무들 사이에 식료 작물을 재배할 수 있었다. 콜로누들은 이런 식의 노동관계를 선호하였는데, 아마도 그것은 식료 작물을 재배하여 자체적으로 소비할 뿐만 아니라, 지역 시장에 내다 파는 것도 가능했기 때문일 것이다.

콜로나투 제도는 노동관계를 안정시켰지만 콜로누와 농장주 사이의 문제까지 해결하진 못했다. 양측 사이의 개인적 마찰은 다반사였고, 파업도 빈번하게 발생했다. 게다가 콜로누는 노예가 아니었기 때문에 더 좋은 조건을 찾아 농장에서 농장으로, 혹은 농장에서 도시로 끊임없이 수평이동을 하였다. 그러나 전체적인 관점에서 보면, 콜로나투 제도를 통해 이민노동력이 공급되고 소득의 가능성이 제공되었기 때문에, 상대적으로 안정된 커피 생산과 노동관계가 보장될 수 있었다.

상파울루 주에서는 커피 생산의 증가가 농업의 다양화를 가능하게 만들었다. 그리고 농업의 다양화는 이민자들의 사회적 신분상승을 가져왔다. 도시가 팽창하면서 쌀, 콩, 옥수수의 수요가 증가하자 이 곡물들의 생산이 촉진되었다. 20세기 초까지 상파울루는 히우그란지두술 주로부터 쌀을 구입하는 등 농산물의 일부를 다른 주에서 공급받아야 했다. 그러나 제1차 세계대전 무렵에는 이 곡물들의 자급이 가능해지고, 더 나아가 다른 주로 수출할 수 있는 상황에 이르게 된다. 1901~1906년 기간과 1925~1930년 기간의 평균 생산량을 비교하면, 쌀 생산은 거의 7배, 콩은 3배, 옥수수는 약 2배로 증가했음을 알 수 있다.

면화 재배도 또한 안정적이게 되었다. 1919년 전후 상파울루 주는 브라질 최대의 면화생산지로 성장하여, 전국 총생산량의 3분의 1을 공급하게 된다. 이로써 섬유산업에 필요한 원재료의 공급도 확실하게 이루어졌다. 더욱이 커피 재배와 면화 재배를 조합할 경우(커피 재배가 중심을 이루지만), 농장주에게는 결정적인 행운이 되기도 한다. 1918년, 커피농장들이 서리피해로 큰 타격을 입었을 때, 많은 농장주들은 면화 재배에서 나온 수익으로 파산을 면할 수 있었다.

*   *   *

모든 도시가 발전을 이루었지만, 그 중에서도 상파울루 시의 성장이 가장 압권이었다. 이 도시가 비약적으로 발전한 근본 원인은 자발적 이민자와 이농자들이 대거 유입된 점에서 찾아볼 수 있다. 상파울루 시는 수공업, 노점, 가내공장, 건축가(이들은 스스로를 '이태리 장인'이라고 불렀다), 또는 자유롭게 일하는 전문직 종사자에게 기회의 땅이었다. 불안정한 노동으로는 신축 공장 노동 및 가사노동과 같은 일자리들이 있었다. 상파울루 시는 커피 생산지와 산투스 항의 연결부이자 주도州都로서, 수입품이 집산되는 최대 중심지였다. 또한 대은행의 본점과 주요 행정 관료들이 집중된 곳이기도 했다.

1886년 이후 상파울루 시의 성장에는 가속이 붙었다. 1890년부터 1900년까지 상파울루 시는 급속한 성장을 이루었고, 전체 인구도 6만 4,000명에서 23만 9,000명으로 늘어났다. 이는 10년간 268%, 매년 평균 14%라는 기하급수적인 증가를 기록했다는 의미이다.

1890년 상파울루 시는 리우데자네이루, 사우바도르, 헤시피, 벨렝에 이어 브라질 제5의 도시에 머물렀으나, 20세기 초가 되면 제2의 도시로 약진한다. 그래도 인구 68만 8,000명을 지닌 수도 리우데자네이루에는 크게 미치지 못했다. 리우데자네이루에 비하면 상파울루 시는 여전히 큰 지방의 수도에 지나지 않았다.

* * *

공업의 발전은 더욱 광범위한 지리적 관점에서 살펴봐야 한다. 특히 리우데자네이루와 상파울루를 포함한 다양한 지역을 분석할 필요가 있다.

19세기 중반 브라질에 등장한 몇 안 되는 공장들은 주로 빈민이나 노예들이 소비하는 질 낮은 면직물을 생산하였다. 면직공업이 가장 먼저 발전한 곳은 바이아였다. 1866년에는 브라질 전국 아홉 개의 공장 중 다섯 개가 이 주에 모여 있었다. 그러나 1885년 무렵이 되면 면직업은 중남부로 이동한다. 공장 수로는 미나스제라이스 주가 1위를 차지하였지만, 비중 있는 공장들은 주로 연방수도에 위치해 있었다. 1889년을 보면, 설탕산업을 제외하고 브라질 산업 자본의 57%는 연방수도에 투자되었다. 공화국 수도로 공장들이 몰리는 데에는 여러 요인이 있었다. 그 중에서도 특히 자본이 집중되어 있고 적절한 크기의 소비시장을 갖추고 있다는 점이 가장 큰 매력이었다. 또한 기존의 공장들이 수력에너지를 증기에너지로 대체할 수 있다는 점도 큰 장점이었다.

상파울루 주의 공업은 1870년대에 시작되었지만, 본격적인 발전은 노예제 폐지 이후에 이루어졌다. 이러한 측면을 이해하려면 적어도 서로 연관된 두 요소를 살펴보아야 한다. 하나는 커피무역이고, 다른 하나는 이민이다. 물론 이민은 상파울루 주에만 해당되는 요소는 아니어서 이민을 받아들인 또 다른 지역, 특히 히우그란지두술에도 적용할 수 있다.

커피산업이 공업발전의 기초를 놓았다고 말하는 데에는 다음과 같은 이유가 있다. 먼저, 화폐거래를 활성화시켜 수입 증가를 가져왔으며, 이는 공업제품의 소비시장 형성으로 이어졌다. 둘째, 철도에 대한 투자를 자극하여 시장을 확대·통합하였다. 셋째, 수출입 무역을 발전시켜, 공업제품의 유통구조를 수립하는 데 크게 기여했다. 넷째, 커피산업은 이민을 촉진하고 노동력 공급을 보장했다. 끝으로, 커피수출은 공업 기계를 수입할 수 있는 재원을 공급했다.

이민자들은 주로 공업의 양극점, 즉 기업주 아니면 노동자라는 신분으로 등장한다. 하지만 그 외에도 많은 전문기능인이 있었다. 외국인 노동자의 역사는, "아메리카에서 새로운 삶을 찾겠다"fazer a América는 희망을 품고 왔다가 새로운 땅에서 그 꿈을 유린당하는 이민사의 일부이다. 상파울루 시에서는 외국인들이 공업의 중추적 역할을 담당하였는데, 1893년 자료에 따르면 공업노동자의 70%를 외국인이 차지하였다. 리우데자네이루의 이민노동자 수는 이에 미치지 못하지만, 그래도 1890년에는 전 공업노동자의 39%에 달했다.

이민자가 기업가로 진출할 수 있는 길은 여러 종류였다. 거의 바닥에서 출발하여, 상파울루 주나 히우그란지두술 주에서 자본주의 발전 초기에 나타나는 기회를 잘 활용한 사람들도 있었다. 한편, 처음에는 수입상이었지만 후에 공업에서 성공의 기회를 거머쥔 사람도 나타난다. 수입상들은 자신들의 입장상 기계를 수입하는 과정에서 유리한 점이 많았고, 브라질에서 가장 큰 수익을 올릴 수 있는 투자분야를 찾는 데도 일가견이 있었다. 일례로, 상파울루에서 제일 비중 있는 두 명의 이탈리아계 기업가도 처음에는 수입상으로 시작하였다.

공업생산액을 비교해 보면, 1907년 연방수도가 브라질 총생산액의 33%를 차지하여 모든 주를 앞질렀다. 그 뒤를 17%의 상파울루 주, 15%의 히우그란지두술 주가 쫓았다. 반면, 1920년에는 상파울루 주가 32%로 1위에 오른 대신, 연방수도는 20%에 그쳐 2위로 내려앉았다. 11%를 차지한 히우그란지두술은 여전히 3위를 지켰다. 그러나 이러한 통계는 비교 단위가 다르다는 문제가 있다. 다시 말해, 주[상파울루 주, 히우그란지두술 주]와 도시[연방수도]를 비교했다는 점이다. 도시 차원에서 비교한 자료는 정확성이 떨어지지만, 1920년에서 1938년 사이의 어느 시점에서 상파울루 시가 리우데자네이루 시를 추월한 것만은 확실하다.

당시 공업의 중심은 섬유분야였다. 그다음으로 음료와 의류를 포함한 식품공업이 뒤를 이었다. 투자 자본의 집중과 노동자 고용인원이라는 측면에서 섬유공업, 특히 면직공업이야말로 진정한 공업이라 할 수 있다. 그 가운데에는 1,000명이 넘는 노동자를 고용한 공장도 적지 않았다. 제1차 세계대전 무렵에는 브라질에서 소비되는 면직물의 80%가 국내산이었는데, 이는 제품의 품질도 향상되었음을 시사한다. 이렇게 공업이 상대적으로 발전했음에도 불구하고, 기간산업(시멘트, 철강, 강철, 기계, 설비)의 낙후는 심각한 수준이었다. 따라서 공업의 성장은 거의 전적으로 수입에 의존하면서 진전되었다.

일반적으로 제1차 세계대전이 브라질 공업의 성장을 유도했다고 평가된다. 이 기간에 수입품과 벌이던 경쟁이 중단되었기 때문이다. 그러나 1920년대도 이 유럽전란의 시기에 못지않게 중요하다. 공업발전의 한계를 극복하려는 시도들이 일어났기 때문이다. 정부의 지원을 업고 두 개의 중요한 기업이 등장하였다. 하나는 미나스제라이스 주에 설립된 '벨고-미네이라 제강회사'로서 1924년부터 생산을 개시했다. 또 하나는 1926년에 가동을 시작한 상파울루 주의 '포틀랜드 시멘트 회사'이다. 한편, 소규모 수리공장들은 세계대전 동안 축적된 경험과 이윤을 바탕으로 기계설비 제조회사로 전환하기도 한다.

공업의 성장을 위해 국가가 한 역할은 긍정적이었을까, 부정적이었을까? 사실 국가의 가장 큰 관심사는 공업이 아니라 수출농업이었다. 그렇다고 정부가 반공업적인 태도를 지녔다는 뜻은 아니다. 환율의 상승을 초래했다는 점에서 볼 때, 브라질 금융의 장기적 추세는 공업부문에 서로 모순되는 결과들을 초래했다. 브라질 통화의 평가절하는 소비재 수입비용을 증가시켜 수입품의 경쟁력을 약화시키는 효과를 가져왔다. 하지만 동시에 국내공업이 필요로 하는 기계의 수입가격을 상승시켰다. 따라서 관세인하를 통해 정부가 기계 수입을 보호하던 시기도 있었다. 때로는 기간산업의 설립을 위해 국가가 대출을 제공하거나 세금을 면해주기도 했다. 결론적으로, 국가가 공업의 적은 아니었지만, 그렇다고 치밀하게 공업 장려정책을 추진한 것도 아니었다.

*　　*　　*

히우그란지두술 주에서는 제1공화국 전 기간을 통해 경제활동의 다양화가 추진되었다. 특히 자신의 주와 국내시장을 대상으로 한 공급에 주력하였다. 다양화의 주역은 이민자들이었다. 초기에 이들은 산간지대에 정착하여 작은 토지를 소유했으나, 시간이 경과함에 따라 다른 지방으로도 영역을 넓혀갔다. 농업에서는 쌀을 비롯해, 옥수수, 콩, 담배를 생산했다.

자본의 투자라는 측면에서 볼 때, 공업에서는 다른 지방과 마찬가지로 섬유공업이 중심이 되었다. 히우그란지두술 주에서 섬유 다음으로 높은 비중을 차지한 것은 음료 제조업이었다. 특히 식민 시기에 시작된 와인 제조가 유명하였는데, 이탈리아와 독일 이민자들이 들어오면서 더욱 성장하였다.

냉동보관 시설의 등장은 불안정한 육류 보존방식에 일대 변화를 가져와 창고 저장을 가능케 했다. 1917년에는 미국계 두 회사 어무어Armour와 윌슨Wilson이 히우그란지두술에 진출했다. 현지 목축업자들도 냉동보관 회사를 설립하기에 이르렀다. 하지만 이 회사는 자금부족으로 파산하여, 1921년 앵글로 냉동회사에 매각되었다.

이 모든 일들은 축산업이 상대적으로 침체되어 가던 시기에 일어났다. 특히 건육과 피혁의 수요가 내리막길로 접어든 상황이었다. 1890년에는 히우그란지두술 주의 수출 총액에서 건육과 피혁이 차지하는 비율이 약 55%에 달한 바 있다. 그러나 1927년에는 두 품목을 합해도 24%를 넘지 못했고, 그 중에서도 피혁의 수출액은 37%에서 7%로 급감했다. 한편, 같은 1927년 라드lard[4]가 20%를 차지하면서 제1위로 올라섰고, 건육(18%)과 쌀(13%)이 그다음 순위에 자리했다.

상파울루 주와 히우그란지두술 주 양쪽 모두 경제활동의 다양화를 추구했다는 공통점이 있다. 그러나 상파울루 주는 수출농업을 경제활동

---

4) 돼지비계를 녹여 정제한 반고체 기름이다.

의 중심으로 삼은 반면, 히우그란지두술 주의 경제는 거의 전적으로 국내시장을 지향하였다.

* * *

아마존 지방은 천연고무에 힘입어 부를 얻었으나, 그 기쁨은 오래가지 못했다. 과거부터 조금씩 증가해 오던 천연고무의 생산은 1880년을 기점으로 급증하기 시작한다. 1890년대에 일어난 자전거 열풍과 세기의 전환기에 시작된 자동차 대중화는 고무 생산에 큰 활력을 불어넣었다.

천연고무는 전성기 내내 브라질 제2의 수출품이라는 지위를 여유롭게 누렸다. 1898년부터 1910년에 이르기까지 수출 총액의 26%를 차지하여, 1위인 커피(53%)에는 미치지 못했지만 3위인 피혁(4%)과는 큰 격차를 두고 앞질러 갔다.

천연고무의 붐을 타고 상당한 규모의 인구가 아마존 지방으로 이동하였다. 1890년부터 1900년까지 약 11만 명의 인원이 아마존 지역에 들어갔을 것으로 추산된다. 그들의 대부분은 주기적으로 가뭄에 시달리는 세아라 주 출신이었다.

천연고무 경제는 도시인구의 증가와 생활조건의 향상을 가져왔다. 특히 벨렝과 마나우스는 괄목할 만한 변화를 이루었다. 1890~1900년 기간에 벨렝의 인구는 5만에서 9만 6,000명으로 거의 두 배에 가까운 증가를 나타냈다. 아마존의 가장 중요한 두 도시 벨렝과 마나우스에는 전차, 전화, 상수도, 가로등까지 설치된다. 다른 도시에서는 이런 시설들이 아직 사치스럽게 여겨지던 시절이다. 하지만 이러한 변화가 그곳에서 천연고무를 채취하는 노동자의 비참한 생활여건까지 향상시키지는 못했다.

또한 천연고무 산업에 위기가 찾아와도 성장 동력을 유지할 수 있는 경제활동의 다양화를 이끌어 내지도 못했다.

1910년 혹독한 위기가 찾아왔다. 그 초기 징후는 가격폭락이었다. 위기의 근본 원인은 국제적인 경쟁관계였다. 브라질산 천연고무는 그동안 질이 떨어지는 중앙아메리카나 아프리카의 수출품과 경쟁을 벌여 왔다. 그런데 영국과 네덜란드가 아시아 식민지에서 고무 플랜테이션을 실시하면서 상황은 일변했다. 아시아의 천연고무는 높은 품질과 낮은 비용이 장점인 데다 광대한 농장에서 대규모 재배까지 가능하였다. 반면 아마존 지역의 오지에서 이루어지는 천연고무의 채취는 갈수록 비용이 증가하였다.

아시아산 천연고무는 1910년에 세계 전체 생산량의 약 13%에 지나지 않았지만, 1912년에는 28%, 1915년에는 68%로 급증하였다. 아마존 지역에서도 고무 플랜테이션을 설치하려는 시도가 있었지만 병충해의 피해가 잦아 실패하고 만다. 일례로 1920년대 말 포드Ford 사의 시도가 있었으나, 포들란디아Fordlândia라 불린 이 플랜테이션은 대실패로 막을 내렸다.

* * *

제1공화국 시기에 브라질의 대외관계는 경제-금융 분야에서 큰 변화를 겪는다. 변함없이 영국이 최대 투자국이자 최대 차관 공여국이었다. 브라질의 가장 중요한 수출품목인 커피의 최대 소비시장은 여전히 미국이었다. 그러나 시간이 지날수록 브라질은 영국보다는 미국에 더 가까워져, 1920년대에는 양국 사이에 누가 보더라도 부정할 수 없는 긴밀한 관계가 형성되었다. 수입액으로 볼 때, 제1차 세계대전 이후 미국은 영국을 제치고 브라질의 최대 수입국이 되었다.

1928년 당시 브라질은 라틴아메리카 최대의 채무국이었다. 브라질의 대외 부채 규모는 라틴아메리카 전체의 약 44%에 달했다. 그리고 아르헨티나(27%)와 칠레(12%)가 그 뒤를 이었다. 1923년의 상황을 예로 들면, 대외 수출로 거둬들인 수익의 22%가 부채 이자의 상환에 사용되었다. 대외 부채는 국가의 유지, 항만이나 철도 등 산업 기반시설의 지원, 커피가격 안정화 정책의 실시, 또는 단순한 기존 채무의 변제 등 다양한 필요에 대응하기 위해 발생했다.

제정 시대 말기, 외국 자본의 투자는 주로 철도사업에 집중되었다. 공화국 시기에 접어들면서, 철도분야는 제2선으로 후퇴하고, 그 대신 보험회사, 해운회사, 은행, 전력회사 등이 주요 투자분야로 떠올랐다.

주요 도시의 기초적인 서비스는 외국 기업이 장악하였다. 가장 대표적인 예는 '라이트앤파워'Light & Power 사이다. 1899년 토론토에서 창립된 이 캐나다 회사는 브라질로 진출하여 처음에는 상파울루 시에서 활동하였고, 1905년부터는 수도 리우데자네이루로 영역을 확장하였다. 통상 '라이트'로 불린 이 회사는 상파울루 시에서 현지 전차회사를 인수하고, 전력의 공급과 관리 역할도 담당했다. 따라서 상파울루 시의 공업화는 이 회사의 산업 기반시설 투자와 밀접하게 연관될 수밖에 없었다.

수출경제에 대해 살펴보면, 생산 분야로 유입되는 외국 투자는 거의 없었다. 그러나 외국 자본은 여러 형태로 영향을 미쳤다. 생산물의 상업화에 투자를 하거나 철도 운송 체계의 일부를 관리하였고, 사실상 모든 수출, 해운, 상품 보험 등에 개입하였다.

외국기업의 수익과 관련하여 신빙성 있는 자료는 존재하지 않는다.

가장 큰 이윤은 은행에서 거둬들였다. 아마도 브라질 통화의 불안정성이나 경기침체를 이용한 투기로 수익을 확대했을 것이다. 1898년 차환융자 이후, 많은 국내은행들이 파산한 반면 외국은행은 더욱 입지를 강화하였다. 영국계 최대 은행인 '런던앤브라질리안 뱅크'London and Brazilian Bank는 국영은행인 '브라질 은행'Banco do Brasil보다 훨씬 풍부한 자금을 보유하였다. 1929년의 자료에 따르면, 브라질 전체 금융거래의 절반이 외국은행들의 책임하에서 이루어지고 있었다.

외국투자가들은 자신의 활동영역을 독점적으로 장악하고 브라질 국내자본을 배제하려는 경향이 있었다. 그들은 막대한 투자 규모를 바탕으로 유능한 변호사들을 고용할 수 있었으며, 브라질을 낙후된 국가라는 멸시의 눈으로 바라보았다. 그렇지만 그들이 사용한 방식은 현지 엘리트들이 사용한 방식과 큰 차이가 없었다. 어쨌든 외국자본은 교통·운송, 산업 기반시설의 조성에 중요한 역할을 수행하면서 브라질의 근대화에 기여하였다.

5. 사회운동

제1공화국 시기 내내 노동자들의 사회운동은 농촌과 도시에서 일정한 영향력을 지녔다. 먼저, 농촌에서 일어난 사회운동은 크게 다음 세 그룹으로 나눌 수 있다. ① 종교적 내용과 사회의 빈곤이 결합된 움직임, ② 종교적 내용과 사회적 요구가 결합된 그룹, ③ 종교의 색채 없이 사회적 권리를 주장한 그룹.

앞에서 간단히 언급한 카누두스는 첫번째 그룹의 예라 할 수 있다. 두번째 그룹의 예로는 콘테스타두 지역에서 발생한 일명 '콘테스타두 운동'movimento do Contestado을 들 수 있다. '콘테스타두'는 파라나 주와 산타 카타리나 주의 경계에 위치한 지역으로, 그 소유권을 둘러싸고 양쪽 주 사이에 갈등이 계속 이어져 왔다.[5] 하지만 1911년에 발생한 움직임은 이 소유권 문제와는 관련이 없다. 그것은 가난한 사람들의 벗으로 인식되던 어느 '코로넬'의 추종자들 사이에서 나타난 운동이었다. 다양한 지역을 출신 배경으로 한 이 추종자 그룹은 주로 그 지역의 변화에 타격을 받은 사람들의 모임이었다. 그 중에는 철도건설이나 목재회사의 벌목으로 인해 토지에서 쫓겨난 지방 노동자, 혹은 철도건설 현장에 고용되었으나 계약이 끝남과 동시에 해고된 노동자들도 있었다.

반란자들은 조제 마리아José Maria 주위로 모여들었다. 이 인물은 주의 병력과 마주친 최초의 충돌에서 사망하고 성인처럼 추앙되었다. 반란자들은 상호 평등과 우애를 바탕으로 여러 주둔지를 구축한다. 그리고 토지의 소유를 주장하는 한편 조제 마리아의 부활을 기다린다. 그러나 1915년 주군과 연방군의 공격 앞에 반란자들은 완전히 괴멸되고 말았다.

세번째 그룹 중 농촌 사회운동의 전형적인 예는 상파울루 주의 커피 농장에서 임금 인상과 노동조건의 개선을 주장하며 일으킨 파업이었다. 국지적으로 수많은 파업이 일어났지만 기록으로는 거의 남아 있지 않다. 가장 중요한 파업은 1913년의 수확기에 히베이랑프레투 지방에서 발생한 것이다. 여기에는 수천 명의 콜로누들이 가담했다. 이들은 노동계약의 수정을 요구하면서 대농장들을 마비시켰다. 협상을 중재하기 위해 경찰과 이탈리아 영사까지 개입했지만, 결국 콜로누들의 뜻은 이루어지지 않았다.

---

5) 갈등 혹은 분쟁이라는 의미의 콘테스타두(Contestado)라는 이름도 이런 배경에서 연유한다.

도시의 성장과 경제활동의 다양화는 노동운동이 형성되기 위한 최소한의 필요조건이다. 공장들과 서비스 업종이 도시에 집중되자, 도시로 몰려든 수많은 노동자들이 유사한 환경에 놓이게 된다. 많은 노동자들이 비슷한 환경에 처해진다는 점은 커피대농장의 노동과 크게 다를 바가 없다. 하지만 도시에서는 사람들의 이동이 훨씬 자유로웠고, 교육 수준의 차이나 대량 전달 체계의 미비에도 불구하고 새로운 사상이 신속히 전파되었다.

그렇지만 제1공화국 시기의 도시 노동운동은 제한적이었고, 성공을 거둔 예는 극히 드물었다. 이는 브라질 경제에서 공업이 차지하는 비중이 상대적으로 적었고, 사회정치적으로 노동자계급의 영향력이 낮았기 때문이다. 파업이 중요한 파장을 일으킨 경우는 그것이 총파업의 형태로 일어나거나 철도·항만 등 수출경제의 기간부문에서 일어났을 때뿐이었다. 한편, 과두 지배적 정치 행태는 새롭게 대두되는 노동자 대중을 고려할 필요성을 느끼지 못하였다. 노동자들 사이에는 인종적 대립이 존재했고, 단순히 노동조합에 가입하는 것만으로도 경영자의 '블랙리스트'에 올랐기 때문에 노동자들을 조직화하려는 시도도 거의 나타나지 않았다. 게다가 "아메리카에서 새로운 삶을 찾"은 뒤 유럽으로 돌아간다는 희망을 아직 버리지 못하는 이민노동자들도 많았다.

19세기 말 최초의 노동자 정당이 결성되었을 때, 수도 리우데자네이루에는 불명확한 사회주의나 실용주의적 생디칼리슴이 득세하였다. 그들은 임금 인상, 노동시간의 제한, 위생환경의 개선 등 당면 문제에 대한 해결책과 함께, 경영자나 국가 측의 노동조합 승인과 같은 중장기적인 목표를 설정하기도 했다.

반면, 상파울루 시에서는 아나키즘, 또는 그들 자신의 표현에 따르면 아나코-생디칼리슴이 지배적이었다. 그러나 자신들의 강령과 브라질 사회의 현실 사이에 커다란 간극이 존재함을 인식한 아나키스트들은 혁명적 이데올로기의 원칙에도 불구하고 자신들의 적대자인 생디칼리스트들과 동일한 목적을 추구하게 된다. 하지만 동일한 목표를 지향했다고 해도 두 세력 간의 대결구도는 극복되지 못한 채 지속되어 원래 취약했던 노동운동을 더욱 약화시켰다.

리우데자네이루와 상파울루의 노동운동 사이에 나타난 이념적·방법론적 차이는 여러 요인들이 복합적으로 작용하여 나타난 결과이다. 특히 그 요인들은 양 도시의 특성, 그리고 노동자계급의 구성과 연관된다.

19세기 말 수도 리우데자네이루의 사회구조는 상파울루 시보다 훨씬 복잡했다. 리우데자네이루에는 농민계급에 대한 의존도가 낮은 중산계층, 예를 들면 전문직, 관료, 군 간부, 군사학교나 고등교육 기관의 학생들이 밀집되어 있었다. 농민계급 의존도가 낮은 중산층과 젊은 군인들의 존재는 계급 간 협력에 일정 부분 기여하였다. 1917년까지 리우데자네이루에서 발생한 저항운동은 특정 노동자운동이라기보다는 폭넓은 대중적인 내용을 담고 있다. 자코뱅주의의 움직임은 별도로 하고, 1904년 호드리게스 알베스 정부 시절에 일어난 천연두 백신 접종 반대운동, 이른바 '백신 반란'revolta da vacina이 그 일례라 하겠다.

노동자계급의 구성이라는 관점에서 보면, 정부로부터 어느 정도 대우를 받고 있는 기간부문(철도, 해운, 항만)에 노동자가 집중되었다는 점을 기억할 필요가 있다. 또한 리우데자네이루에는 브라질 자국인 노동자의 비율이 높았는데, 이들은 고용주나 정부와의 관계에서 가부장적인 전통에 익숙해진 상태였다.

반면, 상파울루 시는 급속한 성장에도 불구하고 다양한 사회구조를 갖추지 못했다. 중산층은 커피부르주아를 중심으로 이루어졌고, '하층민'들과 기꺼이 연대를 맺으려는 저항적인 군인들도 없었다. 게다가 많은 수의 외국인 노동자들이 새로운 땅에 뿌리를 내리지 못하여 아나키즘의 확산에 유리한 환경이 형성되었다. 이 사상에 따르자면 고용주와 정부, 특히 그 중에서도 정부는 '타자'이자 '적'이었다.

제1공화국 초기부터 노동자들을 조직화하거나 동원하려는 시도들이 나타났다. 노동조합, 파업, 그리고 노동자정당——노동자의 참여가 적어 곧 사라지긴 했지만——도 등장했다. 또한 아나키스트들은 전국 단위로 노동자계급을 조직화할 목적으로 1906년 브라질 노동자연맹 Confederação Operária Brasileira을 창설했다. 그러나 움직임이 빈약하여 지배층의 관심을 끌거나 긴장감을 자아내지 못했다. 고용주들을 압박하여 권리를 획득하는 경우도 있었지만, 그 권리를 법률로 보장받는 단계까지는 이르지는 못했다. 따라서 노동자들의 압력이 없어지면, 그 권리도 상실되었다.

하지만 이러한 구도는 1917년에서 1920년 사이에 일변한다. 이 시기에 브라질의 주요 도시, 특히 리우데자네이루와 상파울루에서 일련의 대규모 파업이 일어났다. 이러한 사태의 근저에는 기본적으로 두 가지 요인이 작용했다. 첫째, 제1차 세계대전의 혼란과 식료품에 대한 투기로 물가가 급등한 점이다. 둘째, 1917년 차르 러시아의 2월 혁명과 10월 혁명으로 촉발된 유럽의 혁명 기운을 들 수 있다. 이제 브라질에서도 노동운동은 우려의 대상이 되어, 신문의 1면을 장식하였다.

노동자들은 사회의 혁명보다는 생활조건의 개선이나 최소한의 권리 획득을 목표로 삼았다. 그렇다고 평등사회의 실현이라는 꿈을 간직한 사람이 소수에 불과했다는 의미는 아니다. 당시 세 차례의 총파업 중 상파울루에서 일어난 1917년 6~7월 파업이 역사적 기억에 가장 강렬한 인상을 남겼다. 따라서 학자들의 관심은 그것에만 집중될 뿐, 노동운동의 더 큰 배경은 등한시하는 경향이 있다.

1920년을 경계로 파업의 물결은 잦아들기 시작했다. 소기의 목적을 달성하기 어려웠고, 탄압이 이어졌기 때문이다. 탄압은 주로 노동자의 조직화에 결정적인 역할을 한 외국인 지도자들에게 가해졌고, 그들 중 많은 인원이 국외로 추방당했다.

일련의 파업이 일어난 1917~1920년 시기 이전에는 국가가 노동관계의 조정이나 노동자의 조직화에 전혀 관심이 없었다고 말한다면 그것은 과장된 것이다. 그러나 노동관계법 제정을 신중하게 검토한 것은 파업의 물결이 거세게 일어날 때였다. 연방의회에서는 8시간 노동, 여성과 미성년자의 노동 제한, 여성의 출산 휴가 등 기본권이 반영된 노동 법안을 심의하였다. 그러나 이 법안은 기업가나 대다수 의원으로부터 집중공격을 받았다. 간신히 공격에서 살아남은 내용은 1919년 법률로 제정된 노동 재해에 대한 보상뿐이었다.

1920년대에는 노동운동이 가라앉은 반면, 국가가 노동관계에 개입하려는 분명한 징후들이 나타났다. 국가의 개입 방식은 노동자에게 최소한의 권리를 인정하는 법률을 통해서였다. 그러한 의미에서 두 가지 중요한 예를 든다면, 상공업 분야의 노동자에게 15일의 유급휴가를 허용하는 법률(1925년)과 미성년자의 노동을 제한하는 법률이 해당될 것이다. 하지만 유급휴가법이 실시되려면 여전히 시행령 제정이 필요했고, 결국 1930년까지 공업 분야에서는 기업가들의 압력으로 현실에 적용되지 못했다.

상파울루의 1917년 총파업. 시위대 군중이 카르무(Carmo)의 비탈길을 내려오고 있다.

상파울루의 1917년 총파업. 제화공 조제 마르치네스의 장례. 경찰에 의한 그의 죽음은 파업 운동의
기폭제가 되었다.

＊　　＊　　＊

1920년대 초반 아나키즘은 내부로부터 위기를 맞기 시작했다. 맹렬한 기세에도 불구하고 파업은 거의 성과를 올리지 못했고, 그것은 아나키즘 운동에 대한 불신으로 이어졌다. 게다가 국제적으로는 러시아에서 승리한 공산주의자와 아나키스트 사이에 분열이 일어났다는 소식이 브라질에도 전해졌다.

1917년 10월 혁명[러시아혁명]은 마치 '새로운 시대의 여명'을 알리는 듯했고, 혁명에 반대하는 좌익은 '역사의 흐름에 역행하는' 것으로 간주됐다. 이러한 분위기에서 1922년 3월 브라질 공산당Partido Comunista do Brasil, PCB이 탄생했다. 창립 멤버의 대부분은 아나키즘 운동 출신들이었다. 이는 라틴아메리카에서는 예외에 해당되는데, 다른 나라의 공산당은 사실상 모두 사회당에서 분파되었기 때문이다. 브라질 공산당은 그 역사의 대부분을 비합법적인 위상으로 지내야 했다. 1930년까지는 주로 노동자들로 구성된 정당이었지만, 당원이 1,000명을 넘은 적은 한 번도 없었다. 브라질 공산당은 모스크바에 본부를 둔 제3인터내셔널의 전략에 따랐다. 당시 제3인터내셔널은 식민지 및 반식민지 국가들에게 사회주의혁명의 전단계로서 부르주아-민주주의 혁명을 촉구하였다.

6. 1920년대의 정치과정

제1차 세계대전 이후 정치 무대에서 도시 중산층의 존재가 한층 두드러졌다. 일반적으로 이 계층은 헌법이나 법률의 조항을 실제 현실에서 펼칠 수 있는 존재들이었다. 또한 과두 지배적 공화정을 자유주의적 공화정으로 전환할 수 있는, 진정한 자유주의의 기치를 내건 인물이나 운동을 지지하는 경향이 있었다. 이들에게 자유주의적 공화정은 특히 공정한 선거와 개인적 권리의 존중을 의미했다. 도시 중산층 사이에서는 사회개혁에 대한 논의도 있었지만, 교육이나 비밀투표, 부정선거를 방지하기 위한 선거재판소의 설립 등에 더 큰 희망을 걸었다.

도시 주민의 적극적인 정치참여를 보여 주는 분명한 사례로 1919년의 선거를 들 수 있다. 1910년과 1914년 선거에서 패배한 후이 바르보자가 항의의 표시로 또다시 선거에 출마하여 에피타시우 페소아 후보와 대결하였다. 후이 바르보자는 어떤 선거 조직의 지원도 받지 못했으나 전체 투표수의 3분의 1을 얻어 연방구에서 승리하였다.

대통령 승계를 둘러싼 과두 지배층 사이의 타협과 마찰도 새로운 국면에 접어들었다. 에피타시우 페소아 대통령의 뒤를 이을 후계자 선택을 놓고 벌인 대결 양상이 좋은 예라 할 수 있다. 상파울루-미나스제라이스 동맹은 1921년 초 미나스제라이스 주지사인 아르투르 베르나르지스를 후보자로 발표했다. 그러자 보르지스 지 메데이루스의 리더십 아래 있던 히우그란지두술 주는 크게 반발했다. 반발의 핵심은, 브라질이 재정의 균형을 필요로 할 때 양 주가 커피가격 안정화정책의 재원 확보를 위해 정치적 타협을 했다는 것이다. 히우그란지두술 주는 또한 각 주의 자치권을 제한하기 위해 헌법 개정이 이루어지는 것을 우려하였다(개헌은 실제로 1926년 베르나르지스 정부에 의해 실현되었다). 다른 주들도 히우그란지두술에 동조하여 '공화주의의 저항'을 결성하고, 대립후보로 닐루 페사냐를 내세웠다. 리우데자네이루 출신인 닐루 페사냐는 평민 태생으로 플로리아누 페이쇼투의 이념을 지지하였다.

선거운동이 한창일 때 군부의 불만이 불거져 나왔다. 군인 계층에서는 후보자 베르나르지스가 군대에 반우호적 인물이라는 평이 나돌고 있었다. 1921년 10월 리우데자네이루의 일간지 『코헤이우 다 마냥』*Correio da Manhã*에 한 통의 위조 편지가 공개되면서 그의 반군대적 이미지는 극대화되었다. 베르나르지스가 미나스제라이스 주의 정치 지도자에게 보낸 두 통의 편지 중 하나로 보이는 문서에는 군인들에 대한 심한 적대감이 표출되어 있었다. 이 가짜 편지는 불에 기름을 붓는 격이 되었다. 1922년 3월 1일로 예정된 대통령 선거일 직전에 두 명의 위조범이 그 '문서'의 제작자라는 것을 인정했으나, 베르나르지스를 향한 군부의 반감을 더욱 불태우려는 음모자들의 목적은 이미 달성된 후였다.

1922년 6월에는 더욱 복잡한 상황이 연출되었다. 그 시기 아르투르 베르나르지스는 선거에서 이미 승리한 상태였지만, 대통령 취임일인 11월 15일까지는 아직 시간이 남아 있었다. 정부가 페르남부쿠 주의 지방 정치에 개입하기 위해 군부대를 이용하려 하자 군인클럽이 반대하고 나섰다. 정부는 클럽 폐쇄로 응수했다. 사회에 유해한 집회를 금지하는 법률에 근거한 조치였다.

이러한 사건들이 '테넨치tenente 운동'의 출현을 재촉했다. '테넨치' (중위)란 군의 중간 간부를 일컫는 계급으로 이 운동의 참가자 중에 중위나 대위가 많이 포함되었기 때문에 붙여진 이름이다.

최초의 소요는 1922년 7월 5일 리우데자네이루에서 발생한 코파카바나Copacabana 요새의 반란이다. 군에 대한 실제적이거나 가상적인 공격에 대항하여, 그리고 군인클럽에 대한 탄압으로부터 '군의 명예를 회복'하기 위하여 젊은 '테넨치'들이 저항의 의미로 반란을 일으킨 것이다. 그러나 반란은 다른 부대로 확산되지 않았다. 반란군은 처음 몇 발의 대포를 쏘았지만 폭격을 받고 요새에 포위되었다. 다음 날 정부의 설득에 응하여 수백 명이 투항했다. 그러나 일군의 장교들이 저항을 계속하자 요새는 또다시 해상과 공중으로부터 폭격을 받았다. 17명의 군인과 우연히 가담한 시민 한 명이 요새를 나와 정부군이 머무르고 있는 코파카바나 해안으로 투항할 것을 결정한다. 하지만 정부군의 총격으로 그들 중 16명이 사망하고 시케이라 캄푸스와 에두아르두 고메스 두 중위만이 중상을 입은 채 살아남았다. 이 '요새의 18인' 사건에서 '테넨치즈무'tenentismo 전설이 시작되었다.

2년 후, 상파울루에서 이른바 '제2의 7월 5일' 사건이 발생했다. 날짜는 최초의 운동을 기리기 위해 선택되었고, 장소는 상파울루의 중요성이 반영된 결과였다. 1924년 혁명은 훨씬 준비가 잘 되었고, 아르투르 베르나르지스 정권을 전복시킨다는 분명한 목적을 내걸었다. 1920년대 과두적 지배계급에 대한 '테넨치'들의 증오심이 아르투르 베르나르지스 한 사람에게로 몰렸다. 운동의 형식적인 지도자는 퇴역 장군인 이지도루 지아스 로페스였다. 히우그란지두술 출신인 그는 페이쇼투 정권 시기에는 연방주의자 측에 가담한 바 있다. 활발하게 운동에 참가한 장교 중에는 타보라 형제(주아레스와 조아킹), 에두아르두 고메스, 에스칠라크 레알, 주앙 카바나스, 미겔 코스타가 있었다. 이들 중 미겔 코스타는 상파울루 주 방위군의 유명 간부 출신이었으므로, 반란자들은 주 방위군의 지지를 부분적으로 얻을 수 있었다.

작전은 몇몇 군사기지를 점령하면서 시작되었다. 그리고 상파울루 시를 장악하기 위한 전투를 벌여 마침내 혁명군들이 시를 차지하였다. '테넨치'들의 지배는 7월 27일까지 계속되었지만, 그 이후 그들은 상파울루 시를 버리고 서쪽으로 진출하여 상파울루 주의 내륙으로 들어갔다. 이 과정에서 이른바 '상파울루 부대'가 형성되었다. 이들은 파라나 주의 서부에 위치한 이과수 강 하류 부근에 진영을 세우고, 그곳에서 정부군과 대치하며 히우그란지두술의 부대를 기다렸다.

한편, 히우그란지두술 주에서는 1924년 10월에 테넨치즈무 반란이 일어났다. 이 움직임의 중심에는 주앙 아우베르투João Alberto 중령과 루이스 카를루스 프레스치스Luís Carlos Prestes 대령이 있었다. 또한 히우그란지두술 공화당의 반대 세력이 이들에게 가담함으로써 테넨치즈무와 주 정치의 한 분파가 결합하게 되었다. 수차례의 전투를 치른 후, 반란자들은 상파울루 부대가 기다리는 파라나 주로 향했다. 1925년 4월에 서로 만난 양 부대는 브라질 전국을 행군하기로 결정하였다. 목적은 혁명사상을 넓히고 과두 지배계급에 대항한 민중 봉기를 이끌어 내기 위함이었다. 또한 다른 여러 도시에서 새로운 반란이 일어나 정부의 관심이 그들에게 향하길 기대했다.

'프레스치스 부대'로 더 잘 알려진 '미겔 코스타-루이스 카를루스 프레스치스 부대'는 이렇게 탄생했다. 이 부대는 브라질 내지를 누비며 약 2만 4,000킬로미터라는 믿을 수 없는 거리를 행진하였다. 1927년 2~3월, 부대에 끝까지 잔류한 인원들은 행군이 더 이상 어렵다고 판단하고, 볼리비아와 파라과이로 퇴각하였다. 프레스치스 부대의 구성원은 결코 1,500명을 넘은 적이 없었다. 일시적인 참가자들의 들고 남이 심하여 인원수의 변동도 컸다. 부대는 규모가 큰 정부군과 정면충돌을 피하기 위하여 한 지역에서 다른 지역으로 신속한 이동을 되풀이했다. 농촌 주민의 지원이 있으리라 기대했으나 그것은 착각에 지나지 않았다. 군사적인 성공의 가능성은 사실상 전무했다. 하지만 지배 엘리트에 불만을 품은 도시민 계층 사이에서는 상징적인 효과를 거두었다. 결과와는 상관없이, 도시 주민들의 눈에 프레스치스 부대는 국민을 구하기 위해 온갖 위험을

테넨치즈무. 리우데자네이루 빌라밀리타르 지역의 반란 참가자들로, 체포되어 선박 '아우페나스 호(號)'에 수용된 모습이다(1922년 7월).

무릅쓴 영웅으로 비춰졌고, 그들의 행동 속에서 공화국의 운명은 바뀔 수 있다는 희망의 메시지를 발견했다.

테넨치즈무 운동은 무엇보다도 육군의 움직임이었다. 해군에서는 1924년 11월에 전함 상파울루 호에서 일어난 반란이 유일하게 사회적 반향을 불러일으켰다. 해군 대령 에르콜리누 카스카르두Hercolino Cascardo가 지휘한 이 반란에는 중간계급 간부들이 연루되었다. 상파울루 호는 과나바라 만에 위치한 요새와 포격전을 벌인 후 원해遠海로 나갔고, [우르과이의] 몬테비데오에 다다르자 반란군들은 망명을 요청하였다.

제1공화국 시기에 일어난 해군 최대의 반란을 살펴보면 그 주역들은 거의 모두가 가장 가난한 계층에서 징병된 흑인이나 물라토였음을 알 수 있다. 이 사건은 1920년 11월 22일에 발생한 이른바 '채찍의 반란' Revolta da Chibata이었다. 반란 참가자들은 정부의 전복을 원한 것이 아니라,

그들에게 가해지는 학대와 체벌을 없애고 싶어 할 뿐이었다.

'채찍의 반란'은 과나바라 만에 정박 중인 함선들에서 거의 동시에 시작되었고, 많은 군 간부들이 기습공격을 받아 사망하였다. 반란의 주역 중에는 해군 사병인 주앙 칸지두João Cândido라는 인물도 들어 있었다. 함대 전체가 위기에 처하자 연방의회는 해군의 군율로 정해진 채찍 체벌을 폐지하기로 결정하고, 반란 참가자가 정부에 투항하면 모두 사면한다고 약속했다.

이에 반란 참가자들이 연방의회의 제안을 받아들여 사태는 일단락되었다. 그러나 곧이어 해병대의 반란이 일어나, 전혀 연관이 없는 주앙 칸디두와 그 밖의 '채찍의 반란' 지도자들에게도 탄압의 손길이 미쳤다. '죽음의 배'라 칭할 만한 사텔리치 호가 리우데자네이루를 출발해 아마존 지역으로 향했다. 배에는 반란 해병대원뿐만 아니라 도둑, 포주, 매춘부들도 승선 중이었는데, 그 대부분은 항해 도중 죽거나 사살되었다. 11월 반란(채찍의 반란) 참가자들은 해병대의 반란에 가담한 혐의로 재판에 회부되었다. 최종적으로는 무죄를 선고받았지만, 외부와 연락이 두절된 채 18개월간이나 수감되어 고문을 당했다.

테넨치즈무의 의미는 무엇인가? 또한 그 목적은 무엇일까? 이러한 질문에 답하기 위해서는 군 내부와 사회에서 일어나는 정황들을 살펴보아야 한다.

군 간부 육성제도는 제1공화국 초기부터 상당한 변화를 겪는다. 프라이아 베르멜랴 사관학교는 1904년에 일어난 반란을 계기로 폐지되었다. 그 후 몇 년간 정부가 유지한 사관학교는 포르투알레그리 군사학교가 유일하였다. 1911년 마침내 리우데자네이루에도 헤알렝구 사관학교가 창설되었다. 이 학교의 교육 내용은 이전의 학교들과 큰 차이가 있었다. 이전에는 실증주의의 영향으로 다양한 교과를 다루었지만, 헤알렝구 사관학교는 군사적 지식에 치중하였다. 사관학교는 더 이상 '시민으로서의 군인', 즉 한쪽 발은 군에, 다른 발은 시민사회와 정계에 담고 있는 군인을 양성하는 곳이 아니었다. 이제 사관학교는 전문 직업군인을 배출하는 기관으로 변모한 것이다.

간부의 훈련은 1906년부터 1910년까지 독일에서 실시한 세 차례의 연수를 통해 향상되었다. 에르메스 다 폰세카Hermes da Fonseca는 1910년에 독일의 대규모 군사훈련을 참관한 뒤 독일식 군사체제에 열광하게 되었다. 10년 뒤인 1920년에는 프랑스 군사사절단을 맞아들여 군의 개혁을 더욱 확대하였다. 독일이 제1차 세계대전에서 패하면서 다른 모델이 필요했던 것이다.

군 간부들은 전문성이 크게 증가했음에도 불구하고 사회나 권력구조에 대한 관심을 버릴 수가 없었다. 에르메스 다 폰세카 통치기에 군인과 시민들로 이루어진 한 그룹이 대통령에게 영향력을 행사하는 일종의 압력단체로 활동하였다. 그들은 공화제를 보호하려는 의도를 지녔기 때문에 '구제주의자'salvacionista라 불렸다. 이 '구제'는 과연 어떻게 실현할 수 있는가? 그들은 과두 지배층의 권력을 억제함으로써 목적을 이루려 하였다. 특히 사회적 불평등이 가장 극심한 곳, 또는 권력을 억제하기 쉬운 곳에서부터 시도하려 하였다. '테넨치'는 군대 안팎의 문제들이 더욱 심화되는 과정에서 이 '구제주의자'들을 계승했다고 볼 수 있다. 게다가 테넨치즈무가 등장했을 때, 대통령은 이제 군 출신이 아니라 군에 제약을 가하려는 민간 대통령이었다.

군과 관련하여 중간계급 간부들의 가장 큰 불만은 진급의 경직성이었다. 상급 직위로 올라서는 길이 좀처럼 열리지 않아 승급이 매우 제한적이었다. 또한 그들은 부패한 정부와 타협하는 고위 간부의 자세에도 비판을 가했다. '테넨치'들은 사회뿐만이 아니라, 자신들이 소속된 조직도 정화하길 원했다.

1920년대에 반란을 일으킨 군인들은 정치개혁에 대한 명확한 계획은 없었다. 단지 국민들을 교육하고 모호한 국가주의적 정책을 추구하기 위해 중앙집권화된 권력을 수립해야 한다고 믿었다. 그들은 국민을 만들기 위해서는 국가를 재구축하는 일이 시급하다고 보았다. 과두 지배체제의 가장 중대한 폐해는 브라질의 분열인데, 그들의 눈에는 브라질의 영토가 20개의 봉건영지로 나뉘어져 있었고, 각 영주는 정치 지배층에 의해 선발되는 것으로 비춰졌다.

당시 '테넨치'들은 아직 반자유주의적인 강령을 구체화하지 못했지만, 그렇다고 '진정한 자유주의'liberalismo autêntico가 국가를 회복시키는 길이라고 여기지도 않았다. 직접선거나 보통선거에 제한을 가한다거나, 국가와 사회의 개혁을 위해서는 권위주의적인 방식이 필요하다는 믿음을 내비치기도 했다.

일반적으로 말해지듯이, 테넨치즈무는 중산계급을 대표하는 운동일까? 물론 1920년대에 중류 계층의 폭넓은 호응을 얻은 것은 사실이다. 하지만, 그들의 운동을 중산계급의 의사표현 정도로 한정시킨다면 그것은 지나치게 단순화하는 일이다. 사회적 태생이라는 관점에서 보면, '테넨치'의 대부분은 군인 가족이나 북동부의 몰락한 엘리트 가문 출신이다. 리우데자네이루나 상파울루의 도시민 출신은 극히 적었다. 무엇보다 '테넨치'는 테넨치(중위)였다. 즉 군의 일원이었던 것이다. 그들은 군대 내에서 사회화 과정을 거치면서 자신의 세계관을 형성하였다. 이 세계관은 그들 특유의 것이며, 소속 조직에 대한 불만도 그들 특유의 것이었다.

'테넨치'들에게 몇몇 지원 세력이 따르긴 했지만, 사실상 그들은 단독으로 정부와 대결했다. 군 전체를 자신의 편으로 끌어들일 수는 없었다. 1930년대까지 시민 엘리트 속에서는 어떤 영향력 있는 조직도 그들처럼 급진적인 행동을 취하지는 못했다. '테넨치'들의 급진주의는 운동의 내용이 아니라 그 추진 방식, 즉 무력 대결에서 나왔다.

*   *   *

미나스제라이스 주 출신 대통령 아르투르 베르나르지스는 어려운 시기(1922~1926)에 통치를 맡아 연속적으로 계엄령을 선포하지 않을 수 없었다. 도시 지역, 특히 리우데자네이루에서 그의 평판은 극도로 악화되었다. 시기가 시기인 만큼 그는 강력한 억압정치에 의존했다. 대중의 불만은 재정 상태의 악화에서 비롯되었다. 이전 정권인 에피타시우 페소아 정부는 세번째 커피가격 안정화 정책을 위해 1921년부터 2년간 화폐를 대량으로 발행하였고, 그 결과로 화폐가치가 하락하고 물가상승이 이어졌다.

아르투르 베르나르지스 정부 기간 중에 커피정책 부문에서 중요한 변화가 일어났다. 대통령의 주요 현안 가운데 하나는 외채상환이었다. 1927년부터는 이자뿐만 아니라 원금의 상환도 재개될 예정이어서, 외채상환액이 증가될 전망이었다. 1924년 말 몬타구 경을 단장으로 하는 영국의 금융사절단이 국가 재정 상태를 점검하기 위해 브라질을 방문했다. 브라질 대통령에게 제출한 보고서에서 그들은 커피가격 안정화정책과 지폐 발행이 가져온 심각한 위험을 지적했다. 분명, 해외채권단은 브라질의 채무 지불능력을 우려한 것이다.

이러한 상황에서 연방정부는 커피보호 정책을 실시할 여유가 없었다. 그와 동시에, 커피부문에서는 정부에게 '버림받은 상태'라는 불만이 커져갔다. 해결책은 커피보호 정책을 연방정부에서 상파울루 주로 이관하여 주 정부가 항시적으로 커피 생산을 보호하는 것이었다. 항시적인 커피보호는 커피 정책의 방향전환을 의미한다. 이 시점 이후로 정부는 커피산업이 위기를 맞아도 더 이상 커피보호를 위한 우산을 펼칠 필요가 없었다. 우산이 항시적으로 펼쳐져 있기 때문이다. 상파울루 주 정부는 산투스 항에 들어오는 커피입하량을 관리하고, 필요할 경우에는 커피를 사들이기도 하였다. 외견상으로는 주 정부의 활동에 의해 커피 위기가 완전히 종식되거나 적어도 완화될 것이라는 기대감이 나타났다.

아르투르 베르나르지스의 대통령직 이양은 평온하게 이루어졌다. 상파울루와 미나스제라이스가 교대로 대통령을 세운다는 합의가 지켜져 와싱톤 루이스가 선출되었다. 단, 그는 리우데자네이루 주의 마카에 시에서 태어났기 때문에 '마카에 출신 상파울루인'이었다. 신임 대통령의 원대한 꿈은 브라질 통화의 안정화였고, 궁극적으로는 모든 유통 지폐가 태환성을 지니게 되는 것이었다.

1920년대, 히우그란지두술과 상파울루의 정치과정은 정반대의 방향으로 흐르고 있었다. 히우그란지두술 주에서는 커다란 무력 충돌 이후 정치 지도자들이 서로 결속하려는 의지를 보인 반면, 상파울루 주에서는 상파울루 공화당의 권력 독점에 균열이 생기기 시작했다. 내전이 종결된 이후, 히우그란지두술 주에서는 와싱톤 루이스 정부 시절 재무장관을 역임한 인물이 주지사에 선출되었다(1927년). 그는 바로 제툴리우 바르가스Getúlio Vargas였다. 제툴리우 바르가스는 히우그란지두술 공화당과 그 반대 세력 간의 결정적인 화해를 실현시켜 연방 차원의 정치무대에서 히우그란지두술 주의 존재감을 심어 주었다. 그리고 그 존재감은 더욱 강화되어 마침내 1929~1930년의 사건들로 발산된다.

반면, 상파울루 주에서는 사회의 다양화 등 여러 요인으로 인해 상파울루 공화당이 모든 이해(대부분은 개인적인 이해)나 정치적 입장들을 수용하는 것은 사실상 불가능했다. 상파울루 공화당에서 의견의 충돌은 처음 있는 일이 아니었고, 1920년대까지는 별다른 충격을 주지 못했다. 그러나 1926년 자유주의 강령을 내건 민주당Partido Democrático이 등장하자 상황은 달라졌다. 민주당의 기본 목표는 정치개혁이며, 그를 위해 비밀투표, 투표의 의무화, 소수자들의 대표성, 삼권분립, 사법부에 의한 선거감시 등을 주장했다.

적어도 1930년대까지 민주당의 지도자들은 대부분 권위 있는 전문직 종사자나 커피대농장주의 젊은 자제들이었다. 당 대표에는 국가자문위원을 지낸 바 있는 저명한 안토니우 프라두Antônio Prado가 선임되었다. 안토니우 프라두는 상파울루 주의 부유한 부르주아지 계층을 대표했으며, '페레피즈무'[6)]의 숙적이기도 했다. 민주당에는 일부 이민자들도 참여했지만, 당 기관지라 할 수 있는 『디아리우 나시오나우』Diário Nacional의 편집 방향은 민주당의 기반이 전통적인 중산층임을 나타내고 있다. 이민자, 특히 '금권 실업가'들은 격렬한 비판의 표적이 되었다.

민주당은 자유주의를 표방한 점이나 상대적으로 젊은 당원이 많다는 점에서 상파울루 공화당과 차이가 난다. 권력을 쥔 상파울루 공화당은 실제로 자유주의를 거부했다. 민주당은 '페레피즈무'의 호의를 받지 못한 상당수의 중산층을 열광하게 만들었다. 이들은 민주당을 통해 사회

---

6) 페레피즈무(perrepismo)는 상파울루 공화당의 약자인 P(페), R(에레), P(페)에서 나온 용어다.

나 행정 부문에서 기회를 확대할 수 있으리라 기대하였다. 그렇다고 도식적으로 민주당은 대도시를 장악한 근대적 정당, 상파울루 공화당은 농촌을 지배하는 낡은 정당으로 정의 내리기는 어렵다. 민주당은 농촌에도 기반을 갖고 있었으며, 상파울루 공화당과 똑같이 '코로넬 체제' 방식을 사용했다.

상파울루 주의 분열은 국가정치 차원에서 상파울루 주의 존재감에 그림자를 드리웠다. 확실히 히우그란지두술 주와는 반대의 흐름이었다.

7. 1930년 혁명

1929년 초, 상대적으로 평온했던 와싱톤 루이스 정권이 끝나면서 상파울루 주와 미나스제라이스 주의 엘리트 사이에 분열이 일어났다. 그리고 이 분열은 결국 제1공화정의 종말로 이어졌다.

두 주에서 교대로 대통령 후보를 추천하기로 한 약속을 깨고, 와싱톤 루이스가 돌연 후계자를 상파울루 주 출신으로 정하려 하자 갈등이 나타나기 시작했다. 곧 이어 와싱톤 루이스는 아예 상파울루 주지사 줄리우 프레스치스를 대통령 후보로 지명했다. 대통령의 행동에 실망한 미나스제라이스 주는 히우그란지두술 주와 협정을 맺었다. 이러한 세력 구도는 어느 의미에서 1909~1910년 대통령 선거의 양상이 재연된 것이다.

1929년 중반, 몇 차례의 협의 끝에 미나스제라이스와 히우그란지두술은 제툴리우 바르가스를 대통령 후보로, 주앙 페소아를 부통령 후보로 지명했다. 주앙 페소아는 에피타시우 페소아의 조카로 파라이바 주지사를 역임한 바 있다. 그리고 이들 반정부 세력은 선거운동을 위한 조직으로 '자유동맹'을 결성했다. 제툴리우 바르가스는 상파울루 주에서 민주당의 지지를 얻었고, 반면 미나스제라이스에서는 여러 분파 중 한 그룹이 줄리우 프레스치스를 지지했다.

'자유동맹'의 방침은 커피산업과 관련이 없는 지역의 지배계급에 호응하여 그들의 요구를 반영하고, 중산계층으로 하여금 당면 문제에 민감하게 반응하도록 만드는 것이다. 따라서 커피뿐만 아니라 브라질의 모든 생산품을 지원해야 한다고 주장하고, 정통 재정이론을 근거로 커피가격 안정화정책을 공격했다. 이러한 점에서는 와싱톤 루이스의 정책과 차이가 없었다. '자유동맹'은 또한 노동자 보호를 위한 방안도 제안했는데, 주로 개인의 자유, 공정한 선거를 확보하기 위한 정치개혁, '테넨치'의 지지를 의식한 사면 등에 중점을 두었다.

제툴리우 바르가스는 대통령과의 타협안을 이끌어 내기 위해 일시적으로 행동을 자제했지만, 선거운동은 이미 탄력을 받았다. 청년당원들을 주축으로 자유동맹 캠페인이 구성되어 북동부의 주요 도시를 순회했다. 제툴리우 바르가스는 리우데자네이루와 상파울루의 대중 집회에서 열렬한 환영을 받았다.

선거운동이 한창이던 1929년 10월 세계공황이 발생하자 커피산업은 복잡한 상황에 빠졌다. 항시적인 가격 안정화정책이 시작되었을 때는 주 정부가 확실한 이익을 보장할 것처럼 보였다. 따라서 상파울루 주에서는 커피 재배가 확대되었고 많은 생산자들은 농장을 더 넓히기 위해 높은 이자로 대출을 받았다. 하지만 세계공황의 여파로 커피의 국제가격이 폭락하기 시작했다. 설상가상으로 커피의 소비마저 감소하여, 가격 하락에 따른 피해를 판매량의 증가로 만회하는 것도 불가능했다. 미래의 수익을 예상하여 채무를 끌어안은 농장주들은 막다른 골목에 이르렀다.

커피산업과 연방정부 사이에는 불협화음이 일기 시작했다. 커피 생산자들은 와싱톤 루이스에게 새로운 자금을 지원하고 그들의 채무에 대해서는 모라토리엄을 선언해 달라고 요청했다. 환율안정 정책을 더 중시한 대통령은 그들의 요청을 거부하였다. 하지만 결국은 환율안정도 실패하여 상파울루에서는 불만의 목소리가 더욱 커졌다. 그렇다고 커피부문과 연방정부가 완전히 갈라선 것은 아니었다. 세계공황이 실제로 대통령 선거에 미친 영향은 미미했다. 민주당이 자유동맹에 참여하고 있었으나, 반정부 측이 승리하면 커피부문에 더 큰 관심을 가질 것이라는 근거도 없었다.

1930년 3월 1일의 대통령 선거에서는 줄리우 프레스치스가 승리했다. 자유동맹은 프레스치스 측이 당시 횡행하던 정치적 수단들을 또다시 이용하였다고 비난했지만, 그들 스스로도 같은 수단에 의존했다. 사실 브라질 모든 주에서 '선거조직'이 동원되어 표를 이끌어 냈는데, 히우그란지두술 주의 경우 제툴리우 바르가스가 29만 8,627표를 얻었고 상대는 982표에 그쳤다.

선거결과에 대해 자유동맹의 젊은 구성원들은 수긍하기 어려웠다. 이들은 지난날 '테넨치'들이 독자적으로 걸었던 길을 선택할 각오가 되어 있었다. 비록 운동이 실패로 끝났다고는 해도, 군사적 경험과 군 내부에서 차지하는 영향력으로 인해 '테넨치'들은 여전히 중요한 세력이었다. 이제 젊은 정치가들과 반란을 경험한 군인들이 서로 가까워질 수 있는 환경이 조성되었다. 양측 모두 제약이 있긴 했지만, 결과적으로는 제휴를 이루었다.

단 하나 중요한 예외로서 루이스 카를루스 프레스치스가 있었다. 가장 명성 있는 '테넨치'의 한 명이었던 그는 1930년 5월 성명을 발표하고 스스로를 혁명적 사회주의자라고 선언한다. 또한 분열된 과두 지배세력을 지원하는 일에 비난의 화살을 날렸다. 그의 판단에 따르면, 서로 대립하는 양 과두 지배세력은 더 큰 차원에서 라틴아메리카 지배를 놓고 격돌하는 영국과 미국 제국주의의 노리개에 지나지 않았다.

프레스치스는 볼리비아 망명 중 브라질 공산당 창당 멤버인 아스트로질두 페레이라와 접촉한 후 공산주의 사상에 경도되기 시작했다. 이후 서적을 접하거나 아르헨티나, 우루과이 공산당 지도자들과 대화하며 공산주의에 더욱 깊이 빠져들었다. 그러나 브라질 공산당에 바로 입당하지 않고 소규모 그룹과 함께 '혁명행동연맹'Liga da Ação Revolucionária 을 만들었다. 그 후 몇 년간 브라질 공산당은 '프레스치스의 개인주의'를 비판하였지만, 1934년 모스크바에서 지령이 내려와 그의 입당이 보장되었다.

1930년 중반 자유동맹이 도모한 혁명은 좌초될 위기에 처해 있었다. 그런데 예상치 못한 사건이 일어나 다시 한번 추진력을 얻었다. 7월 26일 헤시피의 한 다과점에서 주앙 페소아가 정적에게 암살당하는 일이 발생했다. 이 범죄의 동기에는 사적인 면과 공적인 면이 섞여 있었지만, 당시에는 공적인 부분만 강조되었다. 사적인 동기는 혁명의 순교자라는 이미지에 상처를 낼 수 있기 때문이었다. 주앙 페소아의 죽음은 엄청난 파장을 몰고 왔으며, 정치적으로 이용된 것은 두말할 나위도 없었다. 그의 시신은 리우데자네이루로 옮겨졌고, 장례식에는 많은 시민들이 참여했다. 이후 강력한 지원군을 얻은 반정부 측은 혁명 계획을 용이하게 추진해 간다.

또 하나 중요한 소득은 군 내부의 협력을 얻게 된 점이다. 그에 따라 무장운동의 총책임은 군 간부들 가운데 대표성을 띤 인물에게 맡겨졌는데, 바로 중령인 고이스 몬테이루Góis Monteiro였다. 알라고아스 출신인 그는 군 생활에서 히우그란지두술과 관련을 맺었다. 그가 제툴리우 바르가스와 히우그란지두술 주의 정치가들을 알게 된 것은 사관학교 생도 시절이던 1906년의 일로, 당시 히우그란지두술이 정쟁에 휩쓸리자 그는 바르가스를 지원하였다. 고이스는 1920년대까지는 아직 혁명에 몸을 담은 상태가 아니었다. 오히려 그 반대로 북동부의 여러 주에서 프레스치스 부대를 상대로 전투를 벌이고 있었다.

혁명은 1930년 10월 3일 미나스제라이스와 히우그란지두술에서 시작되었다. 민주당이 혁명 체제에 포함되지 않은 상파울루에서는 별다른 움직임이 없었지만, 미나스제라이스에서는 약간의 저항이 있었다. 북동부에서도 10월 4일 새벽 혁명운동이 시작되었다. 운동을 이끈 것은 주아레스 타보라Juarez Távora였다. 파라이바 주를 본거지로 삼은 그는 페르남부쿠에서도 확실하게 혁명을 성공시키기 위해 헤시피 시민들의 지원을 이끌어 냈다. 시민들은 연방정부의 여러 건물과 무기고를 점령하였으며, 그레이트 웨스턴 철도회사의 노동자들은 파업에 돌입했다.

얼마 지나지 않아 북동부의 형세는 혁명파 쪽으로 기울었다. 따라서 모든 관심은 남부지방을 장악한 후 상파울루 주로 진격할 태세를 갖추고 있던 군 병력에게 모아졌다. 그러나 결정적인 무력충돌이 일어나기 직전인 10월 24일, 군 최고지휘관들은 육군과 해군의 이름으로 공화국 대통령을 해임하고 임시국가평의회를 조직했다.

이 평의회는 권력을 계속 보존하려 했지만, 군중의 시위와 남부에서 진격한 혁명군의 압력에 결국 무릎을 꿇었다. 제툴리우 바르가스는 열차로 상파울루 시까지 이동한 후 다시 리우데자네이루로 향했다. 그곳에는 이미 히우그란지두술 병사 3,000명이 도착해 있었다. 권좌에 오른 후에는 국가통합을 강조한 그이지만 리우데자네이루에 들어설 때만큼은 굳이 자신의 출신지를 드러내었다. 바르가스는 군복차림에 팜파 지역의 챙

이 넓은 모자를 뽐내며 열차에서 내렸다. 지역의 승리를 상징하는 행위는 히우그란지두술 출신자들이 당시 히우브랑쿠 거리[7]에 있던 오벨리스크에 말을 매는 장면으로 완성되었다. 1930년 11월 3일 제툴리우 바르가스의 대통령 취임과 함께 제1공화국은 막을 내렸다. 새로운 시대가 시작되었지만, 그 시점에서는 그것이 어떤 시대인지 아직 명확히 보이지 않았다.

1930년의 브라질 혁명운동은 1929년 세계공황으로 형성된 불안정한 환경 속에서 일어났다. 그리고 이 불안정성은 라틴아메리카 전체를 특징짓는 요소가 되었다. 1930년에서 1932년까지 11회의 혁명이 발생했으며, 그 대부분은 군사혁명이었다. 아르헨티나에서 우리부루José Félix Uriburu 장군이 일으킨 군사쿠데타(1930년 9월)는 브라질에게는 하나의 표본이 되었다. 브라질 반정부 세력은 그것을 자신들이 따라야 할 모델로 받아들였던 것이다.

* * *

1930년 혁명은 당시 새롭게 등장한 사회계층, 이를테면 중산층이나 산업 부르주아지의 대표들에 의해 일어난 것은 아니었다. 중산층은 자유동맹의 기반이 되는 계층이긴 하지만, 그 구성원들이 너무나 이질적이고 농업세력의 비중이 과도하게 높았다. 따라서 정치영역에서 독자적인 이름으로 정견을 제시하기는 어려웠다.

산업 분야의 기업가들은 제1공화국 시기에 전국 차원에서 형성된

---

7) 리우데자네이루의 중심부 거리다.

계급이 아니라 각 지역의 틀 안에서 다양한 경제 분야에 종사하던 계층이었다. 예를 들면 상파울루 주에서는 시간이 경과하면서 산업부르주아지와 농업부문의 분화가 시작했다. 특히 1928년에 '상파울루 주 산업센터'Centro das Indústrias do Estado de São Paulo가 설립되면서 이러한 추세는 더욱 두드러졌다. 하지만 이러한 분화가 지배계층 간의 제휴를 단절시키지는 못했다. 이들은 상파울루 주의 이익이라는 명분 아래 굳게 결합되었다. 대기업가들은 상파울루 공화당에 대표를 진출시켜 당의 보호를 받았다. 또한 대기업가들은 반정부 세력의 비판 대상 중 하나였기 때문에 이들에 동조할 이유가 전혀 없었다. 따라서 기업인협회가 줄리우 프레스치스 후보를 공개적으로 지지한 것은 이상한 일이 아니었다.

반면, 리우데자네이루에서는 기업가들이 브라질 공업센터Centro Industrial do Brasil, CIB에 소속되어 그 안에서 조직을 형성하였다. 1920년대 말, 산업부르주아지의 대표적인 인물들이 연방정부의 주요 직위에 이름을 올렸다. 예를 들면, 1929년 세계공황이 한창일 때, 섬유산업의 거물인 마누에우 길례르미 다 실베이라가 브라질 은행 총재에 선출되었다. 1930년에 혁명이 발발하자 브라질 공업센터는 와싱톤 루이스를 지지한다고 천명하고, 그 반란을 "브라질 경제 상황에 매우 해로운 일"로 간주했다. 물론 혁명군이 승리하자 리우데자네이루의 기업인들이 곧바로 정부에 다가간 것은 분명한 사실이다. 하지만 그렇다고 기업인들이 제툴리우 바르가스를 자신들의 대표라고 받아들인 것은 아니었다. 단지 그것은 1930년 이전이든 이후이든, 국가에 접근하는 것이 산업부르주아지의 강화에 결정적인 요소라고 인식하고 있음을 보여 주는 것에 지나지 않는다.

1930년의 승자는 사회적으로나 정치적으로 매우 이질적인 세력들의 집합체였다. 이들은 각자 다른 관점을 지녔지만 공동의 적을 상대하여 서로 결속할 수 있었다. 노회한 과두 지배세력은 각 지역의 권력계급을 대표하는 전형적 세력이었고, 오로지 자신의 지역에만 관심을 기울였다. 그리고 개인적 권력은 가능한 한 확대하면서 변화는 최소화하길 원하였다. 젊은 민간 정치인들은 정치제도의 개혁을 지향하였으며, 일시적으로 테넨치들과 연합하여 '민간 테넨치'tenentes civis라 불리는 그룹을 형성했다. 이 테넨치즈무 운동은 군부의 상급 지휘관들에게는 하나의 위협으로 비춰지기도 했다. 민간 테넨치들은 권력의 중앙집중과 일정 부분의 사회개혁을 지지했다. 한편, 민주당은 상파울루 주 정부를 장악하려 하였고, 자신들의 지배를 보장해 줄 수 있는 자유주의 국가 원리의 실질적인 도입을 주장했다.

1930년부터 큰 단절 없이 권력 엘리트의 교체가 이루어졌다. 전통적인 과두 지배계급이 몰락하고, 군인, 기술관료, 젊은 정치가, 그리고 조금 늦게 기업가가 부상했다.

새로운 정부는 출범 초기부터 경제-재정 분야와 정치 영역 모두에서 결정권을 독점하려 했다. 따라서 서로 경쟁관계에 있는 다양한 이해들을 조정하기 시작했다. 특정 주에 의존한 과두 지배적 권력은 쇠퇴하였다. 하지만 과두 지배자들이 사라지거나 후견제와 같은 후원-수혜 관계가 소멸된 것은 아니었다. 이제 권력의 빛은 지방에서 중앙을 향해서가 아니라 중앙에서 지방으로 방사되었다. 1930년 이후 새로운 형태의 국가가 탄생했다. 새로운 국가는 여러 가지 측면에서 과두 지배체제의 국가와 차별된다. 중앙집권화가 거의 이루어지지 않고, 폭넓은 지방자치가 허용된 점을 과두 지배체제 국가의 특징이라고 한다면, 새로운 국가의 특징은 다음과 같은 요소로 차별화할 수 있다. 첫째, 경제 활동이 서서히 산업화의 방향으로 전환된다. 둘째, 사회정책에서는 도시 노동자를 일정 부분 보호해 주면서 국가가 주도하는 계급동맹으로 흡수한다. 셋째, 군부, 특히 육군에게 기간산업 설립의 후원자, 그리고 국내질서 유지의 보증인이라는 중심적 역할을 부여한다.

제툴리우 바르가스식의 국가는 두 개의 기둥이 떠받치는 국가자본주의를 추진했다. 두 개의 축은 국가기구에서는 군부이고, 사회에서는 산업부르주아지와 도시 노동자의 연합이다. 산업부르주아지가 정부 내에서 힘을 얻은 것은 1930년의 혁명에 가담했기 때문이 아니라, 국가의 방향이 그러하였기 때문이다. 산업화를 위한 계획은 기업가들보다는 정부의 기술 관료들이 더 많이 발의하였다.

여기서 언급한 변화들이 단시간에 일어나지는 않았다. 더구나 혁명정부의 전체적인 계획에 따른 것도 아니었다. 때로는 어느 특정 측면이 강조되고 때로는 다른 측면이 강조되면서 수년에 걸쳐 실현되었다. 따라서 새로운 국가의 총체적 모습은 일정 시간이 경과한 후에야 명확히 드러나게 된다.

제툴리우 바르가스의 국가, 1930~1945년

4장 | 제툴리우 바르가스의 국가, 1930~1945년

1. 정부 활동

1930년 10월에 권력을 장악한 제툴리우 바르가스는 그 후 약 15년간 임시정부의 수반, 간접선거로 선출된 대통령, 그리고 독재자로서 권좌에 머문다. 1950년에는 국민의 직접선거로 대통령에 재당선되었지만, 임기를 마무리하지 못하고 1954년 스스로 목숨을 끊는다.

20세기 브라질 정치사에서 가장 비중 있는 이 인물은 히우그란지두술 캄파냐 지방의 상보르자에서 태어났으며, 집안은 대대로 목장을 운영했다. 히우그란지두술 공화당의 지방 책임자였던 그의 부친은 '연방주의자들'을 상대로 한 투쟁에 가담하기도 했다. 제툴리우 바르가스는 히우그란지두술 공화당에서 전통적인 엘리트 과정을 밟았다. 즉 그는 지방검사, 주의회 의원, 연방 하원의 목장주 연맹 대표, 와싱톤 루이스 정부의 재무장관, 히우그란지두술 주지사 등을 역임했다. 1930년 대통령에 취임한 그는 그때까지의 과두제 정치와는 전혀 다른 정치활동을 펴기 시작했다.

1930년대 초반, 임시정부는 매우 불확실한 상황 속에서 기틀을 다지는 데 노력하였다. 세계공황의 여파는 매우 심각하여 농산물은 시장을 잃고, 커피 농장주는 파산했으며, 대도시는 실업자로 넘쳐났다. 또한 수출 이익이 감소하고 태환화폐가 유통되지 않는 등 금융위기도 갈수록 증가했다.

정치에서는 1930년에 승리한 여러 주의 과두 지배층들이 과거의 방식으로 국가를 환원시키려 했다. '테넨치'들은 이러한 움직임에 반발하여 중앙집권을 추구하는 제툴리우 바르가스를 지지하고 나섰다. 그러나 군 내부에서 '테넨치'들은 위계질서를 위협하는, 다루기 힘든 세력으로 여겨졌다.

정부의 중요한 지지기반 중 하나는 가톨릭교회였다. 교회와 국가의 협력은 그리 새삼스러운 일이 아니다. 그 시작은 1920년대, 특히 아르투르 베르나르지스 정권까지 거슬러 올라갈 수 있다. 하지만 이제 교회와 국가의 관계는 한층 더 긴밀해졌고, 그것을 상징하는 의식이 1931년 10월 12일——아메리카 발견의 날——에 거행되었다. 그것은 바로 코르코바두 산의 그리스도 석상 제막식이었다. 제툴리우 바르가스를 비롯하여 각료 전체가 리우데자네이루를 굽어보는 예수상 앞의 좁은 광장에 참집했다. 그 자리에서 레미 시의 추기경은 나라를 "예수의 성스러운 마음"에 바치며 "그를 브라질의 영원한 왕이자 주인으로 인정"했다. 교회는 가톨릭교도인 일반 대중으로부터 신정부의 지지를 이끌어 냈다. 그 대신 신정부는 교회에 유리한 시책들을 마련했다. 가장 전형적인 예로 1931년 4월에 발표된 공립학교의 종교교육 허가를 들 수 있다.

중앙집권화를 위한 임시정부의 방책은 매우 이른 시기에 나타난다. 1930년 11월 제툴리우 바르가스는 연방의회를 해산하고, 행정부뿐만 아니라 주와 시군의회를 포함한 입법권까지 장악한다. 또한 미나스제라이스 주의 신임 지사를 제외한 모든 주지사를 해임하고 그 자리에 연방 행정관을 임명하였다. 1931년 8월에는 이른바 '행정관 규약'을 마련하여 이들의 중앙정부 예속을 더욱 확실하게 만들었다. 이와 함께, 주의 권한도 제한하여 해외 차관의 도입, 군경에 대한 일반 예산의 10% 이상 지출, 주 경찰병력 내의 포병대 및 항공대 설치, 육군을 능가하는 수준의 무기 도입 등은 연방정부의 허가 없이는 실행할 수 없게 하였다.

중앙집권화는 경제 분야로도 확산되었다. 바르가스 정부는 커피 부문을 포기하지 않았고, 포기할 수도 없었다. 따라서 커피정책은 연방정부의 관할 아래 놓이게 되는데, 그 시작은 1933년 커피국Departmento Nacional do Café의 창설이었다.

하지만 커피의 근본적인 문제가 해결된 것은 아니었다. 국제시장에서 판로를 찾지 못해 발생하는 현재와 미래의 재고량을 어떻게 처리하면 좋은가? 이 문제에 대한 해결책은 1931년 7월에 나왔다. 바로 수출세와 외환세였다. 즉 수출 수익의 일부를 자금원으로 하여 정부가 커피를 사들인 후, 그 일부를 폐기한다는 방침이다. 커피의 공급량을 줄여 가격을 유지하겠다는 의도였다. 이것은 아르헨티나에서 포도를 폐기하고, 오스트레일리아에서 양떼를 도살한 것과 같은 선택이다. 브라질의 이러한 제도는 때때로 변화를 겪지만 오랜 기간 지속되었으며, 1944년 7월에 가서야 비로소 종료된다. 13년간 폐기된 커피는 7,820만 자루에 달하며 이것은 세계 소비량의 3년분에 해당한다.

1931년 중반, 브라질의 재정은 더 이상 유지될 수 없는 상황에 직면했다. 같은 해 9월, 대외채무의 상환이 중지되고 브라질 은행의 환율 독점이 다시 시작되었다. 중앙은행의 환율 독점이 가장 마지막으로 선언되었던 시기는 와싱톤 루이스 대통령의 임기 말이었으나, 혁명정부가 들어서면서 그것은 철회된 바 있다.

한편, 바르가스 정권이 가장 일관성을 보인 부분은 노동정책이었다. 1930년에서 1945년까지 노동정책은 여러 단계를 거치지만, 이전 시기와 비교하면 처음부터 매우 혁신적이었다. 정책의 근본 목적은 크게 두 가지로 볼 수 있다. 하나는, 도시 노동자계급이 정부의 통제력 밖에서 조직화할 수 없도록 억누르는 것이고, 또 하나는 이들을 정부의 지지기반 속으로 끌어들여 외연을 확대하는 것이었다.

첫번째 목적을 위하여 1930년 직후 좌익 조직이나 정당, 특히 브라질 공산당에 대한 탄압을 강화했는데, 제1공화국 시기에 비해 더욱 체계적인 방식으로 추진되었다. 두번째 목적과 관련해서 정부는 노동자계급에게 간헐적인 관심을 보이던 1920년대의 자세에서 탈피하여 노동문제를 특별한 정책으로 취급했다. 이는 1930년 11월 노동·산업·통상부 Ministério do Trabalho, Indústria e Comércio가 창설되면서 더욱 구체화되었다. 곧 노동자의 보호나 노동조합의 국가통제를 규정한 법령이 제정되고 노사 간의 갈등을 조정하기 위한 화해심판위원회 등의 기구 설립이 이어졌다.

국가의 노동조합 장악은 1931년 3월의 법령으로 체계를 잡았다. 이 법령은 노사 양 계층을 모두 대상으로 하고 있지만, 관심의 초점은 노동조합이었다. 조합은 공권력의 자문기관으로 인식되었으며, 직종별로 하나의 조합만을 국가에서 인정하는 단일성 원칙이 적용되었다. 하지만 조합의 결성이 의무적인 것은 아니었다. 정부에게는 조합의 운영을 통제하는 역할이 주어져, 노동·산업·통상부 관리가 조합 총회에 참석하였다. 조합의 합법성은 해당 관청(노동·산업·통상부)의 승인 여부에 달렸고, 관련 규정을 준수하지 않았다고 판정될 때에는 승인이 취소될 수 있었다. 이 법령은 1934년 7월까지 시행되다 다른 법령으로 대체되었다. 새로운 법령에 나타난 가장 큰 변화는 복수 노조의 원칙이었지만 실제로는 복수의 노조가 존재하지 않았고, 그 규정마저도 1939년에는 사라지고 만다. 기업가나 통상 분야의 단체들은 정부의 시책을 못마땅하게 여기며, 노동자들에 대한 권리 부여를 특히 강하게 비판했지만, 종국에는 노동 관련 법령들을 받아들였다.

좌익의 영향권에 있던 노동자조직은 국가 통제에 맞서고자 했으나 성공을 거두지 못했다. 정부의 탄압뿐만 아니라 자체 조직의 구성원들도 정부의 승인을 받는 쪽으로 압력을 가했기 때문이다. 휴가를 얻거나 화해심판위원회에 제소할 수 있는 권한 등은 정부의 승인을 받은 조합 구성원들만 누릴 수 있는 특권이었다. 1933년 말 무렵에는 자율적인 조합은 자취를 감추고 좋든 싫든 새로운 법령의 관리하에 놓이게 되었다.

1930년의 승자들은 이른 시기부터 교육문제에 관심을 쏟았다. 주된 목적은 지적 능력을 훌륭히 갖춘 폭넓은 엘리트층을 육성하는 것이었다. 교육개혁은 사실 1920년대부터 시도된 것이었지만, 당시는 연방공화제였으므로 각 주 차원에서 실행되었다. 그러나 1930년대 이후 교육제도를 수립하고 교육을 장려하는 조처들은 기본적으로 그 반대방향, 즉 중앙에서 시작되어 지방으로 전달되었다. 이제 교육도 중앙집권적 사고의 틀안으로 들어가게 된 것이다. 그 중앙집권화의 시발점은 1930년 11월 교육보건부의 설립이었다.

교육에서 바르가스 정부가 추진한 기획은 다른 분야에서와 마찬가지로 권위주의적 시각에 바탕을 둔 것이었다. 국가는 철저하게 교육의 조직화를 시도했지만 광범위한 사회참여를 수반하지 못했고, 문화의 전 부문을 망라한 일관된 전인교육도 실현하지 못했다.

신국가Estado Novo의 독재기간 중임에도 불구하고 파시즘적 세뇌교육의 형식보다는 계급을 중시하는 가치관과 가톨릭교회의 보수주의가 교육에 영향을 미쳤다. 교육정책은 주로 미나스제라이스 출신의 젊은 정치가들이 담당했다. 그들은 전통적 과두 지배계층 안에서 경력을 쌓았으나 1930년 이후 다른 진로를 선택한 정치인들이었다. 대표적인 예로, 1930년 11월부터 1932년 9월까지 교육장관을 역임한 프란시스쿠 캄푸스와 1934년부터 1945년까지 장기간 장관직을 수행한 구스타부 카파네마를 들 수 있다. 프란시스쿠 캄푸스는 재임 기간 중 열성적으로 교육행정을 펼쳤으며, 특히 중등교육과 고등교육에 힘을 기울였다.

고등교육 분야에서 정부는 교육과 연구를 전담하는 진정한 의미의 대학을 수립하려 하였다. 중등교육과 관련해서는 제대로 현실에 뿌리내리게 하는 것이 관건이었다. 그때까지 브라질 대부분의 지역에서 중등교육은 고등교육기관에 입학하기 위한 예비과정에 지나지 않았다. 캄푸스의 개혁은 결정적으로 연속된 교육과정을 확립하였다. 두 학기제 교육과 출석의 의무화를 도입하고 고등교육기관에 입학하기 위해서는 중등교육 수료증을 반드시 제출하도록 했다.

대학을 설립하기 위한 중요한 조치들은 리우데자네이루 주와 상파울루 주에서 나타났다. 후자의 경우에 연방정부의 참여는 없었다. 이렇게 해서 1934년에는 상파울루대학이, 1935년에는 연방구대학Universidade do Distrito Federal이 창설되었다.

2. 정치의 전개과정

1930년부터 1934년까지의 정치적 전개과정을 분석하기 위해서는 상호 연관된 두 가지 중요한 요소를 이해해야 한다. 하나는 테넨치즈무의 문제, 또 하나는 중앙권력과 지방세력 간의 투쟁이다.

1930년 혁명이 승리하자 테넨치들은 정부의 구성원으로 참여하여 명확한 정책을 추진하려 했다. 이들은 전국 각지에서 분출하는 다양한 요구사항에 대해 평등하게 대응해 줄 것, 경제계획을 수립하고 기간산업(특히 철강산업)을 육성할 것 등을 제안하였다. 또한 광산업, 교통·통신, 연안 항해 등의 국영화도 주장하였다. 테넨치들은 이러한 개혁이 실현되려면 안정적이고 중앙집권화된 연방정부가 필요하다고 보았다. 따라서 이들은 자유주의적 시각과 거리를 둔 채 독재의 장기화를 지지하였으며, 주민의 대표와 함께 계급의 대표도 나란히 선출하는 헌법을 제정하자고 주장했다. 특히 주민의 대표는 각 주별로 동일한 의원 수를 유지한다는 구상을 세웠다.

제툴리우 바르가스는 성격이 전혀 다른 두 지방, 즉 북동부와 상파울루 주의 과두 지배계급과 맞서기 위해 청년 장교들을 이용하고자 했다. 북동부는 테넨치들이 선호하는 활동무대였는데, 이 테넨치들의 출신지는 대부분은 극심한 빈곤에 시달리는 지방이었다. 그러한 지방은 소수의 지배계급이 폭력을 행사하는 것으로도 유명하였다.

북동부 각 주에 임명된 행정관은 군인(테넨치)들이었다. 1930년 11월에 정부는 북부 지역 경찰기구를 창설하고 주아레스 타보라에게 지휘를 맡겼다. 테넨치 운동은 몇몇 개혁을 실현하거나 대중의 요구에 부응하기 위해 노력하였고, 어떤 의미에서는 '구제주의'의 전통을 부활시켰다. 바이아 주의 행정관인 주라시 마갈량이스는 농업발전위원회의 설치나 보건 위생 서비스의 확충 등에 진력하는 한편, 모든 임대료의 강제적 인하를 법률로 정하기도 했다. 주아레스 타보라의 경우 구舊 공화국[제1공화국]에 적극적으로 동조한 과두 지배자들의 자산을 몰수하려 했다.

그러나 거대한 개혁을 추진할 수 있는 수단이나 의지가 부족했던 테넌치들은 결국 각 지방의 지배계급과 타협하기에 이른다. 또한 임대료의 인하나 자산몰수는 연방정부에 의해 제지되어 지속적인 실행이 어려웠다. 더구나 북동부에서 일어난 테넌치의 활동은 이러한 한계에도 불구하고 브라질에서 가장 발전된 지역의 지배층으로부터 공격을 받게 된다. 주아레스 타보라는 작은 주들의 연합을 추구했다고 격심한 비난을 받았고, '북부의 부왕'이라는 비꼬임 섞인 별명까지 얻었다.

상파울루 주에서는 연방정부의 미숙함이 더해져 내전이 발발하였다. 제툴리우 바르가스는 민주당의 요청을 무시한 채 상파울루의 엘리트를 제쳐두고 주앙 아우베르투를 이 주의 행정관으로 임명했다. 그러나 주앙 아우베르투는 상파울루 주와 정부 내부에서 나오는 압력을 인내하지 못하고 1931년 7월에 사퇴한다. 이때부터 1932년 중반까지 세 명의 행정관이 그의 뒤를 이었는데, 이는 이른바 '상파울루 문제'의 심각성을 잘 보여 준다.

테넌치들은 상파울루 주에서 누리던 영향력을 바탕으로 자신들의 지지기반을 확립하려 하였다. 그들이 포섭하려 한 대상은 그다지 큰 목소리를 내지 못하는 커피산업의 조직이나 노동조합이었다. 노동조합을 상대로는 보안국장이자 주 방위군 대장인 미겔 코스타의 활동이 두드러졌다. 사람들은 그를 "공산주의를 마음에 품은 채 공산주의자를 감옥에 가두어 넣는" 사람이라고 평가했다. 과거 프레스치스 부대의 리더였던 그는 노동조합의 부활을 시도했다. 산투스 항만 노동자 조직도 그 중 하나였는데, 그 지휘부는 그의 영향 아래 놓였다.

하지만 상파울루 주의 대다수 주민들은 테넌치에게 적대적이었으며 이념적으로 지역 인사들에게 더 가까웠다. 상파울루 지역인사들은 자유민주주의 원칙에 근거한 입헌제 국가의 건설을 지향하였다. 그들은 과도적인 조치로서 상파울루 출신의 민간인을 주 행정관으로 임명하도록 요청했다. 또한 그들이 표방한 입헌정치와 주의 자치는 폭넓은 주민의 공감을 얻었고, 상파울루 공화당과 민주당 사이를 연결해 주었다. 양당은 1932년 2월 상파울루 통일전선Frente Única Paulista을 결성하였다. 바로 그 달 임시정부는 독재의 장기화를 비판하는 압력에 대응하기 시작했다. 비판의 목소리가 상파울루 주뿐만 아니라 히우그란지두술이나 미나스제라이스 주에서도 흘러나오자, 임시정부는 몇몇 중요한 개혁을 담은 선거법을 공포한다. 이 선거법에는 투표의 의무화, 비밀투표, 그리고 남녀의 불평등이 철폐된 보통선거의 원칙이 확립되었다. 이로써 처음으로 여성의 참정권이 인정되었다. 실제로는 1927년에 제정된 히우그란지두술 주의 선거법에서 여성의 투표권이 처음 도입되었지만, 효력은 그 주에만 국한된 것이었다.

연방의회의 선거는 비례대표제를 채택하여 소수그룹의 대표 선출을 보장했다. 반면 계급대표제는 코포라티즘과 파시즘적 사상에 바탕을 둔 것으로 그 취지는 당장 눈앞의 목적을 달성하기 위한 것이었다. 쉽게 예상할 수 있듯이 계급대표가 차지하는 40석 —미나스제라이스 주의 의석수보다 많은 수— 은 정부에 의해 장악되었다. 정부는 이 의석 수에 힘입어 당시 반정부의 핵심인 상파울루와 히우그란지두술 주를 비롯하여 영향력 있는 주들과 힘의 균형을 이룰 수 있었다.

끝으로, 이 선거법은 제도적으로 선거과정이 확립되는 데 크게 기여했다. 선거의 운영과 감시, 선거소송의 판결 등을 담당하는 선거재판소가 설치되어 선거에서 부정이 줄었기 때문이다.

1932년 3월 제툴리우 바르가스는 상파울루 주를 진정시키기 위한 방안의 하나로 그 지역 출신의 민간인 페드루 지 톨레두를 행정관에 임명했다. 그러나 톨레두는 상파울루에서 거의 명망이 없는 인물이었다. 또한 선거의 실시나 테넨치의 통제와 관련하여 여전히 정부를 불신하는 목소리가 존재했다. 특히 선거법 공포 직후에 일단의 테넨치 그룹이 리우데자네이루의 일간지 『디아리우 카리오카』*Diário Carioca*를 습격한 사건이 발생했는데, 그들의 처벌에 미온적인 태도를 보인 정부는 또다시 비판의 대상이 되었다.

결정적으로 히우그란지두술 통일전선(그 지역 정당들에 의해 결성되었다)이 제툴리우 바르가스와 갈라서게 되었다. 이를 계기로 상파울루 주에서 반란을 모색하던 그룹들이 더욱 준비에 박차를 가하게 되었다. 대부분 민주당에 연계된 그들은 마침내 1932년 7월 9일 혁명을 일으켰다. 혁명 주모자들의 계획은 수도 리우데자네이루에 치명적인 타격을 가하여 연방정부를 협상테이블로 끌어내거나 백기를 들 수밖에 없는 상황으로 몰고 가는 것이었다. 그러나 결과는 실패였다. '상파울루 전쟁'은 리우데자네이루 중산층의 커다란 공감을 불러일으켰으나 군사적으로는 상파울루 내에 갇힌 형국이 되었다. 또한 해군도 가세하여 산투스 항을 봉쇄했다.

히우그란지두술과 미나스제라이스 주의 지배계급은 중앙정부와 갈등관계에 있긴 했지만, 그렇다고 위험을 무릅쓰고 정부와 무력대결까지 감행할 입장은 아니었다. 게다가 현 정부가 권력에 오를 수 있도록 도운 지 채 2년도 경과하지 않은 시점이었다. 상파울루 주는 사실상 혼자였다. 연방군에 대항하기 위해 기대할 수 있는 것은 오로지 주 방위군과 대규모로 동원된 주민의 지원뿐이었다.

1932년의 혁명운동은 커피산업 종사자에서 중산층, 기업가에 이르기까지 상파울루 주의 다양한 사회계층을 결속시켰다. 단, 1932년 상반기에 중요한 파업을 주도한 노동자계층은 이 운동에서 방관자적인 위치에 있었다. 국가의 입헌체제화, 자치권 문제, 그리고 타 주에 대한 상파울루 주의 우위성 등을 내건 투쟁은 상파울루 주민 대다수를 분기시켰다. 당시 상파울루 주와 관련된 한 이미지가 유포되어 대단히 큰 효력을 발휘했다. 그것은 상파울루 주를 상징하는 기관차가 20대의 화차(브라질의 다른 20개 주)를 견인하는 그림이었다. 한편, 처음으로 라디오가 대량 사용되어 집회나 지원병 모집에 주민들의 적극적인 참여를 유도하였다. 또한 '상파울루 지원을 위한 금 모으기' 캠페인에도 많은 사람들이 호응해 보석이나 가정의 귀중품을 기부하였다.

혁명운동가들은 무기와 탄약의 부족분을 상파울루 주의 공업단지에서 충당하려 했다. 또한 무기와 항공기 구입을 위해 미국에 사절단을 파견하였다. 그러나 정부군의 군사적 우위는 명백했다. 양 교전 측의 군사적 불균형에도 불구하고 전투는 거의 3개월간 지속되었고, 1932년 10월 상파울루 주가 항복하면서 혁명은 막을 내렸다.

'상파울루 전쟁'은 한편으로는 과거를 지향하고 다른 한편으로는 미래를 지향하려는 이중적인 성격을 띠고 있었다. 헌정주의를 표방함으로써 과두 지배적 권력구조가 복원되길 기대하는 세력과 자유주의적 민주주의를 수립하려는 세력이 제휴할 수 있는 분위기가 형성되었다. 또한 이 혁명운동이 가져온 결과는 매우 중요했다. 정부는 비록 승리를 거두긴 했지만 상파울루 주의 엘리트 계층을 무시할 수 없음을 분명히 인식했다. 한편 패배한 측에서는 중앙 권력과 일정 부분 타협을 이루어야 한다는 점을 이해했다.

1933년 8월, 제툴리우 바르가스는 마침내 상파울루 출신의 문관을

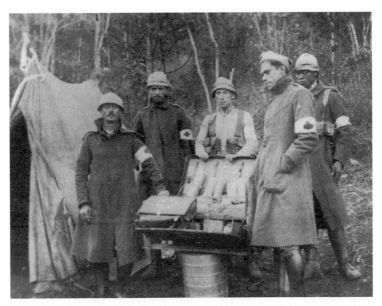

1932년 혁명 당시 적십자 자원 봉사단.

1932년 혁명 당시 항공대원들의 사진(1932년 9월 14일).

그 주의 행정관으로 임명한다. 그 인물은 민주당과 관련이 있는 아르만두 지 살레스 올리베이라였다. 또한 같은 달에 '경제 재조정'Rejustamento Econômico이라 불리는 법령이 발표되어 대공황으로 타격을 입은 농업인들의 부채가 감면되었다. 상파울루 주의 정치 지도자들도 이후에는 더욱 신중한 자세를 취하게 된다.

1933년을 경과하며 하나의 운동으로서 테넨치즈무는 공중분해되고 만다. 테넨치들은 국가를 자신들의 정당으로 변환시키지 못했고, 사회의 지지기반을 마련하는 일에서도 실패(혹은 고립)를 맛보았다. 또한 과거에는 위계질서를 위협할 정도로 영향력이 컸던 육군 내에서도 그 힘을 잃고 말았다. 1932년에서 1933년까지 북동부 지역의 테넨치 출신 행정관 여러 명이 해임되었다. 또한 고이스 몬테이루 장군이 만족스럽게 말한 것처럼, 테넨치들의 중심조직인 '10월 3일 클럽'은 대중선동을 하지 않는 이론 일변도의 조직으로 변모했다. 테넨치의 일부는 바르가스 정권에 예속되었고, 그 밖의 사람들은 좌우의 정당에 투신했다.

* * *

임시정부는 입헌주의 체제의 수립을 결정하고, 1933년 5월에 제헌의회 구성을 위한 선거를 실시했다. 선거운동은 대중의 정치참여와 정당결성의 의욕을 고취하였다. 각 주에서는 다양한 경향의 정당들이 대거 결성되었다. 그 중에는 실제적인 토대를 갖춘 정당도 있는가 하면, 허울뿐인 정당도 있었다. 불법단체인 브라질 공산당과 통합주의 행동당Ação Integralista을 제외하면 전국 규모의 정당은 아직 나타나지 않았다.

선거 결과는 지방 엘리트층의 힘을 여실히 증명했다. 히우그란지두술에서는 대부분의 당선자들이 플로리스 다 쿠냐와 이념을 공유하는 인사들이었다. 미나스제라이스에서는 주지사를 지낸 원로 정치인 올레가리우 마시에우의 추종자들이 승리했다. 상파울루에서는 통일전선이 압승을 거두었다. 그에 비해 테넨치들은 너무도 초라한 결과를 얻었다.

제헌의회는 몇 개월에 걸친 논의 끝에 1934년 7월 14일 새로운 헌법을 공포했다. 1891년 헌법과 유사하게 연방공화제를 채택했지만, 브라질 사회의 변화를 반영하는 다양한 특징들도 포함되었다. 신헌법의 모델이 된 것은 독일의 바이마르 헌법이었다.

특히 과거의 헌법에는 존재하지 않던 주제들, 즉 '경제와 사회', '가족·교육·문화', '국가안보'와 관련된 세 개의 장이 신설되었다. '경제와 사회'의 장에는 국가주의적인 의도가 깔려 있었다. 국가의 경제·군사적 방어에 기초적이거나 근본적이라고 여겨지는 광산, 지하자원, 수자원의 점진적인 국유화를 기획하였다. '사회적' 측면에서는 복수의 노동조합과 조합의 자치성을 보장하고 더 나아가 노동법의 제정도 명확히 선언하였다. 이 노동법에는 최소한의 의무 규정이 들어가야 했다. 구체적으로는 나이, 성별, 국적, 혼인 여부 등으로 인한 임금차별의 금지, 최저임금, 여성과 미성년자의 노동 제한, 주 단위의 휴무일, 유급휴가, 부당 해고에 대한 배상 등이 보장되어야 했다.

'가족·교육·문화'에 대해서는 초등교육의 무상화 및 의무화를 원칙으로 정했다. 공립학교에서 종교교육은 선택 교과가 되었고, 가톨릭뿐만 아니라 다른 모든 종파에게도 문호를 개방했다.

헌정사상 처음으로 국가안전보장이라는 주제도 등장했다. 안보에 관한 모든 문제는 '국가안전보장 최고회의'에서 점검하도록 했다. 이 기구의 의장은 대통령이며, 위원으로는 육군과 해군의 장관 및 참모총장이 참여한다. 한편, 병역은 국민의 의무가 되었다. 이것은 제1공화정 시기부터 존재했지만, 당시는 거의 실행되지 않았다.

1934년 7월 15일, 제헌의회의 간접선거에 의해 제툴리우 바르가스가 대통령에 선출되었다. 대통령직 수행은 1938년 5월 3일까지로 정해졌고, 그 후에는 직접선거를 통해 대통령을 선출하도록 했다.

이로써 마침내 브라질은 민주주의 체제에 의해 통치되는 시대를 맞이하는 듯했다. 그러나 신헌법 제정으로부터 불과 3년여의 시간이 지났을 때, '신국가'의 쿠데타가 그 희망을 물거품으로 만들었다. 이러한 결과는 정부 내부, 특히 군부 내부에 존재하는 세력에 의해 초래된 것이지만, 자유주의자들의 우유부단함과 좌익의 무책임한 행동도 원인으로 작용했다.

제1차 세계대전이 끝난 후 유럽에서는 권위주의적 전체주의 사상이 입지를 강화하기 시작했다. 먼저 이탈리아에서 1922년 무솔리니가 권력을 잡았다. 소련에서는 스탈린이 절대적인 권한을 구축하였고, 독일에서는 1933년 나치즘이 승리하였다. 자유주의적 민주주의의 후퇴는 세계 대공황으로 더욱 가속화되었다. 경제적 측면에서 자유민주주의는 자본주의와 연결되어 있었다. 자본주의는 일찍이 기회의 평등과 부를 약속했지만, 이제 출구를 알 수 없는 나락으로 굴러떨어졌다. 기대했던 생활수준의 향상은 빈곤과 실업, 그리고 절망감으로 대체되었다.

외형적으로 자유주의적 민주주의는 여러 정당들이 난립하여 정치투쟁을 일삼는 체제처럼 보이기도 한다. 따라서 전체주의적 정치 논객들의 눈에는 위기의 해결책을 찾지 못하는 무기력한 제도로 비춰질 수밖에 없었다. 그들에게 자본주의와 자유주의적 민주주의는 이제 과거의 유물에 불과했다.

브라질에서는 1920년대에 작은 규모의 파시즘 조직이 결성되기 시작했다. 하지만 의미 있는 움직임이 나타난 것은 1930년의 일이다. 1932년 10월 상파울루에서 플리니우 살가두Plínio Salgado와 여러 지식인들이 '브라질 통합주의 행동당'Ação Integralista Brasileira, AIB을 결성한다. 통합주의는 국가주의적 원리라고 정의할 수 있는데, 그 내용을 들여다보면 경제보다는 문화적인 성격이 더 강했다. 물론 금융 자본주의를 공격하고 국가의 경제 통제를 주장하는 부분도 있었다. 하지만 통합주의자들이 더욱 강조한 점은 정신적인 측면에서 통합원리에 바탕을 둔 국가의식이었다. '신, 조국, 가족'이 그 운동의 표어였다.

사회와 국가의 관계에 대해서, 통합주의는 정당의 복수성과 시민의 대의제를 부정했다. 모든 계층과 문화기관의 대표들을 통솔하는 국가원수에 의해 '통합 국가'가 실현된다고 믿었기 때문이다.

통합주의 행동당은 자유주의, 사회주의 그리고 유대인들이 장악한 국제금융자본을 자신들의 적으로 규정했다. 통합주의자들은 의식이나 상징을 매우 효과적으로 이용하였다. 예를 들면 국가원수의 개인숭배, 입당의식, '초록색 셔츠'를 입은 당원들의 행진, 시그마Σ 기호가 새겨진 완장 등을 대단히 중요시했다.

통합주의 행동당의 전국 및 지방 간부는 대부분 도시 중산층 출신이고, 일부 군인 출신도 섞여 있었다. 통합주의에는 많은 사람들을 당원으로 끌어들일 수 있는 흡인력이 있었다. 엄밀히 계산된 통계를 보더라도 전성기(1937년 말) 때에는 약 10만에서 20만 명의 당원이 있었을 것으로 추정된다. 정치적 동원력이 매우 낮았던 당시로서는 결코 적은 수가 아니었다.

통합주의자들과 공산주의자들은 1930년대 동안 치열한 대결을 펼쳤다. 그럼에도 불구하고 두 운동 간에는 몇 가지 공통점이 발견된다. 자유주의 국가를 향한 비판, 단일 정당제의 추구, 지도자에 대한 개인숭배 등이 그것이다. 그러므로 한 조직에서 다른 조직으로 이동하는 당원들이 존재한 것도 그리 이상한 일은 아니다.

그렇다고 두 그룹 사이의 투쟁이 상호 이해의 부족에서 비롯되었다고 본다면 그것은 큰 잘못이다. 실제로 양측은 매우 다른 정서에 호소했다. 통합주의자들은 가족, 국가의 전통, 가톨릭교회 등 보수적인 주제에 근거하여 운동을 전개했다. 반면, 공산주의자들은 계급투쟁, 종교와 편견에 대한 비판, 반제국주의 투쟁과 농지개혁을 통한 민족해방 등 혁명적인 사상이나 강령에 기반을 두었다. 사회적 관계를 규정하는 방식에서 나타나는 이러한 차이는 두 운동 사이에서 적대의식을 낳기에 충분했다. 게다가 두 그룹의 대립에는 이들이 모델로 삼은 유럽 세력들——파시즘과 소련 공산주의——사이의 대결도 반영되었다.

1930년대 브라질에서 이들만큼 화려하지는 않지만 훨씬 더 효과적인 방식으로 힘을 키워 온 세력이 있었다. 바로 권위주의자들이다. 특정 계급에 바탕을 둔 조직화나 정당 결성이 어려웠기 때문에 권위주의적 해결책은 보수주의뿐만 아니라 자유주의나 좌익에게도 매력적이었다. 좌익은 자유주의를 과두 지배체제와 결부시키려는 경향이 있었기 때문에 그들에게 소위 형식적 민주주의는 큰 의미가 없었다. 한편 자유주의자들도 이러한 좌익의 견해를 정당화하는 데 일조한 책임이 있다. 사회개혁을 두려워한 나머지, 민주적 절차가 반란 세력에게 위협받더라도 항상 민주주의의 중단을 받아들였고, 심지어는 그것을 부추기기도 했다.

권위주의 세력은 '보수적 근대화'라고 불리는 관점을 적극적으로 받아들였다. 다시 말해 권위주의자들은 브라질과 같이 분열된 나라에서는 국민을 조직하고 질서를 유지하며 경제발전과 전체적인 복지를 추진할 책임은 국가에 있다고 믿었다. 그 추진과정에서 권위주의적 국가는 사회의 갈등, 당파 간의 항쟁, 파벌 정치, 과도한 표현의 자유 등 국가의 약화를 가져오는 원인들을 제거할 수 있으리라 믿었다.

권위주의 세력과 전체주의적 통합주의 사이에는 공통된 특징이 있지만, 그렇다고 양자가 동일한 것은 아니다. 통합주의는 정당을 통하여 자신들의 목적을 달성하는 방식을 취했다. 즉 정당이 불만에 찬 대중을 동원하여 국가권력을 일거에 장악한다는 것이다. 반면 권위주의 세력은 정당이 아니라 국가에 의존하였다. 그들이 믿을 수 있었던 것은 대규모의 사회적 동원이 아니라 뛰어난 소수 인간이었다. 파시즘 정당은 국가의 위기를 한계 상황까지 몰고 가는 경향이 있지만 권위주의적 국가주의는 국가의 강화를 추구한다. 따라서 권위주의 세력은 국가 기관의 내부에 존재하였고, 특히 군부의 최상계층에 결정적 영향을 미쳤다.

1930~1945년의 역사를 특징짓는 절대적 요인으로 군부, 그 중에서도 특히 육군의 강화를 들 수 있다. 이는 구체적으로 병력의 증대, 무기의 보강, 사회적 지위의 상승 등이 뒷받침되어 나타났다. 그에 비해 각 주의 방위군은 점차 입지가 좁아졌다. 하지만 육군이 처음부터 결속력 있는 조직이었던 것은 아니었다. 1930년 혁명 직후 몇 개월 동안 육군은 하나의 목소리를 내지 못했다. 테넨치즈무 문제가 존재한 데다 구공화국에 동정적인 현역간부들이 여전히 상급 지휘부에 남아 있었기 때문이다. 게다가 혁명에서 군사적 지휘를 맡은 책임자들도 계급은 아직 중령에 지나지 않았다. 이들이 장군의 반열에 오르려면 세 단계의 진급을 해야 하는데, 적어도 1년여의 시간이 필요했다. 1932년의 혁명은 이러한 육군의 내부 상황을 정리하는 계기가 되었다. 1932년 말까지 48명의 간부(그 중 7

명은 장군)가 망명을 하였고, 1933년 말이 되면 40명 중 신정부에서 진급한 인물이 36명에 달하게 된다.

이렇게 해서 제툴리우 바르가스에 충성스러운 그룹이 확립되었다. 그 중심에는 고이스 몬테이루와 에우리쿠 가스파르 두트라Eurico Gaspar Dutra가 있었다. 고이스가 육군의 정책 입안자라면, 두트라는 정책의 집행을 담당했다. 1937년 이후 이 두 사람은 육군의 요직을 독점했다. 고이스 몬테이루는 1937년부터 1943년까지 육군참모총장을, 두트라는 1937년부터 1945년까지 전쟁부 장관을 역임했다. 1945년 두트라가 대통령 후보에 출마하기 위해 장관직을 사임하자 그 후임에 고이스 몬테이루가 임명되었다. 고이스는 1934~1935년에도 전쟁부 장관을 역임한 바 있다. 육군 지휘부에 포진한 새로운 그룹이 제툴리우 바르가스에게 보여 준 충성심은, 몇몇 사건으로 작은 상처를 입기는 했지만, 1945년까지 전혀 흔들리지 않았다.

*　*　*

1934년은 노동자계급의 요구나 중산층의 동요가 격증한 한 해로 기록된다. 리우데자네이루, 상파울루, 벨렝, 히우그란지두노르치에서 잇따라 파업이 발생했다. 특히 운송, 통신, 은행 등 서비스 부문의 마비상태가 두드러졌다. 게다가 반파시즘 운동이 기세를 올리면서 1934년 10월 상파울루에서는 반파시스트들과 통합주의자들 사이에 격렬한 충돌이 있었다.

정부의 대응책은 1935년 초 국가보안법Lei de Segurança Nacional, LSN의 제정으로 나타났다. 이 법은 자유주의자들을 포함한 연방의회의 승인을 얻어 공포되었다. 국가보안법은 정치적·사회적 질서를 파괴하는 범죄를 다음과 같이 규정했다. 즉 공무원의 파업, 군인 계층 내에서 갈등을 유발하는 행위, 사회계급 간의 증오심을 야기하는 행위, 반란의 선동, 불법적인 수단을 사용하여 정치적·사회적 질서를 전복시키려는 단체나 정당의 결성 등이다.

국가보안법이 논의되던 같은 시기에, 다른 한편에서는 브라질 공산당과 테넨치 좌파들이 민족해방동맹Aliança Nacional Libertadora, ANL의 결성을 준비하고 있었다. 민족해방동맹은 1935년 3월 30일 리우데자네이루에서 출범을 선언했다. 그 자리에서 카를루스 라세르다Carlos Lacerda라는 이름의 한 젊은 법학도가 성명서를 낭독하고 루이스 카를루스 프레스치스가 명예위원장으로 추대되었다. 이 추대는 참가자들의 환호로 승인되었다. 외형상 위원장에는 1924년 전함 상파울루 호의 반란을 지휘한 에르콜리누 카스카르두가 취임했다.

민족해방동맹의 기본 강령은 국가주의적 성격을 띠었다. 총 다섯 항목으로 이루어진 강령은 대외채무의 지불 중지, 외국기업의 국유화, 농지개혁, 개인 인권의 보장, 협력의 정도에 비례하여 누구든지 참여할 수 있는 인민정부의 수립을 다루고 있다. 하지만 노동자 문제는 어느 항목에서도 언급되지 않았다.

민족해방동맹의 결성은 브라질 공산당의 새로운 방침에 의해 실현되었다. 이 방침은 코민테른으로부터 전달받은 것인데, 당시 코민테른은 전 세계적으로 파시즘의 위협에 대항할 수 있는 인민전선의 결성을 독려하고 있었다. 민족해방동맹은 파시즘과 제국주의에 맞서기 위한 다양한 부문의 결집을 시도한 것으로, 소위 반식민지 세계의 특성에 맞게 성립된 인민전선의 일례라 할 수 있다.

또한 1934년 8월 루이스 카를루스 프레스치스의 입당을 계기로 브라질 공산당에 변화의 바람이 불었는데, 이러한 변화도 민족해방동맹의 결성을 용이하게 했다. 노동자계급이 주도하는 작은 그룹에 불과했던 브라질 공산당이 구성원의 수적 증가와 참여계급의 다양화를 이루게 된 것이다. 프레스치스를 지지하는 활동가나 중산층이 입당한 후, 코민테른의 지령에 따라 계급문제 대신해 민족문제를 전면에 내세웠다.

몇 달 지나지 않아 민족해방동맹은 상당한 발전을 이루었다. 신중하게 추산된 통계에 따르면, 1935년 7월에는 7만에서 10만 명 정도의 회원을 보유하였다. 운동의 방향을 설정하는 과정에서 지도자들은 계급 간의 동맹을 확고히 하는데 주력할 것인지, 아니면 권력을 쟁취하기 위하여 봉기를 준비할 것인지를 놓고 갈등을 빚기도 했다. 하지만 적어도 표면적으로는 후자를 더 강조하였다. 1935년, '7월 5일 기념식'에서 카를루스 라세르다는 브라질에 은밀히 귀국한 루이스 카를루스 프레스치스의 성명서를 낭독했다. 성명서에서 프레스치스는 바르가스의 '가증스러운 정부'를 타도하고 민족주의적인 혁명적 인민정부를 수립하자고 호소했다.

이전부터 민족해방동맹을 억압해 온 정부에게 이 성명서는 동맹을 완전히 폐쇄시킬 수 있는 절호의 기회를 마련해 준 셈이 되었다. 마침내 정부는 7월 11일 법령을 통해 이를 실행에 옮겼다. 그 후 많은 회원이 투옥되는 위기 속에서 브라질 공산당은 봉기를 준비하였다. 그리고 1935년 11월 군사적 반란을 감행했다.

1920년대의 테넨치즈무 반란을 연상시키는 '1935년 반란'은 실패로 끝을 맺는다. 리우데자네이루에서 첫 깃발을 올리기로 한 봉기는 그보다 앞선 11월 23일 히우그란지두노르치에서 처음 시작되었다. 임시정부 평의회가 주도州都 나타우를 장악했지만 4일 만에 패퇴하였다. 그 뒤를 이어 헤시피와 리우데자네이루에서도 반란이 일어났다. 특히 리우데자네이루에서는 반란의 규모가 더욱 확대되었고, 반란자들과 정규군 간의 충돌로 다수의 사망자가 발생했다.

인민전선 노선이 어느 정도 정착된 듯 보이던 시기에 브라질 공산당이 코민테른의 확고한 지원을 얻어 1935년 11월의 투쟁을 개시한 이유는 무엇일까? 모든 정황으로 미뤄볼 때 반란의 시도는 과거 정치노선의 산물임에 틀림없다. 특히 코민테른의 결정은 브라질 공산당의 허황된 정보에서 비롯되었을 가능성이 크다. 이들은 코민테른 앞으로 보낸 보고서에서 브라질이 혁명 직전 단계까지 도달했다고 주장했다. 또한 브라질 공산당이 내린 판단에는 테넨치즈무의 방법론도 상당 부분 영향을 미쳤을 것이다.

1935년 사태는 심각한 결과를 초래했다. 곧바로 탄압 조치들이 확대되고 권위주의가 더욱 강화되었기 때문이다. 또한 국제공산주의의 망령이 거대한 모습으로 부풀려져 떠다니게 되었다. 여기에는 코민테른이 반란의 준비를 돕기 위해 외국인 간부들을 브라질로 보낸 사실도 중요한 원인으로 작용했다.

1936년 회기 동안 연방의회는 공산주의자들과 일반 좌익 인물들을 억압하기 위해 행정부가 요청한 예외적인 조치들을 모두 승인하였다. 1936년 3월에는 경찰이 연방의회에 침입하여 5명의 의원을 체포했다. 이 중에는 민족해방동맹을 지지한 의원만이 아니라 단순히 공감을 표명한 의원도 들어 있었다. 연방의회는 체포의 정당성을 인정하고 구속된 의원들의 공소를 승인했다. 한편, 탄압을 위한 특별기구도 설치되었다. 1936년 1월, 법무장관은 '공산주의 억제를 위한 국가위원회'Comissão Nacional de Repressão ao Comunismo의 설립을 공표했다. 이 위원회는 공무원이나 다른 일반인이 정치적·사회적 기관에 유해한 행위나 범죄에 가담했는지 여부를 조사하는 임무를 맡게 되었다. 나아가 1936년 10월에는 특별 법정인 '국가안보재판소'가 설치되어 기능을 발휘하기 시작했다. 원래 국가안보 재판소의 설치 목적은 1935년 반란에 연루된 인물들을 판결하기 위한 것 이었지만, 그 후 상설 기관이 되어 '신국가' 기간 동안 계속 유지되었다.

1938년 1월로 예정된 대통령 선거의 입후보자들이 1936년 말에서 1937년 초까지 윤곽을 드러냈다. 민주당과 일부 군소정당이 연합하여 만 든 입헌주의당Partido Constitucionalista은 아르만두 지 살리스 올리베이라를 후보자로 내세웠다. 정부 측 후보자는 바르가스 정권에서 교통건설부 장 관을 지낸 북동부 출신의 정치가, 조제 아메리쿠 지 알메이다로 결정되 었다. 그 외에도 플리니우 살가두가 통합주의당의 입후보자로 등장했다. 정부 측 후보자는 북동부 주들과 미나스제라이스에서는 광범위한 지지 를 얻었고, 상파울루와 히우그란지두술에서는 친바르가스 성향의 계층 으로부터 지원을 받았다.

정치적 대결의 막이 오르자 탄압적 조치들이 완화되기 시작했다. 1937년 6월에는 법무장관령에 의해 약 300명의 수감자가 석방되었다. 정부는 기한이 종료되는 '전시상태령'을 연장하려 했지만 연방의회의 승 인을 얻지 못했다. 하지만 제툴리우 바르가스와 그의 측근은 권력을 이 양할 의사가 없었다. 게다가 세 명의 대통령 후보는 어느 누구도 신뢰할 수 없었다. 조제 아메리쿠 지 알메이다는 갈수록 포퓰리즘적 선거운동으 로 기울면서, 자신을 '민중의 후보'라고 소개하고 제국주의적 착취를 비 난하기 시작했다. 친정부적 성향의 한 평론가는 사회문제가 대통령 선거 의 초점이 되었고, 브라질은 내전으로 찢긴 스페인의 재판再版이 될 위험 이 있다고 발언하기에 이른다.

1937년 내내 정부는 지역적인 문제들이 불거질 소지를 없애기 위해 몇몇 주와 연방구에 개입하였다. 하지만 쿠데타를 다시 일으킬 만한 합당한 구실을 찾지 못했다. 바로 이때 '코엔 계획'Plano Cohen이라 불리는 사건이 발생하여 정부가 필요로 하는 것을 가져다주었다. 코엔 계획에는 불명확한 부분이 너무 많았다. 1937년 9월, 한 통합주의자 장교(그의 이름은 '올림피우 모랑 필류'이다)가 전쟁부 청사에서 공산주의자들의 반란 계획을 타이핑하던 도중 체포되었다(혹은 의도적으로 체포당했다). 문서의 원작자는 코엔이라는 인물로 추정되었다. 코엔은 명백한 유태계 이름으로, 어쩌면 헝가리 공산주의 지도자 벨라 쿤Bela Kuhn의 와전된 형태인지도 모른다.

분명한 것은 '코엔 계획'은 가상의 이야기이며, 브라질 통합주의 행동당의 기관지에 실릴 예정이었다는 점이다. 공산주의자들의 반란은 어떻게 일어나며 통합주의자들은 그에 대해 어떻게 대응해야 하는지를 교육하기 위함이었다. 공산주의 반란은 대량학살, 약탈, 파괴, 주거침입, 교회의 방화 등을 야기할 것이다. 그러나 가상의 내용이 현실로 받아들여져, 그 문서는 통합주의 당원의 손에서 육군 지휘부로 넘겨졌다. 9월 30일 정부의 공식 라디오 프로그램이 그 내용을 소개하였고, 신문들도 그 일부를 보도했다.

'코엔 계획'을 언론에 공개한 효과는 즉각적으로 나타났다. 연방의회는 90일간의 '전시상태령' 연장과 헌법의 기본권 정지를 지체 없이 의결에 붙여 과반수의 찬성으로 승인했다. 제3군관구 사령관은 히우그란지 두술의 주 방위군이 연방군으로 편입되었음을 선언했다. 저항할 방법을 찾지 못한 주지사 플로리스 다 쿠냐는 직위를 포기하고 우루과이로 망명을 떠났다.

10월말, 연방의원 네그랑 지 리마Negrão de Rima가 쿠데타의 지지를 이끌어 내기 위해 북부와 북동부의 여러 주들을 찾아다녔다. 그리고 방문한 거의 모든 주지사로부터 긍정적인 답을 들었다. 반정부 측은 11월 초로 접어들어서야 비로소 움직이기 시작했다. 아르만두 지 살리스는 군 지휘관들을 향해 성명서를 발표했다. 그 중심 내용은 쿠데타의 실행을 저지하자는 호소였다. 하지만 이 성명서는 쿠데타의 실행을 서두르게 했을 뿐이다. 병영 내부에 성명서가 돌고 있다고 주장하면서 바르가스와 군 최고수뇌부는 11월 15일로 예정된 쿠데타를 앞당기기로 결정했다.

3. 신국가

1937년 11월 10일, 경찰병력이 연방의회를 포위하고 의원들의 입장을 저지했다. 군부대가 동원되지 않은 것은 전쟁부 장관인 두트라 장군이 반대했기 때문이다. 그날 밤, 제툴리우 바르가스는 정치가 새로운 국면으로 접어들었음을 선언하고, 프란시스쿠 캄푸스가 기초한 새로운 헌법을 공포하였다. '신국가'의 독재체제가 시작되는 순간이었다.

새로운 체제는 대규모의 대중동원 없이 권위주의적인 방식으로 수립되었다. 민중운동이나 공산주의는 이미 힘을 잃어 더 이상 장애가 될 수 없었다. 지배계층은 쿠데타를 피할 수 없는 것, 심지어는 유익한 것으로 받아들였다. 해산된 의회는 무릎을 꿇었다. 11월 13일 다수의 의원이 체포되자, 약 80명의 의원들은 바르가스를 방문하여 지지를 표명하기에 이르렀다.

이제 남은 것은 쿠데타를 지지한 통합주의자들뿐이었다. 그들은 권력에 다가서는 첫 단계로서 플리니우 살가두가 교육장관에 임명되길 기대했다. 하지만 바르가스는 그 희망을 꺾어 버렸다. 1938년 5월, 일단의 통합주의자들이 대통령 궁을 습격하여 바르가스를 권좌에서 끌어내리려 하였다. 하지만 습격자들은 포위되었고, 경비대와 충돌하는 과정에서 다수의 사망자가 발생했다. 외견상으로는 대통령 궁 정원에서 총격을 받아 사망한 듯했다.

한편, 신국가의 수립이 과거와 완전히 단절된 것을 의미하지는 않는다. 국가기구나 정책들은 대부분 1930~1937년 기간에 형성된 것들이었기 때문이다. 그러나 새로운 체제 내에서 그 모든 것이 통합적으로 운영되고 일관성을 갖추게 된 것은 1937년 11월 이후의 일이다. 이렇게 해서 1930년 혁명 직후부터 시도된 중앙집권화가 마침내 완성되었다. 각 주의 통치는 중앙정부가 여러 기준을 적용하여 선발한 지방 행정관에 의해 이루어졌다. 때때로 군에 몸담고 있던 바르가스의 친족이 행정관에 임명된 경우도 있었다. 그러나 규모가 큰 중심적인 주에서는 일반적으로 현지의 유력한 과두 지배층 가운데 행정관이 선발되었다.

국가의 중앙집권화는 사회로부터 국가가 유리되었다는 뜻은 아니다. 사회의 다양한 이해를 대표하는 방식은 시간이 지나면서 조금씩 변모하지만 결코 사라진 것은 아니다. 1937년 11월 이전까지는 연방의회나 국가기구를 통해 이러한 이해들이 대변되었다. 그러나 신국가 수립 이후 의회의 대표성이 소멸되었고, 그 역할을 국가 내부의 전문적 기관들이 담당했다.

사회경제적인 측면에서 신국가는 문민관료, 군인계층, 산업부르주아의 삼자동맹 위에 건설되었다고 할 수 있다. 이 동맹의 가장 중요한 공통 목표는 커다란 사회적 혼란 없이 산업화를 추진하는 것이었다. 문민관료가 산업화를 중시한 것은 그것이 진정으로 브라질의 독립을 이루는 길이라고 여겼기 때문이다. 군부에서는 기간산업의 육성이 경제를 강화시킬 수 있다고 확신했다. 그들에게 경제는 국가안보와 직결되는 가장 중요한 요소였다. 한편, 기업가들은 국가의 적극적인 개입이 산업화를 더욱 고무할 것이라는 점을 납득했다. 산업부르주아와 바르가스 정권의 연대는 1933년 상파울루 혁명이 패배한 이후 본격화되었다.

이들 삼자 동맹이 성립되었다고 해서 서로 간에 의견이 완전히 일치되었던 것은 아니다. 기업가들은 정부의 기술 관료들과는 달리, 국가의 개입이나 외국자본의 제한에 대해 그렇게 적극적인 지지는 하지 않았다. 단지 국내산업의 보호에 직접 영향을 미치는 외환정책이나 수입관세와 관련하여 적절한 방안을 강구해 주길 기대했을 뿐이다.

1937년 이후 바르가스 정부가 산업화에 기울인 높은 관심은 교육정책에도 그대로 반영되었다. 교육장관인 카파네마는 중등교육의 개혁을 추진했는데, 그의 최대 관심사는 산업화에 알맞은 노동력을 양성하기 위해 산업교육을 체계화하는 것이었다.

국가를 통치하는 과정에서 가장 중요한 정책들의 최종 결정은 바르가스 개인의 권한에 속했다. 대통령과 그의 각료들 사이에는 두터운 신뢰관계가 형성되었다. 오스발두 아라냐가 외무장관에 취임한 1938년 3월부터 1941년 6월까지 단 한 명의 장관도 교체되지 않았다. 군부는 참모본부나 국가안전보장회의를 통해 신국가 시기 동안 잇달아 창설된 다양한 전문기관에 영향력을 행사했다. 국가안전보장회의의 권한은 국가안보에 관한 모든 문제를 심의하는 것이었지만, 점차 확대 적용되어 경제정책의 결정에도 중요한 역할을 담당하였다.

군의 제안이 모두 받아들여진 것은 아니지만, 국가 철강산업의 수립을 주도했다. 석유부문에서는 대통령 직속 특별기관으로 국가석유위원회가 설치되고, 위원장에 오르타 바르보자 장군이 임명되었다. 또한 정부는 무기 구입과 관련된 군부의 계획안을 승인했는데, 그 안에는 독일 크룹Krupp 사가 제조한 대포, 영국 및 이탈리아의 군함, 체코슬로바키아의 소총, 미국산 항공기 등이 포함되었다.

군의 공식, 비공식적 권한은 매우 광범위했지만, 그렇다고 절대적인 것은 아니었다. 군 관료들은 문민 엘리트를 대신하길 원하지 않았고 또 그렇게 할 수 있는 입장도 아니었다. 그것은 쿠데타의 시점부터 이미 분명했다. 군 출신 대통령 후보에 대해서는 그다지 우호적인 여론이 형성되지 않았으며, 전쟁부 장관은 쿠데타에 군이 연루되는 것도 피하려고 하였다.

군부 내의 결속은 총체적인 목표를 이루기 위한 합의에서 비롯되었다. 그 목표란 바로 권위주의적인 방식을 통한 국가의 근대화였다. 그러나 강대국과의 외교관계, 경제개발에서 자율성의 정도 등과 같은 문제에 대해서는 그룹이나 개인에 따라 의견이 달랐다.

따라서 대통령은 군의 주장을 조종하거나, 더욱 포괄적인 정부의 이해에 일치시킬 수 있었다. 또한 필요할 경우에는 군의 최고지휘부와 대결하기도 했다. 1937년 쿠데타 직후 대외채무의 지불 정지를 결정했을 때, 바르가스는 "대외채무를 계속 상환할 것인가, 아니면 군 장비와 교통체제의 개선을 추진할 것인가"라는 양자택일의 조건을 제시하여 군의 지지를 이끌어 냈다. 그 후 몇 해가 지난 1942년 초, 일본이 진주만을 공격하자, 대통령은 미국과 동맹을 체결하기로 결정한다. 이때 두트라와 고이스 몬테이루 두 장군은 그 결정에 의문을 제기하며 사표를 제출하지만, 대통령은 수리를 거부했다. 미국 국무부차관 섬너 웰스에 따르면, 바르가스는 심지어 두 장군에게 반체제적인 반란 움직임을 저지하는 데 국민의 지원을 받으면 되므로, 군대는 필요 없다고까지 말했다는 것이다.

신국가가 수립되면서 경제·재정 정책의 기본 방향이 전환되었다. 이전 시기(1930~1937년)에는 산업부분의 발전을 위한 명확한 방침이 존재하지 않았다. 정부는 농업부문을 포함한 다양한 이해관계들 사이에서 균형을 유지하려고 노력하였고, 외국의 압력에도 민감하게 대처하였다. 그러나 1937년 11월 이후, 국가는 수입품을 국내생산으로 대체하고 기간산업을 확립한다는 정책을 단호히 이행했다. 이 정책의 지지자들이 추진력을 얻을 수 있었던 이유는, 1930년 이후 국제수지의 불균형이 매우 심각해진 데다 제2차 세계대전의 위기가 더욱 확대되었기 때문이다. 세계대전이 발발하면 수입에 커다란 문제가 생길 것으로 예상했는데, 실제로 그러한 상황이 전개되었다.

1942년까지 수입대체 정책은 전체적인 계획 없이 각 분야별로 개별 상황을 고려하여 진행되었다. 그러나 그해 8월에 브라질이 세계대전에 참전하면서부터 전쟁 수행을 위해 정부가 경제를 통제하기 시작했다. 나아가 통제정책을 원활하게 수행하기 위해 정부는 '경제동원조정국'을 신설하고, 그 책임자에는 테넨치 출신인 주앙 아우베르투João Alberto를 임명하였다.

산업화의 매진은 종종 국가주의와 연동되기도 했다. 그러나 바르가스는 강력한 국가주의 운동에 국민을 동원하는 일은 자제했다. 1937년 헌법은 광물자원과 수자원 개발을 브라질 내국인으로 한정하였다. 또한 이 자원 개발의 점진적인 국유화는, 경제적·군사적 방위에 필수적인 다른 산업들과 마찬가지로 법령으로 정하도록 하였다. 브라질 국내에서 가동되는 은행과 보험회사도 그 주주가 브라질인들로 구성된 경우로 제한했다. 외국기업에게는 법률로 정한 기한을 두어 국영기업으로 전환하도록 했다.

하지만 이러한 기본원칙의 실행을 규정한 법령에는 다양한 이해관계자들의 압력이 반영되어 정부의 엄격한 지휘권은 나타나지 않는다. 예를 들면, 전력 에너지 회사는 정부의 손길에서 완전히 벗어나 있었다. 1941년 10월 바르가스는 모든 은행과 보험회사를 1946년까지 브라질인들의 소유로 전환시킨다는 법률안을 거부했다. 철강산업의 국영화도 이해관계가 있는 미국 정부와 충돌을 피하기 위해 협정을 통해 해결책을 모색했다.

기간산업에 적용된 국가의 투자정책을 이해하기 위해서는 철강과 석유의 경우를 살펴보는 것이 매우 중요하다. 정부는 철강과 석유 각각에 대해 전혀 다른 방식으로 정책을 펼쳤기 때문이다. 대규모 제철산업 건설의 역사는 신국가 기간 내에 완성되지만, 석유산업의 역사는 길게 연장되어 제2차 바르가스 정권 시기에 종결된다.

리우데자네이루 주의 보우타헤돈다에 제철공장을 건설, 운영한다는 계획은 1940년 7월에 결정된다. 건설자금은 미국 수출입은행의 차관과 브라질 정부의 재정에서 충당하였다. 제철공장은 국영제철회사가 관리를 맡았는데, 이 회사도 또한 혼합자본에 의해 1941년 1월에 설립된 것이다. 하지만 이러한 방안은 정부가 신국가 초기 명확한 노선을 수립하여 결정한 것이 아니었다. 더욱이 정부 내부에 이 문제에 대해 통일된 견해가 존재했던 것도 아니다. 단지 운송서비스를 확대하고 중공업을 성장시키기 위해서는 철강생산의 확충과 다양화가 필요할 것이라는 점에 여러 세력들이 공감했을 뿐이다. 또한 계속되는 국제수지의 적자 속에서 철강의 수입도 점점 더 무거운 짐으로 작용했을 것이다.

당초 민간 그룹과 바르가스 자신은 독일이나 미국의 자본과 제휴하는 방향으로 마음이 기울어 있었다. 그러자 군부에서 거센 반대가 일어났다. 철강산업은 외부의 간섭으로부터 자유로워야 한다는 주장이었다. 하지만 군부에는 최후의 결론을 강요할 만한 힘이 없었다. 오히려 그들의 요구와는 반대로, 1939년 동안 브라질 정부와 유에스 스틸 사United States Steel Co. 사이에 협상이 활발하게 전개되었다. 그리고 미국기업, 브라질 민간그룹, 브라질 정부가 참여하는 새로운 철강회사를 설립한다는 계획안까지 마련하였다. 하지만 결과적으로 미국 기업은 이 계획안을 포기한다. 바르가스와 미 국무부가 나서서 기업을 설득했지만 결정을 돌이킬수는 없었다. 그 후 국영화의 방안이 그 대안으로 떠올라 승리를 거둔다.

철강과는 반대로, 석유산업의 육성은 1930년대에 그렇게 긴급한 현안이 아니었다. 석유수입이 증가한 것은 제2차 세계대전 이후의 일이었으므로 오랜 기간 국제수지에는 별다른 문제를 일으키지 않았다. 바이아주에서 석유가 발견된 1939년 중반까지 석유산업의 육성은 정유부분에만 한정되었다. 석유 발견 이후에도 석유 생산량은 무의미한 수준이었고 매장량에 대한 불확실성도 1950년대까지 사라지지 않았다. 이러한 이유로 석유정책을 둘러싼 의견차는 철강의 경우보다 훨씬 컸고, 군 내부에서조차 의견이 분분하였다. 그렇지만 석유정책의 주도권은 여전히 군에서 장악하였다.

1935년 이후, 몇몇 기업에서 정유소 건설에 관심을 갖기 시작했다. 그 결과 1936년 스탠더드오일, 1938년 텍사코, 애틀랜틱 정유회사, 앵글로-멕시칸 사 등이 대형 정유소 건설을 신청했다. 이를 계기로 석유산업의 육성을 위한 방법론이 논의되기 시작했다. 1938년 4월에 정부의 개입정책이 법령으로 정해져, 수입 원유이든 국내산 원유이든 정유와 관련된 산업은 모두 국민화의 길을 걸어야 했다. 여기서 국민화란 자본, 경영진, 운영이 모두 브라질인으로 한정되는 것을 뜻하며, 국가 독점과는 차이가 있다. 또한 같은 법령에 의해 국가석유위원회가 설치되었다. 이 위원회의 위원은 대통령이 임명하며 주로 정부기관과 이익집단의 대표들로 구성되었다. 1938년부터 1943년 중반까지 국가석유위원회를 주도한 것은 국가통제의 강화를 주장하는 군 지휘관들이었고, 위원장직은 군사공학 전문가인 오르타 바르보자 장군이 맡았다. 그는 거대한 국영정유소의 건설을 시도했지만 성공을 거두진 못한다. 국가석유위원회의 결정은 이익집단, 관계 장관들 그리고 바르가스에 의해 제동이 걸린 것이다.

석유부문에 대한 미국 정책은 철강산업과 달리 전통적으로 석유산업을 지배해 온 대기업의 입장을 지지했다. 여러 방면에서 압력을 받은 오르타 바르보자는 결국 1943년 중반에 자리에서 물러났다. 이 시기는 바로 민간 자본의 이해가 석유산업에 영향력을 확대하기 시작한 때였다.

사실, 석유부문에서 신국가가 완수한 일은 거의 없다. 그렇지만 두 가지 측면에서 중요한 역할을 수행했음을 간과해서는 안 될 것이다. 우선 국가석유위원회의 역할을 들 수 있다. 위원회의 결정이 벽에 부딪혔을 때 다른 대안을 제시하지 못한 한계를 지니긴 했지만, 주도권을 선점하려는 외국 기업들의 의도를 차단하는 데 성공했다. 다른 하나는 오르타 바르보자 장군의 활동이다. 그의 계획들은 훗날 그와 유사한 노선을 추구하는 그룹에게 하나의 선례로 남게 되었고, 마침내 1953년 10월 국영석유회사 페트로브라스[1]가 설립되는 결실로 이어졌다.

재정적인 면에서 신국가는 보수주의적인 시각을 고수했다. 실질적으로 신국가 전체 기간 동안 재무장관을 역임한 소자 코스타야말로 이러한 시각을 가장 잘 대표하는 인물이었다. 하지만 꼭 필요할 경우에는 예외적이긴 하지만 과감한 조치를 취한 시기도 있었다. 쿠데타 직후 바르가스는 국제수지의 위기에 대응하기 위해 외채상환을 중지하는 한편, 외화판매를 국가가 독점하고 모든 외환거래에 과세를 부과한다고 선언했다. 또한 대외무역의 통제도 계속되었다. 그러나 대외채무에 대해서는 채권자들과 합의를 이루어 1940년부터 지불이 재개되었다. 군부는 대외채무의 지불이 공공투자의 축소로 이어질 것이라는 우려를 표명하며 반대했지만 결과를 바꾸지는 못했다.

*　　*　　*

신국가의 노동정책은 두 가지 측면에서 살펴볼 수 있다. 하나는 노동자들에게 물질적인 이익을 제공하는 것이고, 다른 하나는 '노동자들의 수호자'라는 제툴리우 바르가스의 상징적인 이미지를 굳히는 것이었다. 첫번째(물질적인 이익) 측면에서 정부는 1930년대 초부터 실시해 온 여러 방식들을 더욱 발전시키고 체계화했다. 법률 제정을 위해서는 이탈리아 파시스트 시대의 '노동법'을 참조하였다. 1937년 헌법은 조합의 단일성 원칙을 다시 채택하였는데, 사실 이 원칙은 과거에 한 번도 포기된 적이 없었다. 파업과 직장폐쇄는 엄격히 금지되었다. 1939년 8월, 노동조합의 기본 방침을 규정한 법령이 제정되어 조합의 국가 종속이 한층 더 심화되었다. 또한 기존에 갖추었던 노동조합의 수직적 구조도 지역별 연합체와 전국연맹이 창설되면서 더욱 강화되었다.

---

1) 페트로브라스(Petrobrás)는 정식 명칭 '페트롤레우 브라질레이루'(Petróleo Brasileiro)의 약자로, 종종 '브라질 석유회사' 또는 '브라질 석유공사'로 번역된다.

노동조합에 재정을 지원하여 국가의 종속을 지속시키기 위한 수단으로 1940년 7월 '조합세'가 도입되었다. 조합세는 모든 노동자가 조합 가입 여부에 관계없이 연봉의 하루치 임금을 의무적으로 납부하는 형태이다. 세금의 징수는 브라질 은행이 담당하여, 세수의 60%는 조합에, 15%는 지역연합에, 5%는 전국연맹에 배분하였으며, 나머지 20%는 '조합사회기금'을 형성하였다. 이 '조합사회기금'은 정부 부처의 활동이나 선거운동을 지원하는 '비밀예산'으로 자주 전용되었다.

조합세는 '펠레구'pelego라 불리는 인물들의 재정기반이 되었다. '펠레구'는 원래 동물의 등에 탈 때 충격을 완화시키기 위해 안장 위에 깔아 놓는 천이나 가죽을 의미한다. 완충 역할을 표현하기에 매우 적절한 단어일 것이다. 따라서 '펠레구'는 국가와 노동자 사이에서 갈등을 완화시키면서 자기 자신과 국가의 이익을 위해 활동하는 조합의 간부를 지칭하게 되었다. 펠레구가 존재할 수 있었던 것은 대규모의 노동자를 조합에 가입시키기 위해 노력할 필요가 없었기 때문이다. 조합세의 지원으로 조합의 유지가 가능했기 때문에, 조합원의 수는 부차적인 것에 불과했다.

1939년 5월, 정부는 노동문제의 판정을 위해 노동재판소를 개설했다. 이 기구의 전신은 1930년 혁명 직후에 설립된 화해심판위원회다. 또한 1943년 6월에는 노동 관련 법령을 체계화하고 더욱 확대한 '노동통합법'이 제정되었다.

임금정책 분야에서 신국가는 중요한 개혁을 추진했다. 1940년 5월, 노동자의 기본적인 필요를 만족시킬 수 있는 최저임금제를 도입했다. 도입 초기에 최저임금제는 그 목적에 부합하는 듯했지만, 시간이 지날수록 원래의 취지에 크게 못 미치는 제도로 전락했다.

'노동자들의 수호자'라는 제툴리우 바르가스의 이미지는 다양한 의식이나 대중매체의 집중적인 보도를 통해 구축되었다. 의식 가운데 특히 두드러진 행사는 1939년부터 축구경기장에서 개최된 5월 1일 메이데이 기념식이다. 축구장을 가득 메운 노동자와 일반 대중 앞에서 바르가스는 '브라질의 노동자들이여'라는 외침으로 연설을 시작하였고, 사회적으로 기대감이 높은 정책들을 발표하곤 하였다. 또한 정부와 노동자 사이의 거리를 좁히는 수단으로 라디오를 체계적으로 이용하였다. 주 1회에 걸쳐 노동부 장관의 연설이 라디오 전파를 탔다. 이 연설에서 장관은 사회법의 역사와 다양한 사례들을 소개하였고, 때때로 퇴직자, 여성, 미성년 노동자의 부모, 이민노동자 등 특정 청취자들을 대상으로 한 내용도 발표했다.

이상과 같은 방식과 또 다른 요인들이 합쳐져, 브라질인의 지도자이자 선도자, 특히 노동자의 벗이자 아버지라는 바르가스의 이미지가 갖추어졌다. 마치 이것은 사회에서 가장의 존재와도 같았다. 선도자인 아버지는 그의 가족에게 은덕을 베풀고, 그 대가로 충성과 지지를 기대할 수 있었다. 은덕은 가상적인 것이 아니었고, 그에 대한 정치적 효과는 매우 컸다. 하지만 정치적 효과는 물질적인 은덕뿐만 아니라 신국가 기간 중에 형성된 대통령의 이미지에서도 거둬들일 수 있었다.

1937년 체제가 관심을 쏟은 것은 노동자계층뿐만이 아니었다. 오히려 그 반대로 자신들에게 유리한 전체 여론을 형성하기 위해 노심초사했다. 이를 위해 비판적이거나 또는 독립적인 정보들을 검열하고, 브라질이 직면한 역사적 상황을 자신들의 입장에 맞게 설명한 공식견해를 제작하였다. 바르가스 정부는 매우 이른 시기부터 여론의 중요성을 인식하여 1931년 '정부공보국'을 설치하였다. 그 후 1934년에는 법무부 내에 '선전문화보급국'을 신설하였다. 이 부서는 1939년 12월까지 유지되다가

'신국가'(Estado novo) 시기에 출판선전국(DIP)에서 제작한 5월 1일 메이데이 포스터.

진정한 선전 담당 기관이라 할 수 있는 '보도선전국'으로 발전하였다. 대통령 직속기관인 보도선전국에는 많은 권한이 부여되었다. 영화, 라디오, 연극, 신문, '사회정치적' 문학의 검열과 정부의 공식 라디오 프로그램 편성을 주관하였고, "국가 이익에 해가 되는 출판물"의 수입 금지나 "브라질의 신용과 문화에 유해한 정보"를 차단하기 위해 외국의 출판기관과 협력하기도 했다. 또한 보도선전국은 라디오 프로그램 「브라질의 시간」을 매일 제작·방송할 책임도 맡았는데, 이 프로그램은 정부의 치적을 홍보하는 수단으로 오랜 기간 지속되었다.[2]

신국가는 지식인들과 정치인들, 그 중에서도 특히 좌익 정치인들과 일부 자유주의자들을 박해, 체포, 고문하거나 국외로 추방하였다. 그러나 무차별적으로 박해를 가한 것은 아니었다. 신국가의 지도자들은 체제에 협력할 지식인을 유인하는 것이 중요하다고 인식하고 있었다. 그 결과, 가톨릭, 권위주의적 통합주의자, 위장 좌익세력들 중에는 체제가 제공하는 특혜를 받아들이거나, 관직에 오르는 자들이 나타났다.

일반 대중을 향한 선전이나 『정치문화』*Cultura Política*와 같이 특정 사회계층을 대상으로 한 출판물에서 신국가는 자기 시각으로 해석한 브라질 역사를 전파하려 했다. 현대사의 맥락에서 신국가는 스스로를 1930년 혁명의 논리적 귀결로 소개했다. 즉, 혁명으로 탄생한 새로운 브라질은, 대지주와 과두 지배층이 지배하던 낡고 분열된 브라질과는 완전히 결별하였다. 또한 그것은 브라질 뿌리의 탐구, 국민통합, 파벌적 대립 없는 질서의 창출을 통해 브라질을 근대로 진입할 수 있게 하였다. 그리고 이러

---

2) 라디오 프로그램 「브라질의 시간」(Hora do Brasil)은 1971년까지 계속되었고, 그 후 「브라질의 소리」(Voz do Brasil)로 명칭을 변경하여 오늘날까지 이어지고 있다.

한 과정을 통해 신국가는 혁명의 목적을 모두 실현했다는 것이다.

　　제1공화국 시기, 행정은 정치적 후원자들에 순응하였다. 극히 적은 예외적 경우를 제외하면, 공개적인 공무원 채용은 존재하지 않았고, 전문직은 소수의 엘리트 집단으로 한정되었다. 반면, 신국가는 행정부문의 개혁에 착수하여 근대화 추진의 관리자로 변화시키려 했다. 또한 정치적 파벌과 관계없이 체제의 원리에 공명하는 관료 엘리트의 양성을 추구했다. 이러한 관료 엘리트는 오로지 국익에 전념할 것이고, 효율성, 경제성, 합리성 등의 판단기준에 따라 행동할 것으로 여겨졌다.

　　행정개혁의 책임을 맡은 중심 기관은 1938년에 대통령 직속기구로 발족한 행정관리국이었다. 행정관리국은 행정직 공무원 선발을 위해 능력에 따른 경력 중심 제도의 도입을 시도했다. 이 제도는 중산층 전문직 종사자들에게 행정직 진출의 기회를 제공했지만, 현실적으로는 많은 제약이 있었다. 능력 위주의 채용 및 승진 원칙을 통해 거대한 관료층을 형성한다는 것은 법률적인 면에서나 현실적인 면에서 한계가 있었기 때문이다. 관료의 고위직은 이른바 '신뢰의 책임직'으로서 대부분 대통령이나 장관이 선호하는 인물들이 임명되었고, 이들은 또한 언제든지 면직될 수 있었다. 이러한 직책의 임명에는 최소한의 능력이 요구되었지만, 반드시 행정직 공무원 중에서 선발해야 하는 것은 아니었다.

＊　　＊　　＊

브라질의 외교정책을 이해하기 위해서는 1930년부터 1945년까지의 시기 전체를 염두에 둘 필요가 있다. 동맹관계의 변화는 브라질과 강대국 사이의 상호작용에서 비롯된 것이며, 신국가의 수립은 그러한 상호작용의 한 요인에 불과할 뿐이었다.

1929년 발생한 세계공황은 영국 패권의 쇠퇴와 미국의 부상으로 이어졌다. 특히 경제위기에 대한 루스벨트 대통령의 정책이 효과를 거두면서 미국의 상승은 두드러졌다. 같은 시기 국제사회에서는 또 다른 경쟁 상대가 등장했다. 1933년에 정권을 장악한 나치 독일이다. 이러한 상황에서 브라질은 실리적인 길을 선택했다. 강대국 간의 적대관계를 유리하게 활용하여, 더 나은 조건을 제시하는 국가와 교섭한다는 방침이었다.

1934~1940년 기간에 독일과 브라질의 무역량은 큰 폭으로 증가하였다. 브라질에게 독일은 최대의 면화 수입국, 그리고 세계 2위의 커피 시장이 되었다. 그러나 독일의 중요성이 더욱 분명해진 것은 수입부문이었다. 1929년 브라질 총수입액 중에서 독일의 비율은 13%로 30%의 미국에 크게 뒤졌지만, 1938년에는 그 상황이 역전되어 독일(25%)이 미국(24%)을 근소한 차로 앞서게 되었다. 같은 해 브라질 총수출액의 34%는 미국으로, 19%는 독일로 향했다. 독일과의 무역관계는 특정 수출 그룹에게만 매력적이었던 것이 아니라, 국가의 근대화와 공업화를 주장하는 그룹들에게도 큰 관심사였다. 브라질이 독일로부터 공급받을 수 있는 철도자재와 자본재 등은 강대국들과의 전통적인 통상관계를 단절해도 무방할 정도의 가치가 있었다.

하지만 독일과의 통상관계에는 몇 가지 부정적인 요소가 작용하였다. 독일 제3제국은 항상 불환화폐를 통한 무역을 주장하였다. 여기에는 독일과 브라질 사이의 무역을 다른 경쟁국들이 개입할 수 없는 양자협정의 틀로 전환시키려는 의도가 깔려 있었다. 독일의 관료들은 수출입 할당제, 제품 가격 그리고 환율 등을 통해 타국과의 무역을 통제하려 한 것이다.

한편 미국은 독일의 브라질 진출을 바라보며 압력과 신중함을 혼용하는 정책을 택했다. 미국의 재계 그룹(투자자, 금융업계, 수입업자)은 브라질에 대한 보복조치를 요구했다. 그러나 루스벨트는 브라질이 독일과 동맹을 맺거나 국가주의로 치닫도록 자극할 수 있는 극단적인 방식은 피하고자 했다.

브라질 정부와 경제계는 협력의 대상을 미국으로 할 것인지, 독일로 할 것인지 분명한 선택을 해야 할 상황에 직면했다. 1934년부터 주미대사를 역임한 오스발두 아라냐와 브라질 IBM사 대표인 발렌팅 보사스는 대미 관계를 중시하였다. 반면 두트라나 고이스 몬테이루와 같은 군 지휘부는 친독일적 성향을 드러냈다.

1937년 쿠데타는 독일과 이탈리아에서 열광적 호응을 얻었지만 브라질의 실리노선에는 변함이 없었다. 군부에서 독일과 동맹을 맺도록 압력을 가하자 정부는 1938년 3월 크룹 사와 대포 구입을 위한 거액의 계약을 체결했다. 그러나 바로 직전, 바르가스는 오스발두 아라냐를 외무장관에 임명하여 외교정책의 기본 방향을 수정할 의사가 없음을 시사했다.

브라질과 독일 간에는 서로 쉽게 다가설 수 있는 이데올로기적인 유사성이 있었지만, 오히려 1938년 양국관계를 후퇴시키는 사건이 발생했다. 그해, 바르가스 정권은 자신들의 통제에서 벗어나 있던 유일한 세력인 통합주의자들을 정치무대에서 제거하고 체제 굳히기에 나섰다. 신국가는 이렇게 국내 파시즘과 거리를 두는 동시에 브라질 남부에서 활동 중이던 독일 나치 그룹까지 공격하기 시작했다. 히우그란지두술에서는 나치당을 이끌던 독일인 활동가가 체포되었고, 주브라질 독일대사는 기피 인물로 낙인찍혀 결국 브라질을 떠나야 했다. 후에 양국의 갈등은 진정되었지만, 상처는 깊게 남았다.

제2차 세계대전의 발발은 신국가 수립 이상으로 브라질 외교정책의 방향을 결정하는 과정에 중요한 요인으로 작용하였다. 영국의 봉쇄정책은 라틴아메리카에서 독일의 무역을 약화시켰다. 하지만 영국은 그 공백을 메울 능력이 없었다. 그 결과 미국은 더욱 강력한 존재감을 발휘할 수 있었다. 세계대전이 발발하기 전부터 루스벨트는 이미 세계적인 규모의 전쟁이 발발할 수 있고, 결국 미국도 그 소용돌이에 휩쓸리게 될 것이라고 예상했다. 따라서 미국의 전략책임자들은 국가의 방위선을 남아메리카까지 확대하고, 특히 대서양을 향해 돌출되어 있는 브라질의 북동부를 중시했다. 또한 미국은 정치이념적으로 공격적인 정책을 펼치면서 범미주 회의Conferências Pan-americanas를 지원하는 등 다양한 주도권을 행사하기 시작하였다. 이 회의의 공동 목표는 아메리카 대륙의 방어였으며, 참가국들은 목표 달성을 위해 정치체제에 관계없이 미국을 중심으로 노력하게 될 것이었다. 경제부문에서 미국은 지극히 보수적인 정책을 취했다. 미국의 최대 관심은 천연고무, 철, 망간과 같은 전략물자였고, 이 자원의 구매를 미국 자신이 관리하려 하였다.

이러한 미국의 주도력에 호응하여 브라질은 이 '북쪽의 거인'에게 더욱 다가선다는 방침을 정한다. 새롭게 전개되는 국제 환경 속에서 이익을 찾기 위함이었다. 1941년 12월 마침내 미국이 세계대전에 가담하게 되자 브라질은 최종 결정을 내려야 했다. 바르가스는 범미주의적 입장을 표명하는 한편, 미국을 지원하기 위해서는 브라질도 경제적·군사적 원조가 필요하다고 주장했다.

1941년 말, 미국은 브라질 정부의 허가를 기다리지 않고 브라질 북동부에 병력을 주둔시켰다. 이듬해인 1942년 상반기에 브라질은 두 가지 중요한 결정을 내렸으나 애매한 분위기가 계속되었다. 1월에는 고이스 몬테이루와 두트라의 주저에도 불구하고, 결국 추축국과 관계를 단절했다. 그리고 5월에는 브라질-미국 양국 간에 정치군사적 비밀협정이 체결되었다.

하지만 미국은 브라질에 지원하기로 한 군사장비의 인도를 연기하였다. 브라질군의 지휘부가 추축국에 더 동조하는 듯 보였기 때문이다. 그러나 1942년 8월 5~17일 사이에 브라질 상선 5척이 독일 잠수함에 의해 침몰되자 상황은 일변했다. 국민의 대규모 시위에 압력을 느낀 정부는 바로 그 달에 참전을 결정한다.

반파시즘 진영에 가담한 브라질은 1944년 6월 30일 유럽전선으로 브라질 원정대를 파병하였다. 브라질 파병은 연합국의 요청에 의한 것이 아니라 브라질 정부의 독자적인 결정이었다. 특히 파병을 위해 브라질은 미국의 만류와 영국의 노골적인 반대를 극복해야 했다. 미국과 영국의 일부 지도자들은 브라질군의 투입이 성공적인 전쟁 수행에 장애가 된다고 판단했다. 그러나 약 2만 명의 브라질 병사가 이탈리아 전선으로 향했다. 이들은 이탈리아에서 전쟁이 승리로 종결되는 1945년 5월 2일(유럽 전쟁이 완료되기 직전)까지 전투에 임했다. 전쟁에서 총 454명의 병사을 잃은 브라질 원정대는 1945년 5월부터 본국으로 귀환을 시작했다. 이 '지원병'들은 국민의 열광적인 환영을 받았고, 브라질의 민주화를 위한 압력으로 작용하였다.

4. 신국가의 최후

신국가는 오랫동안 존속할 수 있도록 권위주의적이면서도 근대화를 지향하는 국가로 건설되었다. 그러나 실제로 그 수명은 8년이 채 되지 않았다. 정권의 문제는 국내의 정치 상황보다는 국제관계의 결과에서 비롯되었다. 국제 체제에 편입되면서 정부의 반대 세력은 점차 힘을 얻었고, 정부의 내부에서도 갈등의 상황이 연출되었다.

브라질이 제2차 세계대전에 참전하자, 반정부 지도자들은 바르가스 독재체제와 민주(연합국) 진영으로의 참여 사이에 나타나는 모순을 비판하기 시작했다. 정부 내에서도 적어도 한 명의 각료가 민주적 개방화에 대한 지지를 공개적으로 표명했다. 바로 외무장관 오스발두 아라냐였다.

하지만 그보다 더 심각한 일이 같은 시기에 발생했다. 신국가의 이론을 만든 인물이자 군부의 핵심 지지자 중 하나였던 고이스 몬테이루 장군이 정권에서 멀어지기 시작했다. 그는 신국가가 새로운 시대에 살아남을 수 없으리라 확신하고, 몬테비데오에 설치된 '미주 정치방위 비상위원회'의 브라질 대표직을 사임하고 브라질로 귀국했다. 1945년 8월 고이스 몬테이루는 전쟁부 장관에 취임하는데, 이는 바르가스의 권력 유지보다는 오히려 퇴임을 위한 인사가 된다.

1943년 전후로 독재에 저항하는 대학생들의 움직임이 나타났다. 학생들은 '전국학생연맹'União Nacional dos Estudantes, UNE을 결성하고 각 주에 지부를 두었다. 상파울루 시에서는 법과대학 학생들의 저항운동이 두드러졌다. 1943년 12월의 시위에서는 언론탄압을 상징하는 의미에서 입에 재갈을 문 채 서로 손을 잡고 행진을 벌였다. 시위는 경찰에 의해 폭력적으로 진압당했고, 그 과정에서 두 명의 사망자와 20여 명의 부상자가 발생했다. 이 사건은 사회에 거센 분노의 파도를 일게 했다.

정부는 전시 중이라는 이유로 독재의 유지를 정당화하면서 여러 압력에 대처하였다. 그리고 평화가 찾아오면 선거를 실시하겠다고 약속했다. 그러나 1944년 말, 자유주의 반정부 세력의 움직임이 정부의 태도를 일변시켰다. 반정부 측에서 대통령 후보로 공군사령관인 에두아르두 고메스Eduardo Gomes를 내세웠기 때문이다. 에두아르두 고메스는 단순한 일개 군인이 아니었다. 현역 장성일 뿐만 아니라 테넨치즈무 운동과 전설적인 코파카바나 요새의 반란에 가담한 인물이었다. 한편, 언론은 점차 검열의 눈을 피해 선거의 실시를 주장하는 인터뷰나 취재기사를 내보내기 시작했다.

이러한 환경에서 1945년 2월 바르가스는 1937년 헌법을 보완하는 이른바 '부가조항'을 발표했다. 이 조항은 90일 기한 내에 반드시 총선거 일정을 결정하도록 규정했다. 그리고 정확히 90일 후, 유권자 등록과 선거의 실시를 다룬 새로운 선거법이 공포되었다. 대통령 선거와 제헌의회 선거는 1945년 12월 2일로, 주 의회 선거는 1946년 5월 5일로 정해졌다.

이 시기에 바르가스는 대통령 선거에 출마하지 않을 것임을 선언한다. 이에 따라 정부 내에서는 에두아르두 고메스에 대항할 후보로 전쟁부 장관인 두트라 장군이 물망에 올랐다.

이렇듯 1945년은 결정적인 한 해였는데, 이 해에 1945~1964년 동안 활약할 주요 정당의 결성도 이어진다. 우선 신국가에 적대적이면서 민주당의 전통을 잇는 자유주의 반정부 세력이 '전국민주연합'União Democrática Nacional, UDN을 창당하였다. 초기 전국민주연합에는 사회민주주의자 소그룹과 극소수의 공산주의자들도 참여했다.

1945년 6월에는 국가 관료 기구, 바르가스 대통령, 각 주의 행정관 등이 주도하는 민주사회당Partido Social Democrático, PSD이 결성되었다. 끝으로 같은 해 9월에는 브라질 노동당Partido Trabalhista Brasileiro, PTB이 등장했다. 이 정당의 결성에도 역시 바르가스가 관여했으며 노동부와 노동조합이 주도적인 역할을 하였다. 브라질 노동당의 목적은 도시 노동자 대중을 바르가스의 기치 아래로 결집시키는 것이었다. 전국민주연합은 에두아르두 고메스를 중심으로, 민주사회당은 두트라 후보를 중심으로 조직이 편성되었는데, 브라질 노동당에서는 유력한 인물이 정치무대에 등장하지 않아 대통령 후보의 선정이 여의치 않아 보였다.

반정부 측에게는 민주주의로의 이행이 권위주의 정부의 수장에 의해 진행된다는 것은 생각할 수 없는 일이었다. 그러나 바르가스는 전혀 예상치 못한 행동을 취하여 야권의 보수적 자유주의자들이나 군의 고위 간부들을 놀라게 한다. 군 지휘부의 지지를 잃었다고 판단한 그는 노동부, 노동조합의 '펠레구', 공산주의자들의 활약을 통해 더욱 광범위한 일반 대중의 지지를 얻으려 하였다.

브라질 공산당이 바르가스를 지지한 가장 큰 이유는 모스크바로부터 전달된 지령 때문이었다. 당시 모스크바가 전 세계의 공산당에게 내린 지시사항들을 보면, 반파시즘 진영에 속한 국가에서는 그 정부가 독재체제이든 민주주의체제이든 관계없이 현재의 정권을 지원하라는 내용이 들어 있었다. 브라질은 추축국에 대항하여 참전했을 뿐만 아니라, 1945년 4월에는 브라질 역사상 처음으로 소련과 외교관계를 수립했다. 브라질-소련 외교관계 수립 후, 사면 판결에 따라 루이스 카를루스 프레스치스가 석방되었다. 그는 곧 당의 결정을 재승인하였다(실제로는 당의 결정도 그의 영향력 아래에서 이루어졌다). '역사적 필연성'이라는 이름으로 어제의 적과 손을 잡아야 할 필요가 있었던 것이다.

신국가 기간 중에 억눌렸던 노동자의 파업도 1945년에 재개되었다. 민주주의적 자유가 점진적으로 회복되면서 노동자들의 움직임이 시작되었다. 전쟁 말기에는 인플레이션의 악화로 노동자들의 고충은 가중되었다. 그러나 1945년 한 해 동안 브라질 공산당은 노동자들의 움직임에 제동을 걸고자 했다. 그들의 판단에 따르면, 당시는 파업의 때가 아니라 정부에 부담을 주지 않기 위해 '허리띠를 졸라맬' 때였던 것이다.

1945년 중반, 바르가스와 연계된 노동계의 운동이 대통령 선거의 향방을 바꾸었다. 브라질 공산당의 지원도 있었던 이 운동을 이른바 '케레미스타'queremista 운동이라고 한다. 이 명칭은 그들의 요구가 잘 표현된 슬로건, '케레모스 제툴리우'queremos Getúlio, 즉 "우리는 제툴리우를 원한다"라는 문구에서 유래한다. '케레미스타'들은 바르가스가 권좌에 있는 동안 제헌의회를 구성해야 한다고 주장하며 거리로 나섰다. 대통령 직접 선거는 신헌법 제정 이후로 연기하고 바르가스도 선거에 출마하도록 요구하였다.

이러한 캠페인은 자유주의적 반정부 세력과 군부 내에 매우 부정적인 영향을 미쳤다. 독재자로서든 또는 선출된 대통령으로서든 권좌에 계속 머무르고자, 이미 출마를 표명한 두 명의 후보자를 제거하려는 바르가스의 의중은 명백해 보였다. 갈등으로 치닫던 선거전의 분위기는 "1945년 12월 2일에 선거가 실시될 것으로 확신한다"는 미국 대사 아돌프 벌의 발언으로 더욱 불타오르게 되었다. 그러자 케레미스타들은 대사의 발언을 미국의 내정 간섭이라고 비판하면서, 선거를 '반동주의자들의 음모'라고 규정했다.

한편, 국경을 맞댄 이웃나라 아르헨티나의 정세도 브라질에 반향을 일으켰다. 1943년 6월 혁명 이후 아르헨티나에서는 후안 도밍고 페론 대령의 영향력이 갈수록 확대되었다. 페로니즘과 제툴리즘은 여러 면에서 유사한 모습을 지니게 된다. 경제 부문에서 양측은 모두 국가의 개입에 기반을 둔 국가주의적 자본주의를 추구하였다. 정치 면에서는, 양측 모두 국가 주도하에 일반 민중과 민족부르주아지를 협력의 길로 이끌어 계급

간의 대립을 줄이려 하였다. 이러한 방식을 통해, 어느 특정 계급의 이해가 아니라 전 국민의 열망이 체현된 국가를 건설할 수 있으리라 믿었던 것이다.

나라에 따라 기원과 특징을 달리하는 라틴아메리카의 포퓰리즘은 이렇게 형성되기 시작했다. 아르헨티나 사회는 브라질보다 계급적 구조가 더 선명하였으므로, 페로니즘은 노동조합을 확고하게 지원하는 한편, 농촌 지배계급의 이해를 차단하고자 노력하였다. 반면, 브라질의 경우에는 일반 대중을 상대로 한 상징적인 호소나 경제적 양보가 제툴리즘의 자양제 역할을 했다. 특히 이러한 성격은 첫번째 바르가스 정부에서 더욱 두드러졌다. 또한 바르가스 정부의 산업부르주아지 지원은 농촌 지배계급과 전면적인 충돌로 이어지지는 않았다.

1945년 바르가스가 포퓰리즘 정책을 시도하여 국정의 장악을 꾀하고 있을 때, 페론은 대통령으로 향하는 길을 걷고 있었다. 그해 10월 군부의 반란으로 공화국 부통령이던 페론은 투옥되고 만다. 하지만 일반 대중들의 대규모 시위가 발생하고, 군부의 일각에서도 이에 지지를 표하여, 불과 8일 만에 페론은 자유의 몸이 되었다. 이제 대통령 선거에서 페론의 승리는 분명해 보였고, 실제로 1946년 2월에 현실이 되었다.

이러한 일련의 사태를 지켜보던 바르가스 반대 세력은 미국과 공감대를 형성하며 바르가스의 퇴임을 재촉했다. 당시 바르가스는 페론과 마찬가지로 미국의 신뢰를 얻지 못하고 있었다. 다만 미국은 페론과의 관계는 계속 유지하였다.

바르가스의 몰락은 국가 외부로부터의 책략에서 비롯된 것이 아니라, 내부의 복잡한 정치적 각축전의 결과였다. 또한 여기에 특수한 요인도 함께 작용하였다. 1945년 10월 25일, 대통령은 주앙 아우베르투를 연방구의 요직인 경찰청장에서 해임하는 전략적 오류를 범했다. 게다가 그 자리에 성격이 포악한 자신의 친동생 벤자밍 바르가스를 임명하여 사태를 더욱 악화시켰다. 그러자 전쟁부 장관 고이스 몬테이루 장군이 곧바로 연방구의 군 병력을 동원하였다. 두트라는 바르가스에게 동생의 임명 철회를 요청하며 타협을 모색해 보지만 부질없는 일이었다. 그의 요구가 거절된 것이다.

결국, 바르가스는 냉정히 자리에서 물러났다. 사퇴를 강요받자, 국민에게 퇴임에 합의했음을 발표하고 권력을 내려놓았다. 해외로 망명할 정도의 상황은 아니었으므로, 고향인 상보르자로 돌아갈 수 있었다.

이렇게 체제의 전환은 군부의 주도로 이루어졌다. 더욱이 제툴리우 바르가스를 권력에 오르게 한 1930년 혁명의 핵심 인물(고이스 몬테이루 장군)이 15년 후 그의 퇴임에도 결정적인 역할을 하였다. 이러한 이유들과 다른 원인들로 인하여 민주주의 체제로의 이행은 과거와의 단절이 아니라 방향의 전환에 머물고 말았다. 따라서 많은 것들이 지속되었다.

5. 사회경제적 구조

1920~1940년 사이에 브라질 인구는 3,060만 명에서 4,110만 명으로 증가했다. 남녀의 비율은 1920년과 1940년 모두 거의 균형을 이루었다. 젊은 연령층이 많아 그 두 해 모두 20세 미만 인구가 전체 인구의 54%를 차지했다.

1940년의 지역별 인구 차이를 살펴보면 다음과 같다. 북부 지역의 인구는 고작 3.5%에 지나지 않은 반면, 북동부 32.1%, 동부(미나스제라이스와 이스피리투산투) 18.1%, 중남부 26.2%, 그리고 남부(산타카타리나와 히우그란지두술)는 10.9%를 차지했다.

　인구 면에서 중요한 변화가 있다면 그것은 해외이민(입국)자의 감소와 국내이동의 증가일 것이다. 이러한 추세가 자리를 잡은 까닭은 1929년 이후의 상황들이 중요한 요인으로 작용했기 때문이다. 세계대공황과 이민할당제를 도입한 1934년 헌법으로 인해, 앞장에서 언급한 일본인들을 제외하면, 해외에서 들어오는 이민자 수는 감소세로 돌아섰다.

　국내의 인구이동은 지역에 따라 다른 양상을 보였다. 북부에서는 인구의 감소비율이 높게 나타났는데(약 14% 감소), 이는 고무산업 위기의 여파라고 할 수 있다. 감소한 인구의 대부분은 그들의 출신지인 북동부로 되돌아갔다. 반면, 남부와 중남부는 전체적으로 높은 인구증가율을 기록했다(11.7%). 한 가지 기억해야 할 사실은, 남부지방으로 이동한 인구의 대부분은 북동부가 아니라 미나스제라이스 출신이라는 점이다. 인구가 가장 많이 유입된 곳은 연방구, 즉 리우데자네이루였다. 상파울루로의 인구이동은 1933년 이후가 되어서야 활발히 이루어진다. 이러한 변화는 공업 성장의 회복과 외국이민의 제한에서 비롯된 것이다.

　경제사가들은 자주 1930년을 수입대체 공업화의 원년으로 삼는 경우가 있다. 하지만 이러한 시각은 1930년의 의미를 조금은 과장하는 것이 된다. 수입대체 공업화는 이미 1930년 이전부터 시작되었기 때문이다. 그러나 세계공황으로 인한 상품 수입의 어려움, 기간산업과 유휴 생산능력(특히 섬유공업 부문)의 존재 등이 1930년 이후 수입대체 공업화를 촉진한 것은 분명하다.

　농업 생산과 공업 생산의 가치를 비교하면 공업의 발전이 월등함을 알 수 있다. 1920년에는 농업이 총생산량의 79%를 담당한 반면, 공업은 21%에 지나지 않았다. 그러나 1940년에는 그 비율이 각각 57%와 43%

로 나타났다. 이는 연간 성장률에서 공업부문이 농업을 크게 앞질렀음을 의미한다.

　1929~1930년에 시작된 시기는 농업생산의 측면에서나 공업생산의 측면에서 지극히 중요한 특징을 지녔다. 이 기간 중에 커피의 위기가 시작되어, 브라질 수출 농업에서 커피의 중요도가 점차 낮아졌다. 반면, 면화 생산은 면화가 수출용이나 국내 섬유산업 원료로 사용되면서 크게 증가했다. 1920년에서 1940년 사이에 세계 전체의 면화 재배 면적에서 브라질이 점유하는 비율도 2%에서 8.7%로 확대되었다. 1925~1929년 기간에 브라질의 전체 수출액에서 커피가 차지하는 비율은 71.7%인데 비해 면화는 불과 2.1%에 지나지 않았다. 하지만 1935~1939년 기간 중에 커피의 비율은 41.7%로 감소한 반면, 면화는 18.6%로 증가했다.

　공업생산의 증가와 함께, 내수용 농업생산의 증가도 눈여겨보아야 한다. 1939~1943년 시기에 쌀, 콩, 육류, 설탕, 만디오카, 옥수수, 밀가루는 전체 농업생산량의 48.3%를 차지했다. 1925~1929년 시기에 이들의 비율은 36% 수준을 넘지 못했었다.

　연간 공업성장률을 살펴보면, 1930년 이후의 공업화 과정을 잘 이해할 수 있다. 관련 통계는 1933년부터 1939년까지는 급격한 발전을 이루다가 1939~1943년에는 성장 속도가 둔화됨을 보여 준다. 이것은 한편으로는 [1933~1939년 사이] 브라질 공업이 1929년의 경제위기에서 급속히 회복된 것을 의미한다. 하지만, 다른 한편으로는 [1939년 이후] 세계대전의 영향으로 생산시설의 현대화가 불가능해지고, 세계무역도 혼란 상태에 직면하면서 성장률이 감소한 것이라 할 수 있다. 그러나 이 시기(1939~1943년)는 질적인 면에서 중요성을 지니는데, 공업화 과정을 그대로 유지하여 전후 공업성장을 가능케 하는 토대가 되었기 때문이다.

아마도 기반시설에 대한 공공투자가 심각한 경기후퇴를 저지하거나 완화시키는 데 기여했을 것이다.

1919년부터 1939년까지의 기간 동안, 공업 내에서도 세부 분야별로 중요성이 점차 변화한다. 기간산업(제철, 기계, 전기, 운송)은 공업총생산액에서 차지하는 비율을 배증시켰다. 반면, 전통적인 분야(섬유를 주축으로 의류, 신발류, 식료, 음료, 담배, 가구류 등)는 1939년에 공업총생산액의 60%를 차지하는데, 이는 1919년의 72%에 비하면 크게 감소한 수치이다. 화학공업과 제약공업은 괄목할 만한 성장을 이루어 이 기간 중에 성장률이 3배로 증가했다.

교육부문에서는 1920년에서 1940년 사이에 어느 정도 문맹률의 감소가 이루어졌다. 그러나 문맹률 그 자체는 여전히 높은 편이었다. 15세 이상의 인구를 대상으로 했을 때, 1920년 69.9%이던 문맹률이 1940년에는 56.2%로 감소하였다. 통계상으로 학교 교육제도를 확대시키려는 바르가스 정부의 노력이 큰 결실을 거둔 이유는 취학률이 매우 낮았던 1920년을 기준점으로 삼았기 때문이다. 1920년에는 5~19세 사이의 초·중등학교 취학률은 약 9%였다고 추정된다. 그런데 1940년에 이 숫자는 21%를 약간 넘는 수준까지 증가한다. 고등교육과 관련해서는 1929~1939년 기간 동안 총학생 수가 1만 3,200명에서 2만 1,200명으로 확대되어 60%의 증가율을 기록했다.

민주주의 실험,
1945~1964년

5장 | 민주주의 실험, 1945~1964년

1. 선거와 신헌법

바르가스의 실각 이후, 군부와 자유주의 야당은 두 대통령 후보 사이의 합의에 따라 권력을 일시적으로 연방최고법원에 이양하기로 했다. 12월 2일로 예정된 선거일정은 그대로 유지되었다.

거리의 집회를 기준으로 하면, 에두아르두 고메스 공군사령관은 상승세를 탄 반면, 두트라는 제자리를 맴도는 듯했다. 고메스 진영은 민주주의와 경제 자유주의를 기치로 내걸고 대도시 중산층의 지지를 넓혀갔다. 그에 비해 두트라는 사람들의 관심을 끌 만한 매력이 없어 호소력 있는 다른 후보로 교체해야 한다는 의견이 나돌 정도였다. 바르가스는 선거일이 거의 임박해서야 공개적으로 두트라의 지지를 선언한다. 하지만 당선 후 공약을 이행하지 않으면 민중의 편에 서서 대통령에게 저항할 것이라는 말도 덧붙였다.

1945년 대통령 선거는 국민들의 커다란 관심을 불러일으켰다. 장기간의 독재 끝에 실시되는 선거이므로 선거재판소는 투표소나 개표과정의 준비에 미숙함을 드러냈다. 그래도 유권자들은 인내심을 갖고 투표소 앞에 길게 늘어섰다. 1930년의 대선에서는 총인구의 5.7%에 해당하는 190만 명이 투표하였으나, 1945년 12월 선거에서는 620만 명(총인구의 13.4%)이 투표권을 행사했다.

사전 여론조사라는 것이 없던 시대인 만큼, 야권은 두트라의 완승에 충격을 받았다. 무효표와 백지표를 제외한 득표수에서, 전체의 55%를 차지한 두트라 장군이 35%를 얻은 에두아르두 고메스 공군사령관을 누르고 당선되었다. 이 선거 결과는 지방 행정관을 이용한 민주사회당의 선거조직력, 그리고 노동자들에게 미치는 바르가스의 영향력이 여전히 막강함을 증명한 것이었다. 또한 일반 대중들이 상류층과 연계된 반反바르가스 세력을 얼마나 불신했는지 여실히 보여 주는 것이었다.

두트라의 승리는 이런 요인들이 복합적으로 작용한 결과다. 따라서 단순히 근대성에 대한 전근대성의 승리 또는 도시에 대한 농촌의 승리라고 보기는 어렵다. 두트라는 규모가 큰 세 개의 주(미나스제라이스, 히우그란지두술, 상파울루)에서 압승했다. 에두아르두 고메스는 가장 좋은 결과를 얻은 북동부에서조차 근소한 차이로 두트라에게 패하고 말았다.

합법화된 브라질 공산당은 이 선거에서 상당히 선전하였다. 그들은 공학도인 이에두 푸이자를 후보자로 내세웠다. 푸이자는 전혀 이름이 알려지지 않은 인물이었지만 대도시에서 의미 있는 성과를 거둬 전체 유효투표의 10%를 획득했다. 공산당은 내적으로는 루이스 카를루스 프레스치스의 명성, 그리고 외적으로는 소련의 권위에 힘입어 선거를 유리하게 이끌었다.

제툴리우 바르가스도 1945년 선거의 대승리자 중 하나였다. 그것은 단지 그가 두트라의 승리에 중요한 역할을 했기 때문만은 아니다. 선거법 규정에 따라 바르가스 자신도 여러 주에서 상원이나 하원의원으로 동시에 당선되었기 때문이다. 최종적으로 그는 히우그란지두술의 상원의원이 되는 길을 선택한다.

대통령 선거와 함께 상·하 양원의 구성을 위한 연방의회 선거도 함께 실시되었다. 상·하 양원은 신헌법이 제정되기까지는 제헌의회의 성격을 지니면서 공동으로 운영하고, 그 후에는 다시 분리되어 평상시의 기능으로 돌아가는 방식을 취했다. 선거 결과는 신국가에서 독재의 지지를 얻기 위해 고안된 정치적 동원조직이 민주주의 체제에서도 득표를 위한 조직으로 제 기능을 발휘할 수 있음을 보여 주는 것이었다. 상당수 유권자들은 '신국가 지지자인가', '자유주의자인가'라는 물음보다 '누구로부터 혜택을 얻을 수 있는가'라는 개인적 인간관계를 더 중시했다. 정치적 신조는 유권자의 일상생활에 아무런 의미가 없었으며, 초보적인 교육 수준의 사람들에게는 너무도 추상적인 내용이었다. 민주사회당은 상·하원 모두에서 과반수의 의석을 확보했고, 전국민주연합이 그 뒤를 이었다.

1946년 1월 말, 두트라가 대통령에 취임하고 제헌의회도 새롭게 개원되었다. 그해 9월에는 자유민주주의를 근본으로 하는 새로운 헌법이 공포되었다. 하지만 1937년 헌법을 대체할 이 신헌법은 몇 가지 점에서 여전히 코포라티즘적인 특성을 이어갔다.

이제 브라질은 대통령 중심의 정부형태를 취하는 연방공화국으로 규정되었다. 국민의 직접 비밀투표로 선출되는 공화국 대통령이 행정권을 행사하며 임기는 5년으로 정해졌다.

한편, 1934년 헌법이 도입한 하원의 계급대표제는 폐지되었다. 이것은 파시즘적 이념에 근거한 코포라티즘을 본뜬 제도였다.

시민권에 대해서는, 헌법은 18세 이상의 식자識字 능력이 있는 남녀에게 투표의 권한과 의무를 부여했다. 이 조항에 의해 적어도 정치적 권리 차원에서는 남녀평등이 실현되었다. 1934년 헌법에서는 임금을 받고 공직에 종사하는 여성에게만 투표의 의무가 주어진 바 있다.

사회경제적 질서의 장을 보면, 우선 경제적 측면에서 광물자원과 전력 이용에 관한 규정이 수립되었다. 사회적 측면에서는 법률로 보호되어야 할 최소한의 권리들이 열거됐는데, 1934년 헌법과 큰 차이는 없었다.

가족에 관한 장은 이후 오랫동안 지속될 뜨거운 논쟁의 기원이 되었다. 그 논쟁이란 바로 이혼을 둘러싼 찬반양론의 대립이다. 신헌법에서는 최종적으로 가톨릭교회의 압력과 강경 보수주의자들의 주장이 반영됐다. 가족은 결혼에 의해 성립되며, 해체될 수 없는 유대라고 정의되었다.

제헌의회 의원들이 신국가의 코포라티즘을 계속 고수하고자 했던 부분은 노동조합과 관련된 사항들이었다. '펠레구'의 중요한 기반인 조합세는 계속 유지되었다. 파업권은 원칙적으로 인정되었지만, 다른 일반법을 통해 실행할 수 없는 권리로 묶어 두었다. 즉 파업이 인정되지 않는 '필수 활동'을 법률로 정했는데, 거의 모든 경제활동 분야가 이에 해당되었다. 노동법 전공 교수인 세자리누 주니오르는 법률을 준수하면서 합법적으로 파업할 수 있는 곳은 화장품 판매점뿐일 것이라고 평했다.

* * *

한편, 브라질 공산당에 대한 탄압이 두트라 정권 시기에 시작되었다. 탄압의 배경에는 보수주의의 압력, 브라질 공산당의 세력 확대, 강대국 간의 관계 변화 등의 요인이 있었다. 1946년 제4당으로 부상한 브라질 공산당은 당시 약 18만~20만 명의 당원을 보유하였다.

한편 국제사회에서 나치파시즘에 대한 승자들의 우호는 오래가지 못했다. 중국과 그리스는 내전의 무대가 되었다. 소련의 직간접적인 동구권 지배는 미국의 패권과 유럽의 세력균형을 위협했다. 이러한 일련의 사태들이 스탈린에 대한 비관적인 불신에 무게를 실어 줬다. 결국 세계평화라는 희망은 냉전 속으로 사라지고 말았다.

1947년 5월, 신원이 알려지지 않은 하원의원 두 명의 고발을 계기로 연방최고법원은 브라질 공산당의 등록을 무효화했다. 이 판결은 최고법원 내의 치열한 논쟁 끝에 단 한 표 차이로 결정된 것이었다. 브라질 공산당이 폐쇄되던 바로 그날, 노동부 장관은 14개 조합에 대한 '개입'을 명령하고 공산당 통제하에 있던 한 조합의 중앙본부도 해산시켰다. 그 후에도 탄압은 수개월간 지속되어 두트라 정권의 마지막 해에는 정부의 간섭을 받은 노동조합이 200여 개에 달했다. 공산주의자들이 실제로 많은 조합에 영향력을 행사한 것은 사실이나, 정부가 공산주의 타도라는 명분을 내걸고 자신의 방침에 순응하지 않는 노동조직을 파괴하려 한 것은 분명해 보인다.

1948년 1월에는 공산당 추천으로 당선된 상·하원의원 및 시의원들의 자격을 박탈하는 법안이 의회를 통과함으로써, 공산당을 불법 비밀단체로 몰아가는 조치가 완성되었다.

* * *

경제정책 면에서 두트라 정부는 자유주의 모델을 채택한다. 국가의 개입은 비판의 대상이 되고, 신국가에서 수립된 여러 규제들도 하나 둘 폐지된다. 일반 시장의 자유화, 특히 상품 수입의 자유화야말로 세계대전 말부터 지속돼 온 인플레이션을 억제하고 브라질을 발전시키는 길이라고 여겨졌다. 다행히 브라질의 재정은 양호한 상태였다. 세계대전 중 수출을 통해 외화를 축적했기 때문이다. 그렇지만 자유주의 정책은 실패로 끝이 난다. 브라질화貨의 가치가 상승하자 온갖 수입품이 물밀 듯이 들어왔다. 결국 외환은 고갈되고 정책은 아무런 효과도 거두지 못했다.

이러한 상황에 대처하기 위해 1947년 6월 정부는 정책을 전환하여 수입허가제를 도입하였다. 소비재 수입은 제한하고, 설비, 기계, 연료 등 기간재 수입은 유리하게 만들기 위한 조치였다. 달러화 대비 브라질화의 높은 가치가 계속 유지되어 수출은 부진에 빠진 반면, 내수용 생산은 더욱 활발해졌다.

이 새로운 경제정책은 국제수지의 불균형과 인플레이션에 대응하기 위해 추진된 것이지만, 결과적으로는 공업의 발전에 긍정적으로 작용했다. 임기 말에 두트라 정부는 뛰어난 경제적 성과를 거둔다. 1947년부터는 경제성장을 더욱 효과적으로 측정하기 위해 국내총생산이라는 연간 지표를 도입하였다. 1947년을 기준으로 1948년에서 1950년까지 브라질의 국내총생산은 평균 8%의 성장세를 보였다.

한편, 노동조합 운동의 탄압으로 실질임금의 삭감도 용이해졌다. 1949~1951년에 소비자 물가는 상파울루에서 15%, 리우데자네이루에서 23%가 증가했으나, 평균임금 상승률은 각각 10.5%, 12%에 머물렀다.

* * *

두트라의 임기가 채 중반을 지나기도 전에 차기 대통령 선거를 위한 움직임들이 나타나기 시작했다. 관심의 초점은 제툴리우 바르가스에게 모아졌다. 상원의회에는 거의 참석하지 않았지만, 그는 전략적으로 일부 지방을 여행하거나 상보르자에 머물며 정치인들의 방문을 받고 있었다. 그의 전략은 명확했다. 민주사회당의 지방 선거조직을 확실히 관리하여 충성심 강한 지지기반을 세우는 것이었다.

한편, 상파울루에서는 새로운 힘이 등장한다. 1947년 주지사 선거에서 공산당의 후원으로 당선된 아데마르 지 바로스Ademar de Barros가 그이다. 아데마르 지 바로스는 원래 상파울루 공화당에서 정치에 입문하였고, 신국가 시기에는 상파울루 행정관을 지낸 인물이었다. 이제는 거대한 대중 유권자의 표를 획득하는 능력이 정치적 성공을 좌우하는 시대가 되었는데, 그는 이러한 신시대에 잘 적응하였다.

아데마르 지 바로스는 선거조직으로서 진보사회당을 창당하지만, 이 정당은 오직 그 자신의 개인적인 목적을 위해서만 존재했다. 그는 이념적으로 일관성을 띤 강령을 발전시키는 일에는 관심을 접은 채, 정치적 도덕성은 부족하지만 뛰어난 행정능력을 지닌 인물이라는 이미지를 넓히는 데 힘을 기울였다. 공적인 부문에서 도덕성을 강조한 전국민주연합에게는 혐오의 대상이었으나, 리우데자네이루와 상파울루의 일반 대중과 중소 부르주아층으로부터는 호감을 얻었다.

바로스는 1950년대 초에는 아직 대통령에 도전할 힘은 없었지만, 특정 후보자를 지원하여 자신의 가치를 높일 수는 있었다. 그는 곧 출마를 준비하던 제툴리우 바르가스의 지지를 표명하고, 상파울루뿐만 아니라 리우데자네이루에도 확대되기 시작한 자신의 지지기반을 활용하여 바르가스의 진용을 확대시켰다.

두트라는 바르가스의 입후보를 지지하지 않았다. 자신의 정부 노선을 이어가지 않을 것으로 판단했기 때문이다. 그 대신 그는 민주사회당에 압력을 가해 거의 무명에 가까운 미나스제라이스 출신 정치인 겸 변호사 크리스티아누 마샤두를 후보로 내세우는 데 성공한다. 하지만 실제로는 민주사회당 지도부 대부분이 이 후보자를 등한시했다.

전국민주연합은 또다시 공군 장성 에두아르두 고메스를 후보자로 추대한다. 그러나 그에게는 더 이상 1945년의 인기는 남아 있지 않았다. 그는 옛 통합주의자들의 지지를 얻지만, 분별없이 최저임금법의 철폐를 주장하는 우를 범했다.

제툴리우 바르가스는 공업화의 지원과 노동법 확대를 선거운동의 기본 방향으로 정했다. 하지만 그의 연설은 방문하는 장소에 따라 내용을 달리했다. 예를 들면, 브라질 공산당의 영향력이 뚜렷한 리우데자네이루에서는, 만약 자신이 대통령에 당선되면 브라질 민중은 그와 함께 카테치 궁의 계단을 올라 권좌에 앉을 것이라고 말했다. 브라질 노동당과 진보사회당 이외에도 민주사회당의 일부나 심지어 전국민주연합으로부터도 음으로 양으로 지지를 얻었다.

이러한 상황이 전개되었지만, 민주사회당과 브라질 노동당 간의 협력은 이루어지지 않아 바르가스는 1945년 두트라의 득표율에 도달하지 못했다. 그래도 1950년 10월 3일의 대통령 선거에서 그는 유효투표의 48.7%를 획득하여 완승을 거두었다. 반면 에두아르두 고메스는 29.7%, 크리스티아누 마샤도는 21.5%를 넘지 못했다.

2. 바르가스의 재집권

1951년 1월 31일, 제툴리우 바르가스는 대통령에 취임한다. 전국민주연합은 과반수를 득표해야 당선자로 인정된다며 그의 당선에 이의를 제기하지만 받아들여지지 않았다. 당시의 선거법에는 그러한 규정이 없었기 때문이다. 결국 자유주의자들은 자기모순에 빠졌다. 원칙적으로 민주주의적 합법성을 옹호했지만, 가장 중요한 선거에서 일반 대중의 표를 이끌어 내지 못한 것이다. 이후, 그들은 불분명한 이유를 들어 선거결과에 이의를 제기하거나, 군부의 개입을 호소하게 된다.

제툴리우 바르가스는 과거 자신이 했던 역할을 민주적 체제 속에서 다시 한번 수행하고자 했다. 즉, 다양한 사회적·정치적 세력을 상대하면서 중재역을 맡으려 한 것이다. 그는 전국민주연합의 환심을 사기 위해 노력하는 한편, 민주사회당의 매우 보수적인 인물들을 장관으로 발탁한다. 그러나 전략적인 직위인 전쟁부 장관에는 군부 내의 국가주의 세력과 연계된 이스틸라크 레알Estillac Leal을 임명했다. 과거 테넌치였던 레알은 군인클럽 회장을 역임하기도 했다.

군 내부에서는 국가주의 세력과 그 반대 세력 사이에 이념적 분열이 뚜렷해졌다. 특히 국가주의자들은 그 반대 세력을 '매판주의자'라고 비하했다. 이 대립은 국내의 경제정책과 브라질의 국제적인 위상을 둘러싸고 날카롭게 전개되었다.

국가주의자들은 공업화를 토대로 한 경제발전을 주장했다. 또한 국제자본주의 체제에 종속되지 않는 자립적인 경제체제의 건설을 역설했다. 다시 말해 이것은 경제를 관리하고 전략적인 분야(석유, 철강, 운송, 통신 등)에 투자하는 주체로서의 핵심 역할을 국가에 부여해야 한다는 의미이기도 했다. 국가주의자들은 외국 자본을 거부하지 않았지만, 그렇다고 의심의 눈초리를 거둔 것은 아니었다. 경제적인 이유 외에도, 외국자본이 전략적인 분야에 유입될 경우 국가의 주권이 위태로워질 수 있다는 신념에서 경계의 자세를 풀지 않았다.

반면, 국가주의자들의 대항세력은 국가의 경제 개입을 최소화해야한다는 주장을 펼쳤다. 그들은 공업화에는 그다지 큰 중요성을 두지 않았으며, 나라의 발전은 관리가 가능한 범위 내에서 외국 자본의 도입에 달려 있다고 믿었다. 또한 통화발행과 정부지출을 엄격히 관리하면서 인플레이션과 철저히 싸워야 한다는 자세를 취했다.

국제관계의 차원에서 국가주의자들은 미국과 거리를 두거나 심지어 어느 정도 저항하는 입장을 취하려 하였다. 그 반대 세력은, 한국전쟁으로 긴장이 더욱 고조된 이 시기에 브라질은 미국과 긴밀한 관계를 맺고 반공산주의 투쟁에 가담해야 한다고 역설했다. 군 간부들 사이에서는 미국과의 동맹을 지지하는 성향이 주류를 이루었는데, 그 일례로 1952년 5월에 실시된 군인클럽 임원진 선거에서 반국가주의자들이 승리를 거두었다.

1950년대 초반, 정부는 공업화에 역점을 두면서 다양한 경제의 개발 및 진흥 정책을 추진한다. 우선 5억 달러의 차관을 들여와 운송체제와 에너지 개발에 공적 자금을 투입했다. 이것은 북동부 지역에 전력 공급을 확대하고 국내산 석탄의 공급문제를 해결하기 위한 방안이었다. 또한 부분적으로 해운시설과 항만체계를 개선하였다. 1952년에는 공업의 다각화를 직접 독려할 목적으로 '국립경제개발은행'을 설립했다. 이 은행의 창설에는 바르가스 정부의 첫 재무장관인 오라시우 라페르를 비롯해 다수의 인사들이 관여했다.

정부는 경제 활성화를 위한 노력과 함께, 심각한 사회적 문제들에도 대처해야 했다. 그 중 하나가 바로 인플레이션이었다. 세계대전 말기부터 시작된 인플레이션이 1947년 들어서는 다소 완화되는 듯했으나, 그 후 다시 한번 상승곡선을 그렸다. 1947년 2.7%에 머물던 물가상승률이

1948~1953년 기간에는 연평균 13.8%에 달했다. 그리고 1953년 한 해에는 20.8%까지 치솟았다.

* * *

바르가스는 서로 모순되는 흐름들 속에서 경제를 이끌어야 했다. 한편으로는 높은 생계비로 괴로워하는 노동자의 요구에 귀를 기울이지 않을 수 없었고, 다른 한편으로는 인플레이션 억제를 위해 인기 없는 정책을 펼쳐야 했다. 이러한 환경에 대처하고자 그는 1953년 6월과 7월 사이에 개각을 단행했다. 새로운 노동부 장관에는 히우그란지두술 출신의 젊은 정치가이자 대목장주인 주앙 굴라르João Goulart를 임명했다. '장고'Jango라는 애칭으로 더 잘 알려진 굴라르는 바르가스 일가와의 친분을 살려 상보르자에서 정치인으로 활약하기 시작했다. 브라질 노동당 계열의 노동조합들과 연계가 있던 그는 조합원들 사이에서 점차 확산되고 있던 공산당의 영향을 저지할 수 있는 인물로 부상한다. 하지만 그러한 역할에도 불구하고 중산층의 절대적 지지를 받고 있던 전국민주연합과 반바르가스 세력의 군 간부들은 그를 비판적 시각으로 바라보았다. 그들은 장고를 '노조주의 공화국'의 후원자, 또는 브라질식 페로니즘의 구현자로 간주했다.

비슷한 시기에 바르가스는 오스발두 아라냐를 재무부 장관에 임명한다. 바르가스의 옛 동료인 아라냐는 1930년대 초에도 같은 직책에서 실력을 발휘한 경험이 있다. '아라냐 계획'이라 불린 신임 재무장관의 경제정책은 신용확대의 억제와 대외무역의 환율관리가 핵심 골자였다. 특히 환율관리는 1953년 1월에 도입된 방침을 이어받아, 수출입되는 상품에 따라 환율을 차등 적용하는 일종의 복수환율제를 실시했다. 이 제도의 최대 목적은 수출시장에서 경쟁력을 회복하고 경제발전에 필요한 필수자재의 수입을 원활하게 하는 것이었다.

1953년 10월에는 이른바 '환율징수제'를 도입했다. 이것은 커피수출로 거둬들인 달러를 국내통화인 크루제이루[1]로 교환할 때 달러의 가치를 낮게 책정하는 조치였다. 환율징수제에 힘입어, 정부는 커피수출로 얻은 수익을 다른 경제부문(특히 공업)에 투입할 수 있었다. 커피 생산자들은 이러한 조치에 반발하여 정치적 성격의 항의시위를 시도했지만 군에 의해 저지되고 만다. 이러한 시위는 장차 쿠비체크 정부가 들어서면 '생산 시위'라 불리게 된다. 단순히 환율징수제를 실시했다는 사실만을 놓고, 바르가스 정부가 커피 생산자들을 단념했다고 말한다면 그것은 지나친 표현이 될 것이다. 비록 성공을 거두지는 못하지만, 바르가스 정부는 해외에서 커피가격을 높게 유지하려는 정책을 시도했기 때문이다. 이러한 정책은 미국의 심기를 건드려 상원의 한 위원회에서 브라질의 '과대한 커피가격'을 조사케 하기도 했다.

1953년 이후 미국은 제3세계 정책을 변경한다. 한국전쟁이 발발하자, 트루먼 대통령(1945~1952년)은 공산주의와 관련 있는 제3세계 국가들을 압박하는 한편, 자신의 영향권에 있는 국가들에게만 원조를 제공한 바 있다. 1953년 1월 대통령에 취임한 아이젠하워 장군은 조지 험프리와 존 포스터 덜레스를 각각 재무장관과 국무장관에 임명한다. 또한 미 정부는 반공주의를 진정한 '십자군전쟁'으로 탈바꿈시킴과 동시에, 개발도상국들의 재정문제에 매우 엄격한 자세를 취한다. 이들에 대한 새로운

---

1) 브라질은 인플레이션에 대처하기 위해 1942년에 1천 헤알을 1크루제이루로 하는 화폐개혁을 단행했었다.

정책노선은 정부의 원조를 중단하고, 민간투자로 그것을 대체하는 것이었다. 브라질이 기반시설의 건설과 국제수지 적자를 보완하기 위해 미국 정부로부터 공공차관을 도입할 수 있는 길은 거의 사라졌다.

미국의 정책 변환으로, 브라질 정부가 추진하려던 '라페르 계획'Plano Lafer, 즉 '국가경제재건계획'은 난관에 부딪혔다. 여기에 포함된 상당수 기획안들은 차후 주셀리누 쿠비체크Juscelino Kubitschek 정부의 '메타스 프로그램'에 흡수된다.

＊ ＊ ＊

바르가스는 집권 초기부터 모든 보수 세력을 자신의 주위로 끌어모았으나, 그런 와중에도 자신의 중요한 지지기반 하나를 결코 등한시하지 않았다. 바로 도시 노동자들이었다. 1951년 5월 1일 노동절 집회에서 바르가스는 노동자계급과 더 한층 깊은 유대를 맺는 계기를 마련한다. 이때 그는 통상적인 연설에 머물지 않고, 부당 이익을 취하는 '투기꾼과 모리배들'을 상대로 자신이 벌이고 있는 투쟁에 노동조합 노동자들의 동참을 호소했다. 그와 동시에 조합원이 되려면 반드시 제출해야 했던 이른바 '사상증명서'를 폐지했다. 이 조치로 두트라 정부 시절 배제된 노동자들과 공산주의자들의 노동조합 복귀가 가능해졌다.

그렇지만 정부가 노동계를 완전히 장악한 것은 아니었다. 노동조합 운동의 자유화와 생계비의 상승은 1953년에 일련의 파업을 불러왔다. 그 중에서 가장 큰 파장을 일으킨 것은 3월에 발생한 상파울루의 총파업과 6월의 리우데자네이루, 산투스 그리고 벨렝의 선원파업이었다. 그러나 두 파업의 성격은 크게 달랐다.

당초 섬유부문에서 시작된 상파울루의 총파업은 가구 제조, 목공, 제화, 인쇄, 유리공업으로 확산되어 참석 인원이 30만 명에 달했다. 이들의 핵심 요구사항은 60%의 임금 인상이었지만, 총파업의 또 다른 목적은 파업권을 규제한 법률의 규탄이었다. 총파업은 경찰과 충돌을 거듭하며 24일간 지속되었고, 최종적으로는 각 부문별 개별 협정을 맺고 종료되었다.

이 노동운동은 상파울루에서 제툴리즘의 패배를 상징한다. 대통령 자신은 개인의 권위를 어느 정도 유지할 수 있었지만 브라질 노동당과 '펠레구'들은 이 노동운동에서 뒷전으로 밀려났다. 이 총파업에서 중심적인 역할을 한 공산주의자들은 바르가스를 '제국주의의 앞잡이'라 비난하며 정부에 강경하게 맞섰다.

한편, 선원파업에는 약 10만 명의 노동자가 참여했다. 노조는 임금 인상과 노동조건 개선을 요구하는 한편, 노동부와 유착된 것으로 보이는 선원연맹 집행부의 총사퇴도 주장했다. 선원연맹 집행부의 해임은 노동부 장관의 교체를 검토하던 바르가스의 구상과 맞아떨어지는 것이었다.

사실 주앙 굴라르는 파업이 거세게 이는 와중에 노동장관에 취임하여 중개자의 역할을 인상적으로 수행했다. 국가의 관리하에 있는 공공부문의 파업이었으므로 굴라르는 노동자들의 요구사항을 대부분 수용할 수 있었다. 그와 동시에, 선원연맹 집행부의 사퇴를 압박하며, 노동자와 그 자신에게 더욱 가까운 새 집행부의 수립을 유도했다.

* * *

'30만 총파업'과 같은 시기인 1953년 3월, 상파울루에서는 정치적으로 특별한 사건이 발생했다. 당시 이 사건은 세간의 주목을 끌긴 했지만, 그 진정한 의미는 여러 해가 지난 뒤에 비로소 이해되었다. 전직 고교 교사이자 시의회 의원인 자니우 콰드루스Jânio Quadros가 시장 선거에서 승리한 것이다. 기독교민주당과 중소정당인 브라질 사회당의 후보로 출마한 그는 다른 정당의 유력 후보들을 제치고 상파울루 시장에 당선되었다.

자니우 콰드루스의 승리는 '백만장자에 맞선 가난뱅이'라는 포퓰리즘적 선거운동, 특히 부패와의 전쟁이라는 슬로건이 주효한 결과였다. 전국민주연합과 관계를 끊고 유능한 정치인이라는 이미지를 내세운다면 부패와의 전쟁이라는 캠페인은 커다란 정치적 효과를 거둘 것이라고 판단했던 것이다. 빗자루는 그러한 이미지를 가장 잘 표현하는 상징이었다. 선거조직으로 전락한 정당을 타파하고 개혁을 완수하길 바라는 열망, 하늘의 뜻에 따르는 한 남자가 신비한 힘으로 부패와 투쟁하고 있다는 믿음 등이 확산되면서 콰드루스의 이름 아래 다양한 사회계층(노동자 대중에서 중산층에 이르기까지)이 응집하였다.

한편, 연방 차원에서는 '장고'(주앙 굴라르)가 반바르가스 세력의 공격 대상이 되었다. 장고의 이름은 노조주의 공화국이나 최저임금 100% 인상 시도 등을 떠올리게 했다. 반정부 시민세력은 전국민주연합과 군소정당의 대다수 당원들과 상당수의 저널리스트들로 이루어졌다. 그 중에서도 급진주의적 사고와 강경한 발언으로 유명한 전前브라질 공산당원 카를루스 라세르다가 두각을 나타냈다. 세월이 흐르면서 라세르다는 과거의 동지들과 관계를 단절할 뿐만 아니라, 그들의 가장 집요한 적대자로 변신하게 된다. 포퓰리즘과 공산주의가 그의 공격 표적이 되었다. 라세르다는 자신의 신문 『트리부나 다 임프렌사』*Tribuna da Imprensa*를 무기로 격렬한 반바르가스 운동을 펼치면서 대통령의 사임을 요구했다. 그리고 대통령이 사임하면 곧바로 긴급사태를 선언하고, 그 기간 중에 포퓰리즘적 정치인들이 악용하지 못하도록 정부 기구를 개혁해야 한다고 주장했다.

군 내부의 반정부 세력 가운데에는 포퓰리즘에 적대적인 반공주의자 간부들이 포함되어 있었다. 그 중에는 전국민주연합과 행동을 함께하려는 자도 있었지만, 일반 정치인들에게 적대적인 자들도 있었다. 인지도가 높은 장성으로는 코르데이루 지 파리아스, 주아레스 타보라 그리고 공군 장성인 에두아르두 고메스 등을 들 수 있다. 이들 다음으로는, 젊은 장교들의 세력이 두드러졌다. 그들이 얼마나 현실을 개탄하고 있었는가는 1954년 2월에 발표한 이른바 '대령들의 각서'를 통해 짐작할 수 있다. 육군 대령 42명과 중령 39명이 서명한 이 각서는 군의 규율이 물질적·도덕적으로 문란해졌다는 인식에서 나온 성토임과 동시에, 국가 현실에 맞지 않는 최저임금의 지나친 상승에 대한 비판이기도 했다.

3. 바르가스의 몰락

1954년 2월 제툴리우 바르가스는 다시 한번 개각을 단행한다. 주앙 굴라르는 그다지 두드러진 활동이 없던 한 정치인에게 노동부 장관직을 넘겼다. 그는 이임 직전 최저임금 100% 인상안을 제출하여 노동자의 이익을 추구하다 실각된 인물이라는 이미지를 남길 수 있었다. 한편, 바르가스는 군부를 안심시키기 위해 자신이 신뢰하는 반공주의자 제노비우 다 코스타를 전쟁부 장관에 임명했다.

하지만 이러한 신중한 인사에도 불구하고, 바르가스 대통령의 발언이나 정책은 갈수록 사회 보수층의 이해와 충돌하게 된다. 경제 분야에서는 국가주의적 노선을 선택하여, 국제수지 불균형의 책임을 외국자본에게 넘겼다. 캐나다와 미국의 전력회사들이 신규투자를 주저하자, 바르가스는 국영 전력회사 엘레트로브라스를 창설하는 법안으로 대응했다 (1954년 4월).

같은 달, 전직 외무장관 주앙 네베스 다 폰투라가 반정부 세력의 비판적 논지에 힘을 싣는 정보를 제공한다. 그는 한 인터뷰에서 대통령과 주앙 굴라르가 '코니 술'[2] 지역으로 진출하려는 미국을 저지하기 위해 아르헨티나, 칠레와 비밀 협정을 맺었다고 비난하였다. 특히 아르헨티나의 페론과 체결했으리라 여겨지는 비밀협정에는 브라질을 더욱더 '노조주의 공화국'의 방향으로 끌고 가려는 의도가 숨어 있다고 추정했다. 한편, 노동정책 부문에서 바르가스는 5월 1일 최저임금 100% 인상을 발표하여 또다시 거센 항의를 불러일으켰다.

이 시점이 되면 이미 바르가스는 확고한 지지기반을 잃고 곤경에 처하지만, 그래도 여전히 권력에 집착하는 모습을 보인다. 반정부 세력은 그에게 최후의 일격을 가할 계기가 필요했다. 대통령 퇴진을 위해 군부가 합법의 테두리를 넘어 움직이려면 바르가스에게 치명적인 사건이 일어나야 했다. 그런데, 그러한 사건이 대통령 측근 그룹으로부터 제공되었다. 이 그룹은 바르가스가 권력을 계속 유지하려면 카를루스 라세르다를 정치무대에서 제거할 필요가 있다는 확신을 공유하고 있었다. 추후 밝혀진 바에 따르면, 바르가스 측근들이 대통령 경호실장 그레고리우 포르투나투에게 카를루스 라세르다의 처리를 부탁했다고 한다. 30년 이상 바르

---

2) 코니 술[Cone Sul, 스페인어로는 Cono sur(코노 수르)]은 남쪽의 원뿔형 지대란 뜻으로 남미대륙 남단의 지형적 형태에서 유래된 표현이다. 칠레, 아르헨티나, 우루과이 그리고 파라과이와 브라질의 남부 지방이 여기에 해당된다.

가스를 섬긴 충직한 부하 포르투나투는 반정부 세력 중 가장 적극적으로 움직이는 이 인물을 암살하기로 계획한다.

범죄를 모의한 것만으로도 악질적이라 할 수 있는데, 만약 그 모의를 실행에 옮겼다면 그것은 더더욱 사악한 일이 아닐 수 없다. 1954년 8월 5일 새벽, 라세르다가 리우데자네이루에 있는 자택으로 들어서려는 순간 한 저격수가 암살을 시도했다. 라세르다는 가벼운 부상을 입는 데 그쳤지만, 그와 동행했던 후벤스 바즈 공군 소령은 사망했다. 결과적으로, 이 범죄행위로 말미암아 바르가스는 일반 국민의 분노와 반대 세력의 거센 공격, 그리고 반란 상태에 이른 공군의 압력에 직면했다. 경찰의 사건 수사와 공군의 독자적인 조사 결과 서서히 바르가스 정부의 어두운 부분이 드러나기 시작했다. 하지만 바르가스 스스로 '진흙탕'이라 부른 이 사건에 대통령이 직접 관여했다는 증거는 찾지 못했다.

대통령의 사임을 요구하는 운동은 거대한 규모로 발전했다. 바르가스는 헌법이 보장하는 합법적인 대통령임을 주장하며 저항을 이어갔다. 그러나 8월 23일 정부에 대한 군의 지지가 사라졌음이 더욱 명백해졌다. 27명의 군 장성들이 서명한 대통령 사임 요구서가 국민들 앞에 발표된 것이다. 서명자 중에는 반바르가스 성향으로 유명한 군인들뿐만 아니라, 체계적인 반대 세력과는 거리가 먼 엔히키 로트와 같은 장성들도 포함되어 있었다. 엔히키 로트는 그로부터 1년여 후 합법주의의 대변자로 변신한다.

비판의 포위망이 더욱 자신을 조여 오자, 바르가스는 비극적인 최후의 행동으로 이에 응했다. 8월 24일 아침 그는 카테치 궁의 침실에서 심장에 총을 쏘아 스스로 목숨을 끊었다. 바르가스의 자살은 개인적 절망의 표현이긴 하지만 깊은 정치적 의미도 담겨 있었다. 사실 대통령의 행위는 그 자체만으로 대중을 충격으로 몰아넣을 드라마적 힘을 지녔다. 그런데 바르가스는 브라질 국민에게 감동적인 메시지, 즉 유언장까지 남긴 것이다. 그 속에서 바르가스는 그 자신을 반대 세력에게 희생된 인기 없는 인물임과 동시에 그러한 세력을 비판하는 고발자라 소개하였다. 또한 브라질이 직면한 위기는 국내 적대자들과 결탁한 국제 세력에게 책임이 있다고 주장했다.

바르가스의 자살은 즉각적인 결과를 불러왔다. 모든 대도시의 일반 대중들이 거리로 쏟아져 나왔다. 그들의 분노는 반정부적 언론사나 리우데자네이루의 미국 대사관 등 가장 상징적인 표적을 향해 표출되었다. 이러한 시위에는 공산주의자들도 가담했다. 바르가스 정부 기간 내내 대통령을 비판하고 그의 사임을 요구했던 공산당이 하루아침에 태도를 바꾼 것이다. 그 후 그들은 자신들의 적을 유리하게 만들었던 급진적 노선을 포기하고 포퓰리즘적 국가주의를 지지하고 나선다.

군의 지휘부가 대규모 군중 시위에 충격을 받은 데다 합법적인 위기 해결을 선호한 면도 있어, 일부에서 기대했던 쿠데타는 일어나지 않았다. 결국은 부통령 카페 필류Café Filho가 대통령직을 승계하였다. 그는 전국민주연합이 다수 참여한 내각을 구성하고, 1955년 10월로 예정된 대통령 선거를 그대로 실시하겠다고 국민에게 확약했다.

* * *

가장 먼저 대통령 후보를 지명한 정당은 민주사회당으로, 1955년 2월 주셀리누 쿠비체크의 입후보를 발표한다. 미나스제라이스의 민주사회당에서 정치 경력을 쌓은 쿠비체크는 당시 그 주의 지사로 활약 중이었다.

쿠비체크는 제툴리즘의 흐름을 잘 이어받아 브라질 노동당의 지지를 확보할 수 있는 조건을 갖추고 있었고, 실제로도 선거에서 그 지지를 끌어내었다. 이로써 지난 1945년의 대선에서 두트라에게 대승을 안겨 준 민주사회당-노동당 연합이 복원되었다. 1955년 5월에는 아데마르 지 바로스가 대선 출마를 결심한다. 그는 1954년 10월에 실시된 상파울루 주지사 선거에서 자니우 콰드루스에게 패한 바 있었다.

한 달 후인 6월, 전국민주연합은 또다시 군인 후보를 내세웠다. 이미 두 번의 패배로 힘을 잃은 에두아르두 고메스를 지명할 수는 없었다. 따라서 테넨치즈무 운동의 또 다른 노병, 주아레스 타보라 장군을 당 후보로 추천한다.

쿠비체크는 선거운동에서 국가자본과 민간자본을 기반으로 한 경제 발전의 필요성을 역설했다. 반면, 정치의 윤리성을 강조한 타보라는 국가의 과도한 경제 개입이 심각한 불균형을 초래했다고 주장하며 기존 노선에 대한 반대의지를 분명히 했다.

선거운동에서는 부정한 수단들도 빠지지 않았다. 1955년 9월, 쿠비체크와 장고(부통령 후보)의 경쟁 진영은 '브란디 서한'이라 불린 문서를 언론에 공개했다. 겉으로 볼 때 이 편지는 1953년 아르헨티나 하원의원 안토니오 헤수스 브란디Antonio Jesus Brandi가 당시 노동부 장관이던 주앙 굴라르에게 보낸 것으로 되어 있다. 서한의 내용 중에는 장고와 페론이 손잡고 무력운동을 일으켜 브라질에 노조주의 공화국을 수립한다는 계획이 들어 있었다. 선거 직후 육군이 조사한 바에 따르면, 이 편지는 아르헨티나의 위조범들이 제작하여 장고의 경쟁 진영에 팔아넘긴 것이었다.

1955년 10월 3일의 대선에서는 주셀리누 쿠비체크가 근소한 차이로 승리했다. 쿠비체크는 유효투표의 36%를 획득한 반면, 주아레스 타보라와 아데마르 지 바로스는 각각 30%와 26%의 득표율을 기록했다. 또한 과거의 통합주의자 플리니우 살가두도 8%를 얻었다. 당시 대통령과 부통령 선거는 별도의 투표용지를 사용하였기 때문에 주앙 굴라르는 쿠비체크보다 약간 높은 득표율로 부통령에 당선되었다. 장고의 승리는 브라질 노동당의 성장을 의미하는 것이었다.

*　*　*

주셀리누 쿠비체크와 주앙 굴라르의 승리가 확정되자, 두 사람의 취임에 반대하는 움직임이 나타났다. 1955년 11월초, 카페 필류가 갑자기 심장 발작으로 쓰러져 일시적으로 대통령직에 공백이 발생했다. 그를 대신하여 하원의장 카를루스 루스가 대통령직을 수행하지만, 그는 아예 드러내 놓고 군사쿠데타 지지자들을 감싼다는 비판을 받았다. 이를 계기로 이른바 '예방적 쿠데타', 즉 선거를 통해 당선된 대통령의 취임을 보장하기 위한 군부 개입이 일어났다.

1955년 11월 11일에 발생한 이 군부 개입의 중심인물은 엔히키 로트 장군이었다. 그는 리우데자네이루의 육군부대를 동원하여 정부기관, 라디오 방송국, 언론사 등을 점거했다. 육군의 지휘부는 로트 장군의 움직임을 지지하였지만 해군 및 공군사령관은 그것을 비합법적 반란 행위라고 비난하였다. 육군부대는 각 군 사이의 충돌을 막기 위해 해군과 공군 기지를 포위하였다. 대통령직을 박탈당한 카를루스 루스는 그의 각료 및 일부 정치인들과 함께 순양함 타만다레 호를 타고 피신하였다. 그와 동행한 정치인들 중에는 카를루스 라세르다도 끼어 있었다. 그들은 배에서 저항운동을 시도해 보지만 헛된 꿈에 불과하였다.

같은 날인 11월 11일, 사태의 추이를 검토하기 위해 연방의회가 신속히 소집되었다. 연방의회는 전국민주연합의 제안을 거부하고, 카를루스 루스의 해임을 그대로 인정한다. 그리고 헌법이 정한 서열에 따라 상원의장 네레우 라모스가 대통령직을 계승했다. 그로부터 10일 후에는 외견상 건강을 회복한 듯 보이는 카페 필류가 대통령직 복귀를 추진한다. 하지만 이번에도 의회는 그의 복귀를 거부하고 네레우 하무스Nereu Ramos를 정부 수반으로 인정했다. 곧이어 군 최고지휘관들의 요청에 따라 의회는 즉시 30일간의 계엄령을 승인하고, 그 후 다시 30일의 연장을 재승인한다. 이러한 일련의 예외적인 조치에 힘입어 쿠비체크와 장고는 1956년 1월 31일 취임식을 거행할 수 있었다.

4. 국가주의에서 개발주의로

바르가스 집권기나 바르가스 자살 직후의 수개월간과 비교하여, '조타카'JK[3]의 시대는 정치적 안정기라 불릴 만하였다. 아니, 정치적 안정 그 이상의 낙관주의 시대였다. 경제는 높은 성장률을 유지했고, 브라질리아 건설이라는 꿈도 실현된 희망의 시절이었다. '50년을 5년 안에'라는 정부의 공식 슬로건은 국민들 속으로 광범위하게 파고들었다.

군부, 특히 육군의 최고간부 대부분은 국내 질서를 유지하고 공산주의와 전투를 이어간다는 전제하에서 민주주의 체제를 지지할 의향을 지니고 있었다. 또한 제툴리즘도 계속하여 존속할 수 있었다. 단, 공격적인 국가주의를 지향한다거나 노동자 조직에 의존하려 할 경우에 한해서는

---

3) 조타 카(JK)는 주셀리누 쿠비체크(Juscelino Kubischeck)의 머리글자다.

군 다수파의 제재를 받았다.

군 내부에는 이러한 다수파의 의견을 따르지 않는 세력들도 존재했다. 그 하나는 국가주의적 장교 그룹으로서 그들 가운데에는 공산주의자들과 가까운 관계를 유지한 간부들도 있었다. 이들은 소위 미 제국주의와 대결한다는 급진적인 국가주의 노선을 취하였다. 또 하나는 스스로를 '민주주의의 정화자淨化者'라 믿는 세력들로, 이들은 오직 쿠데타만이 제도를 개혁하고 노조주의 공화국과 공산주의의 전진도 막아 내는 길이라는 신념을 지녔다.

그렇다고 모든 '쿠데타 옹호론자'들이 '매판주의자'는 아니었다. 쿠데타 옹호론자들 중에는 쿠데타의 개념을 국가 이익의 보호와 연관 지어 생각하는 경우도 있었다. 예를 들면, 1956년 1월에 반란을 일으킨 공군 장교들은 정부와 국제금융그룹 간에 모종의 협약이 있었을 것이라고 비판하였다. 이 협약은 다름 아닌 석유자원의 양도와 전략자원의 판매에 관한 내용이라는 것이다. 또한 이들은 군 지휘부 내의 공산주의 침투에 대해서도 고발했다.

쿠비체크 정부가 출범했을 때, 군 지휘부는 평온을 유지했다. 쿠데타 옹호론자들은 두 차례에 걸쳐 결정적인 카드를 꺼낸 바 있다. 즉 바르가스의 사임요구와 쿠비체크의 대통령 취임 저지였다. 하지만 모두 실패했다. 쿠비체크는 통치를 시작하면서 '발전과 질서'의 필요성을 강조한다. 이것은 군부와 공유할 수 있는 목표였다. 또한 급료와 장비에 관한 군의 요구를 수용하는 한편, 가능한 한 노동운동을 정부의 통제하에 두려고 하였다. 한편, 정부의 전략적인 직책에 군 출신을 등용하던 경향을 더욱 강화한다. 예를 들면, 페트로브라스나 국가석유위원회에서 주요 직위는 대부분 군 출신들이 장악했다.

　　　　＊　　＊　　＊

쿠비체크 정부에 대한 군부의 지지를 상징하는 인물로 로트 장군을 들수 있다. 로트는 JK정부 5년간 전쟁부 장관직을 수행했다. 육군 내에서 커다란 리더십을 발휘한 것은 아니지만, 로트에게는 두 가지의 중요한 장점이 빛을 발하고 있었다. 그는 어느 누구와 비교해도 손색없는 뛰어난 군 경력을 소유하였고, 더욱이 어느 정당과도 연계를 갖지 않은 중립적 성향을 지녔다. 특히 두번째 요인에 힘입어 로트는 군부 내의 분열을 완화시키는 데 결정적인 기여를 할 수 있었다.

　정당정치 차원에서는, 민주사회당과 브라질 노동당 간에 합의가 이루어짐으로써 정부는 주요한 정책 결정 과정에서 의회의 지지를 확보할수 있었다. 정당들은 지난 10년간 각자의 특성을 형성해 왔다. 정당들은 여전히 개인의 권력 투쟁 도구나 특권 지향적 경쟁 집단 사이의 조정 수단인 경우가 많았다. 하지만 그런 가운데에서도 보편적인 염원이나 이해를 대변하는 정당으로 성장하기도 했다.

　민주사회당과 브라질 노동당은 여러 가지 차이점에도 불구하고, 하나의 특징을 공유하고 있었다. 바로 제툴리즘이다. 하지만 양당의 제툴리즘이 동일한 것은 아니었다. 민주사회당의 제툴리즘에는 농촌의 일부 지배세력, 신국가와 함께 탄생한 정부관료, 경제발전과 인플레이션으로 이익을 얻은 상공업부르주아 등이 가담하였다. 반면 브라질 노동당의 경우, 노동조합 간부, 사회복지 등 중요한 부문을 관리하는 노동부 관료, 국가주의적 성향의 산업부르주아, 조직화된 도시 노동자 등이 제툴리즘에 참여했다.

　양당의 연합이 제대로 작동하기 위해서는 각 정당이나 자신의 특성을 급진화하지 않도록 자제할 필요가 있었다. 민주사회당은 조합 관료나 노동자의 요구와 충돌할 정도로 보수화되어서는 안 되었다. 반면, 브라질 노동당은 과도하게 요구사항을 제시하거나 정부의 요직을 점유하려는 자세를 버려야 했고, 국가주의를 사회적 선동에 이용하는 일도 삼가야 했다.

통치 기간 대부분, 쿠비체크는 양당의 행동을 제한하는 데 성공했다. '발전과 질서'의 원리는 그의 출신 정당인 민주사회당의 노선과도 부합했다. 사회적인 측면에서는, 노동조합의 이해와 대립하지 않으면서 파업의 발생을 제한하려 노력했다. 즉 브라질 노동당의 노선을 따르지는 않았지만, 노동당과 장고의 길을 가로막지는 않았다.

* * *

주셀리누 쿠비체크의 경제정책은 '메타스 프로그램'으로 정의될 수 있다. 이 프로그램은 크게 6개 분야, 31개의 목표로 이루어졌다.[4] 구체적으로 6개 분야는 에너지, 운송, 식품·영양, 기간산업, 교육, 그리고 종합적 목표라고 할 수 있는 브라질리아의 건설이다.

관료적인 타성을 극복하기 위해 정부는 기존의 행정조직과 병립하는 유사기관이나 전혀 새로운 기구를 창설했다. 그 일례로, 무익하고 부패한 '국가가뭄대책사업국'에 대응하도록 설치된 '북동부 개발청' ──큰 기대를 걸었지만 그에 미치지 못했다 ──을 들 수 있다. 또한 브라질리아 건설을 담당하는 '신수도 건설국'이 만들어졌다.

---

4) '메타스 프로그램'(Programa de Metas)에서 메타(meta)의 사전적 의미는 '목표'이다.

쿠비체크 정부는 기반시설 확충이나 공업화 진흥에 직접적으로 개입했다. 그러나 한편으로는 외자 유치의 필요성을 인정하여, 해외자본에 상당한 수준의 특혜를 제공하였다. 이로써 국가주의 이데올로기는 개발주의에 밀려 설 자리를 잃고 만다. 정부는 카페 필류 시기에 제정된 법률을 광범위하게 적용했다. 이 법률은 기업들이 외화의 공탁 없이 외국산 장비를 수입할 수 있도록 승인하는 제도이다. 이 법률의 혜택을 누릴 수 있는 조건은 이러하다. 해외에 기계를 보유한 기업은 그것을 브라질로 이송할 수 있어야 하고, 그렇지 않은 기업은 기계 수입에 필요한 비용을 지불할 정도의 자산을 보유해야 했다. 외국기업은 본사의 기계를 브라질 지점으로 쉽게 이전할 수 있었으므로 이러한 조건을 충족시키는 데 매우 유리하였다. 이 법률이 시행되면서 자동차산업, 항공, 철도, 전기, 철강 등 정부가 최우선 과제로 선정한 분야에 해외자본이 더욱 용이하게 투자할 수 있는 여건이 조성되었다.

메타스 프로그램의 성과는 놀라웠다. 특히 공업부문의 발전은 괄목할 만한 것이었다. 인플레이션을 감안한 조정비율을 적용해도, 1955년부터 1961년까지 공업생산액은 평균 80%의 성장률을 기록하였다. 공업부문 내에서도 철강(100%), 기계설비(125%), 전기·통신(380%), 운송장비(600%) 등이 특히 강세를 보였다. 또한 1957년부터 1961년까지 국내총생산도 연평균 7%의 증가를 달성하였다. 이는 1인당 약 4%의 성장을 이룬 것과 같았다. 1950년대 전체를 놓고 보면, 브라질의 1인당 국민총생산 증가율은 여타 라틴아메리카 국가들의 약 3배에 해당한다.

쿠비체크 정부와 자동차산업의 확립은 서로 분리해서 생각할 수 없게 되었다. 비록 그 이전 시기에도 자동차 부품을 생산하거나 조립하는 공장들이 존재했으나 그 규모는 제한적이었다. 정부는 민간자본이나 외국자본을 통한 자동차, 트럭의 생산을 장려했다. 특히 외국자본은 정부가 제공하는 특혜와 브라질 시장의 잠재력에 매료되어 투자를 결정했다.

윌리스오버랜드, 포드, 폭스바겐, 제너럴모터스 등 거대한 다국적 기업들이 '상파울루 ABC지역'으로 모여들어 도시의 경관을 일변시켰다. '상파울루 ABC지역'이란 상투안드레, 상베르나르두, 상카에타누 등의 위성도시로 이루어진 지역으로서, 상파울루 대도시권인 '그란지 상파울루'Grande São Paulo의 일부를 형성한다. 또한 자동차산업은 전례 없는 규모의 노동자들을 한 지역으로 집중시켰다. 쿠비체크 정부 마지막 해인 1960년에는, 앞서 언급한 4개의 자동차회사에서만 브라질 전체 자동차 생산대수(13만 3,000대)의 78%를 생산했다. 이는 당시 브라질의 자동차 수요를 충분히 충족시킬 수 있는 양이었다. 이후에도 외국기업은 생산을 계속 확대하여, 1968년에는 폭스바겐, 포드, 제너럴모터스만으로도 자동차 총생산대수의 약 90%를 차지하게 된다.

통계적인 측면과 기업의 조직적인 측면에서 자동차산업의 육성은 부정할 수 없는 성공을 거두었다. 하지만 그 성공은 대중을 위한 공공 교통수단의 확충을 외면하고, 오직 '자동차 문명'을 창조하겠다는 의도가 낳은 결과이기도 하다. 1960년대에 들어서 생산이 증가된 자동차는 1968년에는 전체 운송수단의 58%를 차지한다. 철도 운송은 사실상 포기된 상태여서, 브라질의 교통운송은 갈수록 도로와 석유제품에 대한 의존도를 높여 갔다.

브라질인들의 집단 기억에 쿠비체크 정부의 5년은 대규모 건설과 연결된 낙관주의 시대로 남아 있다. 가장 대표적인 예가 브라질리아의 건설이다. 하지만 당시 새로운 수도 건설은 여론의 분열을 가져왔고, 중앙고원으로 이주해야 하는 구舊 수도의 공무원에게는 고통의 진원이었다.

상파울루의 자동차 공장을 방문한 쿠비체크 대통령.

　신수도 건설 구상은 처음 있는 일은 아니었다. 1891년 공화국 최초의 헌법은 연방의회에 수도 이전의 결정 권한을 부여한 바 있다. 그러나 그 구상을 현실로 이뤄낸 것은 주셀리누 쿠비체크였다. 그는 대단한 열정을 불사르며 자금력과 노동력을 총동원했다. 특히 노동력은 북동부 출신의 노동자, 이른바 '칸당구'candango들이 중심이 되었다. 브라질리아의 설계를 담당한 것은 세계적인 건축가 오스카 니마이어Oscar Niemeyer와 도시계획 전문가인 루시우 코스타Lúcio Costa였다.

　정부가 연방의회에 제출한 브라질리아 건설 법안은 전국민주연합의 강한 반대에 부딪혔지만, 최종적으로 1956년 9월에 가결된다. 전국민주연합은 신도시 건설이 대중선동적일 뿐만 아니라, 인플레이션을 더욱 악화시키며 나아가 행정중심지를 고립시킬 것이라고 주장했다. 건설이 진행되는 동안, 카를루스 라세르다를 비롯한 많은 의원들이 공사계약의 부정 여부를 감사하기 위해 조사위원회의 구성을 요구하였지만 뜻을 이루지는 못한다. 마침내 상징적인 국경일인 1960년 4월 21일[치라덴치스의 처형일], 쿠비체크는 엄숙하게 신수도 수립 기념식을 거행했다.

*　*　*

쿠비체크 정부 시기에 노동조합은 노선 변화를 모색했다. 그리고 그 변화는 1960년대 초 굴라르 정부에서 더욱 분명해진다. 노동운동이 갈수록 폭넓게 확산되자 노동조합 지도자들은 정부가 만든 틀 안에 모두 수용되기는 어렵다고 깨닫는다. 따라서 이들은 정부의 공식적인 틀 밖에서 활동하는 새로운 조직을 만들었다. 1955년 상파울루에서 결성된 '조합 간 단결 협정'Pacto de Unidade Intersindical, PUI이나, 리우데자네이루에 설립된 '단결과 행동 협정'Pacto de Unidade e Ação, PUA 등이 그 예이다. '조합 간 단결 협정'과는 달리 '단결과 행동 협정'은 관공서, 공기업, 공공 서비스업 부문에서 활약하였다. 훗날 이 조직은 굴라르 정부 시기에 파업의 중심 역할을 맡았던 '노동자총본부'Comando Geral dos Trabalhadores, CGT로 발전한다. 노조의 영향권이라는 관점에서 볼 때, '단결과 행동 협정'의 결성은 이전부터 존재했던 노동운동의 성향을 더욱 강화시켰으며, 조합 활동이 공무원이나 공기업 노동자에게 더욱 집중되도록 만들었다. 그 밖에 시장부문에서는 오랜 전통을 지녔지만 이제는 쇠퇴의 길로 접어든 분야——예를 들면 섬유——의 노동조합들이 상대적으로 중요한 역할을 했다.

당시 노동조합 운동은 첨단부문이라 할 수 있는 자동차산업의 진출에 어려움을 느꼈다. 이러한 현상은 두 가지 측면에서 설명이 가능하다. 하나는 노동운동, 특히 공산주의자들의 노동운동이 전통적으로 국영기업이나 공기업에 뿌리를 내리고 있었기 때문이다. 또 하나는 다국적 기업의 새로운 노동관계에 적절히 대응하지 못한 점도 있다.

　이렇게 정부의 틀 밖에서 활동하는 기관이 결성되자, 노동조합 지도자들은 노동조합의 정치화를 추구하였다. 그것은 이들이 국가주의적 조류와 사회개혁──농지개혁 등을 포함한 이른바 기반개혁──을 지지한다는 의미이기도 했다.

＊　＊　＊

　쿠비체크 집권기에 모든 것이 장밋빛은 아니었다. 특히 해외무역과 국가 재정이 서로 연결된 부문에서 가장 심각한 문제들이 집중적으로 나타났다. 공업화 프로그램과 브라질리아 건설에 투입된 정부 예산은 환율폭락(브라질 화폐 가치의 하락)과 맞물리면서 재정적자를 더욱 증가시켰다. 1954~1955년에는 재정적자의 규모가 국내총생산의 1%였는데, 1956년에는 2%, 1957년에는 4%로 팽창한다. 1957년을 제외하면, 이러한 추세는 인플레이션의 상승이 더해져 더욱 심화되었다. 특히 1959년에는 인플레이션이 무려 39.5%에 달하여 쿠비체크 정부 들어 가장 높은 비율을 기록했다.

　인플레이션이 지속적으로 상승한 데에는 여러 요인이 있었다. 그 중 가장 중요한 요인으로는 브라질리아 건설과 공무원 임금 인상(의회의 승인을 획득함)에 따른 정부의 지출 증가를 들 수 있다. 또한 환율의 하락도 간과할 수 없는 문제였다. 그 밖에도, 커피가격 안정화를 위해 정부가 커피를 수매하는 과정에서 화폐 발행을 증가한 것이나, 민간부문에 제공된 손쉬운 대출 제도도 주요 원인이라 할 수 있다.

　1958년 6월, 이러한 문제들의 대응에 기력을 소진한 재무장관 조제 마리아 아우크밍은 결국 사직서를 제출한다. 쿠비체크는 새로운 재무장관에 '국립경제개발은행' 총재인 공학자 루카스 로페스를, 그리고 로페스의 후임에는 호베르투 캄푸스를 임명했다. 두 사람은 곧바로 경제 안정을 위한 계획을 입안했다. 이 계획의 핵심은 인플레이션과 재정적자를 완화시키면서 '메타스 프로그램'의 목적을 달성하는 것이었다.

이들의 계획은 커다란 희생을 전제로 한 것이 아니었지만 거센 반발에 부딪혔다. 첫째, 사회의 어떤 그룹도 경제 안정을 위한 최소한의 손실마저도 받아들이려 하지 않았다. 특히 자신들이 양보한 손실이 사회의 다른 부문에 이익으로 돌아가는 것을 도저히 용납하지 못했다. 둘째, 인플레이션이 오히려 사회의 많은 부문에 수익 창출의 기회를 제공했다. 임금 인상이 가격상승을 따라가지 못하는 상황에서, 상공업자들은 가격 조정이나 상품 매점 등의 투기를 통해 특수한 이익을 거둬들일 수 있었다. 더욱이, 당시에는 아직 인플레이션을 반영한 '통화수정'correção monetária 제도를 실시하지 않았기 때문에, 인플레이션이 이루어지는 상황에서 자금의 대출은 매력적이지 않을 수 없었다. 특히 은행이나 국영금융기관으로부터 유리한 조건으로 대출을 받을 수 있는 경우에는 더욱 그러하였다.

노동자 조직은 두 가지 근본적인 이유로 저항감을 드러냈다. 경제 안정화 정책은 '제국주의와의 타협'이라는 미심쩍은 꼬리표를 달고 있어 브라질 노동당과 좌익의 두려움을 유발하였다. 그와 동시에, 이러한 성격의 정책은 어떤 것이 되었든 그 시작점에서는 희생을 수반하기 마련이다. 노조의 지도자와 노동자들은 그 계획의 영향 속에서 사회의 다른 집단들이 희생을 회피하여 노동자들에게 희생이 강요되지 않을지 우려하였다. 사실 임금노동자들은 최악의 상황에 놓여 있었다. 인플레이션은 비숫한 수준을 유지하거나 상승곡선을 그리는 반면, 실질임금은 더욱 감소했기 때문이다.

산업계의 대출을 제한하려는 시도는 상파울루의 반발을 초래했고, 브라질 은행 총재도 그 반발에 동조하였다. 커피 생산자들은 1958년 10월 이른바 '생산 시위'를 조직하여 '환율징수제'와 정부의 커피 수매 축소 방침에 반대하였다.

대외거래와 관련하여 경제안정화 정책의 성공 여부는 국제통화기금 IMF과의 조율에 달려 있었다. 특히 미국으로부터 3억 달러의 차관을 도입할 예정이었으므로 브라질은 이 국제기구와 원만하게 합의를 이루어야 했다. 경제정책에 반대하는 세력들의 주장과는 달리 국제통화기금이 막후에서 정부를 지원하지는 않았다. 오히려 경제정책이 점진적으로 시행되는 것을 경고하고, 밀과 석유의 수입에 정부 보조금이 쓰인 것을 비판하였다.

브라질과 국제통화기금 간의 협상은 좀처럼 결론을 이끌어 내지 못한다. 그리고 거의 1년이 경과한 1959년 6월 양자 관계는 결국 파국에 이른다. 그 무렵, 임기가 얼마 남지 않은 쿠비체크는 차기 후계자에 관심을 쏟고 있었다. 국가주의자들과 공산주의자들은 대통령이 국가의 주권을 국제은행과 국제통화기금에 팔아넘기려 한다고 비판하였다. 국제통화기금과의 협상을 지지한 것은 전국민주연합뿐이었다. 하지만 쿠비체크가 국제통화기금과 협상을 성사시킨다 해도 야당의 정치적 지지를 기대하기는 어려웠을 것이다.

브라질 정부와 국제통화기금의 협상 결렬은 이러한 환경 속에서 일어났다. 이것은 결국 경제 안정화정책을 완전히 포기한다는 의미이기도 했다. 곧이어 1959년 8월 루카스 로페스와 호베르투 캄푸스가 자리에서 물러났다. 국제통화기금과 관계를 단절하자 쿠비체크에 대한 지지의 물결이 일기 시작했다. 브라질 노동당도 그 결정에 찬사를 보냈는데, 이는 예상 가능한 일이었다. 공산주의자들은 카테치 궁에서 열린 대통령 지지 집회에 가세했다. 그 속에는 1958년에 은둔생활에서 벗어난 루이스 카를루스 프레스치스도 모습을 보였다. 형식적으로 브라질 공산당은 여전히 불법 정당이지만, 서서히 자신들의 의사를 표현할 채널을 갖추었다. 지지를 보낸 세력은 브라질 노동당과 좌익만은 아니었다. 상파울루 공업연맹과 군의 지휘부도 찬동을 표명하였다.

그러나 이러한 열광이 일반 대중에게까지 미치지는 못했다. 1960년 10월 3일의 대통령 선거가 그것을 잘 입증해 준다. 대선 후보들은 1959년부터 등장하기 시작했다. 상파울루 주지사에 당선된 자니우 콰드루스는 라세르다의 지지를 얻어 어느 작은 정당의 후보로 출마했다. 아데마르 지 바로스는 1955년의 선거 결과에 고무되어 진보사회당에서 입후보했다. 다시 한번 연대를 형성한 민주사회당과 브라질 노동당은 대통령 후보에 로트 장군, 그리고 부통령 후보에 주앙 굴라르를 지명한다.

전국민주연합은 자체 후보를 수립할 것인지, 자니우 콰드루스를 지지할 것인지를 놓고 고심한다. 콰드루스는 정부의 부패와 경제의 혼란을 비판하며 독자적인 선거운동을 펼치고 있었다. 그는 명확한 강령을 수립한다거나 정치 정당을 결성하는 일에는 관심이 없는 듯하였다. 단지, 검은 거래나 부패를 통해 이익을 얻는 자는 누가 되었든 철저히 처벌하겠다는 공약을 내세워 서민적이고 공격적인 이미지를 부각시켰고, 그를 통해 대중의 커다란 지지를 획득해 갔다. 전국민주연합의 격식을 갖춘 이미지와는 거리가 있지만, 그의 주장에는 민주연합의 노선과 상통하는 부분도 있었다. 무엇보다 자니우 콰드루스는 권력을 장악할 절호의 기회를 제공할 수 있는 인물로 보였다. 따라서 전국민주연합은 일말의 불안감을 뒤로 한 채 1959년 11월 전국 대의원총회에서 콰드루스의 지지를 결정한다.

선거전 초반부터 콰드루스의 우세는 분명했다. 반바르가스 진영의 엘리트는 물론, 하늘 높이 치솟는 생활비에 괴로워하며 이른바 '정치의 도덕성'을 염원한 중산층, 그리고 압도적 다수의 노동자들도 그에게 큰 기대를 걸었다.

반면, 로트에게는 후보자로서 치명적인 결함이 있었다. 그는 권력 핵심부의 제한된 세계에서는 민주주의의 지속을 보장하는 결정적인 역할을 수행한 인물이었다. 하지만 일반 대중을 향한 공개된 자리에서는 그의 취약함이 여지없이 드러났다. 좋지 않은 말솜씨에 바르가스식의 연설 내용은 극히 부자연스러웠다. 문맹자들에게도 투표권을 허용해야 된다는 주장을 펼쳐 민주사회당을 불편하게 하고, 쿠바와 공산주의를 비판하여 브라질 노동당과 좌익을 분노하게 만들었다.

1945년 이후 네 번의 대통령 선거를 치루는 동안, 도시화의 진행과 정치 참여의 확대로 유권자 수가 급증하였다. 1945년 590만 명이던 투표자는 1950년에는 790만 명, 1955년에는 860만 명으로 증가했고, 1960년 선거에서는 마침내 1,170만 명에 달했다. 그 후 대통령 직접선거는 1989년까지 중단된다.

1960년 10월 선거는 1,170만 표 중 48%를 획득한 자니우 콰드루스의 승리로 끝났다. 반면, 로트와 아데마르 지 바로스는 각각 28%와 23%를 기록했다. 콰드루스의 득표율은 1945년 두트라의 당선 때에 이어 두 번째로 높은 비율이었다. 부통령에는 로트의 완패에도 불구하고 주앙 굴라르가 당선됐다.

　＊　＊　＊

대통령 취임식은 역사상 처음으로 브라질리아에서 거행되어 미래의 희망이 체현된 듯하였다. 그러나 불과 7개월이 채 못 되어 발생한 대통령의 사임은 그 희망을 산산조각 내고, 브라질을 심각한 정치적 위기 속으로 몰아넣었다.

자니우 콰드루스의 통치는 혼란스럽게 시작되었다. 그는 대통령의 직책에 맞지 않는 사소한 문제들로 시간을 소비했다. 예를 들면 향수 분사기[5], 비키니, 닭싸움 등의 금지가 그것이다. 신중하게 처리해야 할 과제들에 대해서는 좌익의 호감을 살 만한 정책과 보수주의자들이 선호할 조치들을 조합하였다. 하지만 이 방식이 어떤 의미에서는 양측 모두를 불쾌하게 만들었다고도 할 수 있다. 외교정책에서는 보수주의자들, 특히 전국민주연합의 저항에 부딪혔다. 자니우 콰드루스의 짧은 통치 기간은 미국 정부가 주도한 '진보를 위한 동맹'Alliance for Progress의 결성과 일치한다. 이 동맹은 미국 정부가 라틴아메리카 국가들에게 10년간 200억 달러를 지원하는 일종의 개혁 프로그램으로, 우루과이의 푼타델에스테에서 열린 미주국가회의에서 승인되었다. 유일하게 체 게바라가 이끄는 쿠바 대표단만은 이 푼타델에스테 헌장에 서명하지 않는다. 귀국 길에 체 게바라는 브라질리아를 경유하였고, 그곳에서 자니우 콰드루스로부터 직접 '남십자성 훈장'을 수여받았다. 하지만 콰드루스의 행동이 공산주의를 지지할 의도에서 나온 것은 아니었다. 체 게바라는 대중들에게 자주적 외교정책의 상징과도 같은 인물이었다. 당시 콰드루스도 동서 양 진

---

5) 카니발 참가자들이 서로에게 향수를 뿌리기 위해 사용하는 스프레이식 도구다.

영의 대립에서 벗어나 제3의 길을 모색하는 독자적인 외교를 펼치고자 했다.

금융부문을 살펴보면, 자니우 콰드루스는 취임연설에서 브라질이 처한 어려움을 강조하고 쿠비체크 정부로부터 물려받은 문제들에 맞서 해결책을 강구할 것임을 천명하였다. 자국 화폐에 대한 큰 폭의 평가절하, 공공지출 감축, 통화량 억제 등 정통적 방식의 경제안정화 정책을 채택하였다. 밀과 석유의 수입에 지원하던 보조금을 삭감한 결과, 빵과 연료의 가격이 두 배로 상승하였다.

브라질에 자금을 제공한 채권단이나 국제통화기금은 이러한 대책들을 환영했다. 유럽과 미국의 채권 은행으로 구성된 헤이그클럽은 1961년 브라질의 채무 상환 기한을 연장하였다. 또한 케네디 대통령의 후원으로 미국에서 새로운 차관을 도입할 수 있었다. 미국은 라틴아메리카 최대 국가인 브라질이 공산주의에 흡수되는 것을 막는 대안으로 자니우 콰드루스를 염두에 둔 것으로 보인다.

1961년 8월, 콰드루스는 금융억제책을 완화하기 시작한다. 그러나 그가 구상한 정책전환은 제대로 실행되지 못하였다. 같은 달, 그의 행위 하나가 그의 통치에 종지부를 찍었기 때문이다.

자니우 콰드루스는 정치적 지지기반 없이 국정을 운영해 왔다. 의회는 민주사회당과 브라질 노동당이 지배했고, 카를루스 라세르다는 야당에 합류하여 과거에 콰드루스를 지지할 때와 똑같은 열의로 그를 비판하기 시작했다. 전국민주연합은 그들 나름대로 불만을 품고 있었다. 대통령이 의회에서 전국민주연합의 지도부와 아무런 상의 없이 행동한다는 것이었다. 또한 그가 보여 준 독자적인 외교정책이나 토지개혁의 지지도 민주연합에게는 우려스러운 일이 아닐 수 없었다.

1961년 8월 24일 밤, 당시 과나바라 주지사로 있던 카를루스 라세르다가 라디오 연설을 통해 콰드루스 지지 세력의 쿠데타 음모를 폭로했다. 법무부장관인 오스카르 페드로주 오르타가 중심이 되어 쿠데타를 기획했으며, 라세르다 자신에게도 참여를 권유했다는 것이다. 페드로주 오르타는 그 사실을 부정했지만, 그다음 날 자니우 콰드루스는 대통령직 사임을 표명하고, 그 결정을 연방의회에 통고했다.

　　그의 사임 이유는 확실하게 밝혀지지 않았다. 자니우 콰드루스 자신도 명확한 답변을 거부한 채, 그를 사임하게 만든 '무서운 힘'에 대해서만 넌지시 암시할 뿐이었다. 가장 그럴듯한 가설은 콰드루스의 불안정한 성격과 그릇된 정치적 판단을 조합한 내용이다. 이에 따르면, 자니우 콰드루스는 극적인 행동을 통해 통치에 필요한 더 큰 권력을 손에 넣고, 의회나 정당의 영향력에서 어느 정도 벗어나길 기대했던 것 같다. 대통령 선거에서 자신은 여러 정당들에게 없어서는 안 될 존재였으며, 브라질을 위해서도 대통령으로서 꼭 필요한 존재였다고 판단했을 것이다. 아마도 보수주의자들이나 군 간부들이 주앙 굴라르에게는 나라를 맡기지는 않을 것이라 확신했음에 틀림없다.

　　콰드루스는 서둘러 브라질리아를 떠나 상파울루의 한 군부대에 머물렀다. 그곳에서 그는 몇몇 주지사들로부터 결정을 재고해 달라는 간청을 받았다. 하지만 그 외에는 그를 원래의 자리로 복귀시키려는 그 어떤 중요한 움직임도 나타나지 않았다. 각각의 그룹들은 모두 그에 대한 불만을 지니고 있었고, 새로운 상황에 적응할 태세를 갖추기 시작했다. 대통령 사임이 투표가 아니라 단순히 통보를 통해 이루어진 것에 불과했기 때문에, 의회는 자니우 콰드루스의 사임을 단지 인정하는 것으로 사태를 일단락 지었다. 그로부터 또다시 권력 투쟁이 시작되었다.

헌법에 따르면 자니우 콰드루스의 뒤를 이을 후임자는 분명했다. 바로 부통령인 주앙 굴라르였다. 그러나 군의 저지로 그의 취임식은 보류되었다. 군인들에게 주앙 굴라르는 노조주의 공화국의 화신으로 비춰졌으며, 그의 대통령직 승계는 공산주의자들에게 집권 기회를 제공해 주는 것이나 다름없다고 여겨졌다. 게다가 장고는 그 순간에 공산주의 국가인 중국을 방문하고 있었다. 우연의 일치이기는 하지만 대단히 상징적인 일이었다.

　하원의장이 대통령직을 임시 대행하는 동안, 자니우 콰드루스 정부의 군 사령관들이 국가안보를 이유로 장고의 귀국을 가로막았다. 그러나 장고의 취임을 저지하려는 그룹이 군 최고지휘부의 통일된 지지를 받고 있었던 것은 아니었다. 히우그란지두술의 제3군단장이 장고의 대통령 취임을 지지하고 나섬으로써, 이른바 '합법투쟁'이 시작되었다. 이 움직임의 중심에는 히우그란지두술의 주지사이자 장고의 처남인 레오네우 브리졸라가 있었다. 브리졸라는 무력 저항을 기획하는 한편 포르투알레그리에서 대규모 시위를 일으켰다. 이에 대항하여 해군장관이 군함을 급파하겠다고 선언하자, 브리졸라는 다수의 배를 침수시켜 포르투알레그리 항의 입구를 봉쇄하겠다고 응수한다.

　결국 연방의회는 타협을 통한 해결을 선택한다. 정부 형태를 대통령제에서 의원내각제로 전환하여, 주앙 굴라르는 권한이 축소된 대통령직에 취임할 수 있었다(1961년 9월 7일). 위기 해결을 위한 단순한 수단에 지나지 않은 의원내각제가 오래 지속될 가능성은 크지 않아 보였고, 실제로도 단기간에 종료되었다.

5. 체제의 위기와 1964년 쿠데타

굴라르 정권이 출범할 즈음, 사회적으로 뚜렷하게 나타난 현상은 새로운 행위자의 등장과 사회운동의 활성화였다. 농촌의 소외된 부문들——포퓰리즘 정치의 진정한 고아라고 할 수 있는 사람들——이 움직이기 시작한 것이다. 그러한 움직임의 배경에는 브라질 사회의 커다란 구조변화가 있었다. 특히 1950년에서 1964년 사이에 나타난 도시의 성장과 급속한 공업화가 그 원인이었다.

이러한 구조변화는 농축산물의 시장을 확대시키고, 토지의 소유형태나 이용방식에 변화를 가져왔다. 토지는 과거에 비해 수익성이 높아졌고, 소유주들은 옛 소작인을 몰아내거나 노동조건을 더욱 악화시켰다. 이는 농민들의 강한 불만을 야기했다. 또한 인구의 이동으로 농촌과 도시의 거리가 더욱 가까워지면서, 농민들은 자신들이 처한 극단적인 억압 상황을 깨닫기 시작했다.

이 시기에 가장 중요한 농촌운동을 이끈 세력은 '농민동맹'Ligas Camponesas이었다. 이 조직의 표면상 지도자는 도시 중산층 출신인 페르남부쿠의 변호사 겸 정치가 프란시스쿠 줄리앙Francisco Julião이었다. 줄리앙은 노동조합과는 별개로 농민동맹의 결성을 추진하여, 농민의 조직화에 힘을 기울였다. 그는 의미 있는 사회운동을 위해서는 농촌의 임금노동자보다는 소작농을 흡수하는 것이 중요하다고 믿었다.

농민동맹의 결성은 1955년 말의 일이다. 그들의 목표는 다양한 문제들, 특히 농지 추방이나 소작료의 인상, '캄방'cambão의 관행 등으로부터 소작농을 보호하는 것이었다. '캄방'이란 소작농——북동부 지방에서는 '모라도르'morador, 남부에서는 '콜로누'라 불렸다——이 일주일에 하루씩

지주를 위해 무상으로 일하는 것이다.

줄리앙은 농민동맹을 중앙집권적 조직으로 발전시키기 위해 각 주의 주도나 각 지역의 핵심 도시에 본부를 설치한다. 이러한 전략을 구사한 이유는 대도시일수록 농민의 동맹 세력, 예를 들면 노동자, 학생, 혁명적 지식인, 소시민 계급 등이 존재하고, 사법부도 비교적 덜 반동적이라고 믿었기 때문이다. 농민동맹은 브라질 각지에서 모습을 드러내는데, 특히 페르남부쿠, 파라이바 주에서 활발한 활동을 펼쳤다.

1961년 11월에는 제1회 전국 농업노동자 대회가 벨루오리존치에서 개최되었다. 이 자리에서 농촌 대중의 조직화를 위한 다양한 노선들이 소개되었다. 이 대회는 줄리앙을 비롯한 농민동맹의 회원들과 브라질 공산당 지도자들이 공동으로 기획한 것이다. 브라질 공산당은 상파울루와 파라나 주의 농촌 임금노동자들을 최대 기반으로 하고 있었다. 이 벨루오리존치 대회에서 두 세력은 노선의 차이를 드러냈다. 농민동맹의 지도자들은 농민들이 최우선적으로 요구하는 것은 무상 몰수에 의한 토지개혁이라고 주장하였다. 한편, 공산주의자들은 농촌의 노동조합을 더욱 확대하여 농업노동자들에게도 노동법이 적용될 수 있는 환경을 조성하는 것이 급선무라고 믿었다.

법률적인 측면에서도 중요한 진전이 있었다. 1963년 3월, 장고는 '농업노동자 권리법'을 승인했다. 이에 따라 농업노동자들에게도 공식적인 직업신분증이 발급되어, 노동시간의 제한, 최저임금 적용, 주1회 휴일제나 유급휴가 등의 권리가 마련되었다.

굴라르 정부 기간 중에는 다른 사회부문의 움직임도 활발하였다. 학생들은 전국학생연합을 통해 급진적인 사회변혁을 구상하는 한편, 정치활동에도 직접 개입하기 시작한다.

가톨릭교회의 움직임에도 중요한 변화가 나타난다. 1950년대에 접어들자 많은 교회의 구성원들이 그들의 사회적 기반인 민중 문제에 우려를 표하기 시작했다. 또한 배타적 반공주의를 버리고 균형 잡힌 자세를 취하려는 노력도 보인다. 공산주의에 대한 공격을 멈추지는 않았지만, 민중 반란을 초래하고 공산주의의 확대를 가져온 것은 자본주의의 폐해라고 인식하기 시작했다.

가톨릭교회의 내부는 다양한 입장으로 나뉘어졌다. 극단적인 보수주의 사제들이 있는가 하면, '가톨릭대학청년'Juventude Universitária Católica과 같이 좌익에 개방적인 그룹도 있었다. 학생운동의 급진화에 영향을 받은 '가톨릭대학청년'은 사회주의 성향으로 기울면서 교회 수뇌부와 충돌하지 않을 수 없었다. 1962년에는 이 그룹을 토대로 '인민행동'Ação Popular이 결성된다. '인민행동'은 혁명적인 목표를 내세우면서 교회의 계급 제도에서 이탈해 갔다. 당시의 정치 투쟁에 적극 참여한 이들은 1964년에 수립된 군사정권으로부터 가혹한 탄압을 받았다.

북동부 지역에서는 가톨릭교회가 농업노동자들의 조합화를 지원하여 농민동맹과 정면으로 대립하였다. 1961년 5월에 발표된 교황 요한 23세의 회칙回勅, '마테르 에트 마지스트라'Mater et Magistra는 제3세계 문제를 처음으로 다루었는데, 가톨릭 개혁주의에 중요한 분수령이 되었다.

*　*　*

주앙 굴라르의 대통령 취임은 포퓰리즘 체제의 복원을 의미한다. 실제로 바르가스 시대를 훨씬 능가하는 사회운동과 압력이 발생했다. 정부의 이론가들과 노동조합 지도자들은 포퓰리즘 체제의 강화에 힘을 쏟는다. 그들의 시각으로는, 국가(국가주의적 군 장교들과 정책입안자들), 조직화된 노동자, 국가주의적 부르주아 간의 유대관계가 이 체제의 기반이 되어야 했다. 그리고 이 유대관계의 중심축은 국가가 맡고, 국가주의와 정치사회 적 개혁인 '토대개혁'을 근본 이념으로 삼을 필요가 있었다.

이 '토대개혁'은 광범위한 조치들을 기획했다. 먼저, 사회적 차원에 서는 토지점유를 둘러싼 갈등을 해소하고, 수백만 농업노동자들의 토지 소유를 보장하기 위해 토지개혁을 목표로 내건다. 게다가 이 목표의 실 현을 위해 헌법 개정까지 제안한다. 헌법에는 공적인 필요성이나 사회적 이익을 위해 토지의 수용·몰수가 가능하도록 규정되어 있으나, 사전에 금전적인 배상이 선행되어야 한다는 단서가 달려 있다. 농지개혁과 함께 '도시개혁'도 언급되었다. 도시에서 주택을 임차하여 거주하는 사람들이 그대로 그 집을 소유할 수 있는 여건을 마련하는 것이 주된 목적이었다.

정치적 권리의 차원에서는, 문맹자와 하급군인(육군에서는 하사 이 하의 계급)에게 투표권을 확대한다는 방안을 계획하였다. 만약 이것이 가 능하다면 그동안 권리를 박탈당한 많은 일반 대중과 군 소외층도 정부의 지지 세력으로 끌어들이게 될 것이다.

그 밖에도 '토대개혁'은 다수의 국가주의적 조치들을 포함하고 있어, 국가의 광범위한 경제개입이 예상되었다. 예를 들면, 공공서비스 부문의 영업권, 냉동정육 산업, 제약 산업 등을 국영화하고, 해외 송금 규제를 강 화하거나 페트로브라스의 독점을 확대하는 방안도 마련하였다.

'토대개혁'이 지향한 것은 브라질 사회주의의 수립이 아니라, 국가 주도로 브라질 자본주의를 근대화하고 심각한 사회 불평등을 완화시키 는 것이었다. 그러나 이러한 개혁은 사회의 일대변화를 예고하는 것이기 때문에, 지배층의 격렬한 저항에 부딪힌다. 정부와 토대개혁을 지지하는 중산층 지식인들은 토지개혁 및 제국주의와의 대결에 대해 국가주의적 부르주아의 지원이 있으리라 생각했다. 이들의 시각에서 본다면, 외국 투자자들은 국가주의적 자본주의에 충실하지 못한 경쟁 상대였다. 반면, 농지개혁은 지방 농민들을 시장경제로 통합시키고, 산업제품의 새로운 수요를 낳게 할 것이다. 하지만 이러한 예상과 달리 현실에서는 국가주의적 부르주아들이 다른 길을 선택한다. 사회운동의 활성화와 투자의 불확실성에 직면하여 그들은 갈수록 정부로부터 멀어져 간다.

한편, 노동조합 지도부는 포퓰리즘 체제에 신뢰를 보냈다. 이들은 주로 브라질 노동당원이거나 아니면 국가와 연관된 곳에서 활동하는——그러나 과거의 '펠레구'와 같은 종속적인 형태는 아닌——공산당원이었다. 정부 기관과 병존하는 조직을 만드는 전술은 계속 사용되어, 1962년에는 마침내 '노동자총본부'가 탄생하였다. 이러한 환경에서 노동조합은 갈수록 정치적 성격의 요구에 비중을 둔다. 노동자들이 지닌 특수한 문제들을 잊지는 않았지만 중요도에서 우선 순위는 아니라고 여겼다.

파업운동에 대해서는 다음 세 가지 특징을 언급할 필요가 있다. 첫째, 파업 횟수가 크게 증가했다. 둘째, 파업이 공공부문에 집중되는 경향을 보인다. 셋째, 지리적 무대가 상파울루에서 다른 지역으로 이동했다.

1958년에는 31건이던 파업횟수가 1963년에는 172건으로 급증했다. 그리고 1958년에는 전체 파업의 80%가 민간부문에서 발생하였으나, 1963년에는 공공부문의 파업이 과반수(58%)를 차지하였다.

파업의 확대는 사회 동원력의 증가를 의미한다. 민간부문에서 공공부문으로 중심이 이동한 것은 정부 지원으로 이루어진 정치적 성격의 파업과 관련이 있다. 이는 정부의 이익에 부합하는 정책들을 강제로 받아

과나바라 주를 방문한 대통령 장고가 노동조합 지도자들을 맞이하고 있다(1961년 9월 25일).

들이게 하려는 의도에서 비롯된 것이다.

지리적인 변화를 살펴보면, 먼저 상파울루에는 다국적 기업을 포함한 민간 기업들이 집중되어 있음을 상기할 필요가 있다. 민간부문에서 노동조합이 발판을 마련하기란 매우 어려운 일이었다. 민간 기업 경영진들의 최우선 관심사는 이윤의 창출이었으므로 자신들의 정치적 신념을 노동자계급에게 전파하려는 시도는 보이지 않았다. 게다가 상파울루에서 노동조합의 국가주의적 성격은 거의 지지를 얻지 못했다. 구체적인 이익 창출에는 오히려 걸림돌이 될 수 있다고 보았던 것이다. 또한 연방정부는 노동조합 지도자들에 개방적이었던 반면, 상파울루 주지사 아데마르 지 바로스는 파업을 철저히 탄압했다.

전술한 모든 상황 속에서 노동조합 지도자들은 환상을 갖고 있었으나, 결과적으로는 뼈아픈 고통을 맛보게 된다. 권력과의 긴밀성, 파업의 증가, 집회에서 차지하는 존재감 등은 노동조합 지도자들을 승리의 도취감에 빠지게 하였고, 그와 동시에 노동운동의 약점을 가려 덮었다. 시간이 흐른 뒤 더욱 명확히 밝혀진 것처럼, 약점은 상호 연관된 두 가지 사실에서 비롯된다. 먼저, 브라질 경제의 가장 역동적인 부문이 모여 있는 상파울루에서 노동운동이 상대적으로 쇠퇴한 점을 들 수 있다. 또 하나는, 노동운동의 지나친 체제 의존성이다. 실제로 체제가 붕괴되자 포퓰리즘적 노동운동도 함께 휩쓸려 갔다.

*　　*　　*

정치 면에서는 사회운동의 기세가 높아짐에 따라 다양한 정치 세력들이 자신의 이데올로기적 입장을 더욱 명확히 했다. 몇몇 경우는 이미 쿠비체크 정부 때부터 나타났으며, 이념적 정체성에 따라 정당의 경계를 넘어 새로운 그룹을 형성하기 시작한다. 브라질 노동당은 공산당이 불법화되면서 반사이익을 얻었다. 과거 공산당으로 향하던 지지표를 대부분 흡수하여 세력을 확대할 수 있었다. 특히 브라질 노동당은 본질적으로 도시 정당이었기 때문에 산업화의 진전도 그들에게 유리하게 작용했다. 국가주의와 사회변화에 호의적이던 당시 분위기 또한 긍정적 역할을 했다.

　이미 각 정당은 내부의 동질성을 상실했기 때문에, 굴라르 통치기에 들어서면 정당의 분열이 더욱 심화된다. 특히 과거와 달리 개인적인 대립보다는 이념적 차이에 의한 분열이 두드러졌다. 정도의 차이는 있지만, 각 정당 내에 형성된 이념적 성향을 살펴보면 주로 국가주의와 좌익적 노선이 약진했음을 알 수 있다. 브라질 노동당 내에는 공격적 국가주의 노선과 구체적인 사회개혁 정책을 지지하는 이른바 '콤팩트 그룹'grupo compacto이 결성되었다. 전국민주연합 내에서도 '토대개혁'과 정부의 금융정책에 호의적인 소위 '보사노바'[6]라 불린 흐름이 형성되었다.

하지만 전국민주연합의 대다수 의원들은 장고에 적대적인 군인세력과 긴밀한 관계를 맺고 있었으며, 많은 당원들은 극우보수성향의 '의회민주행동'Ação Democrática Parlamentar에 가담했다. 바로 이들이 1945년에 확립된 체제에 종지부를 찍는 쿠데타를 선동·추진했다.

민주사회당의 분화과정은 더 일찍 시작되었다. 주셀리누 쿠비체크의 대통령 선거운동이 한창이던 1955년 '청년진영'이 결성되면서부터였다. 이 그룹에서 두각을 나타낸 인물로는 헤나투 아르셰르와 울리세스 기마랑이스가 있다. '청년진영'은 민주사회당의 노련한 원로들에 신중히 대응하면서 국가주의적 자세를 취했다. 이들은 1960년 대선에서 로트가 패배하자 곧 해체되었지만, 그 구성원들은 '국가주의 의회전선'Frente Parlamentar Nacionalista의 탄생에 이바지했다.

좌익에도 분열이 나타났는데, 그것은 주로 소련에서 발생한 사건들에 기인한다. 특히 흐루시초프 보고서가 유포되면서 스탈린주의는 위기에 빠졌다. 브라질 공산당PCB의 일부 세력이 당 내부의 자유화에 반대하면서 장고 정부와의 협력 노선을 비판하였다. 당 내부의 이러한 갈등 속에서 또 다른 '브라질 공산당'Partido Comunista do Brasil, PC do B이 탄생한다. 이들은 맑스-레닌주의 원칙에 충실한 모델을 중국에서, 그리고 후에는 알바니아에서 찾으려 하였다. '브라질 공산당'PC do B[당시 마오쩌둥 노선 추종]이라는 당명은 본래 '브라질 공산당'PCB[당시 친親소련 노선]이 처음 사용하던 명칭이었다. 하지만 이 당은 1961년 민족주의의 물결을 타고

---

6) '보사노바'(bossa-nova)는 '신경향'이라는 의미이다.

당명을 '브라질 공산당'Partido Comunista Brasileiro, PCB으로 변경했다.[7]

＊　＊　＊

시민사회에서 이러한 정치적 재편이 이루어지는 동안, 군부에서는 국제 관계를 바라보는 새로운 시각이 힘을 얻는다. 이 시각은 '혁명전쟁'을 우려하는 의견들이 반영된 것으로서, 냉전이라는 국제환경 속에서 형성되었지만 피델 카스트로의 승리 이후 그 내용이 더욱 명확해졌다. 군부 내 특정세력의 눈에는 쿠바혁명이 저개발 지역에 '혁명전쟁'을 이식하려는 불순한 전쟁으로 보였다. 또한 이러한 '혁명전쟁'은 세계 동서 진영의 대결과는 관계없이 발생한다고 믿었다.

　그들의 판단에 따르면, 혁명전쟁의 최종 목표는 공산주의의 전파이다. 이 목표를 달성하기 위해 혁명세력은 사회의 모든 계층을 끌어들이고, 세뇌 및 심리전에서 무장투쟁에 이르기까지 다양한 전술을 사용할 것이다. 따라서 혁명전쟁을 막기 위해서는 그와 대등한 폭넓은 활동이 불가결했다. 이러한 맥락에서 군은 적을 타도하고 국가의 안전보장과 발전을 책임지는, 항시적이고 능동적인 역할을 맡게 된다. 이른바 '국가안보 독트린'doutrina da segurança nacional은 이렇게 탄생되었다.

　'국가안보 독트린'은 해외의 영향을 받으면서 육군고급학교 내부에서 만들어졌다. 육군고급학교는 프랑스 및 미국 군사고문단의 지원을 받아 1949년에 설립되었다. 특히 미국 군사고문단은 1948년부터 1960년까지 브라질에 체류했다. 브라질 측의 중심인물은 주임기술관이자 조직

---

7) 명칭에 '~ do Brasil'을 사용하면 국제기관의 브라질 지부 같은 인상을 줄 수 있다.

자인 고우베리 두 코투 이 시우바 장군이다. 육군고급학교 과정은 군인 뿐만 아니라 민간인들에게도 개방되었다. 일반 시민의 참여는 육군고급학교의 핵심사상에 공감하는 민간인과 군인 사이에 긴밀한 관계를 맺는다는 중요한 의미를 지녔다.

육군고급학교뿐만 아니라 사회조사연구소IPES, 브라질민주행동연구소IBAD ——미국 중앙정보국CIA으로부터 자금 지원받고 있었다——등의 기관에서 정권이 추구해야 할 노선을 정의하였다. 이에 따르면 정권은 사회 질서의 전복을 저지하고, 특정 형태의 경제발전을 보장할 능력이 있어야 했다. 굴라르 정부가 급진화하고 안정성을 잃어가자, 세 조직ESG-IPES-IBAD이 손잡은 공간에서는 오직 무장 행동만이 포퓰리즘적 혼란을 종식시키고 공산주의의 전진을 막을 수 있다는 확신이 자리를 잡는다.

* * *

주앙 굴라르의 통치는 의회에 의해 권력을 제한받은 채 시작되었다. 그의 내각을 지휘할 첫 수상은 1954년 바르가스 정부 시절 법무장관을 지낸 미나스제라이스 출신 정치가 탄크레두 네베스였다. 정부 출범 초기 굴라르는 민주주의 원칙을 준수하고 공산주의를 배격한다는 방침을 천명하기 위해 온건주의 노선을 선택한다. 미국 방문 중에는 의회에서 연설을 하고, 브라질 북동부에 대한 원조를 얻어 내기도 했다.

그 후 대통령 권한에 관한 문제가 떠올랐다. 의원내각제를 도입할 당시, 최종적인 정부형태는 1965년 국민투표를 통해 확정한다고 규정한 바 있다. 그런데 대통령 측근 내에서 이 국민투표를 예정보다 앞당겨 실시해야 한다는 주장이 나오기 시작했다.

대통령제의 승리는 거의 확실시됐다. 의원내각제 도입 배경을 보면, 이 제도는 단순히 장고의 권한을 제한하려는 수단에 불과했음이 명백해진다. 또한 일반 대중 사이에는 대통령이 국가를 안정시키고 '토대개혁'을 원만히 이끌려면 강력한 권한을 지녀야 한다는 믿음이 존재했다. 군 최고지도부 내에도 역시 강력한 행정권을 지지하는 기류가 형성되었다.

1962년 6월 탄크레두 네베스는 수상직을 사임한다. 그해 10월로 예정된 선거에 연방의원이나 주지사 후보로 출마하기 위해서였다. 그와 함께 다른 몇몇 장관들도 역시 같은 이유로 내각을 떠났다. 사실 탄크레두 네베스도 의원내각제를 신뢰하지 않았다. 그의 후임으로 굴라르는 산 티아구 단타스San Thiago Dantas를 임명한다. 탄크레두 네베스 내각에서 외무장관을 지낸 그는 쿠바사태 당시 브라질의 중립을 고수하다 우파의 분노를 초래하기도 했다. 연방하원은 산 티아구 단타스의 임명을 거부하고 상원의장인 아우루 지 모라 안드라지를 대안으로 제시했다.

그러자 보수주의자인 모라 안드라지의 수상 임명에 반대하는 이 시기 최초의 정치 파업이 발생했다. 7월 5일, 국가주의 내각을 요구하는 24시간 파업이 선언되었다. 완전한 파업에는 이르지 못했지만 국영기업이나 정부 산하 기업들 대부분이 참여하였다. 항만 노동자들의 파업은 사실상 전국의 모든 항구들을 마비시켰다. 여러 장소에서 파업은 군의 지원을 받았다. 예를 들면, 리우데자네이루에서는 제1군단의 병력이 출동하여 카를루스 라세르다 주지사의 탄압 위협에서 노동자들을 지켜냈다.

마침내 의회는 인지도가 거의 없는 히우그란지두술 출신의 민주사회당 정치인 브로샤두 다 로샤를 수상으로 승인했다. 새로운 수상의 역할은 국민투표 조기 실시안을 의회에 제출해 승인을 얻는 일이었다. 이러한 과정을 거쳐 국민투표는 1963년 1월에 실시하기로 최종 확정된다.

국민투표에 앞서, 주지사와 연방의회 의원을 뽑는 선거가 1962년 10월에 개최되었다. 이 선거는 중도세력과 우익의 영향력이 상당한 수준으로 올라섰음을 보여 준다. 이들이 브라질민주행동연구소나 그와 유사한 기관으로부터 자금을 제공받은 것은 분명하다. 하지만 정부도 자신의 선거 조직을 동원했다. 상파울루에서는 아데마르 지 바로스가 자니우 콰드루스를 근소한 차이로 따돌리고 승리한다. 히우그란지두술에서는 전국민주연합과 민주사회당이 공동으로 지지한 일두 메네게티가 브리졸라 진영의 후보를 눌렀다. 한편, 국가주의자들과 좌익은 페르남부쿠와 리우데자네이루에서 각각 미겔 아라이스와 브리졸라의 승리를 축하할 수 있었다. 특히 브리졸라는 연방수도(리우데자네이루)의 선거에서 그때까지 어느 누구도 거두지 못한 26만 9,000표라는 사상 최대의 득표수를 기록하였다.

하지만 2년 전인 1960년 선거에서 카를루스 라세르다가 과나바라 주지사에, 마갈량이스 핀투가 미나스제라이스 주지사에 당선되었기 때문에, 장고는 가장 큰 두 주에서 반정부 성향의 주지사를 맞게 되었다.

＊　＊　＊

1963년 1월에 실시된 국민투표에서는 1,230만 명의 총투표자 중 950만 명이 의원내각제에 '아니오'라고 대답했다. 그 결과 브라질에는 주앙 굴라르를 행정 수반으로 하는 대통령 중심제가 다시 복원되었다.

굴라르가 임명한 장관들을 보면 그의 전략을 잘 이해할 수 있다. 그는 경제·재정 문제에 신중하게 대처하기 위해, 이른바 '실증 좌파'라 할 수 있는 산 티아구 단타스와 세우수 푸르타두Celso Furtado를 각각 재정장 관과 기획장관에 중용하였다. 그와 동시에 당시의 표현으로 '조합 기구' dispositivo sindical, '군인 기구'dispositivo militar라 불린 정부의 지지기반을 강 화하고자 했다. 노동부 장관에 기용된 아우미누 아폰수는 브라질 노동당 좌파와 공산주의자 모두에게 받아들여질 수 있는 인물이었다. 전쟁부 장 관에는 의원내각제 정부시기에 임명된 온건파 아마우리 크루에우 장군 이 그대로 유임되었다. 하지만 리우데자네이루의 제1군단장과 히우그란 지두술의 제3군단장에는 국가주의자인 오스비누 아우베스 장군과 자이 르 단타스 히베이루 장군을 각각 선임하여 외형적으로 '군인 기구'의 보 강이 이루어졌다.

* * *

재정적 측면에서는 상황이 더욱 악화된다. 인플레이션은 계속 상승곡선 을 그려, 연평균 증가율이 1960년 26.3%에서 1961년에는 33.3%, 그리 고 1962년에는 54.8%를 기록했다. 인플레이션과 그 밖의 다른 문제들을 해결하기 위해 세우수 푸르타두는 '3개년 계획'을 수립한다. 경제성장, 사회개혁, 인플레이션의 해결 등 중요한 목표들을 동시에 달성하기 위한 방안이었다.

　　이 계획의 성공은 사회에 영향력을 지닌 계층의 협력여부에 달려 있 었다. 그러나 이 협력은 또다시 무산되고 만다. 인플레이션으로 이익을 얻는 계층들은 계획의 성공에 관심이 없었다. 장고의 정적들은 정부의 몰락과 쿠데타 발발을 기대하였고, 노동운동은 임금제한에 크게 반발했다. 그리고 좌익은 모든 부문에서 제국주의적 속내를 드러내고 있었다. 1963년 3월 산 티아구 단타스는 워싱턴을 방문하였으나 해외 채권자들의 냉담한 반응에 결국 빈손으로 돌아오고 말았다.

1963년 중반이 되자 '3개년 계획'의 실패는 분명해 보였다. 최후의 일격은 물가상승률이 25%에 달하는 가운데(동년 1월부터 5월까지) 전격 단행된 공무원 임금의 70% 인상이었다. 게다가 전체적인 면에서 경제도 쇠퇴의 징후를 보이기 시작했다. 1962년 5.3%를 기록한 국내총생산 성장률도 1963년에는 1.5%로 하락했다.

이러한 정세 속에서 장고는 다시 한번 개각을 단행한다. 경제 계획의 실행자인 산 티아구 단타스가 폐암에 걸려 정부를 떠났고, 아우미누 아폰수도 노동부 장관직을 사퇴했기 때문이다. 먼저, 전쟁부 장관에는 단타스 히베이루 장군이 임명된다. 그리고 더 이상 급진적인 경제 노선을 채택하지 않는다는 의미로 굴라르는 보수적인 인물을 재무장관에 기용했다. 그는 바로 상파울루 주지사를 지낸 카르발류 핀투였다.

1963년 중반 이후, 사회의 다양한 부문들에서 더욱 극단적인 행동이 나타난다. 농촌에서는 토지개혁을 파국이라고 여긴 지방 지주들이 스스로 무장을 하기 시작했다. 다른 한편에서는 농민동맹의 운동, 농업노동자의 조합화, 토지 습격 등이 한층 격렬해졌다. 1963년 10월, 사전 보상 없이도 토지 수용收用을 가능케 하는 헌법 개정안이 의회에서 부결되자, 법률의 테두리를 벗어난 방식으로 농지를 획득하려는 시도들이 더욱 세차게 일어났다.

브리졸라를 앞세운 브라질 노동당 좌파는 사회개혁의 추진이나 제국주의와의 관계에서 장고가 보여 준 우유부단함이 못마땅했다. 1963년 브리졸라는 쿠데타가 일어날 경우 그에 저항할 수 있도록 전국 단위의 조직을 정비하기 시작한다. 만약 쿠데타를 극복한다면, 제헌의회를 소집하고 외채에 대한 모라토리엄을 선언하기 위해 이러한 전국 규모의 조직은 필수적이었다.

군 내부에서는 굴라르 정부를 전복시키려는 모의가 진행되고 있었다. 정부의 행위가 지나치다고 느낀 일부 그룹이 '방어적 개입'을 지지하고 나선 것이다. 이 그룹에는 육군참모총장 움베르투 지 알렌카르 카스텔루 브랑쿠 장군도 가담하였다. 1963년 9월 브라질리아에서 발생한 공군·해군의 하사관 및 사병 반란은 이들의 모반 계획을 더욱 부채질하였다. 특히 하사관들의 반란은 자신들에게 선거권을 허용하지 않은 연방최고재판소의 결정에 항의하기 위한 행동이었다. 반란자들은 공공건물이나 방송국을 점거하고 여러 장교들을 구금하였지만, 최후에는 모두 진압된다.

굴라르 정부의 마지막 수개월간에 나타난 비극은 다음과 같이 이해할 수 있다. 모든 정치세력들은 민주적 방식의 분쟁 해결을 불가능하거나 무의미한 것으로 보고 단념한다. 우익은 온건 보수주의자들을 자신들의 논리로 끌어들였다. 그것은 민주주의를 정화하고, 계급투쟁·노동조합의 권력화·공산주의의 위협에 종지부를 찍기 위해서는 혁명이 필요하다는 사고였다.

장고는 예외적인 조치들을 구사하기로 결정한다. 1963년 10월 '군인 기구'의 견해를 받아들여, 농촌의 소요를 진정시키고 질서를 회복한다는 명분으로 의회에 30일간의 계엄령 포고를 요청했다. 그의 제안은 좌우 모두의 거부감을 불러와 결국 실현되지 못하고, 정부의 의도에 대한 불신감만 키웠다.

좌익에서는 '형식적 민주주의'를 특권계층에게만 이로운 단순한 도구라고 보았다. 그들에게는, '법에 의해서든 힘에 의해서든' 토대개혁을 통해 쟁취해야 할 세계가 존재했다. 따라서 밀고 당기기를 반복하는 어렵고 힘든 게임을 어떻게 받아들일 수 있겠는가.

1963년 10월, 상파울루에서 파업이 발생했다. 이는 장고의 정부에서 일어난 최후의 대규모 파업이며, 정치적 파업과는 거리가 있었다. '70만의 동맹파업'이라 불린 이 노동쟁의는 특히 금속, 펄프, 제지 산업이 중심이 되어 수일간 지속된다.

1964년 초, 장고는 측근의 조언으로 해결 방향을 결정했으나 결과적으로 불행한 최후를 맞게 된다. 그가 선택한 길은, '군인 기구'와 '조합 기구'의 지지를 얻어 의회를 건너뛰고 포고령을 통해 바로 '토대개혁'을 시작하는 것이다. 그리고 정부의 힘을 과시하기 위해 일련의 대규모 군중집회를 개최하고 그 자리에서 개혁을 발표하기로 결정한다. 이에 따라 최초의 대규모 집회가 3월 13일 리우데자네이루에서 개최되었다. 제1군단 부대들의 보호 아래 약 15만 명의 사람들이 모여 장고와 브리졸라의 연설을 들었다. 하지만 이 시점에서 이미 두 사람의 의견은 서로 어긋나 있었다.

공산당의 합법화를 주장하는 붉은 깃발들, 농지개혁을 요구하는 현수막 등이 텔레비전 화면에 비춰지자 대다수 보수주의자들은 전율을 느꼈다. 이 집회에서 장고는 두 가지 포고령에 서명했다. 그 중 하나는 상징적인 것으로서, 아직까지 페트로브라스의 통제하에 들어 있지 않은 정유소를 국가가 접수한다는 내용이었다. 다른 하나는 '수프라'Supra라 불린 '토지개혁 관리지역'Superintendência da Reforma Agrária에 관한 포고령으로, 경작에 제대로 활용되지 않는 토지는 국가가 수용할 수 있으며, 이러한 조치가 적용되는 지역과 면적을 구체적으로 지정하였다.

또한 대통령은 '도시개혁'도 준비 중에 있음을 선언한다. 임차인에게 주택을 빼앗길까 두려워하던 중산층에게 이 발표는 청천벽력과도 같은 것이었다. 그 밖에, 세제의 개편, 문맹자 및 하급군인들의 투표권 허용 등을 담은 법안을 의회에 제출할 예정이라고 밝혔다.

개혁을 위한 장고의 첫 행동은 현실상으로는 정권을 몰락으로 이르게 하는 시작이기도 했다. 폭풍우의 전조는 3월 19일 상파울루에서 발생한 '신과 함께하는 가족의 자유를 위한 행진'Marcha da Família com Deus pela Liberdade이었다. 가톨릭교회의 보수파 계열인 가톨릭 여성연합회가 조직한 이 시위에는 약 50만 명이 참가하여 상파울루의 거리를 따라 행진하였다. 이는 쿠데타 옹호론자들이 사회로부터 상당한 지지를 얻고 있음을 보여 주는 것이었다.

군 내부에서 발생한 심각한 사건도 쿠데타 모의에 더더욱 유리한 조건을 형성한다. 해군협회는 해군 병사들의 권리 보호와 임금 인상을 위해 투쟁을 전개하고 있었다. 이 조직의 핵심 인물은 안세우무 하사였다. 그는 훗날——혹은 몇몇 증언에 의하면 이 시기에 이미——해군정보센터의 정보원이 된다.

3월 24일, 시우비우 모타 해군사령관은 군의 위계질서를 파괴했다는 죄목으로 해군협회 간부들의 체포를 명한다. 그다음 날 약 2,000명의 해군 병사들과 해병대원들이 금속노조 본부에 집결했다. 협회 창립 2주년을 기념함과 동시에 새로운 요구사항들을 주장하기 위해서였다. 이 집회에는 체포명령이 내려진 협회 간부들도 참여했다. 시우비우 모타는 해병 부대를 출동시켜 집회장소를 포위하는 한편, 제1군단에 병력 지원을 요청한다. 그러나 최종적으로 사태는 협상을 통해 해결되었다.

권위가 실추된 데다 사퇴의 압력까지 받은 시우비우 모타는 결국 자리에서 물러났다. 장고는 그의 후임으로 '노동자 총연맹'의 지원을 받은 퇴역 제독 파울루 호드리게스를 임명했다. 신임 사령관은 격앙된 분위기를 가라앉히기 위해 반란 병사들을 모두 사면한다고 선언한다. 그러나 이는 실제로 불에 기름을 붓는 격이 되었다. 군인클럽과 일부 해군 고위 간부들은 이 사면이 군의 위계질서를 더욱 빠르게 파괴시킬 것이라고 비난했다.

장고의 마지막 모험은 리우데자네이루에서 개최되는 하사관 총회에 참석하여 연설을 행하는 것이었다. 하지만 그때에 이미 쿠데타는 진행 중이었다. 이 모반을 기획한 인물은 1937년 '코엔 계획'[8]이라는 그늘진 사건에 연루된 올림피우 모랑 필류 장군이었다. 3월 31일, 모랑은 미나스 제라이스 주지사인 마갈량이스 핀투의 지지를 얻은 후, 그 주에 주둔 중이던 자신의 부대를 하사관 총회가 열린 리우데자네이루로 이동시키기 시작했다.

하지만 상황은 의외로 빨리 정리된다. 리우데자네이루에서는 카를루스 라세르다가 지사 공관을 무장시켜 해병 부대의 공격에 대비하였다. 하지만 공격은 일어나지 않는다. 4월 1일, 굴라르는 유혈사태를 피하기 위해 비행기에 올라 브라질리아로 되돌아갔다. 한편, 상파울루를 출발한 아마우리 크루에우 장군 휘하의 제2군단 병력은 리우데자네이루에 도착하여 제1군단과 합류한다.

4월 1일 밤, 굴라르가 포르투알레그리로 가기 위해 브라질리아를 출발하자 상원의장은 공화국 대통령이 공석임을 선언한다. 그러자 헌법의 규정대로 하원의장 라니에리 마질리Ranieri Mazzilli가 대통령직을 승계하였

---

8) 코엔 계획의 자세한 내용은 본서의 315쪽을 참조.

다. 그러나 이제 권력은 더 이상 문민 지도자의 손에 머물지 않았다. 군 최고지휘부가 권력을 장악한 것이다.

브리졸라는 굴라르의 대통령 취임을 성공시킨 1961년의 업적을 재현하고자 히우그란지두술의 부대와 일반 민중을 동원하려 하였다. 그러나 이번에는 성공을 거두지 못했다. 4월 말 그는 장고가 먼저 망명해 있던 우루과이로 출발한다.

1945~1964년 기간의 민주주의 실험은 막을 내렸다. 브라질 역사상 처음으로, 장기간 통치를 지속한다는 계획 아래, 군부가 정권을 장악하고 권위주의 체제를 수립하였다.

굴라르 정부는 외견상 강력한 세력을 지닌 듯 보였지만 결국은 무너지고 말았다. 지지 기반이라 여겨진 '군인 기구'와 '조합 기구'에는 도대체 무슨 일이 있었던 것일까. 실제로는 굴라르와 그의 권력 수뇌들이 정치적으로 상황 판단을 잘못한 것이다. 그들은 권력 주변에서 일어난 일들을 사회 전체의 일로 받아들였다. 또한 군부에서도 정부의 개혁안을 지지하리라 확신하였다. 구성원들의 출신성분으로 보나 또는 역사적 배경으로 보나 군은 민중의 의지를 대변할 것이라고 그들은 생각했다. 쿠데타 음모자도 물론 존재했지만 그들은 소수파이며, '군인 기구'와 하급 군인들에 의해 충분히 통제된다고 믿었다.

물론 대부분의 군 간부들은 오랜 기간 헌법의 질서가 무너지지 않기를 희망해 왔다. 하지만 군이라는 기관에서는 그보다 더 중요한 원칙들이 있었다. 사회질서의 유지, 계급 서열의 존중, 공산주의의 통제 등이 그것이다. 그러나 이러한 원칙이 깨지자, 질서는 무질서로 변하였고 그 무질서는 군의 개입을 정당화했다.

장고의 합법성 상실, 군율의 파괴, 하급군인과 조합 노동자의 상호접근 등 일련의 상황들이 군부 내 온건주의자들을 쿠데타 지지자로 돌아서게 만들었다. 이러한 변화는 시민들 사이에서도 일어났다. 이른바 '조합기구'는 노동자계급, 그 중에서도 특히 공공부문의 노동자들을 동원하는 역량은 갖추었지만, 그 범위를 넘어선 곳에서는 아무런 영향력도 발휘하지 못했다.

인플레이션으로 고통받은 거대한 임금노동자계층은 '노동자 총연맹'의 총파업 명령을 무시했다. 더욱이 노동자들이 아무리 동원된다 해도 군부 내에서 분열이 발생하지 않는 한, 현실적으로 얻을 수 있는 것은 거의 없을 것이다. 결과적으로도 군의 분열은 일어나지 않았다.

이렇듯 브라질의 사회운동이 중요한 진전을 이루었다고는 해도, 정치적으로 장고는 애매한 입장에 처하게 된다. 모두가 등을 돌린 상태에서 그의 주위에 남은 사람들이라고는 군의 통솔권을 상실한 전쟁부 장관, 탄압의 표적이 된 조합 지도자들, 그리고 헛된 환상을 심어 준 개인적 친구들뿐이었다.

군사정권과 민주주의 이행,
1964년 이후

6장 | 군사정권과 민주주의 이행, 1964년 이후

1. 보수적 근대화

외견상 1964년 3월 31일의 격동은 부패와 공산주의로부터 브라질을 방어하고 민주주의 질서를 회복시키기 위해 일어난 것처럼 보였다.

곧바로 신체제는 소위 '제도법령'Atos Institucionais을 통해 국가기관의 변혁에 착수한다. 이러한 행위는 "모든 혁명에 내재된 제헌적 권한의 행사"로서 정당화되었다. 1964년 4월 9일, 육해공 삼군 사령관이 제도법령 제1호를 공포했다. 일부 변화는 있었지만, 형식적으로 헌법과 국회의 기능은 그대로 유지되었다.

군사정권의 특징 중 하나가 바로 이 의회제의 유지였다. 의회가 아닌 다른 기관에서 실질적인 권력을 장악하고, 민주주의 기본원칙이 아무리 훼손되어도, 군사정권은 자신들의 권위주의적 성격을 결코 드러내지 않았다. 짧은 기간을 제외하면 국회의 기능은 계속 유지되었고, 시민의 권리를 제한하는 법규들은 한시적으로 적용되었다. 제도법령 제1호 자체도 그 효력은 1966년 1월 31일까지로 제한되었다.

제도법령 제1호는 행정권 강화와 의회활동 축소를 목적으로 한 다양한 조치들을 담고 있었다. 공화국 대통령은 의회에 법안을 제출할 수 있었고, 의회는 이 법안을 30일 이내에 심의해야 했다. 만일 의회에서 기간 내에 심의를 완료하지 못하면 법안은 자동적으로 가결 처리되었다. 의회에서 투표 방해는 그리 어려운 일이 아니었고, 의회의 심의도 대개는 시간을 오래 끌었기 때문에, 정부의 법안이 '심의기한 만료'로 승인되는 것은 흔한 일이었다. 또한 공공지출 명목을 새로 만들거나 기존 지출을 확대하는 법안도 대통령의 권한으로 제출할 수 있었다.

연방의원은 면책특권을 상실했고, 혁명최고사령부는 의원의 자격을 박탈하거나 정치적 권리를 10년간 정지시킬 수 있는 권한을 보유했다. 그 밖의 공직자들에 대해서도 종신제나 고용안정 보장을 6개월간 유예하여, 공직 추방을 용이하게 만들었다.

또한 제도법령 제1호는 군경심문소 설치의 근거가 되었다. 군경심문소는 '국가 및 국가자산의 침해 행위, 정치적·사회적 질서의 파괴, 혁명적 전쟁 등의 범죄 행위'의 책임자들을 조사하는 기관이다.

이러한 예외적인 권력을 통해 정권에 비판적인 인물의 구속과 고문이 자행되었다. 그러나 체제가 완전히 폐쇄된 것은 아니었다. 아직은 인신보호 영장을 통한 재판의 가능성이 남아 있었고, 상대적으로 언론의 자유도 존재하였다.

일례로, 리우데자네이루의 일간지 『코헤이우 다 마냥』이 고문 행위를 고발하는 기사를 싣자, 카스텔루 브랑쿠 대통령은 국방장관 에르네스투 가이젤 장군에게 조사를 명하였다. 조사는 '증거 불충분'으로 보류되지만, 일정기간 조직적인 고문은 이루어지지 않았다.

이전 굴라르 정부 시기에 두드러진 활약을 펼친 학생들은 탄압의 특별한 표적이 되었다. 4월 1일, 리우데자네이루에 위치한 전국학생연합 본부가 습격을 받아 불길에 휩싸였다. 전국학생연합은 공식적으로 해산 되지만 그 후에도 비밀활동을 이어간다. 또한 대학도 탄압의 대상이 되 었다. 혁신적인 기획으로 설립된 브라질리아대학을 반역적 존재로 간주 한 군부는 쿠데타 이튿날 대학 구내를 점거해 버렸다.

하지만 가장 폭력적인 탄압은 농촌에서 일어났다. 그 중에서도 북동 부의 농민동맹 관계자들이 강력한 공격을 받았다. 도시에서는 노동조합 및 노동자 단체들이 군의 통제하에 들어갔고, 조직의 간부들도 줄줄이 체포되었다. 주로 활발한 활동을 펼친 대규모 조합들이 탄압의 표적이 되었는데, 구성원이 5,000명을 넘는 노동조합의 70%가 군의 압력에 시 달렸다.

그 밖에도, 1964년에는 49명의 판사가 추방되고, 50명의 연방의원 이 지위를 상실했다. 첫 발표 명단에 들어 있던 40명의 하원의원을 살펴 보면, 브라질 노동당 의원이 18명으로 가장 많았고, 전국민주연합 의원 은 단 한 명도 들어 있지 않았다.

엄격하게 계산된 통계자료만으로도 1,400명 이상의 행정 관료와 약 1,200명의 군 관리들이 파면되었다. 국가주의나 좌익적 입장을 공공연 히 드러낸 사람들이 파면의 주 대상이 되었다.

또한 몇몇 주지사들도 직위를 박탈당했다. 의원직을 상실하거나 정 치적 권리를 정지당한 유력인사들 가운데는 장고, 브리졸라는 물론이고, 자니우 콰드루스나 주셀리누 쿠비체크 등도 포함되었다. 당시 고이아스 주 상원의원이던 쿠비체크를 탄압한 까닭은 명백했다. 차기 대통령 선거 의 유력한 문민 후보를 사전에 제거할 필요가 있었기 때문이다.

이렇게 장황하게 모든 상황을 나열해도 당시 브라질 전체를 뒤덮은 공포와 불신의 분위기를 묘사하기에는 충분치 못하다. 1964년 6월, 군사 정권은 국민 통제를 위한 결정적인 일보를 내딛는다. 바로 국가정보부의 설치였다. 초대 정보부장에는 이 기관 창설의 일등공신인 고우베리 두 코우투 이 시우바 장군이 임명되었다. 국가정보부가 표방한 주요 목표는 "국가안보에 필요한 정보의 수집과 분석, 국내반란에 관련된 대적對敵활 동과 정보 수집"이다. 하지만 실제로 이 기관은 행정부와 거의 동등한 권 력을 지닌 기관으로 변질되며, 독자적으로 "국가 내부의 적을 상대로 한 투쟁"을 전개한다. "본의 아니게 괴물을 키우고 말았다." 훗날 고우베리 장군 스스로 자신의 행동을 정당화하면서 이렇게 토로했을 정도다.

제도법령 제1호는 공화국의 대통령 선출방식을 의회의 간접선거로 바꾸었다. 이에 따라 1964년 4월 15일 움베르투 지 알렌카르 카스텔루 브랑쿠 장군이 대통령에 당선되었다. 임기는 1966년 1월 31일까지였다.

정치적 차원에서 카스텔루 브랑쿠 측근들은 제도법령 제1호에서 기획된 수술들을 끝낸 후 '제한된 민주주의'를 실시할 방침이었다. 경 제적인 측면에서는, 자본주의적 경제체제를 개혁하여 두 가지 주요 목 표——경제 근대화와 공산주의 위협의 차단——를 달성하는 데 역점을 두었다. 이러한 목표들을 이루기 위해서는 굴라르 정부 말기부터 이어져 온 혼란스러운 경제·재정 상황에 정면으로 맞서야 했다. 또한 지방과 도 시의 노동자들을 통제하고 국가기구의 개혁을 단행할 필요가 있었다.

* * *

예정된 경제 개혁을 추진하기 위하여 호베르투 캄푸스 기획장관, 오타비 우 고베이아 재무장관 주도로 '정부경제행동계획'PAEG이 마련되었다. 이

'계획'은 공공부문의 적자 감소, 민간자본 유치, 임금 동결 등을 핵심 내용으로 하고 있다. 또한 각 주의 지출을 통제하기 위해 주 정부의 차관 도입은 반드시 연방정부의 허가를 얻어야 하는 법규를 제안했다. 연방정부는 재정의 균형을 맞추기 위해 공기업의 경영환경 개선, 밀가루·석유 등 기초물자에 대한 보조금 축소, 세금 징수 확대 등을 정책에 반영했다. 공기업의 경영 개선이나 기초물자에 대한 보조금 축소는 즉시 생활비의 증가로 이어졌다. 전기·통신료가 인상되고 가솔린이나 빵 가격이 상승했기 때문이다.

한편, '계획'은 세수 확보의 차원에서 그동안 결함이 많았던 국가기구를 정비하여 탈루나 체납을 막았다. 그리고 그동안 체납된 세금을 원활하게 징수할 수 있도록 인플레이션을 반영한 물가연동제를 도입하였다. 과거에는 체납된 세금에 물가상승률이 적용되지 않아 체납자에게 유리한 부분이 있었다. 하지만 이제 국가에 대한 채무는 더 이상 좋은 '거래'라 할 수 없었다.

임금 억제는 인플레이션보다 낮게 임금상승률을 결정하는 방식으로 해결하였다. 그와 함께, 기업의 이익을 우선시하여 파업 방지·노동유연성 등을 보장하는 조치들도 병행하여 실시하였다. 1964년 6월 의회를 통과한 파업법은 복잡한 관료적 절차를 설정하여 합법적인 파업이 사실상 불가능하도록 만들었다. 하지만 지난 20년간의 민주주의 정부 시기에도 헌법이 보장한 파업권을 현실화한 법률은 단 한 건도 의회에서 승인되지 않았다. 물론 그럼에도 민주주의 기간에는 마지막 몇 년 동안 자유롭게 파업권이 행사되었다는 차이점이 있긴 하다.

정부는 또한 도시 임금노동자가 가장 중요하게 여긴 권리들 중 하나를 폐지했다. 그것은 통합노동법CLT이 정한 권리로, 10년 이상 근무한 노동자에게 고용안정을 보장해 주는 제도적 장치였다. 1966년 정부는 이 고용보장을 대체할 카드로서 '근속기간에 따른 보장기금'Fundo de Garantia por Tempo de Serviço을 도입했다.

농촌과 관련해서 카스텔루 브랑쿠 정부는 이른바 '선동자'들에 대한 탄압과 토지문제 해결을 위한 조치들을 동시에 실시하였다. 1964년 11월, 연방의회는 토지개혁을 비롯한 다양한 농업정책을 추진하기 위해 '토지법'을 가결하였다. 그러나 이 법은 이후의 법률들과 마찬가지로 현실에 거의 적용되지 않은 채 그저 문서상으로만 존재할 뿐이었다.

국제무역은 캄푸스, 불룡이스 두 장관이 중요한 변혁의 대상으로 삼은 분야였다. 두 사람은 당시 브라질에 널리 퍼져 있던 '수출의 질식' estrangulamento das exportações이라는 통념, 다시 말해 브라질의 수출은 국제경쟁에서 뒤져 단단한 구조적 한계 속에 갇히고 말았다는 자격지심을 타파하려 했다. 이들은 브라질의 잠재력이 과소평가되고 있다는 믿음이 강했다. 따라서 거대한 매장량의 천연자원과 농산물의 수출에만 의존하는 것이 아니라, 공업 제품의 수출도 적극 추진하였다.

또한 그들은 외국자본을 유치하고, 특히 그것이 수출부문으로 투자되는 데에 큰 기대를 걸었다. 1964년 8월에는 외국자본 및 그 이자의 해외송금을 용인하는 새 법률이 의회에서 '심의기한 만료'로 통과되었다. 이로써 미국을 비롯한 외국 투자자들의 비판 대상이던 1962년 해외송금 규제법은 효력을 상실했다.

'정부경제행동계획'은 기대한 목표를 달성했다. 정부는 지출 축소와 징세 확대를 통해 연간 재정적자를 감소시켰다. 구체적으로 살펴보면, 1963년 국내총생산 대비 4.2%에 이르던 적자규모가 1964년에는 3.2%, 그리고 1965년에는 1.6%로 하락했다. 1964년의 심각했던 인플레이션도 점차 완화되어, 1966년에는 국내총생산이 증가세로 돌아섰다.

과거의 정책들과는 달리 '정부경제행동계획'이 성공을 거둘 수 있었던 이유는 무엇일까? 캄푸스와 불룡이스가 상황을 정확하게 진단한 것은 사실이지만, 그것만으로는 모든 것을 설명할 수 없다. 무엇보다 국가에 권위주의 체제가 수립되면서 정부의 활동이 더욱 수월해졌다. 어떤 내용을 담고 있든, 안정화 계획이 제대로 기능하려면 사회의 희생이 뒤따를 수밖에 없다. 당시 브라질 사회의 상황과 정치 행위자들의 인식을 고려할 때, 민주주의 체제하에서는 이러한 사회적 희생을 요구하기는 어려운 일이었다.

하지만 권위주의 체제 내에서 캄푸스와 불룡이스는 자신들의 의도대로 희생이 따르는 조치들을 적용할 수 있었다. 이 조치들은 여러 계층 중에서도 특히 저항 수단을 갖지 못한 노동자들의 희생을 강요하였다. 위기상황에 직면한 외채문제도 국제통화기금의 청신호와 미국의 대규모 원조——'진보를 위한 동맹'[1]을 통해——에 힘입어 잠정적인 해결책을 찾을 수 있었다.

국제사회에서 카스텔루 브랑쿠 정부는 분명하게 미국의 정책과 보조를 같이한다. 가장 좋은 예는 1965년 초에 발발한 도미니카 내전이었다. 전쟁에 개입한 미국은 약 4만 2,000명의 해병대원들을 카리브 해의 섬으로 파견했다. 브라질은 미국의 파병 요청을 받아들여 온두라스 및 파라과이와 함께 이른바 '미주 평화군'Inter-American Peace Force 구성에 동참한다.

---

1) '진보를 위한 동맹'에 대해서는 5장의 378쪽을 참조.

1965년 10월, 11개 주에서 직접투표 방식의 지방선거가 실시되었다. 이 시기가 되면 뜨거웠던 혁명의 열망은 대부분 사라져, 부패의 종식이라는 선전문구로는 더 이상 사람들의 마음을 끌 수 없었다. 더욱이 중산층의 지갑은 갈수록 얇아졌다.

군부 강경파의 영향력으로 특정 인물의 입후보가 금지되었지만, 과 나바라와 미나스제라이스 등 주요 주에서 야당의 승리가 이어졌다. 선거 결과는 군부를 긴장하게 만들었다. 카스텔루 브랑쿠 지지 그룹과 대립각 을 세운 군부 강경파는 적에 대한 정부의 유약한 태도가 이러한 선거 결 과를 초래했다고 믿었다. 그들은 공산주의와 부패를 상대로 더욱 철저히 투쟁을 전개해야 하며, 그러기 위해서는 군부가 결정 시스템을 엄격히 통제하는 권위주의 체제를 수립해야 한다고 주장했다.

지방선거일로부터 불과 24일이 지난 1965년 10월 27일, 군부 강경 파의 압력을 받은 카스텔루 브랑쿠는 제도법령 제2호를 공포한다. 제도 법령 제2호는 공화국의 정·부통령 선거방식을 더욱 명확히 확립했다. 연 방의회의 간접선거에서 더 나아가 의원들의 기명투표 방식이 추가되었 고, 이러한 공개된 절차를 통해 절대 과반수를 얻은 후보가 정·부통령에 선출된다는 규정이었다. 또한 대통령 권한이 더욱 강화되어 국가안보에 관한 법령을 직접 발포할 수 있는 자격이 부여됐다. 이것으로 행정부는 주요 사안에 대해 법률을 제정하는 입법 권한까지 소유하게 되었으며, 때때로 자신들의 필요에 따라 국가안보의 개념을 확대 적용하기도 했다.

제도법령 제2호의 또 다른 중요한 조치는 정당의 폐지였다. 군부는 국가위기의 원인이 다당제 정치에 있다고 판단했다. 신국가 말기에 결성되어 좋든 나쁘든 다양한 여론의 흐름을 반영하던 정당들은 최후를 맞게 되었다.

정당과 관련해서는 사실상 두 정당의 수립을 강요했다. 하나는 정부의 지지자들로 결성된 '국가혁신동맹'Aliança Renovadora Nacional, Arena이고, 다른 하나는 야당인 '브라질민주운동'Movimento Democrático Brasileiro, MDB이다. 국가혁신동맹에 속한 대다수 정치인들은 전국민주연합과 민주사회당 출신들로서 양측이 서로 비슷한 숫자로 구성되었다. 반면 브라질민주운동은 과거 브라질 노동당 의원들이 주축이 되고, 민주사회당 출신자들이 가세한 형식을 취했다.

* * *

1967년 1월 새로운 헌법이 연방의회를 통과함으로써 카스텔루 브랑쿠 정부는 국가기구의 변혁을 완성할 수 있게 되었다. 사실 연방의회는 1966년 10월부터 1개월간 의원들의 자격 박탈을 목적으로 또다시 폐쇄되었지만, 신헌법의 승인을 위해 특별 회기를 개최했다.

1967년 헌법에는 행정권의 강화, 특히 국가안보에 관한 권한을 확대하는 입법조치가 반영되었다. 그러나 의원의 자격을 박탈하거나 정치적 권리를 상실케 하는 예외적인 조항들은 포함되지 않았다.

* * *

카스텔루 브랑쿠 지지그룹은 대통령 후계자를 세우지 못했다. 신헌법에 따라 새로운 대통령에는 아르투르 다 코스타 이 시우바 장군이, 부통령에는 민간인이자 전국민주연합 출신인 페드루 알레이슈가 선출되었다. 1967년 3월, 이 두 사람이 주도하는 새 정부가 출범하였다. 코스타 이 시우바는 카스텔루 브랑쿠 정부에서 전쟁부 장관을 역임했지만, 카스텔루 브랑쿠 지지그룹 내에서는 주변인에 지나지 않았다. 하지만 그는 견실한 군 경력을 지니고 있었다. 1964년의 쿠데타 군 사이에서 '늙은 아저씨'로 불린 그는 미국에서 수개월간 훈련을 받았고 1961~1962년의 긴박한 시기에 제4군단장을 수행하기도 했다. 하지만 스타일 면에서는 지적인 카스텔루 브랑쿠와 큰 대비가 되었다. 코스타 이 시우바는 군사전략에 관한 복잡한 책을 멀리하고, 그 대신 가벼운 내용이나 승마를 선호하였다. 이러한 개인적 성향 차이보다 더 중요한 것은 코스타 이 시우바가 군부의 강경파나 권위주의적 국가주의자들의 기대를 한 몸에 받았다는 사실이다. 이들은 카스텔루 브랑쿠의 정책, 그 중에서도 특히 미국에 접근하거나 외국자본에게 혜택을 제공하는 정책들에 대해 불만을 품고 있었다.

하지만 권력에 오른 코스타 이 시우바는 강경파의 단순한 도구처럼 행동하지는 않는다. 그는 사회에 존재하는 압력을 고려하여 야당세력들과도 의견을 교환하며 반대의 목소리에 귀를 기울이려 했다. 뿐만 아니라, 노동 분야에도 적극적인 정책을 펼쳐 조합 결성이나 신뢰 가능한 조합지도자 양성에 힘을 쏟았다. 하지만 여러 사건들이 발생하면서 이러한 제한적인 자유화 정책은 좌절되고 만다.

2. 정치적 탄압과 무장투쟁

탄압의 첫 충격이 어느 정도 가신 1966년부터 반정부 세력은 새로운 태세를 갖추기 시작한다. 가톨릭교회의 많은 성직자들도 정부에 대항했는데, 특히 북동부의 올린다·헤시피 대주교 동 엘데르 카마라의 움직임이 두드러졌다. 또한 학생들도 전국학생연합을 중심으로 활동을 재개했다.

정치무대에서는 중심권에서 밀려나 있던 라세르다가 옛 정적政敵인 장고와 쿠비체크에 접근하여 '확대전선'Frente Ampla을 결성했다. 이 전선의 지도자들은 몬테비데오에서 모임을 갖고 브라질의 민주화 재건과 노동자 권익 보호를 위한 투쟁을 선언한다.

전 세계적으로 중요한 의미를 새긴 1968년은 브라질의 반정부운동으로서도 새로운 동력을 얻은 한 해였다. 그해 3월, 리우데자네이루의 작은 항의집회에서 학생 한 명이 헌병대에 의해 살해되는 사건이 발생했다. 곧바로 집회는 대규모 시위행진으로 확대되었다. 게다가 수천 명이 모인 학생의 장례식에서 공권력의 폭력이 또다시 되풀이되어 타오르는 분노에 기름을 끼얹는 격이 되었다. 이러한 사건들을 계기로 학생뿐 아니라 가톨릭교회나 중산층이 참여하는 대규모 동원이 이루어졌다. 민주화 투쟁에 가담한 다양한 세력의 단합은 1968년 6월 리우데자네이루의 이른바 '10만 인의 시위'로 정점에 달했다.

그와 동시에 두 장소에서 노동자의 공격적인 파업이 발생했다. 한 곳은 벨루오리존치 인근의 콘타젱이었고, 다른 한 곳은 그란지 상파울루의 오자스쿠였다. 콘타젱의 파업은 어느 정도 자연발생적인 측면을 지녔다. 반면, 노동자와 학생들의 합작품인 오자스쿠의 파업은 대기업 한 곳을 점거하면서 시작되었다. 하지만 이 힘겨루기는 좋지 않은 결말을 가져왔다. 중무장 부대가 출동하여 폭력적으로 대기업을 탈환하였고, 노동부가 금속노조에 개입하는 결과를 초래했다.

오자스쿠의 파업에는 좌익그룹들의 영향력이 강하게 작용하였다. 특히 이들은 군사독재를 종식시킬 유일한 수단은 무장투쟁이라는 의식을 갖고 있었다. 당시 좌익은 쿠바혁명을 비롯하여 과테말라, 콜롬비아, 베네수엘라, 페루 등 라틴아메리카 국가들의 게릴라 활동에서 큰 자극을 받았다.

그러나 전통적인 좌익 조직인 브라질 공산당PCB은 이러한 무장투쟁에 반대 입장을 분명히 했다. 그러자 백전노장의 공산주의자 카를루스 마리겔라Carlos Marighela는 일단의 당원들을 이끌고 당에서 떨어져 나와 '민족해방동맹'ALN을 결성했다. 그 밖에도 '인민행동'AP이 이미 무장투쟁 노선을 선택한 상태였으며, 좌파 군인들이 적극 참여한 '인민혁명전위'를 비롯해 새롭게 탄생한 좌익 그룹들도 이러한 흐름에 가담하였다.

1968년 무장투쟁 그룹들은 첫번째 행동을 개시했다. 상파울루 주재 미국 영사관에 폭탄을 설치한다거나, 자금조달을 목적으로 '몰수' expropriações라 불린 약탈행위를 벌이기도 했다. 이러한 일련의 사건들을 지켜보던 군부 강경파는, 1964년 혁명의 의미는 완전히 퇴색되었으며, 반란자들을 퇴치하기 위해서는 새로운 장치가 필요하다는 확신을 갖게 되었다. 그리고 매우 사소한 일을 계기로 제한적으로 남아 있던 자유마저 완전히 옥죄려고 하였다. 의회에서 마르시우 모레이라 알베스 하원의원이 연설한 내용이 군부에 대한 모욕으로 받아들여진 것이다.[2]

그의 연설문은 일반 국민들에게는 거의 알려지지 않았지만, 군부 내에서는 모두에게 내용이 전달되었다. 군 내부에서 분노의 기류가 형성되자, 삼군 사령관들은 연방최고법원에 군의 존엄을 모독한 혐의로 마르시우 모레이라 알베스의 형사 재판을 요구했다. 재판의 진행 여부는 연방

---

[2] 그의 연설 내용에는, 독립기념일에 실시 예정인 군사 퍼레이드를 보이콧할 것, 젊은 여성들은 군 장교와 연애하지 말 것 등을 주장하는 내용이 들어 있었다.

의회의 허가에 달려 있었는데, 예상외로 연방의회는 하원의원의 면책특권 정지신청을 받아들이지 않았다. 이 거부로부터 24시간이 채 지나지 않은 1968년 12월 13일, 코스타 이 시우바는 제도법령 제5호를 공포하고, 의회를 폐쇄하였다.

제도법령 제5호는 혁명 속의 혁명 도구, 또는 반혁명 속의 반혁명 도구나 마찬가지였다. 그때까지의 제도법령과는 달리 기한이 정해지지 않았으며, 공화국 대통령은 의회를 일시적으로 폐쇄할 수 있는 권한을 다시 한번 획득하였다. 1967년 헌법에서는 이러한 권한이 인정되지 않았다. 즉 공직자들을 해고하거나 강제 퇴직시키는 것은 물론 정치인들의 권리를 박탈하거나 정지시킬 수 있는 대통령 권한이 부활된 것이다.

제도법령 제5호의 발포 이후 군부 권력의 무게중심은 이른바 '정보조직', 즉 감시·탄압 기관의 지휘부로 쏠렸다. 대학교수를 포함한 공직자들의 추방, 정치인들의 자격박탈이나 권리정지 등 탄압의 회오리가 다시 한번 몰아쳤다. 언론 검열의 시행이 확립되고, 고문이 정부의 주요 통치 수단에 포함되었다.

제도법령 제5호는 비극적 결과를 초래했다. 특히 무장투쟁 그룹들의 주장을 강화시키는 계기가 되어, 1969년 이후 이들의 활동을 더욱 증가시켰다. 군사정권은 사회의 압력에 양보하거나 스스로를 개혁할 능력을 갖추지 못했고, 시간이 지날수록 더 야만적인 독재의 길을 고집하였다.

*   *   *

1969년 8월 코스타 이 시우바 대통령이 뇌졸중으로 쓰러졌다. 그러자 군사령관들은 스스로 군사평의회를 조직하여 대통령 직무를 대행키로 결정했다. 이는 부통령(페드루 알레이슈)이 대통령직을 계승하도록 규정한 헌법 조항을 위반한 처사였다.

한편, 급진적 좌익은 외국 외교관들을 납치하여 정치범과의 교환을 요구하고 나섰다. 가장 충격적인 사건은 리우데자네이루에서 일어난 미국 대사 엘브리크의 납치였다. 납치범들은 대사를 석방하는 조건으로 15명의 정치범을 빼낼 수 있었고, 종국에는 그들을 멕시코로 망명시키는 데 성공했다.

군사평의회는 '국가안보에 해를 입히거나 위험을 초래하는' 모든 브라질인들에게 적용할 '국외추방죄'를 신설했다. 이 형벌이 가장 먼저 적용된 예가 바로 미국 대사와 교환조건으로 석방된 정치범들이었다. 또한 '정부의 전복을 시도하는 내란'에 사형제를 도입했다. 하지만 공식적으로 사형이 집행된 적은 한 번도 없었다. 그 대신 즉결심판이나 고문에 의한 처형이 은밀히 자행되었다. 이렇게 희생된 사람들은 대개 반란자들과 공권력 사이의 충돌에서 발생한 사망자이거나 의문의 실종자로 처리되었다.

1969년 이전까지는 해군정보센터가 고문 사용을 주도한 가장 악명 높은 기관이었다. 하지만 그해 육군 제2군단 내에 '반데이란치스 작전'이라는 기구가 만들어져 상파울루, 리우데자네이루 지역에서 집중적인 활동을 벌였다. 그 후 '반데이란치스 작전'은 '작전정보부-국내방위작전센터'DOI-CODI 창설로 이어졌다. 이 센터는 여러 주에 분실을 설치해 활동 범위를 넓혔고, 군사정권 내에서 고문을 자행하는 중심 기관이 되었다.

당시 브라질은 정치적으로 암울한 시기를 보내고 있었지만, 경제적으로는 성공적인 결과를 거두었다. 상대적으로 짧은 경기후퇴기가 지나 캄푸스와 불룡이스가 재정을 재확립하였으며, 델핑 네투 재무장관이 신용 확대를 통해 경제성장을 유도하였다. 그와 동시에, 인플레이션 억제를 위한 가격 통제를 실시하여 1968년 25.4%까지 치솟던 물가상승률도 하락세로 돌아섰다.

1968년에는 자동차, 화학, 전기 제품의 발전에 힘입어 공업 분야에서 확실한 회복세가 나타났다. 민간건설 분야도 국립주택은행의 자금 지원을 바탕으로 커다란 성장을 이루었다. 1968~1969년에는 놀랄 만한 속도로 국가경제가 발전하여 국내총생산 증가율이 각각 11.2%, 10%——또는 1인당 8.1%, 6.8%——를 기록했다. 이른바 '경제의 기적'은 이렇게 시작되었다.

*   *   *

1969년 10월 중순, 코스타 이 시우바는 아직 연명하고 있었지만 더 이상 회복 가능성이 없어 보였다. 이러한 상황에서 군사평의회는 공화국 정·부통령의 공석을 선언하고 연방의회 선거를 통해 다시 선출한다고 발표한다. 선거 일정은 10월 25일로 정해졌다. 군 최고사령부는 에밀리우 가하스타주 메디시 장군을 대통령에, 아우구스투 하데마케르 해군사령관을 부통령에 선출했다.

코스타 이 시우바와 동향(히우그란지두술)인 메디시는 이탈리아계 아버지와 스페인 바스크계 후손인 어머니 사이에서 태어났다. 1950년대 코스타 이 시우바가 제3군단 총사령관으로 있을 당시 그의 참모장으로 메디시가 임명되면서 두 사람은 막역한 사이가 되었다. 또한 메디시는 1964년 운동을 후원하였으며, 굴라르 정권이 붕괴된 후에는 워싱턴 주재 무관으로 파견되기도 했다. 그리고 코스타 이 시우바가 대통령에 취임하자 국가정보부의 책임자로 발탁되었다.

메디시는 대다수의 국민들에게 알려지지 않은 인물이었다. 게다가 권력의 행사를 좋아하지 않아 정부의 운영을 각료들에게 일임하였다. 그 결과, 브라질 역사상 가장 심각한 탄압——최악이라고까지는 말할 수 없지만——이 행해지던 시기에 대통령의 권력이 분산되는 역설적인 현상이 발생했다.

초기에 놀라운 활동을 펼쳐 군사정권을 뒤흔들 것처럼 보였던 도시 무장그룹들은 갈수록 쇠퇴하여 거의 소멸되고 말았다. 무장그룹들을 사라지게 한 가장 큰 원인으로는 이들에 대한 효과적인 탄압을 들 수 있다. 무장투쟁에 직접 참여한 활동가들은 물론이고, 청년층 전문인들 중에서 그들에게 공감을 표한 자들까지도 제거의 대상이 되었다. 또 다른 요인은 무장그룹들이 일반인들의 호감을 이끌어 내지 못하고 대중으로부터 유리된 점이다. 급진적 좌익세력은 브라질을 또 하나의 베트남으로 만들 수 있으리라 믿었지만 그것은 완전한 오산이었다.

이제 남은 것은 브라질 공산당PC do B의 농촌 게릴라 근거지뿐이었다. 중심 기지는 파라 주 동부 마라바 부근의 아라과이아 강 유역에 구축되었다. 1970~1971년, 약 70명으로 이루어진 게릴라조직은 경작법이나 위생관리 등을 가르치면서 농민들과 긴밀한 유대를 맺었다. 군은 1972년에 그 근거지를 발견했으나 도시 게릴라를 상대할 때와 같은 효율적인 공격은 전개할 수 없었다. 군부대가 브라질 공산당 그룹을 제거하거나 체포한 것은 그 일대를 국가안전보장지역으로 지정한 1975년의 일이었다. 그러나 언론이 통제되어 있던 당시 대다수 국민들은 이 사건을 인지하지 못했다. 단지, 아라과이아 게릴라에 대한 단편적인 소문들만 돌아다닐 뿐이었다.

한편, 합법적인 반정부 세력은 메디시 집권 시기에 가장 어려운 상황을 맞이했다. 경제의 호황, 탄압, 그리고 부분적으로는 무효투표 운동의 영향을 받았기 때문이다. 1970년 상원의원의 3분의 2를 교체하는 의원 선거에서는 국가혁신동맹이 압도적인 승리를 거두었다.

메디시 정부는 탄압의 손길을 늦추지 않았다. 이 정부는 소수이지만 정권에 적대적인 사회 유력계층과 경제성장을 통해 일상을 만족하게 보내는 일반 대중 사이를 명확히 구분하였다. 전자에게는 탄압을 가하는 한편, 후자에게는 불만을 희석시키기 위해 선전을 사용하였다.

1964년 이후, 브라질에서는 전기통신이 비약적으로 발전했다. 뿐만 아니라 개인 신용대출이 용이해짐에 따라 텔레비전을 보유한 가정도 급증했다. 도시의 TV 소유 가정은 1960년에는 9.5%에 불과했으나 1970년에는 40%까지 도달했다. 이 무렵 정부의 특혜를 등에 업은 '글로부 텔레비전'Globo TV은 전국 네트워크를 완성시킨 후, TV방송을 사실상 독점하여 정부의 대변인으로 전락한다. 정부로서는 과거에는 존재하지 않았던 강력한 선전매체를 지니게 된 셈이었다. '강대국 브라질'을 표방한 선전은 국민들의 상상력을 자극하였다. 당시 많은 중산층 연장자들은 브라질이 일본과 어깨를 나란히 하게 될 21세기까지 살 수 없다는 사실을 비통해 하기도 했다.

* * *

'기적'이라 불린 기간은 1969년부터 1973년까지 계속되었다. 경제의 고도성장과 상대적으로 낮은 인플레이션이 조화를 이룬 결과였다. 국내총생산의 평균 성장률은 11.2%에 달했고, 가장 절정기인 1973년에는 무려

13%에 이르렀다. 그 속에서도 인플레이션은 평균 18% 선에 머물렀다.

'기적'이 일어날 수 있었던 원인은 분명했다. 무엇보다 풍부한 자금력을 지닌 세계경제 상황이 델핑 네투를 비롯한 경제 전문가들에게 결정적인 혜택을 제공했다. 비교적 발전된 개발도상국들은 외국 차관을 유치할 수 있는 이러한 새로운 기회를 잘 활용하였다. 석유를 생산하지 못하는 이 개도국들의 외채규모는 1967년 400억 달러에서 1972년에는 970억 달러로, 그리고 1980년에는 3,750억 달러로 확대되었다.

외채와 더불어 외국자본의 투자도 증가했다. 1973년 브라질에 유입된 외국자본은 43억 달러에 달했는데, 이것은 1971년 외자규모의 두 배, 1970년의 세 배를 넘어서는 것이다.

외국자본이 투입된 가장 중요한 부문은 자동차 산업이었다. 특히 자동차 산업은 공업 발전을 선도하여 연평균 30% 이상의 고도성장을 이루었다. 또한 중형차 생산을 허가하고 소비자 신용대출을 확대하여 제너럴모터스, 포드, 크라이슬러의 대규모 투자도 유치하였다.

국제무역의 성장도 두드러졌다. 지속적인 경제발전을 위해 특정 '물품'의 수입을 확대하였고, 유리한 조건의 신용대출, 감면세, 수출보조 정책 등을 통해 공산품 수출을 장려하였다. 나아가 수출품목을 다변화하여 하나의 상품에 지나치게 의존하는 구조를 개선하였다. 커피는 1947~1964년 기간에는 브라질 전체 수출액의 57%를 담당하였지만, 1965~1971년에는 37%, 1972~1975년에는 단지 15%를 차지하는 데 그쳤다. 그와 함께 정부의 세금 징수 능력도 향상되어 재정적자 감소와 인플레이션 하락에 일조했다.

그러나 '기적'은 약점이나 부정적 측면을 노출하기도 했다. 해외차관 도입이나 외국 투자 유치, 또는 수출 확대를 위해 금융시스템과 국제무역에 지나치게 의존하는 구조가 최대의 약점으로 드러났다. 또한 경제성장은 특정 수입 생산물의 수요를 갈수록 증가시켰다. 그 중 하나가 바로 석유였다.

'기적'의 부정적 측면은 주로 사회문제와 관련이 있다. 델핑 네투의 경제 정책에서 가장 중요한 목표의 하나는 자본 축적이었다. 자본 축적을 위해 사용된 수단으로는, 앞서 언급한 해외차관 도입이나 외국 투자 유치 이외에도, 실제보다 낮게 평가된 물가상승률에 준하여 임금 인상률을 책정하는 방식 등이 있었다. 개인적 소비의 관점에서 보면, 산업의 발전 특히 자동차 산업의 성장은 중상류층의 소득을 더욱 증가시킨 반면, 비숙련 노동자의 임금을 억제하는 결과를 가져왔다.

이러한 환경은 이미 수년 전부터 시작된 소득의 집중현상을 더욱 심화시켰다. 최저임금의 변화를 살펴보면, 1959년 1월의 최저임금을 기준치 100으로 할 경우 1973년 1월에는 그 값이 39까지 하락한다. 이러한 수치는 1972년 경제활동인구의 52.5%가 최저임금 이하에 머물렀고, 반면 22.8%는 최저임금보다 높은 소득(약 1~2배)을 거두었다는 현실을 잘 나타내 준다. 그러나 소득 집중화의 충격이 사회에 그대로 전해지지는 않았다. 고용기회가 확대되면서 도시 가족 내의 노동인구가 늘어났기 때문이다.

경제성장과 국가의 미흡한 사회정책 사이의 불균형은 '기적'의 또 다른 부정적 측면이다. 이러한 불균형은 '기적' 이후에도 계속된다. 따라서 국제사회에서 브라질은 산업의 성장 잠재력은 상대적으로 높지만 국민의 삶의 질을 측정하는 보건, 교육, 주택 등은 매우 낮은 지수를 보이는 나라로 유명해진다.

자연과 현지 주민을 전혀 고려하지 않은 거대한 개발 프로젝트는 이 시기와 그 직후의 시기를 '야만적 자본주의'로 특징짓게 만들었다. '생태환경'ecologia이라는 단어는 사전에 거의 등장하지 않았고, 공장이나 자동차로 인한 환경오염은 오히려 축복처럼 여겨졌다. 메디시 정부의 아마존 횡단 도로 건설계획은 이러한 세태를 반영하는 좋은 예라 할 것이다. 이 도로의 목적은 아마존 지역을 확실하게 지배——이는 군부에서 오랫동안 꿈꿔 온 환상이다——하고 북동부 노동자들을 농업마을agrovila에 정착시키는 것이었다. 하지만 대규모 자연파괴와 건설회사의 막대한 이익만 남긴 채, 이 계획은 실패로 끝나고 만다.

* * *

카스텔루 브랑쿠가 그랬듯이 메디시도 후계자를 결정하지 못했다. 1973년 중반, 군부는 그의 후계자로 에르네스투 가이젤 장군을 지명한다.

히우그란지두술 태생인 가이젤은 1890년에 브라질로 이민 온 루터파 프로테스탄트 독일계의 후손이었다. 그는 군 경력 외에도 페트로브라스 회장 등 행정의 요직을 거쳤으며, 정치에 관심을 기울여 두트라 정부에 협력하기도 했다. 특히 1961년 주앙 굴라르의 대통령 취임을 보장하는 타협안 작성에 관여한 바 있다. 카스텔루 브랑쿠 정부 내에서는 육군 고급학교의 상임위원과 합동사령부 총사령관을 지내는 등 브랑쿠 측근 세력과 긴밀한 관계를 맺었다. 합동군 총사령관 시절에는 군부 '강경파'를 정부로부터 격리시키는 데 기여했다. 군부의 입장에서 가이젤을 차기 대통령으로 선택한 것은 그가 정권의 자유화에 호의적이었기 때문이 아니라 그의 통솔력과 행정능력에 높은 점수를 주었기 때문이다. 게다가 육군사령관 오를란두 가이젤이 그의 형이라는 점도 참작이 됐을 것이다.

브라질민주운동MDB은 가이젤에 대항할 상징적인 후보자로 당 총재 울리세스 기마랑이스를 내세워 간접선거, 자유의 억압, 부의 집중화를 공격했다.

한편, 대통령 선거는 1967년에 수정된 헌법에 따라 새로운 방식으로 치러지게 되었다. 새로운 방식이란 연방 하원의원과 주의회 의원들로 구성된 선거인단이 대통령을 선출하는 간접선거였다. 가이젤은 1974년 1월에 실시된 선거에서 선거인단에 의해 선출된 첫 대통령이 되었다. 그리고 그의 취임식은 3월 15일에 거행되었다.

3. 정치 개방의 과정

가이젤 정부의 출범과 함께 '정치 개방'도 시작된다. 군 출신 대통령인 가이젤은 정치 개방을 서서히, 점진적으로, 그러면서도 확실하게 추진하겠다고 밝혔다. 이 정치적 자유화는 초기에는 '긴장완화'라는 이름으로 불렸으며 사소한 전진과 후퇴를 반복하는 등 현실적으로 험난한 길을 헤치고 나아가야 했다. 이러한 상황이 전개된 데에는 여러 요인이 있었다. 과거와 다름없이 영향력을 행사한 강경파가 가이젤에게 압력을 가한 것도 있지만, 다른 한편으로는 가이젤 스스로가 개방화 과정을 통제하려 했기 때문이기도 하다. 그는 불확실한 보수적 민주화 과정에서 반대 세력이 너무 일찍 권력에 도달하는 것은 피하고 싶었다. 따라서 개방은 점진적이고 단계적이면서 확실한 과정을 거쳐 추진되었다. 강경파는 차기 피게이레두 정부 말까지 개방을 후퇴시킬 수 있는 위협적 존재로 남게 된다.

'긴장완화' 전략은 대통령 자신과 내각 의장(총리)인 고우베리 장군에 의해 완성되었다. 왜 가이젤과 고우베리는 체제의 자유화를 추진한 것일까? 반정부 세력의 압력에서 비롯된 것일까? 분명 1973년 반정부 세력은 독립된 활동을 전개하기 시작했고, 교회와 국가의 대립은 정부를 지치게 만들었다. 민정 전환을 기획하던 가이젤 참모그룹은 '고문拷問에 대항한 싸움'이라는 공통된 목표를 통해 교회와 연계를 맺으려 하였다.

하지만 반정부 세력과 교회는 대통령과 그 측근이 느끼는 '긴장완화'의 필요성을 파악하기 위한 최적의 척도는 아니었다. 오히려 그 척도는 군과 권력 사이의 관계에 놓여 있었다. 권력은 탄압기관에 의해 장악된 상태인데, 이러한 환경은 군의 계급체계에 부정적 영향을 미쳤다. 군의 기능과 기본적인 원칙은 왜곡되어 있었고, 통합성은 위기에 직면했다. 군의 위계를 재정립하기 위해서는 강경파의 영향력을 최소화하고 탄압을 완화하여 순차적으로 '군인들의 병영 복귀'를 유도할 필요가 있었다.

정부는 음지에서 강경파를 향한 투쟁을 개시했다. 그와 동시에 1974년 11월로 예정된 연방의원 선거가 상대적으로 자유로운 분위기 속에서 실시되도록 각 정당의 TV·라디오 사용을 허가했다. 하지만 대도시와 주요 지방을 중심으로 브라질민주운동이 눈부신 성과를 거두자 국가혁신동맹의 낙승을 예상했던 정부는 충격에 빠졌다. 이듬해인 1975년부터 가이젤은 자유화 정책과 억압적 조치들을 혼합하기 시작했다. 한편으로는 언론 검열을 폐지하면서도, 다른 한편으로는 막후에서 브라질민주운동의 승리를 도왔다는 이유로 브라질 공산당PCB을 강력히 탄압했다.

마침내 정부와 강경파 사이의 결정적인 충돌이 상파울루에서 일어났다. 강경파 군인들은 게릴라를 진압한 이후에도 반란분자 색출이라는 명분하에 감시와 탄압 활동을 지속했다. 또한 많은 사람들을 암살하고 '실종자'로 처리하는 고문도 계속 자행되었다.

탄압의 파고가 높아지던 1975년 10월, 상파울루의 '쿨투라 텔레비전 'TV Cultura 보도국장 블라지미르 에르조그는 브라질 공산당과 연루되었다는 혐의를 받고 작전정보부에 출두할 것을 강요당한다. 작전정보부에 들어간 에르조그는 끝내 살아나오지 못한다. 스스로 목을 매어 자살했다고 사망원인이 발표되었지만, 이는 고문사를 은폐하려는 비열한 수법이었다.

에르조그의 죽음은 상파울루인들, 그 중에서도 특히 전문직에 종사하는 중산층과 가톨릭교회의 커다란 분노를 샀다. 교회와 브라질변호사협회는 조직적인 고문행위와 고문사 은폐를 비난하며 활동을 전개했다.

이 사건으로부터 불과 얼마 지나지 않은 1976년 1월, 이번에는 금속노동자 마노에우 피에우 필류가 에르조그와 유사한 상황에서 목숨을 잃었다. 이번에도 공식적인 발표는 목을 매어 자살했다는 내용을 되풀이했다. 가이젤 대통령은 행동에 나서기로 결심한다. 상파울루에서는 제2군단 총사령관의 보호를 받으며, 혹은 그의 묵인하에 정부에 필적하는 권력이 형성되고 있었다. 가이젤은 즉시 총사령관을 심복 장성으로 교체했다. 새로운 총사령관은 방향을 전환하여 사회와의 관계 회복을 시도한다. 그 후에도 상파울루에서는 폭력이 계속 이어졌지만, 작전정보부가 주도한 고문은 중지되었다.

* * *

1974년 11월의 연방의원 선거 이후, 선거 대결은 정부의 고민거리가 되었다. 1976년 11월로 예정된 지방선거에서 국가혁신동맹의 패배는 현실로 일어날 수 있는 일이 되었다.

지방선거를 몇 달 앞둔 1976년 7월, 선거법이 개정되고 입후보자의

TV·라디오 선거운동이 금지되었다. 법무장관의 이름을 딴 이 '팔캉 법' Lei Falcão은 외견상으로는 국가혁신동맹과 브라질민주운동 양측 모두에게 제한이 가해지는 것처럼 보인다. 그러나 실제로는 브라질민주운동에게 심각한 타격을 입힌 조치였다. 야당은 공약 발표의 유일한 기회를 박탈당했기 때문이다. 그러한 불리한 입장에서도 브라질민주운동은 시장 선거에서 승리를 거두었고, 국내 100개 대도시 중 59개 시의회에서 과반수를 차지했다.

가이젤은 압박의 수위를 높였다. 1977년 4월, 연방의회를 폐쇄한 후 '4월의 패키지'로 알려진 일련의 조치들을 실시했다. '비오니쿠'biônico 상원의원[바이오닉, 즉 기계적 상원의원]을 만들어 낸 것도 그 일환이었다. '비오니쿠' 상원의원이란 '선출'된다기보다는 선거인단의 간접선거로 '만들어진' 상원의원을 말한다. 이 전략의 궁극적인 목표는 상원에서 브라질민주운동이 다수당이 되는 것을 차단하는 데 있었다.

그러한 와중에서도 정부는 시민권 부활을 추진하기 위해 1978년 반정부 세력이나 교회 지도자들과 대화를 시작하였다. 제도법령 제5호의 효력이 종료된 1979년에는 개인의 권리와 연방의회의 독립성이 회복되었다.

브라질민주운동은 1978년에 실시된 연방의원 선거에서도 좋은 성적을 거두었다. 자유주의자에서 사회주의자에 이르는 다양한 세력을 수용한 이 정당은, 국민들이 온갖 불만을 표출할 수 있는 정치적 채널이 되었다. 1978년 선거에서는 학생, 사회주의자, 변호사, 가톨릭교회의 기초 공동체 회원 등 시민사회의 다양한 그룹들이 지원 유세에 나섰다. 브라질민주운동과 일반 대중 간의 가교 역할을 한 이 그룹들은 선거운동에서 TV나 라디오를 사용하지 못하는 결정적인 불리함을 보완해 주었다.

브라질민주운동은 상원의원 선거에서 유효 투표의 57%를 획득했지만 다수당에 오르지는 못했다. 상원의석은 인구비례가 아닌 주 단위 선출인 데다 '비오니쿠' 의원들이 존재했기 때문이다. 하원에서는 231석을 차지한 국가혁신동맹이 189석을 얻은 브라질민주운동을 따돌리고 다수당을 유지했다. 브라질민주운동의 지지표는 여전히 주요 주와 대도시에 집중되어 있었다. 상원의원 선거의 득표만을 놓고 보면 상파울루 주에서 83%, 리우데자네이루 주와 히우그란지두술 주에서 각각 63%, 62%를 획득했다. 하지만 득표율과 관계없이 정부 여당은 의회에서 계속 다수당으로 남게 되었다.

*　　*　　*

메디시 정부 말기인 1973년 10월, 국제적으로 최초의 석유위기가 발생했다. 아랍 국가들이 이스라엘을 상대로 일으킨 이른바 '욤 키푸르 전쟁', 즉 제4차 중동전쟁의 결과였다. 당시 석유 소비량의 80% 이상을 수입에 의존하던 브라질은 이 석유위기로 막대한 타격을 입는다.

그러나 가이젤이 대통령에 취임하는 1974년 3월에는 '기적' 시기의 성취감의 여운이 아직 남아 있었다. 델핑 네투를 대신하여 경제정책의 조종간은 마리우 엔히키 시몬센 신임 재무장관과 주앙 파울루 도스 헤이스 벨로주 기획장관에게 넘겨졌다. 헤이스 벨로주는 메디시 정부 시절부터 같은 직책을 맡아 왔다.

새로운 정부는 제2차 국가개발계획을 발표한다. 1967년에 호베르투 캄푸스가 수립한 제1차 국가개발계획은 재정 균형과 인플레이션의 통제가 목적이었다. 그에 비해 제2차 개발계획의 목표는 수십 년 전부터 추진한 수입대체산업의 내용을 바꾸어 그 과정을 완성시키는 데 있었다. 이 이후로는 소비재의 수입대체산업에 힘을 쏟는 대신, 기초물자(석유, 철강, 알루미늄, 화학비료 등)와 자본재 산업의 자립성 증대에 역점을 두게 될 것이다.

제2차 국가개발계획이 에너지 문제를 의식한 것은 명백하다. 석유 탐사, 핵에너지 개발계획, 가솔린의 부분적인 알코올 대체, 수력발전소 건설 등을 제시했기 때문이다. 수력발전소로는 브라질·파라과이 양국 협정을 토대로 국경지대 파라나 강에 건설된 이타이푸 발전소가 대표적이다. 1984년부터 가동을 시작한 이 발전소는 세계 최대 규모를 자랑하는 수력발전소가 되었다.

제2차 국가개발계획은 자본재 생산 분야에 대한 민간 대기업의 투자를 장려했다. 이를 위해 국립경제개발은행에서 최대한의 우대조치와 신용을 제공했다. 그러나 브라질 공업화의 주역은 거대 국영기업이었다. 엄밀히 말하면 엘레트로브라스(전력), 페트로브라스(석유), 엠브라텔(전기통신) 등 공기업의 거대 투자가 제2차 국가개발계획을 이끌었다.

1974년에 긴축이 아니라 경제 성장을 선택한 것은 경제적인 시각뿐만 아니라 정치적인 판단도 작용한 결과였다. 경제성장에 대한 집착은 지도층 인사들 사이에 '브라질은 성장해야 할 운명을 타고난 나라'라는 믿음이 얼마나 뿌리 깊게 자리 잡고 있는지 말해 준다. 이 믿음은 '기적' 시대의 산물이 아니라 더 멀리 1950년대에 그 기원을 두고 있다.

한편, '긴장완화' 전략을 펼치는 과정에서 정부는 임금소득자들에게 무거운 부담을 안기는 긴축정책을 선택할 수 없었다. 상대적으로 경제가 호조인 상황에서도 반정부 세력이 성장하였는데, 경제가 후퇴한다면 과연 어떤 일이 일어나겠는가?

브라질, 특히 상파울루의 많은 기업가들은 정부의 경제정책 방향에 불신을 품고 국가의 과도한 개입을 비판하는 캠페인을 벌였다. 이를 통해 그때까지 군인과 기술 관료들이 독점하던 정치무대에 사회지배층의 한 영역이 가담하게 되었다.

제2차 국가개발계획의 성과를 놓고 경제학자들 사이에 많은 논쟁이 있었다. 한편에서는 이 계획이 불필요하게 경제 성장을 가속화하여 경제의 조정을 지연시키고 외채문제를 더욱 악화시켰다고 비판한다. 다른 한편에서는 제2차 국가개발계획이야말로 브라질의 공업화 방향을 바꾼 진정한 전환점이며, 이를 계기로 수입대체화 과정이 질적으로 향상되었다고 평가한다.

현재의 시점에서 되돌아보면 전체적인 파악이 더욱 분명해진다. 제2차 국가개발계획은 국제적인 경기후퇴와 금리상승의 악영향을 받은 것 이외에도 근본적인 문제점을 안고 있었다. 그 당시는 이 계획이 채택한 공업화 방식이 부정적인 결과들을 낳았기 때문에 선진국에서는 이미 그 극복 방안을 모색하고 있던 시점이었다. 철강, 알루미늄, 염소·수산화나트륨 등의 산업은 상당한 양의 에너지를 소비할 뿐만 아니라, 심각한 오염을 유발했다. 이러한 평가의 유보에도 불구하고, 제2차 국가개발계획을 통해 석유를 비롯하여 중요한 수입품에 대한 대체 성과를 달성한 점은 특기할 만하다.

'기적' 시대부터 이어져 온 경제정책상의 문제 하나는 기업의 여유 자본을 중요한 수단으로 삼아 급속한 경제성장을 이루었다는 점이다. 성장을 지속하기 위해서는 투자를 확대해야 했으나 국내의 자금력으로는 충분치 못하여, 결국 거액의 새로운 자금을 외국에서 유치하였다. 해외의 풍부한 자금은 대부분 차관 형태로 브라질에 들어왔다. 그러나 이러한 방식은 정부와 민간의 대외채무를 증가시켜 1978년 말에는 그 액수가 총 435억 달러에 이르렀다. 이는 3년 전 외채의 두 배를 넘는 규모이다.

더욱이 외채의 대부분은 변동금리를 적용하였기 때문에, 채무 이자 지불이 국제수지에 무거운 부담으로 작용했다. 당시 국제금리는 상승 추세에 있었으므로 외채 변제의 짐은 브라질을 더욱 무겁게 압박했다. 국제금리 상승은 미국의 정책에 기인한다. 당시 미국은 국제수지 적자를 외국투자의 확대로 만회하려 했다.

차관을 통해 얻은 자금은 창밖으로 내던져진 돈이라든지 또는 중개업자의 배만 불리는 데 쓰였다든지 하는 비판은 적절치 않아 보인다. 물론 그러한 일이 없었던 것은 아니지만, 더 큰 문제는 효율성이 낮거나 체계적이지 못한, 심지어 이익 창출이 의심되는 사업에 자금이 투입되었다는 점이다.

전체적인 통계로 볼 때 가이젤 정부는 만족스러운 결과를 거두었다고 할 수 있다. 1974~1978년 기간에 국내총생산은 연평균 6.7%(1인당 4.2%)의 증가율을 기록했다. 같은 시기 인플레이션은 평균 37.9% 상승했다. 한편, 많은 위험도 내포하고 있었다. 상대적으로 인플레이션을 억제할 수 있었던 것은 인위적인 수단을 통해서였다. 예를 들면 국영기업이 제품을 제조비용보다 낮은 가격으로 공급하는 방식 등이었다. 그 때문에 국영기업은 갈수록 커지는 적자를 떠안아야 했다. 외채는 계속 증가했지만, 채무 변제를 위해 또 다른 대출을 받는 것 이외에는 달리 방법이 없었다. 그 밖에 다른 문제도 등장했다. 인플레이션을 반영한 '통화 수정' 제도의 실시로 국내 채무의 이자가 상승하여 연방정부의 재정을 압박하기 시작했다. 반면 임금 조정은 연 1회 실시에 그쳐 노동자의 불만은 높아 갔다.

＊　　＊　　＊

군사정권은 포퓰리즘적 운동과 관련된 노동조합 지도부를 탄압하지만
노동조합 자체를 해체하지는 않았다. 농촌에서는 이미 1968년부터 전국
농업노동자연맹[3]이 정부로부터 분리되어 활동하면서 전국 곳곳에 농민
조합의 연맹 결성을 독려했다. 그 결과 1968년 625개이던 농민조합의 수
는 1972년 1,154개, 1976년 1,745개, 그리고 1980년에는 2,144개로 증
가했다. 1973년 이후 조합 가입자가 급증——1973년 290만 명이던 조합
원 수는 1979년에는 510만 명을 넘어선다——한 이유는 사회보장 프로
그램이 노동조합을 중심으로 운영되었기 때문이다.

투쟁적인 지도자들이 교회의 영향력 아래 '토지 사목위원회'를 통해
등장한다. 그리고 이러한 과정 속에서 농촌에는 특이한 상황이 발생한다.
정부의 사회복지정책이 사회운동을 활발하게 만든 것이다.

1964년까지 농민운동의 지도부는 투쟁의 당면 목표를 토지소유로
할지, 농업노동자의 권리 확대로 할지를 놓고 대립하고 있었는데, 이 갈
등은 갈수록 선명도를 더해 갔다. 조합이 두 노선 중 어느 쪽을 선택할 것
인지는 각 지역의 상황에 따라 달랐다. 하지만 중요한 것은 토지소유를
위한 투쟁이 지속되었고, 심지어 갈수록 더욱 확대되었다는 점이다. 그뿐
아니라 1979년 페르남부쿠에서 시작된 사탕수수 농장 노동자들의 파업
처럼 농업노동자의 파업이 농촌의 새로운 현실로서 주목을 받게 된다.

한편, 사무직 노동자——일명 화이트칼라——의 노동조합도 등장했

---

3) 1963년 12월에 결성된 전국조직이다. 일시적으로 군사정권의 통제하에 놓였지만, 1968년에
   자립성을 회복했다.

다. 은행원이나 교사 등 전통적인 직종은 물론, 의사나 공중위생 전문가 등의 조합도 결성되었다. 이러한 직업들의 조합이 등장한 것은 전문직의 환경이 변화했음을 의미한다. 독립성이 강한 전문직에서도 자격증을 갖춘 봉급생활자가 증가한 것이다.

노동운동은 새로운 힘과 형태를 갖추고 가이젤 정부 시기에 재등장한다. 민간기업의 노동자들이 공장위원회를 결성하거나 확대하여 기업 내에서 힘을 키웠으며, 나아가 국가로부터 조합의 분리·독립도 추진하였다. 가장 투쟁력이 강한 노동운동의 중심축은 공기업에서 민간 자동차 산업으로 이동했다. '상파울루 ABC지역'에는 대공장들이 몰려들어 적은 수의 공장에 많은 인원의 노동자가 밀집해 있었는데, 이러한 환경이 새로운 노동운동의 발생에 중요한 요인으로 되었다. 1978년 상베르나르두를 예로 들어보자. 대부분의 노동자들은 자동차산업과 연관된 기계, 금속 분야에서 일하고 있었으며, 전체 노동자 12만 5,000명 중 67.2%가 종업원 천 명 이상의 대기업에 속해 있었다. 그에 비해, 1976년 주도州都 상파울루에서는 같은 분야의 노동자 42만 1,000명 중, 종업원 천 명 이상의 기업에서 일하는 경우는 20.8%에 불과했다.

다만 이들은 새로운 노동조합 운동의 등장을 설명하는 필요조건은 될 수 있지만 충분조건은 아니다. 간과할 수 없는 또 다른 중대한 요인으로는 노동자계층을 이끈 조직가들 ──대부분 이들은 가톨릭교회와 연결되어 있었다── 의 활동을 들 수 있다. 또한 노동문제 전문 변호사들도 중요한 역할을 담당했다. 비록 노동자들의 집회 시위가 허용되기까지는 오랜 시간이 필요했지만, '정치 개방'으로 조성된 분위기도 새로운 노동운동의 등장에 긍정적인 영향을 미쳤다고 할 수 있다.

1977년 8월, 정부는 공식 발표된 1973~1974년의 인플레이션 지

수가 조작된 것임을 인정했다. 인플레이션 공식 지수는 임금 조정의 기준으로 사용되기 때문에 해당 연도에 임금노동자들에게 실질임금의 31.4%가 삭감되었던 것으로 밝혀졌다. 상베르나르두 금속노조는 임금 정정 운동을 전개했다. 이윽고 이 운동은 수백만 명의 노동자가 참여하는 1978년과 1979년의 대규모 파업으로 발전한다. 이때 나날의 활동과 대규모 총회에서 그 지도력을 인정받는 인물이 바로 루이스 이나시우 룰라 다 시우바Luís Inácio Lula da Silva 금속노조 위원장이다.

금속노동자들은 다른 분야의 노동자들과 함께한 노동운동에서 최전열에 나섰다. 1979년에는 전국에서 약 320만 명의 노동자가 파업에 동참했다. 그 중 금속노조의 파업은 27회에 이르고, 총 95만 8,000명이 참가했다. 또한 교원들의 파업도 20회에 걸쳐 일어났으며 76만 6,000명이 참여했다. 파업의 목적은 임금 인상, 고용보장, 공장위원회의 승인, 민주주의적 자유 등 매우 다양하였다.

1979년 파업은 전국에 영향력을 미쳐, 상베르나르두는 예외 지역이라는 보수층의 확신을 여지없이 무너뜨렸다. 물론 상파울루 ABC지역의 노동운동이 독자적 특징을 갖고 탄생하여 성장한 것도 사실이다. 그 중에서도 특히 국가에 대한 상대적인 자립성, 높은 조직률(1978년 당시의 조직률은 43%였다), 전통적 좌익 ——즉, 브라질 공산당——의 영향을 받지 않은 점 등이 가장 중요한 특징이라 하겠다.

*　*　*

1978년 가이젤 장군은 자신의 후계자 선출에 성공한다. 그해 10월 14일, 주앙 바티스타 피게이레두 장군이 선거인단 선거에서 브라질민주운동의 후보자를 누르고 대통령에 당선된 것이다. 그러나 피게이레두를 후보자로 지명하기 위해 치열한 힘겨루기를 거치지 않으면 안 되었다. 시우비우 프로타 육군 장관이 강경파의 대변자로서 군부나 의회의 지지를 기대하며 스스로 대통령 후보자로 나섰다. 프로타는 공세를 강화하여 파괴적인 반정부 세력에게 지나치게 관대하다고 정부를 비판했다. 그러자 가이젤은 프로타를 육군장관에서 해임하고 선거운동을 차단한다.

피게이레두 장군은 메디시 정부에서는 대통령 군사보좌실장을, 그리고 가이젤 통치기에는 국가정보부장을 역임했다. 강경파를 억제하면서 '정치 개방'을 완만하게 지속하기에 매우 알맞은 인물로 여겨졌다. 어쨌든 탄압기관의 책임자가 '정치 개방'을 계속하기 위해서 지명된 것은 분명 '개방화'의 역설임에 틀림없다.

피게레이두 정부는 한번에 동시에 해결하는 것은 불가능하다고 여긴 두 문제에 도전했다. 그것은 바로 '정치 개방'의 문제와 경제위기의 심화라는 문제였다. 1979년 3월 새로운 군인 대통령 취임과 함께 출범한 신정부에서 경제 수장은 기획부 장관 시몬센이 계속 맡았다. 한동안 프랑스 대사로 근무하던 델핑 네투가 내각에 복귀했으나 자신의 분야와는 상당히 거리가 먼 농업장관에 임명되었다.

시몬센이 시도한 긴축정책은 다양한 분야의 반발을 초래했다. 그 중에서도 인플레이션을 동반한 경제성장으로 이익을 얻은 기업가들이나 막대한 예산을 사용해 실적을 올리려 하는 정부 내의 많은 구성원들이 거칠게 저항했다. 결국 1979년 8월 시몬센은 자리에서 물러나고, '기적'의 입안자로 이름을 날린 델핑 네투가 기획 장관에 취임했다. 그러나 브라질 국내외의 상황은 크게 변해 있었다. 제2차 석유파동으로 원유가격이 상승하자 국제수지의 적자는 더욱 확대되었다. 게다가 국제금리도 지속적으로 상승하여 상황을 더욱 악화시켰다. 신규 차관의 유치는 갈수록 어려워지고 상환 기간은 더욱 짧아졌다.

인플레이션을 억제하면서 경제를 성장시킨다는 이상적인 실험은 단명으로 끝났다. 외국 채권자들의 압력이 높아지자, 델핑 네투는 1980년 말 경기억제 정책으로 전환한다. 그리고 통화의 팽창을 엄격히 통제하면서 국영기업에 대한 투자를 삭감했다. 여기에 국내 금리의 상승과 민간 투자의 감소가 더해졌다.

1981~1983년의 경기후퇴는 심각한 결과를 초래했다. 1981년의 GDP는 3.1% 하락해, 이 지표가 도입된 1947년 이후 처음으로 마이너스 성장을 기록했다. 이 3년간의 통계를 보면, GDP는 평균 1.6% 마이너스 성장을 보인다. 제일 큰 영향을 받은 분야는 내구소비재와 자본재 생산 분야였다. 이들 산업은 대도시에 집중되어 있어 많은 실업자를 낳았다.

이러한 희생을 강요한 대책에도 불구하고, 인플레이션은 호전되지 않았다. 1980년 110.2%까지 올랐던 인플레이션은 1981년에는 95.2%로 떨어졌지만, 1982년에는 다시 99.7%까지 상승했다. 이 시기에는 인플레이션과 경기침체가 동시에 진행되는 '스태그플레이션'이 나타났다.

엄밀히 말하면 이때 브라질은 이미 파산상태나 다름없었다. 그러나 1982년 8월, 멕시코가 대외채무의 지불유예를 선언하고 국제통화기금에 지원을 요청했을 때, 브라질 정부는 가슴을 펴고 자신감을 내비쳤다. 정부 대변인은 우월감을 갖고 "브라질은 멕시코가 아님"을 강조했다. 하지만 멕시코의 지불 정지 선언은 이미 가능성이 낮아진 신규 차관 도입을 더욱 어렵게 만들었다. 결국 보유 외환을 모두 소진한 브라질은 1983년 2월 국제통화기금에 원조를 요청해야 했다.

브라질 정부는 소규모의 금융지원을 받는 대신 국제신용회복 대책을 실시한다는 국제통화기금의 처방을 수용했다. 그것은 특히 외채 상환을 계속 실행하면서 국제수지 개선을 위해 노력해야 한다는 내용이었다. 또한 대내적으로는 정부 지출의 삭감과 강력한 임금 억제가 요구되었다.

하지만 브라질 정부와 국제통화기금 사이에는 차츰 불협화음이 발생했다. 브라질 내에서는 긴축재정과 외채 이자 상환에 반대하는 압력이 높아졌고, 국제통화기금 측에서는 합의 불이행에 대한 불만이 표출되었다. 이러한 상황에서 국제채권단은 외채상환 기한의 연장을 거부하고, 멕시코에 제공했던 유리한 조건의 금리도 허용하지 않았다.

상황은 복잡하게 돌아갔지만, 국제수지를 개선하려는 노력은 차츰 결과를 맺기 시작했다. 1984년 이후, 수출——특히 공업제품의 수출——성장에 힘입어 경제가 되살아났다. 석유가격이 하락하면서 수입 총액에서 차지하는 석유의 비중이 감소했다. 또한 제2차 국가개발계획의 투자 성과로 석유나 그 밖의 생산품의 수입도 감소했다. 다만 인플레이션의 상승은 멈추지 않았다.

1985년 초 피게이레두가 권좌에서 물러날 때에는 재정 상황이 일시적으로 회복되었고 국가도 다시 성장하기 시작했다. 그러나 당시의 국제수지는 상당한 적자를 기록하고 있었음이 드러난다 1979년 40.8%이던 인플레이션은 1984년에 223.8%로 격증하였고, 대외채무도 435억 달러에서 910억 달러(이상 US $)로 증가했다.

* * *

피게이레두는 가이젤 정부의 '정치 개방' 노선을 이어갔다. 이 정치노선을 주도적으로 이끈 인물은 고우베리 장군과 페트로니우 포르텔라 법무장관이다. 1979년 8월, 피게이레두는 야권의 핵심 요구사항 중 하나인 사면문제에 해결책을 제시했다. 연방의회를 통과한 사면법은 여전히 제한적인 데다 고문 책임자를 포함한 강경파에게까지 사면이 적용되는 문제점을 앉고 있었다. 하지만, 정치적 망명자의 귀국을 허용하였고 공적 부문의 자유 확대에도 중요한 진전을 가져왔다.

'정치 개방화' 과정은 군부강경파의 활동으로 여전히 혼란스러웠다. 이들이 저지른 여러 범죄 행위 중에서, 1981년 4월 리우데자네이루의 한 컨벤션센터에서 발생한 폭파미수사건은 그 절정이라 할 수 있다. 당시 그 장소에는 음악 페스티벌이 열려 수천 명의 젊은이들이 모여 있었다. 여러 발의 폭탄 중 하나가 미처 현장에 설치되기 전에 승용차 안에서 폭발하였다. 차에 타고 있던 두 명의 군인 중 한 사람은 그 자리에서 숨지고, 또 한 사람은 큰 중상을 입었다. 사건 조사에 착수한 정부는 두 군인에게는 책임이 없다는 황당한 결과를 발표했다. 1981년 8월 고우베리는 내각 총리를 사임한다. 분명 사건 조작에 대한 불만의 표시라 할 수 있다.

* * *

1965년에 제정된 선거법은 권력을 장악한 측에게 일종의 덫이 되었다. 선거는 회를 거듭할 때마다 정부에 대한 지지인지 반대인지를 묻는 국민투표적인 성격을 띠었다. 정부는 야당의 힘을 약화시키기 위해 1979년 12월 새로운 정당법을 연방의회에 제출하여 승인을 얻었다. 이에 따라 기존 정당인 국가혁신동맹과 브라질민주운동은 해산되고, 새로이 결성되는 정당들은 명칭에 의무적으로 '당'이라는 단어를 넣어야 했다. 국가혁신동맹은 그 인기 없는 이름을 버리고, 이미지 쇄신을 위해 '사회민주당'Partido Democrático Social, PDS 으로 탈바꿈했다. 브라질민주운동의 지도자들은 기지를 발휘하여 원래의 명칭에 '당'을 붙였다. 브라질민주운동MDB이 '브라질 민주운동당'PMDB 으로 된 것이다.

그러나 야당이 하나로 뭉치던 시대는 지나갔다. 절대적인 권력을 지닌 공동의 적이 존재할 때는 여러 세력들의 단결이 가능했다. 하지만 권위주의 체제의 경직성이 완화되자, 이념적 차이나 개인적 갈등이 표면화되었다. 도시와 농촌의 노조주의, 그리고 일부 가톨릭교회와 중산층 전문직 종사자를 기반으로 하는 '노동자당'Partido dos Trabalhadores, PT이 결성되었다. 노동자당은 기본권의 확립과 사회주의를 지향하는 사회 변혁을 통해 광범위한 임금노동자의 이해를 대변하려 했다. 이들은 브라질 공산당과 소련 숭배를 거부하고, 사회주의의 본질에 대해 정의를 내리는 것도 유보했다. 이것은 당내에 서로 대립하는 세력들의 존재와 관련 있다. 한쪽 끝에는 사회민주주의에 공감하는 그룹이 있고, 다른 끝에는 프롤레타리아 독재를 지지하는 그룹이 있었다. 노동조합과의 관계를 보면, 상파울루ABC지구의 조합들과 당 사이에 긴밀한 연계가 수립되었다. 상파울루 ABC지구의 노동운동이 노동자당 결성의 가장 중요한 핵이 되었으며, 그 중에서도 특히 '룰라'라는 존재의 비중은 갈수록 확대되었다.

브리졸라는 브라질 민주운동당에 동화하지 못하고, 과거 좌익 노동자주의의 명성을 회복하기 위해 독자 노선으로 나아갔다. 하지만 법원의 판결로 '브라질 노동당'이라는 명칭 사용이 금지되자 '민주노동당'Partido Democrático Trabalhista, PDT을 결성했다.

서로 간의 시각차에 의한 분열은 노동조합 내에도 일어났다. 1981년 8월에 개최된 제1회 전국노동자계급회의에는 브라질 노동조합의 다양한 대표들이 참석했는데, 이 자리에서 주요한 두 세력이 확립되었다. 하나는 노동자당과 매우 긴밀한 관계에 있는 세력으로서, 요구사항들을 적극적으로 주장하며 더딘 '정치 개방'보다는 노동자의 동원을 더 중요하게 생각했다. 그 핵심 추진력은 상파울루 ABC지역의 노동조합들이었다.

또 하나의 세력은 '정치 개방'의 흐름을 위기에 빠트리지 않는 한도 내에서 노동운동을 전개할 필요가 있다는 입장을 견지하였다. 이들은 이념적 노선을 명확하게 정의하는 것보다는, 노동자들의 구체적인 당면 이익을 쟁취하는 데 힘을 집중했다. 상파울루 금속노조 등 중요한 조합들이 포함된 이 세력에서는 정치적인 성향이 뚜렷치 않은 노동조합원과 두 개의 공산당(PCB 및 PC do B) 당원들이 주도적인 역할을 했다.

1983년, 노동자당과 연대해 온 노동운동 세력들은 '노동자 유일연맹'Central Única de Trabalhadores, CUT를 결성했다. 여기에 소위 온건파는 참여하지 않았다. 반면, 이들 온건파는 1986년 3월 '노동자 총연맹'Central Geral dos Trabalhadores, CGT을 결성하였다. 이로써 브라질에는 서로 대립되는 시각을 지닌 두 개의 전국 단위 노동자조직이 설립되었다. 시간이 흐르면서 이들은 정면 충돌을 피할 수 없게 된다.

피게이레두는 1982년 11월로 예정된 선거일정을 지켰다. 여전히 효력을 지니고 있던 '팔캉 법' 등 많은 제약이 있었지만, 선거운동에서는 광범위한 논의들이 전개되었다. 이 선거에는 4,800만이 넘는 유권자들이 투표소를 찾아서 시의원에서 연방의원과 주지사에 이르기까지 다양한 대표들을 선출했다. 특히 주지사의 직접선거는 1965년 이래 처음 있는 일이었다.

연방의회에서는 상·하 양원 모두 사회민주당이 승리했다. 주지사 선거를 보면, 사회민주당이 대부분의 주를 장악했으나, 상파울루·미나스제라이스·리우데자네이루 등 주요 주에서는 야당이 의미 있는 승리를

1984년 1월 27일 세 광장(Plaça da Sé)에서 개최된 대통령 직선제 촉구대회(안젤루 조제 페로자 촬영).

거두었다. 특히 리우데자네이루에서는 상대진영의 부정 선거 시도에도 불구하고 브리졸라가 당선되어 1960년대부터 지녀 온 위상을 이어 갔다.

* * *

노동자당은 1983년 한 해 동안 대통령 직접선거를 최우선 과제의 하나로 내걸고 캠페인을 벌였다. 이 목적을 달성하기 위해 창당 이래 처음으로 다른 정당과 공동전선을 조직했다. 여러 집회나 시위를 주도한 후 마침내 1984년 1월 상파울루에서 20만 명 이상이 집결한 대규모 군중집회를 실현시켰다.

이 집회 이후 대통령 직접선거를 요구하는 운동은 정당의 틀을 넘어 거의 전 국민의 일치된 소리가 되었다. 수백만의 시민들이 상파울루나 리우데자네이루 거리로 뛰쳐나와 브라질은 보기 드문 흥분에 휩싸이게 되었다. '디레타스 자'diretas já[4]라고 불리게 된 이 운동은 민중 시위의 끈질긴 생명력을 분명하게 보여 주었다. 하지만 동시에 정당들이 일반 시민의 요구를 대변하는 데에는 한계가 있음도 드러냈다. 사람들은 대통령 직접선거에 모든 희망을 걸었다. 그것을 통해 진정한 지도자를 선택하는 것뿐만 아니라 많은 문제들(저임금, 치안, 인플레이션 등)의 해결도 함께 기대했기 때문이다. 하지만 그것은 한 사람의 대통령을 직접 뽑는 선거만으로는 도저히 해결할 수 없는 일이었다.

그러나 일반 시민과 연방의회, 특히 다수당인 사회민주당 사이에는 괴리감이 있었다. 대통령 직접선거를 위해서는 헌법 개정이 전제되어야 하고, 또 헌법 개정을 위해서는 하원의원 3분의 2이상의 찬성표가 필요했다. 국민들의 커다란 기대 속에 헌법 개정안에 대한 의회 투표가 실시되었다. 브라질리아에서는 민중시위를 두려워한 나머지 피게이레두가 '비상사태'를 선포했다. 투표결과, 수정안은 과반수의 찬성표를 얻었지만 가결선인 3분의 2에는 미치지 못하였다.

대통령 직접선거가 부결되자 국민들은 실망감에 휩싸였다. 차기 대통령 선출을 위한 투쟁은 이제 선거인단 내에서 펼쳐졌다. 사회민주당 후보자로는 세 명의 인물이 거론되었다. 당 부총재 아우렐리아누 샤베스, 전 육군 대령이자 내무장관인 마리우 안드레아자, 그리고 파울루 말루프였다. 말루프는 간접선거로 상파울루 시장과 상파울루 주지사에 당선되었고, 큰 득표율로 하원의원에 선출되기도 한 인물이었다.

비록 당내에서 군부의 존재감이 사라진 것은 아니었지만 여당 후보의 결정에 영향력을 행사하지는 못했다. 1984년 8월 말루프는 강력한 선

---

4) 이 문구는 "이제 (바로) 직접선거를!"이라는 의미를 지니고 있다.

거운동을 통해 마리우 안드레아자를 누르고 여당의 대통령 후보로 지명된다. 그러나 말루프의 승리는 타후보 지지그룹의 당 이탈을 초래했다. 이미 6월에 대통령 후보 경선에서 물러난 아우렐리아누 샤베스는 반反주류세력의 결집에 힘쓴다. 곧 이 움직임은 새로운 정당인 자유전선당 Partido da Frente Liberal, PFL의 결성으로 이어졌다. 그리고 자유전선당은 탄크레두 네베스를 대통령 후보로 내세운 브라질 민주운동당과 협정을 맺고, 파울루 말루프에 대항하는 '민주동맹'Aliança Democrática을 결성하기에 이른다. 이들은 탄크레두 네베스를 대통령 후보로, 조제 사르네이를 부통령 후보로 지명했다.

사르네이는 후보 지명 직전까지 사회민주당 간부로서 상원의원 겸 당대표를 역임하였기 때문에 브라질 민주운동당으로서는 그를 경계의 눈으로 바라볼 수밖에 없었다. 실제로 사르네이는 브라질 민주운동당이 추진해 온 민주화와는 아무런 관련이 없는 인물이다. 그러나 자유전선당의 강력한 추천에 떠밀려 브라질 민주운동당은 사르네이를 부통령 후보로 수용하였다. 1984년 시점에서는 이 결정이 향후 어떤 결과로 이어질지 아무도 예측할 수 없었다.

간접선거임에도 불구하고 탄크레두 네베스는 텔레비전이나 집회에 모습을 나타내 자신의 위상과 국민의 지지를 더욱 굳게 다졌다. 반면, 파울루 말루프는 선거인단 구성원 한 사람 한 사람에게 다가간다는 오래된 전략을 사용했다. 결과적으로 말루프의 전략은 소기의 목적을 달성하는 데 실패했다.

1985년 1월 15일, 탄크레두 네베스와 조제 사르네이는 선거인단 선거에서 완승을 거두었다. 우여곡절 끝에 반정부 세력은 권위주의 체제가 강제한 선거제도를 이용해 권력의 자리에 오르게 된 것이다.

* * *

1964년 3월 31일 이후 수립된 체제의 주요한 특징은 무엇일까? 우선, 역사상 처음으로 군 수뇌부가 권력을 잡고 정부의 여러 기능을 직접 담당했다는 점을 들 수 있다. 군부는 정치 영역에서 하나의 통일된 행동을 보이지 못하고 여러 세력으로 나뉘었다. 그 중에서 가장 중심적인 세 그룹은 카스텔루 브랑쿠 진영, 강경파, 국가주의자들이었다. 이들은 서로 접촉을 유지했지만 서로의 시각 차이를 좁히지는 못했다. 이들은 역량도 다양하였다. 후보자를 지명하거나 특정 정책에 정당성을 부여하고자 할 때, 중견간부를 포함한 군 전체에 미치는 영향력에도 차이가 있었다.

1964년에 들어선 체제는 1인 독재는 아니었다. 오히려 공동 통치에 비유할 수 있을 것이다. 즉 4성 장군인 군 최고간부들이 교대로 한 사람씩 선출되어 일정 기간 동안 나라를 통치하는 방식이다. 후계 대통령의 선정은 사실상 군 내부에서 이루어졌다. 군 전체의 어느 선까지 의견을 수렴할 것인가는 경우에 따라 달랐지만, 최종 결정은 군 최고간부들의 권한이었다. 겉으로는 법률에 따라 다수당인 국가혁신동맹이 지명하는 후보자를 연방의회에서 선출하는 모양새를 갖추었다. 그러나 연방의회의 역할이란 실제로는 야당의 반대표를 무시하고 위에서 내린 명령을 의결하는 것에 지나지 않았다.

* * *

군부는 국가를 단독으로 통치한 것은 아니었다. 대개의 경우 권력을 분담한 문민 관료에게 별다른 간섭을 하지 않았다. 1964년 체제는 델핑 네투와 마리우 엔히키 시몬센 등 경제정책의 입안자를 중용하여 폭넓은 재량권을 주었다. 또한 국가 관료의 일부, 특히 국영기업의 간부를 우대했다. 국영기업은 마지막 결정권을 쥔 군부와 국가 기술관료의 공동운영 체제라 할 수 있을 것이었다.

군사정권은 권위주의적이긴 했지만 파시즘과는 거리가 있었다. 정부를 지원하기 위해 대중을 조직하거나, 국가 위에 군림하는 유일 정당을 세우려 하지 않았다. 또한 지식계급을 흡수하기 위한 이데올로기도 만들지 않았다. 오히려 대학이나 문화계층에서는 좌익사상이 계속 지배적이었다.

군사정권은 1945~1964년 기간에 펼쳐진 대의제 정권과는 확실히 달랐다. 군사정권하에서 전문 정치가는 통치 권한을 상실했으며, 의회도 중요한 결정기관으로서의 역할을 수행하지 못했다. 통치는 군 지휘부, 정보·탄압기관, 국가기술관료들의 손에 쥐어졌다.

한편, 더 이상 포퓰리즘이 권력의 수단으로 이용되지 않았다. 이전 시기에 영향력을 발휘했던 그룹들—조직력을 갖춘 노동자계급, 학생, 농민—은 힘을 잃었다. 그러나 노동조합은 많은 지도자들의 탄압에도 불구하고 소멸되지 않았다. 조합세가 폐지되지 않아 간신히 살아남게 된 조합은 이후 시간이 경과하면서 조직을 확대할 수 있었다.

군사정권이 지배계급의 단순한 도구는 아니었다. 지배계급은 정부로부터 혜택을 받았지만—부문별로 정도의 차이는 존재한다—경제정책의 운영에는 한동안 참여할 수 없었다. 그것은 막강한 권력을 쥔 재무장관과 기획장관의 영역이었다.

경제정책의 분야에서는 1964년 이후 모든 것이 변한 것은 아니었다. 국가가 경제활동과 경제규제에 강력히 개입한다는 원칙은 유지되었다.

다만, 이 원칙이 항상 똑같이 적용된 것은 아니어서, 정부에 따라 차이를 보였다. 예를 들면 가이젤 정부에서는 카스텔루 브랑쿠 정부 때보다 훨씬 이러한 특징이 강하게 나타난다. 그러나 전부는 아니더라도 많은 부분이 변한 것은 사실이다. 이 시기에 주셀리누 쿠비체크 정부기에 기획되었던 모델들이 광범위하게 적용되었다. 해외차관 도입이나 외국자본 유입에 대한 장려책이 자금 공급과 경제발전 추진에 필수적인 요소가 되었다. 또한 대기업들에게는, 그것이 민간기업이든 국영기업이든 혹은 다국적 기업이든 국내 기업이든 관계없이 특권이 주어졌다. 이러한 점이 군사정권과 굴라르 정권을 분명하게 구분 짓는다. 포퓰리즘 체제에 토대를 둔 굴라르 정부는 국가 부르주아지가 중심이 된 자율적 발전을 추진하였으나 실패로 끝난 바 있다.

* * *

탄크레두 네베스가 대통령에 선출되었다고 해서 민주주의 체제로의 이행이 끝난 것은 아니었다. 미래는 여전히 불투명하였다. 신임 대통령의 취임식은 1985년 3월 15일로 예정되어 있었으나 실현되지 못했다. 해외 방문에서 귀국한 탄크레두 네베스가 갑작스레 브라질리아의 한 병원에 입원하였기 때문이다. 정치인과 우인들이 입회한 가운데, 논란이 많은 첫 수술을 받았다. 그사이 조제 사르네이가 대통령 궁에 들어가 탄크레두 네베스 대신 대통령에 취임하였다. 당시에는 누구나 이러한 상황을 임시적인 일이라 여겼다.

하지만 탄크레두 네베스의 상태가 계속 악화되자, 상파울루 시내로 이송되어 수차례의 추가 수술을 받았다. 온 나라가 병세와 관련된 속보에 신경을 곤두세웠고, 출처 불명의 낙관적 보도가 나돌기도 했다. 그러나 4월 21일 탄크레두 네베스는 숨을 거둔다. 기이하게도 이 날짜는 치라덴치스가 처형된 상징적인 날이었다. 상파울루를 출발해 브라질리아, 벨루오리존치를 거쳐 고향까지 가는 마지막 길에 많은 시민이 거리로 나와 그를 전송했다. 대통령의 고통스러운 죽음을 애도하는 집회나 시위가 열렸고, 미묘한 시기에 중요한 정치가를 잃었다는 애통함이 확산되었다. 이러한 반응이 일어난 데에는 이유가 있다. 탄크레두 네베스는 정치계에서는 드물게 성실함, 균형감각 그리고 일관된 자세를 갖춘 인물이었다. 그리고 이러한 자질로 인해 그는 좌우 이념을 넘어선 광범위한 지지를 받았다.

*　*　*

탄크레두 네베스의 죽음이 가져온 혼란을 더욱 심각하게 만든 것은, 그의 후임 사르네이가 민주동맹 내에서 권위를 확립하지 못한 인물이라는 점이었다. 특히 그는 야당 정치가로서의 경험은 거의 없었다. 사르네이는 네베스가 내정한 각료들을 그대로 임명하여, 그의 존재감이 강하게 남아 있는 환경에서 통치를 시작했다. 정치적 차원에서는 두 가지 문제에 관심이 모아졌다. 하나는 민주주의적 자유를 제한하는 군정시기 법률——이른바 '권위주의의 쓰레기'라 불린——의 철폐이며, 다른 하나는 신헌법 제정에 매진해 갈 제헌의회의 선출이었다. 사르네이는 공공의 자유를 존중했지만 과거에서 완전히 탈피한 것은 아니었다. 예를 들면, 국가정보부를 계속 존속시키고 거기에 여전히 풍부한 예산을 배정하였다.

1985년 5월, 대통령 직접선거를 재확립하는 법률이 가결되었다. 그와 함께 문맹자에게도 선거권이 부여되고, 모든 정당의 합법성도 인정되었다. 이에 따라 두 공산당(PCB와 PC do B)은 합법화되지만, 스탈린주의의 위기와 노동자당의 성장 앞에서 소수정당으로 전락한다.

제헌의회의 구성을 위한 선거는 1986년 11월로 결정되었다. 이때 연방의원과 함께 주지사의 선거도 동시에 실시되며, 이 선거에서 당선되는 상·하 양원의 의원들에게 신헌법 제정의 임무가 맡겨지게 된다.

* * *

1985년 사르네이 정부가 출범할 당시, 브라질의 경제 상태는 이전 시기만큼 심각하지는 않았다. 수출의 호조가 경제성장의 커다란 동력이 되었다. 수입의 감소와 수출의 증가가 맞물려 131억 달러의 무역수지 흑자를 기록했다. 무역에서 거둔 흑자로 대외 채무의 이자 지불이 가능해졌고, 나아가 1984년 말에는 브라질의 외환보유고가 90억 달러에 이르게 되었다. 이제 정부는 외국의 채권자와 직접 교섭할 수 있는 여유가 생겼다. 그동안 국제통화기금과 벌여야 했던 불편한 교섭을 정리하고 민간 채권은행과 직접 합의를 이끌어 내는 데 힘을 집중했다. 그러나 국내외의 채무는 단기간에 해결될 문제는 아니었다. 또한 인플레이션도 진정되지 않아 1984년에는 223.8%, 1985년에는 235.5%라는 충격적인 상승률을 기록했다.

프란시스쿠 도르넬리스 재무장관(탄크레두 네베스의 조카)은 인플레이션의 해결을 위해 정통적인 처방을 선택했다. 그러나 공공소비 부문의 긴축정책에 대한 반발과 정부의 요직을 둘러싼 알력이 그를 자리에서 물러나게 만들었다(1985년 8월). 후임에는 국립경제사회개발은행BNDES 총재인 지우손 푸나루Dílson Funaro가 임명되었다. 상파울루 출신의 실업가인 푸나루는 상파울루 주 재무국장을 역임한 경력이 있었다. 대학의 경제학자들과 교류가 많던 그는 긴축재정을 통한 인플레이션 대책에는 그다지 공감을 표하지 않았다. 지우손 푸나루와 주앙 사야드 기획장관이 경제 수장을 맡았을 때, 사르네이 정부는 최악의 상황을 맞고 있었다. 정당 간의 충돌은 격화되었고, 권력의 측근이나 경제그룹에 대한 특혜를 비판하는 목소리가 갈수록 높아졌다. 그리고 대통령이 사적 이익을 추구하는 것 이외에는 아무 일도 하지 않는다는 이미지가 국민들 사이에 퍼졌다.

리우데자네이루 가톨릭대학의 일부 경제학자들은 경제활동의 억제와 재정적자 축소가 필연적으로 인플레이션의 하락을 가져온다는 이론을 비판했다. 그리고 그들은 1981년에서 1983년 사이의 경기억제를 예로 들어, 다대한 사회적 희생을 치르고도 인플레이션은 그다지 하락하지 않았음을 지적했다. 그렇지만 선진국의 경우에는 비록 불편함을 초래하긴 해도 경기후퇴가 인플레이션의 해결에 매우 효과적인 처방이 되기도 한다.

그렇다면 브라질에서는 왜 그러한 일이 일어나지 않은 것일까? 이에 대해서는 근본적으로 다음과 같은 논지의 설명이 가능하다. 브라질과 같은 '물가연동식 경제'에서는 과거의 인플레이션이 미래 인플레이션의 인자因子가 되는 '타성적 인플레이션'이 발생한다. 이러한 악순환에서 벗어날 수 있는 길은 오직 물가연동 방식의 폐기일 것이다. 이 폐기는 충격요법을 통해야 효과적으로 달성될 수 있는데, 신뢰가 무너진 통화 크루제이루를 대신하여 강력한 신통화를 도입하는 것도 그 요법의 하나가 될 수 있다. 그리고 실제로도 이러한 조치는 커다란 반향을 불러일으켰고, 권위 회복을 모색하던 정부의 정치적 이해와도 잘 들어맞았다.

* * *

1986년 2월 28일, 사르네이는 TV와 라디오의 전국망을 통해 '크루자두 계획'Plano Cruzado을 발표했다. 크루제이루의 통화가치를 1,000분의 1로 절하한 강력한 통화 '크루자두'를 도입하고, 물가연동제를 폐지했다. 물가와 환율은 무기한으로, 임대료는 1년간 동결하였다. 또한 노동자들의 생활환경이 악화되지 않고 계속 향상될 수 있도록 관심을 기울였다. 최저임금은, 바로 직전 6개월간의 평균 임금의 8%를 인상하고 그 후에는 인플레이션이 20%에 달할 때마다 자동적으로 인상되도록 조정하였다.

사르네이는 '크루자두 계획'의 성공적인 실행과 인플레이션에 맞선 필사적인 투쟁에 국민들의 협조를 호소했다. 대통령은 이 호소로 하루아침에 막대한 권위를 획득했다. 물가 동결은 일반 국민들 사이에서 커다란 호응을 얻었다. 국민들은 경제의 복잡한 흐름을 좇기보다는 대통령의 의지를 믿기로 했다. 임금정책은 빈곤층에게 어느 정도의 안정감을 주었다. 한없는 낙관적 분위기가 브라질을 감쌌다. 또다시 참기 힘든 과정이 발생했지만, 그 대가로 많은 사람들이 태어나 처음으로 마음껏 맥주를 즐겼다.

당초의 열광적인 반향이 가라앉자, 크루자두 계획은 문제점을 드러내기 시작했다. 이 정책은 경제활동이 확대되는 국면에서 실시되었기 때문에, 많은 경우 실질임금의 상승을 초래했다. 반면 물가는 동결되었으므로 육류나 우유에서 자동차, 해외여행에 이르기까지 사람들의 소비성향은 날개를 단 듯했다. 그 결과 가격동결이 깨지기 시작했다. 또 다른 심각한 문제는 국제수지의 적자였다. 브라질 통화가 인위적으로 강해짐으로써 수입이 격증했기 때문이다.

선거가 실시되는 시점인 1986년 11월에 크루자두 계획은 이미 파국을 맞고 있었다. 다만 대다수 국민들은 아직 그것을 느끼지 못했을 뿐이었다. 브라질 민주운동당 후보들은 이 계획의 문제점을 여러 부문의 책임으로 돌렸다. 선거가 끝나자 연기되었던 공공요금 및 간접세의 인상이 뒤따랐고, 이는 곧 인플레이션의 폭등으로 이어졌다. 외환위기를 맞은 브라질은 결국 1987년 2월 외채의 지불유예를 선언하지만, 국내외의 반응은 싸늘했다. 크루자두 계획에 대한 환호는 사라지고, 국민들 사이에는 경제 진로에 대한 실망과 불신의 기운이 형성되었다.

1986년 11월의 선거 결과는 브라질 민주운동당과 정부가 아직은 권위를 상실하지 않았음을 보여 주었다. 브라질 민주운동당은 세르지페를 제외한 모든 주의 지사 선거에서 승리를 거두었고, 상·하 양원에서도 절대 과반수를 차지했다. 그 당시 "브라질은 '멕시코화'의 위험에 처해 있다"는 말까지 흘러나왔다. 브라질 민주운동당이 멕시코에서 오랫동안 권력을 독점해 온 '제도혁명당'Partido Revolucionário Institucional, PRI의 길을 걸을 수 있다고 여겨진 것이다.

* * *

제헌의회는 1987년 2월 1일에 개원했다. 국민의 관심과 기대는 신헌법의 제정에 집중되었다. 제헌의회에는 시민의 권리와 국가의 기본제도를 수립하는 것 이외에도 제헌의회의 본래 목적을 넘어선 수많은 문제들의 해결을 기대하는 국민의 청원이 답지했다.

제헌의회의 활동은 상당한 시간이 소요되었고 1988년 10월 5일 신헌법의 공포와 함께 종료되었다. 신헌법에는 법리상 헌법의 범주에 들지 않는 조항까지 담겨 있어 발효 초부터 강한 비판을 받았다. 그것은 서로 다른 사회 집단들의 압력이 반영되었기 때문이다. 일반 법률이 제대로 지켜지지 않는 나라에서, 사회의 다양한 세력들이 그 실효성을 높이기 위해 가능한 한 많은 사항을 헌법에 담으려 한 것이다.

1988년 헌법에서는 일반 시민은 물론 원주민을 포함한 이른바 소수자의 사회적·정치적 권리가 더욱 확대되었다. 그 외에도 여러 혁신적인 방책들이 수립되었다. '개인정보 열람권'habeas-data[5]이나 '소비자 보호법' 등이 그에 해당된다. 특히 전자는 정부기관이 소장한 개인정보를 그 당사자가 열람·확인할 수 있도록 하는 권리이다.

한편, 글로벌화된 세계의 새로운 현실에는 더 이상 맞지 않는, 과거의 유물과 같은 조항들도 포함되어 있다. 특히 이러한 조항들은 경제 분야에서 많이 나타난다. 예를 들면 석유, 통신, 전력, 항만, 도로운송 등을 국가독점사업으로 규정하였는데, 얼마 지나지 않아 재화나 서비스의 효율적인 공급에 차질이 빚어졌다. 위기에 처해 있는 국가가 맡기에는 매우 벅찬 일임이 드러난 것이다. 헌법 공포 이후 불과 몇 년 사이에 다양한 헌법 개정조항이 승인된 사실이 이러한 문제점을 분명하게 보여 준다.

이러한 모든 한계에도 불구하고, 1988년 헌법은 권위주의 체제의 마지막 잔재를 청산한 기념비로 받아들여진다. 1974년 가이젤 장군이 착수한 '정치 개방'은 13년의 세월을 지나 마침내 민주주의 체제 수립으로 결실을 맺는다.

---

5) '인신보호 영장'이 위법부당한 인신구속을 방지하기 위해 법관이 구속의 합법성을 심사할 수 있도록 신병을 법원에 제출케 하는 영장을 의미한다면, '개인정보 열람권'이란 정보주체가 자신에 관한 정보의 정확성, 타당성을 심사할 수 있도록 열람을 요구하는 제도를 말한다.

*　*　*

브라질 군사정권의 민주주의 이행은 남미 거의 모든 국가들을 포함하는 훨씬 넓은 문맥 속에서 바라보아야 한다. 브라질은 인접한 주요 국가들 가운데에서는 선두에 서 있었다. 아르헨티나 독재는 1983년 말비나스 전쟁[6]의 파국적인 결과로 갑작스레 무너졌다. 피노체트 정권은 1987~1988년에 종말을 맞는다. 아르헨티나와 칠레는 심각한 사회분쟁의 가능성이 존재하였기 때문에 오히려 피해야 할 반면교사로 여겨졌다. 따라서 정부 내의 '개방' 추진자들이나 반정부 세력 지도자들은 민주주의 이행의 알맞은 모델을 라틴아메리카가 아닌 스페인에서 찾았다.

하지만 브라질과 스페인 체제 사이에는 유사점보다는 상이점이 많았다. 브라질에 비해 스페인에서는 각 사회 그룹의 결속력이 매우 높았고, 그 그룹을 이끄는 지도자들의 대표성도 훨씬 강했다. 따라서 '몽클로아 협정'[7]을 통해 커다란 사회적 합의를 이끌어 낼 수 있었다. 그러나 브라질에서는 이러한 시도들이 성공을 거두지 못한다. 정치적 인물들을 살펴보면, 브라질에는 스페인 국왕과 같은 구심점이 없었다. 후안 카를로스 1세는 군주일 뿐만 아니라 오랜 군 경력에서 나온 권위까지 지니고 있어, 서로 다른 정치세력들을 화해시키면서 민주화의 방향으로 키를 잡을 수 있었다.

왜 브라질의 민주주의 이행은 그렇게 오랜 시간이 걸렸을까? 그리고

---

6) 포클랜드 전쟁을 중남미에서는 말비나스 전쟁이라 부른다.
7) 몽클로아 협정(Pacto da Moncloa)은 1977년 10월에 스페인 정부와 주요 정당 사이에 맺어진 정치·경제 협정이다. 몽클로아는 대통령 궁이 있는 지명이다.

그것을 실현시킨 방법은 어떠한 결과를 초래한 것일까? "천천히, 점진적으로, 안전하게"라는 민주주의 이행의 전략은 정부 자신이 세운 것이다. 민주주의 이행의 속도와 범위를 변화시키려면 반정부 세력이 그러한 역량을 지니거나, 권위주의 정권이 쇠퇴하여 스스로 몰락하는 경우뿐이었다. 그러나 현실에서는 그 어떤 상황도 일어나지 않았다.

　브라질의 민주주의 이행은 커다란 사회적 동요가 뒤따르지 않았다는 긍정적인 측면이 있다. 하지만 정치적 권리의 보장만으로는 해결할 수 없는 중대한 사안들을 그대로 남겼다는 부정적인 측면도 있다. 그렇다고 이러한 문제들이 권위주의 체제의 산물이라고 말하는 것은 적절치 않다. 기회의 불평등, 시민에게 개방된 신뢰성 있는 정부기관의 부재, 부정부패, 후견제 등은 브라질에 훨씬 이전부터 깊이 뿌리를 내리고 있었다. 따라서 이러한 악습들은 하루아침에 해결될 성질의 것이 아니었다. 하지만 적어도 민주주의 이행이라는 결정적인 시기에 그에 맞서는 대응을 시작할 수는 있었을 것이다.

　표면상 거의 모든 정치 행위자들이 민주주의에 대해 대체적인 합의를 이루었다는 것은, 역으로 말하면 진정한 민주주의에 반하는 활동을 계속 이어갈 수 있다는 의미이기도 하다. 따라서 권위주의 체제가 종식된 후 브라질에 수립된 것은 확고한 민주주의 체제라기보다는 단지 '민주주의적인 상황'이었다. 민주주의의 확립은 1988년 이후의 시기에 정부와 사회의 중심 과제가 된다.

　1989년에 실시된 선거는 1960년 이후 처음 실시되는 대통령 직접선거였다. 신헌법은 1차 투표에서 유효표의 과반을 차지한 후보가 당선인이 된다고 규정했다. 만약 과반수를 차지한 후보가 없을 경우에는 가장 많은 득표를 한 상위 두 명이 2차 투표에서 다시 격돌하도록 되어 있다.

1989년 11월 대통령 선거에서는 두번째 상황이 발생하여, 페르난두 콜로르 지 멜루와 루이스 이나시우 룰라 다 시우바가 2차 투표에서 맞붙었다. 룰라는 사회적 불평등이라는 주제를 강조하면서 조직화된 대중에 지지를 호소했다. 콜로르는 부패 청산, 국가 근대화 그리고 공공 지출 감소의 필요성을 역설하고, '마라자'maraja[8]라 불린 고액 임금 공무원들을 비판했다.

콜로르는 실질적으로 정당들의 지원을 거의 받지 못했으나, 막강한 영향력을 지닌 '글로부 텔레비전'을 비롯한 언론의 후원에 힘입어 승리를 거두었다. 득표수에서는 룰라가 3,100만 표, 콜로르가 3,600만 표를 기록했다.

1989년 선거는 두 가지 중요한 사실을 보여 준다. 먼저, 브라질은 이제 1억 명에 가까운 유권자를 지닌 대중민주주의 국가로 전환되었다는 점이다. 이번 선거에서는 유권자의 약 85%가 투표소를 찾았는데, 이 투표율은 그 이후의 선거에서도 지속될 것이었다. 이렇게 높은 투표율을 유지한 이유는 18~70세의 연령층에게 투표를 의무화한 제도적 장치 때문이기도 하지만, 브라질 국민이 강하게 느끼는 투표의 상징적 가치 때문이기도 하다. 1989년 선거가 지닌 또 다른 중요한 사실은 룰라가 획득한 의미 있는 득표율이다. 이제 룰라가 대중적 지도자로서 확고한 위치에 있음이 확인된 것이다.

대통령 당선자 콜로르는 좌익 후보의 승리를 막는다는 대안적인 의미에서 엘리트 계층의 지지를 받았으나, 여전히 한계가 있는 인물로 여

---

8) 산스크리트어 '마하라자'(Mahārāja)에서 유래된 이 단어는 원래 고대 인도의 대왕이나 토후국의 왕을 지칭한다.

겨졌다. 규모가 작은 알라고아스 주에서 통신회사를 경영하며 주지사에
오른 콜로르는 브라질 중남부의 대기업이나 금융계와는 인연이 거의 없
었다.

콜로르가 대통령에 취임한 1990년 3월 브라질의 인플레이션은 80%
에 이르렀으며, 갈수록 더 상승할 기세를 보였다. 이에 콜로르는 극단적
인 경제대책을 발표한다. 은행의 모든 예금을 차단하고, 18개월 동안 5만
크루제이루 한도 내에서 인출을 허용하였다. 또한 이 경제대책에는 물가
의 동결, 공공지출의 감소, 일부 세금의 증액도 기획되어 있었다. 동시에
콜로르는 국가 근대화를 위한 조치들, 이를테면 국영기업의 민영화, 시장
개방, 공무원 인원 감축 등을 추진했다. 하지만 이러한 대책은 정교한 기
준에 따라 실시된 것이 아니었다.

그로부터 얼마 지나지 않아 정부의 엄청난 부정을 고발하는 목소리
가 불거져 나왔다. 더욱이 대통령의 친동생 페드루 콜로르까지 비리의
폭로에 가세했다. 결국 연방 상원의회는 대통령 탄핵안의 심의에 들어갔
고, 하원은 상원의 최종 결정이 내려질 때까지 대통령의 직무정지를 의
결했다. 부정부패에 대한 조사와 의회의 표결 과정은 TV를 통해 전국에
중계되었으며, 중산층 청년들은 대통령의 탄핵을 요구하며 거리로 뛰쳐
나왔다. 이 모든 상황들은 콜로르의 대통령직 복귀가 더 이상 불가능함
을 예고하는 듯했다. 의회에서 패배가 분명해 보이자, 1992년 12월 콜로
르는 사임을 발표한다. 그래도 상원은 심의를 계속하여 결국 콜로르에
대해 권력남용에 따른 유죄와 8년간의 자격정지를 결정한다.

공공부문이든 민간부문이든 공정함이 아직 뿌리내리지 못한 브라
질에서 대통령이 부정으로 탄핵되었다는 것을 어떻게 설명할 수 있을
까? 우선, 조사과정에서 자신의 부정을 최소화하기 위해 콜로르가 보여

준 파렴치한 행동은 의회의 지지를 잃게 만들었다. 동시에, 그와 좋은 관계를 형성한 적이 없는 경제 엘리트들도 그에게서 멀어져 갔다. 게다가 예상치 못한 중산층 청년들의 움직임까지 거세게 일어났다. 이는 권력의 부패에 대한 국민의 거부감 정도를 측정하는 지표이기도 했다. 이 움직임은 하원의 신속한 반응을 이끌어 내 대통령 탄핵에 결정적인 역할을 한다.

곧바로 부통령 이타마르 프랑쿠가 대통령직을 계승했다. 프랑쿠는 군사정권에 대항한 옛 온건파 야당 정치인으로서 미나스제라이스 주의 상원의원을 지낸 바 있다. 신임 대통령이 직면한 가장 중대한 문제는 인플레이션의 재발이었다. 콜로르가 추진한 정책들이 효과를 거두지 못했기 때문이다. 신정부 출범 첫 달인 1993년 1월에 인플레이션은 벌써 29% 가까이 상승했고, 그해 12월에는 36%를 넘어섰다.

1994년 초 재무장관 페르난두 엔히키 카르도주는 새로운 경제안정화 계획을 위한 사전 조치들을 취하기 시작했다. 초기의 목표들이 어느 정도 실현되자 그는 대통령 선거에 직접 출마하기 위해 장관직에서 물러난다. 당시 널리 존경받는 지식인이었던 카르도주는 학자에서 정치인으로 성공적인 변신을 이룬 인물이었다. 브라질 사회민주당Partido da Social Democracia Brasileira, PSDB[9])과 자유전선당의 연합후보로 출마를 결심했을 때 카르도주는 일반 대중 사이에서는 아직 인지도가 높은 편이 아니었다. 카르도주가 수립한 '헤알 계획'plano real은 1994년 7월에 시행되었다. 이 계획은 이전의 경제 계획들과는 뚜렷한 차이를 보였고, 국민들도 그 계획을 그다지 충격적인 것으로 받아들이지 않았다. 이 계획에 따라 새

---

9) 브라질 사회민주당은 브라질 민주운동당(PMDB)에서 분리되어 1988년에 결성된 정당이다.

롭게 도입된 화폐 '헤알'은 달러에 비해 가치가 높게 책정되었다. 새로운 경제정책은 외채를 청산하고 약 400억 달러의 외환을 보유하게 되면서 더욱 탄력을 받았다. 달러 대비 헤알화의 환율은 고정되지 않고 일정한 범위 내에서 변화가 가능한 변동환율제로 적용되었다. 이는 달러와 '등가' 환율을 적용하여 유동성 위기를 맞은 아르헨티나의 예에서 교훈을 얻은 것이다.

경제안정화 계획은 '가격 동결' 조치를 취하지 않았을 뿐만 아니라, '물가연동 방식'을 점진적으로 폐지하는 데에도 힘을 기울였다. 화폐를 크루제이루에서 헤알로 교체하는 전략은 단순히 상징성을 띤 것만은 아니었다. 몇 개월 지나지 않아 브라질 국내의 모든 화폐가 헤알로 전환되었는데, 이는 조직화의 수준이나 브라질 국민들의 수용력을 가늠한다는 측면에서 매우 의미 있는 전략이었다.

1994년 10월에 실시된 선거에서 페르난두 엔히키 카르도주는 1차 투표에서 유효투표의 약 54%를 획득하여 대통령에 당선된다. 다시 한번 후보자로 나선 룰라는 2위를 차지했다. 선거결과에 영향을 미친 요인들은 다양하겠지만, 특히 '헤알 계획'이 결정적인 역할을 했다. 노동자당을 비롯한 야당은 '헤알 계획'을 평가하면서 중대한 실수를 범했다. 이 계획은 단지 선거용 '속임수'에 불과하며 얼마 안 가 심각한 경기후퇴를 초래할 것이라고 비판한 것이다. 전략적인 시점에서 추진되어 카르도주의 승리에 기여한 이 '헤알 계획'은 단순한 '속임수'가 아니었다. 우려했던 경기후퇴는 일어나지 않았고, 인플레이션의 하락은 많은 사람들의 구매력을 증가시켰다.[10]

---

10) 1994년 2,000%까지 올랐던 인플레이션 상승률은 1995년에는 25%로 떨어졌다.

4. 1950년 이후의 사회경제 구조

브라질의 전체 인구는 1950년 5,190만 명에서 1999년에는 1억 6,400만 명으로 증가했다. 40년간 두 배 이상 증가한 셈이다. 1980년의 인구조사에 따르면, 인구의 남녀 성비는 거의 균형을 이루었다(여성인구 5,980만 명/남성인구 5,910만 명). 한편, 백인이 전체 인구의 과반(54.2%)을 차지하였고, 물라토를 중심으로 한 혼혈인(38.8%), 흑인(6.0%), 황인(0.6%), 피부색 무신고(0.4%) 순으로 이어졌다. 다만 백인의 수는 과장되었을 가능성이 크다. 인종적 편견이 내면화되어 스스로를 혼혈이 아니라 '백인'으로 선언하려는 사람들이 존재했기 때문이다.

기본적으로 브라질 인구는 젊은 연령층으로 구성되었다. 전체 인구의 거의 절반이 20세 이하였다(49.6%). 그러나 1960년 이후 고령화 지수, 즉 유소년(15세 이하) 인구 100명당 노령 인구(65세 이상)의 비율이 증가하기 시작한다. 1960년에 6.4%던 이 지수는 1970년에는 7.5%, 1980년에는 10.5%로 상승한다.

가장 중요한 인구 현상은 출산율의 저하로, 특히 1970년대 이후 매우 두드러지게 나타난다. 1940년대에 6.3명이던 브라질 여성의 출산율은 1960년대 이후 급격히 저하된다. 아래의 〈도표 1〉에서 볼 수 있듯이 합계 출산율은 2000년 2명까지 감소한다.

외견상 출산율 저하는 무엇보다 피임기구 사용 캠페인과 여성의 불임수술에 기인한다고 보인다. 예외적인 경우를 제외하면, 낙태는 범죄로 간주되었기 때문에 임신중절의 증가 여부는 단언할 수 없다. 어쨌든, 피임법의 사용은 가톨릭교회의 강한 비판에도 불구하고 정부에서 정책적으로 장려하였고, 이는 아이를 적게 낳고 싶어 하는 여성이나 부부 간의

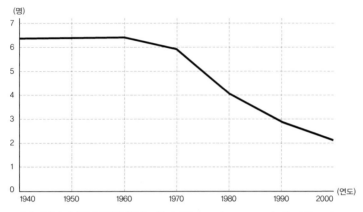

〈도표1〉합계 출산율 1940~2000년

출처: 브라질 지리통계연구원, 『통계로 본 브라질』(*Brasil em Números*) 7권, 1999, p. 78

희망과도 일치했다. 이러한 희망을 갖게 된 배경에는 자녀가 많을 경우 최소한의 양육과 교육을 유지하는 것조차 불가능하리라는 인식이 가장 크게 자리 잡고 있었다.

출산율 저하에도 불구하고 사망률이 현저히 줄어들었기 때문에, 인구증가율은 계속 상승했다. 1980년대 초의 연간 인구증가율(2.3%)은 개발도상국 평균(2.4%)과 거의 같은 수준이고, 선진국 평균(0.6%)의 거의 4배에 달했다. 그러나 사망률이 다시 크게 감소할 여지는 거의 없기 때문에, 이후의 출산율 저하는 분명 큰 폭의 인구증가율 감소로 연결될 것이다. 1996년 통계는 인구증가율이 이미 1.2%까지 떨어졌음을 보여 준다.

* * *

지역별 인구분포에서 가장 의미심장한 변화는 북동부와 미나스제라이스 주에서 중남부와 농업 개척지역으로 대규모 인구이동이 발생한 점이다. 농업 개척의 최전선은 당초 파라나 주에 형성되었으나, 이윽고 중서부 지역(고이아스 주, 마투그로수 주)과 북서 지역(혼도니아 주)으로 이동했다. 북동부 인구가 중남부로 대거 이동한 것은 공업화가 진전된 중남부의 흡인력 때문이지만, 북동부를 엄습한——특히 1950년대에 가장 심했던——대가뭄의 영향도 크다.

중서부 지역과 북서 지역으로 향하는 인구의 흐름은 시간이 흐르면서 두번째로 큰 규모의 인구이동 현상이 되었다. 최초의 추진력은 연방정부의 직간접적인 기회 제공이었다. 이미 바르가스의 '신국가' 시기부터 표방한 오랜 열망, 즉 '서부 지역을 향한 전진'의 중요한 분수령이 된 것이 바로 브라질리아 건설이었다. 인구이동은 국경을 넘어 파라과이에 이르렀으며, 그곳에는 '브라지과이우'brasiguaio라 불린 많은 독립 농업노동자들이 커피나 대두大豆를 재배하였다.

사람이 없는 공간으로 인구가 이동하는 현상은 중요한 사회정치적 결과를 낳았다. 농업개척지역은 새로운 기회를 제공함으로써 예로부터 인구가 정착한 지역의 토지갈등을 해소하는 데 공헌했다. 변경의 농업개척지역이 없었다면 토지 소유를 둘러싼 분쟁은 더욱 격렬해졌을 것이다.

* * *

또한 도시인구도 급격히 증가한다. 거주 인구 2만 이상이 되어야 도시로 간주하는 엄격한 정의에 따를 경우, 전체 인구에서 도시인구가 차지하는 비율이 1940년에는 16%에 불과하였으나, 1980년에는 과반수가 되고 (51.5%), 1996년에는 76%에 다다른다. 인구의 도시집중 현상은 1950년대 이후 맹렬한 속도로 진전되었다. 이해를 돕기 위해 미국과 비교해 보는 것도 좋을 것이다. 미국의 도시인구는 25%에서 64%로 증가하는 데 80년(1870년에서 1950년까지)이 걸렸다. 1980년 무렵 도시에 거주하는 미국인의 비율은 61%로, 같은 해 브라질의 도시인구 비율과 큰 차이가 나지 않는다. 하지만 비교할 수 있는 것은 이런 정도에 불과하다. 도시인들의 수입과 도시생활의 질적 수준은 단순한 수치로는 알 수 없는 격차를 보인다.

도시화의 진전에는 여러 요인이 작용했다. 우선, 1950년대 이후 공업 부문 그리고 특히 서비스 부문에 나타난 고용기회의 확대를 들 수 있다. 또한, 농촌인구를 도시로 밀어내는 환경도 간과할 수 없다. 농업개척 지역의 존재에도 불구하고, 토지 무단점거 농민들의 추방, 농업의 기계화, 노동력이 적게 소요되는 농업활동의 선호 등으로 인해 농촌인구의 유출은 갈수록 증가한다.

인구 100만이 넘는 주도는 1980년에 이미 아홉 곳에 달했는데, 1990년에는 상파울루를 비롯하여 리우데자네이루, 벨루오리존치, 포르투알레그리 등 11곳으로 증가했다.

* * *

공업화의 역사가 수십 년이 된다 해도, 1950년의 브라질은 아직 농업 중심 국가였다. 그러나 이후 30년간 경제구조는 크게 변하여 이러한 정의는 더 이상 브라질에 맞지 않게 되었다. 1950년에는 경제활동인구의 59.9%가 1차 산업에 종사했으나 1980년에 이 비율은 29.2%로 하락한다. 국내총생산에서 1차 산업이 차지하는 규모는 1950년 24.2%에서 1980년에는 9.8%까지 감소한다. 1998년 국내총생산의 각 부문별 비율은 서비스 산업 59.7%, 공업 32.3%, 농업 8%이다.

이러한 변화는 수출구조에도 반영된다. 대두를 제외한 1차 산물(커피, 철광석 등)은 중요도순에서 공업생산품에 자리를 내주었다. 수출액을 기준으로 보면 1978년 이후 1차 산물과 공산품의 역전 현상이 일어난다. 하지만 공산품 중에는 오렌지주스와 같은 단순 가공품의 비중이 컸다.

농업에 비해 공업의 생산규모가 확대된 것은 사실이나, 그렇다고 그것이 곧 농업의 정체를 의미하는 것은 아니었다. 오히려 생산구조에 일련의 변화가 일어나 노동관계에 깊은 영향을 미쳤다.

커피는 1950년대 초반 마지막 성장을 끝으로 수출품 중에서 차지하는 중요도가 감소하기 시작한다. 커피 수출의 절정은 바로 1950년이었는데, 브라질 전체 수출액의 63.9%를 차지했다. 하지만 그 이후로는 치열한 국제경쟁과 가격하락의 추세 속에서 쇠퇴하기 시작하여 1980년에는 불과 수출 총액의 12.3%를 차지하는 데 그친다. 1996~1998년 통계에 따르면, 이 시기에는 이미 대두가 커피를 추월하여 가장 중요한 수출농산물로 자리 잡는다.

결국 커피대농장은 몰락하고, 그 대신 대두(파라나 주)나 오렌지(상파울루 주 내지(內地) 등의 작물이 재배되었다. 특히 '프로알코올', 즉 '국가 알코올 프로그램'[11]의 수립을 계기로 상파울루 주와 북동부에서는 사탕수수의 재배도 확대되었다.

사탕수수, 오렌지의 경우에는 자영 생산자들이 여전히 존재하였으나, 농산물의 생산과 가공을 동시에 하는 농공기업이 새로운 추세로 등

---

11) 프로알코올(Programa Nacional do Álcool, Proálcool)은 대체에너지 개발의 일환으로 사탕수수를 이용하여 바이오에탄올을 생산하기 위한 브라질 정부의 프로그램이다.

장하였다. 농공기업을 설립하는 데에는 막대한 자본이 소요되기 때문에 또 다른 추세로서 소수 독과점이 발생하였다.

커피 대신 다른 작물이 재배되거나 목초지가 확대되면서 농업 생산에 필요한 노동력은 갈수록 줄어들었다. 게다가, 최대의 생산성과 이윤을 중시하는 농업경영의 합리화로 인해 중남부의 콜로나투[12], 북동부의 모라도르 등 오래된 노동제도가 위기에 처했다. 이제 콜로누와 모라도르가 사라진 대신, '보이아-프리아'[13]라는 일종의 계약노동자들이 생겨났다. 이들은 사탕수수나 오렌지의 수확 등을 위해 특정 시기에 대농장에서 노동력을 제공하고 임금을 받는 노동자들이다. 콜로누와 달리 이들은 농촌의 삶에 전적으로 동화되지는 않았다. 평소에는 대농장 인근 도시에 거주하며, 일정 기간 농공기업에 직접 고용되어 일을 하거나 중개상(중남부에서는 '고양이'라 불림)을 통해 대농장으로 보내졌다. 상파울루 주 내지의 여러 도시에 빈민촌인 '파벨라'favela가 출현한 것은 이러한 가난한 노동자층의 형성과 깊은 관련이 있다. 하지만 '파벨라'의 규모 면에서 이 도시들은 주도인 상파울루 시에는 미치지 못한다.

그런데 '보이아-프리아'에 대해 언급할 때, 자본주의적 관계가 농촌에 도입되어 나타난 도시 노동자의 농촌적 변종이라고 해석하는 것은 성급한 판단일 것이다. 대농장의 전형적인 근대화 과정은 우선 기계의 도입으로 시작되며, 그 결과로서 다수의 비숙련 노동자가 소수의 반숙련 노동자로 대체되는 단계로 넘어간다. 이 과정에서 '보이아-프리아'의 중요성이 감소될 것인지, 아니면 '보이아-프리아'의 존재 그 자체가 없어질

---

12) 콜로나투 제도에 대해서는 이 책의 252~253쪽 참조.
13) '보이아-프리아'(bóia-fria)의 단어상 의미는 '식은 음식'이다.

것인지는 시간이 더 경과해야 알 수 있을 것이다.

농촌무대에서 임금노동이 진전되자, 농업 노동과 관련된 요구사항들이 증가하기 시작했다. 그래도 '보이아-프리아'에게 토지소유는 여전히 꿈에 불과했다. 그들은 파업이나 협상을 통해 임금노동자들이 누릴 수 있는 권리나 이익의 획득에 주력하였다.

하지만, 근년 '보이아-프리아'와 관련된 사회문제는 '무토지자 운동' Movimento dos Sem-Terra, MST[14]이 등장하면서 그 그늘에 가려지게 되었다. '무토지자 운동'은 일종의 농업사회주의를 지향하는 사람들이 주도하였고, 가톨릭교회 진보주의자들의 지지에 힘입어 토지 없는 농민들을 조직하는 데 전례 없는 성공을 거두었다. 특히 결성 초기 이들은 토지개혁 프로그램을 신속히 추진하도록 카르도주 정부를 압박하는 강력한 세력이 되었다.

그러나 시간이 경과해 감에 따라 '무토지자 운동'은 과격한 행동들——토지 또는 공공건물의 점거, 도로통행료 징수소의 파괴 등——을 반복하여, 자신들이 내건 사회혁명을 위해 폭력에 의존하는 듯한 모습을 보여 준다. 이렇듯 항시적인 불안정 요인이 되었기 때문에, 군·경찰의 폭력적 행위는 물론이고, 국가의 방어적 조치들도 정당화해 주는 결과가 되었다.

농업의 근대화와 함께 토지 소유의 집중화도 농민운동이 발생한 중요한 요인이라는 점을 확인할 필요가 있다. 1980년에는 10헥타르 미만의 소농장인 '미니푼디움'이 전체 농장 수의 50.4%를 차지하지만, 면적으로는 2.5%에 불과했다. 반면, 1만 헥타르 이상의 대농장인 '라티푼디

---

14) 정식명칭은 '무토지 농촌노동자운동'(Movimento dos Trabalhadores Rurais Sem Terra)이다.

움'은 숫자상으로는 0.1%에 지나지 않지만, 전체 농지면적의 16.4%를 점유하였다.

그러므로 토지개혁의 필요성은 사라지지 않는다. 다만 강조점이 바뀔 뿐이다. 1960년대 중반까지 토지개혁은 사회적인 목적과 경제적인 목적을 결합시켰다. 토지개혁 주창자들은 농촌노동자들의 토지소유권을 주장함과 동시에, 토지개혁이 실현되면 식료 공급량이 증가하고 소외된 대중이 시장으로 흡수될 수 있다고 강조했다. 소비시장의 확대는 공업화의 진전에 불가결한 요소라고 생각했기 때문이다.

군사정권이 수립된 이후, 공업화는 더욱 급격히 진행되었다. 그러나 농지개혁의 효과는 고려되지 않았다. 이것은 우연히 일어난 일이 아니라 선택의 결과였다. 군사정부는 빈곤층의 구매력을 성장시켜 수요를 확대해 가는 방안을 포기했다. 그 대신 중상류층을 대상으로 한 내구소비재——자동차가 대표적인 경우이다——의 생산을 장려했다.

이러한 선택과 농촌의 변화에 의해, 오늘날에는 토지개혁의 경제적인 측면은 상대적으로 부차적인 의미만을 지니게 되었다. 또한 새로운 농업 정착지의 생산성을 높이려면 국가가 아무리 위기에 처하게 되더라도 투자와 원조를 아끼지 말아야 한다는 주장이 계속되었다. 이러한 과정을 거쳐 토지개혁은 무엇보다 빈곤층을 위한 사회정의의 문제로 전환되었다.

가난하고 비참한 농민은 변함없이 막대한 수에 달했다. 1975년에는 약 364만 농장, 즉 전체 농장의 73%가 쟁기——기계를 이용하든, 가축의 힘을 빌리든——를 사용하지 않고 땅을 경작하였다. 1980년에는 같은 비율(73%)의 농가가 거둬들이는 1인당 수익이 최저임금의 절반 또는 그 이하에 지나지 않았다. 이와는 대조적으로, 남부와 남동부에서 밀이나 콩을 재배하는 가족 농장이나 북동부에서 그보다 작은 규모로 과일을 재배하는 농장들은 높은 수익을 올렸다.

*　　*　　*

1950~1980년 시기에 브라질은 준準산업개발국가로 변모하여, 이른바 제3세계 국가들 중에서 가장 높은 공업생산량을 기록했다. 동시에 산업의 자율성도 눈에 띄게 향상되었다. 1985년의 자료를 보면, 자본재(기계 및 설비) 수요량의 5분의 4를 수입에 의존하지 않고 국내에서 조달하였다. 다만, 1981년을 경계로 심각한 경기후퇴 국면이 시작되었다. 비록 1984년과 1987년 사이에 일시적인 회복세를 보이지만 침체는 오랫동안 지속되었다.

1950~1980년 기간에는 전통적인 산업 분야의 쇠퇴가 두드러졌다. 또한 공업생산량에서 식품이나 음료 등 비내구소비재가 차지하는 비중이 감소하였다. 그에 비해, 타 분야 특히 내구소비재와 자본재 등은 뚜렷한 발전을 이루었다. 첨단 내구소비재 부문인 자동차 산업은 국민총생산의 약 10%를 담당하게 되었다. 산업구조의 변화는 전국 각지에서 일어났다. 물론 북동부도 예외는 아니었다. 이 지역의 전통 산업(식품가공업/섬유산업)은 화학산업/식품가공업 중심으로 대체되었으며, 특히 화학은 지역의 최우선 산업이 되었다. 제당공장을 중심으로 형성된 농공복합체에서는 설탕뿐만 아니라 자동차산업과 관련된 알코올의 생산도 각광을 받았다. 한편, 외국기업은 양적으로는 많지 않지만 질적으로는 매우 중요한 위치를 차지했다. 1991년에 매출액을 기준으로 상위에 오른 15개 기업 중 브라질 국내 자본은 단 두 개뿐이었다.

<도표 2> 15세 이상 인구의 문맹률, 1900~2020년

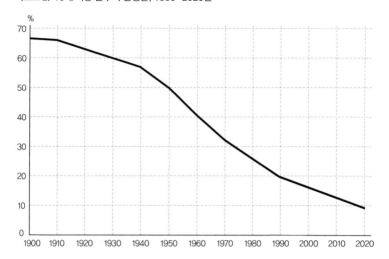

출처: 브라질 지리통계연구원, 『통계로 본 브라질』 7권, 1999, p. 127. 1910년과 1930년의 자료는 보간법을 이용한 근사치이며, 1992~2020년의 자료는 추계치이다.

<도표 3> 15세 이상 인구의 국가별 문맹률, 1995년

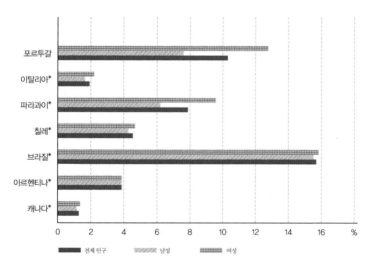

출처: 브라질 지리통계연구원, 『통계로 본 브라질』 7권, 1999, p. 133.
*는 유네스코 통계국의 1994년 추계치다.

〈도표 4〉 7~14세 인구의 지역별 취학율(%), 1997년

권역 / 연방주	전체	도시	농촌
브라질	93.0	94.5	88.0
북부 전체	91.9	91.9	–
토칸칭스	92.6	93.9	90.7
북동부 전체	89.4	91.7	85.8
마라냥	89.1	93.1	86.2
피아우이	90.6	94.6	85.3
세아라	92.0	93.0	90.2
히우그란지두노르치	89.6	91.1	87.6
파라이바	91.1	92.0	89.7
페르남부쿠	87.4	90.0	80.0
알라고아스	80.9	86.0	72.8
세르지피	91.7	92.2	90.4
바이아	90.0	92.4	86.4
남동부 전체	95.5	96.2	81.2
미나스제라이스	94.5	96.1	90.0
이스피리투산투	93.6	95.2	88.7
리우데자네이루	95.0	95.2	92.5
상파울루	96.3	96.6	94.9
남부 전체	94.9	95.5	92.7
파라나	93.7	94.7	90.4
산타카타리나	94.1	95.9	93.2
히우그란지두술	95.9	96.1	94.9
중서부 전체	93.2	95.2	84.5
마투그로수두술	91.1	93.4	79.1
마투그로수	91.1	93.5	84.3
고이아스	93.4	95.8	84.7
연방구	97.8	97.8	98.1

출처: 브라질 지리통계연구원, 『통계로 본 브라질』7권, 1999, p. 131. 혼도니아, 아크리, 아마조나스, 호라이마, 파라, 아마파의 농촌 인구는 제외됐다.

브라질에 투자하는 국가들도 매우 다양해졌다. 오랜 투자국인 미국의 자본이 여전히 우세했지만 시간이 흐를수록 그 비율은 감소하고 스페인의 투자가 급격히 증가했다.

*   *   *

교육 분야로 시야를 돌리면, 1950년대 이후 15세 이상 국민들의 문맹률은 꾸준히 감소했다(〈도표 2〉참조). 그러나 북동부를 비롯해 몇몇 지역의 상황을 고려한다면 이 분야에서 브라질이 해야 할 일은 아직 많다. 일부 특정 국가들과 비교해 보면 더욱 명백해진다(〈도표 3〉).

7~14세 연령층의 취학률은 근래의 많은 노력에 힘입어 매우 긍정적인 결과를 낳고 있다. 이러한 개선은 청소년층의 취학률 향상에도 그대로 반영된다. 〈도표 4〉는 도시와 농촌 간에 취학률의 차이가 있음을 보여주는 것이지만, 그 차이는 일반적인 예상과 달리 그렇게 크지 않다.

주목해 볼 만한 또 다른 부분으로는 오랜 기간 뒤처진 교육을 만회하기 위해 근년 들어 많은 예산을 교육에 투입하고 있다는 점이다. 국민총생산 대비 교육지출에서 브라질은 유럽이나 라틴아메리카의 다른 여러 나라들을 앞서고 있다(〈도표5〉).

하지만 이러한 교육투자에도 불구하고 문제가 모두 사라진 것은 아니다. 그 중에서도 유급留級과 교육의 질은 중요한 문제이다. 초등교육에서는 일부 사립학교들이 공립학교에 비해 높은 수준의 교육을 제공한다. 하지만 대학교육에서는 그 반대의 상황이 펼쳐지고 있다. 게다가 국공립대학은 무상이다.

국공립대학으로 진학하기 위해서는 수준 높은 초·중등학교에서 교

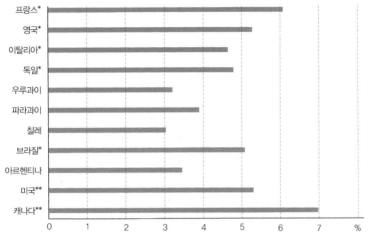

〈도표 5〉 국가별 GDP대비 교육 총예산 비율, 1996년

출처: 브라질 지리통계연구원(IBGE), 『통계로 본 브라질』 7권, 1999, p. 131.
*는 1995년 통계이고, **는 1994년 통계이다.

육을 받고, 가정이나 사회적 관계 속에서 지식을 습득하는 이른바 '숨겨진 커리큘럼'이 중요하다. 따라서 빈곤층이나 중하류층의 아이들이 국공립대학의 인기 학부에 입학하는 것은 매우 어렵다. 결국 이러한 계층의 대부분은 사립대학의 문을 두드린다. 일부 예외적인 경우가 있긴 하지만 사립대학의 교육은 상대적으로 질이 낮다고 할 수 있다.

그러나 사립 고등교육은 꾸준히 성장하고 있다. 1960년에는 사립대학 등록 학생이 전체 대학생의 44%였지만, 1970년에는 50%, 그리고 1980년에는 65%를 차지하게 된다.

성장과 결핍을 동시에 보여 주는 지표는 다른 분야에서도 엿볼 수 있다. 보건위생과 의료서비스 환경을 가늠할 수 있는 출생 시의 평균 기대수명은 1950년 46세에서 1980년에는 60세로 크게 증가했다. 이러한 증가 추세는 브라질의 모든 지역에서 볼 수 있다. 기대수명이 가장 높은 남

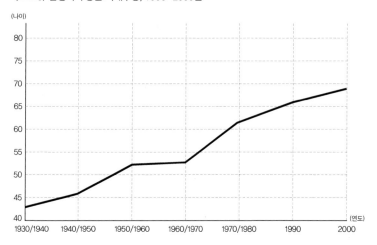

〈도표 6〉 출생시의 평균 기대수명, 1993~2000년

출처: 브라질 지리통계연구원(IBGE), 『통계로 본 브라질』 7권, 1999, p. 77. 1980~2000년의 통계는 브라질 인구의 잠정 수치에 따라 산출된 추계치다.

부와 가장 낮은 북동부의 변화는 다음과 같다. 남부에서는 1950년 53세 이던 평균 기대수명이 1980년에는 67세 가까이 증가했다. 반면 북동부 에서는 1950년 38세에서 1980년에는 51세가 되었다. 전국의 평균 기대 수명은 오늘날에도 계속 늘어나고 있으며, 2000년에는 69세[15]에 이르리 라 예상된다(〈도표 6〉).

유아사망률(유아 1,000명당 만 1세가 되기까지의 사망 비율)도 낮아 졌다. 브라질 전체 평균을 보면 1950년 130명에서 1980년에는 86명으로, 그리고 1999년에는 35.6명으로 줄어들었다.

---

15) 원문에는 '64세'로 되어 있으나, 도표를 볼 때 이는 저자의 오류인 것으로 보인다. 여기에 서는 도표에 보이는 대로 '69세'로 수정했다. 참고로, 영역판(Cambridge University Press, 1999)에는 이 문장이 생략되어 있다.

〈도표 7〉 삶의 질. 기반시설. 특정서비스의 지역별 공급 수준

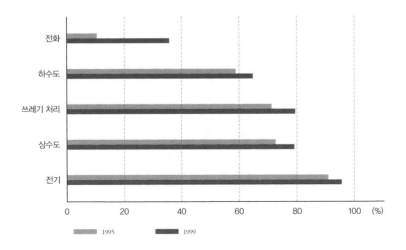

출처: 일간지 『우 이스타두 지 상파울루』(*O Estado de S. Paulo*), 2000년 7월 21일자, p. A13.

삶의 질을 측정하는 중심적인 지표들은 향상과 부족을 함께 드러낸다. 〈도표 7〉의 몇몇 지표는 유아사망률과 더불어 보건위생에서 향상이 있었음을 가리킨다.

브라질에서 가장 심각한 문제는 소득분배와 절대적 빈곤이다. 소득분배의 측면에서 브라질은 전 세계에서 최악의 국가들 속에 포함된다. 국내총생산을 기준으로 브라질이 중진국의 상위에 위치하는 것을 고려한다면 이러한 사실은 더욱 우려스러운 일이라 하겠다. 〈도표 8〉은 문제의 심각성을 잘 드러낸다.

1990년대, 국내 기준에 근거한 빈곤층이나 극빈층의 인구가 큰 폭으로 감소했다. 1993년에서 1998년까지의 치명적인 인플레이션의 종료와 물가 안정화 정책은 그 숫자를 5,940만 명(41.7%)에서 5,010만 명

〈도표 8〉 소득의 집중도: 국민총소득에서 각 계층이 차지하는 비율

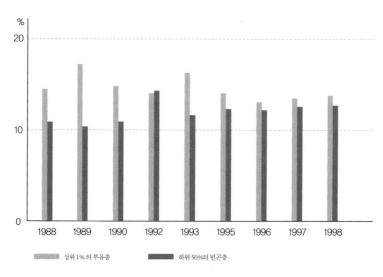

출처: 『폴랴 지 상파울루』(Folha de S. Paulo), 2000년 4월 29일, p.3-1

(32.7%)으로 떨어뜨렸다. 이러한 사실 자체는 상당히 긍정적이지만, 소득의 불평등은 거의 개선되지 않았고, 적어도 1980년 이후의 상황이 지속되고 있다는 것을 잊어서는 안 된다.

또한 소득분배는 성별·인종별로도 커다란 차이를 보인다. 1970년 이후, 다양한 요인에 의해 노동시장에 참여하는 여성의 수가 증가했다. 그 중에서도 고용 증대를 가져온 비약적인 경제성장과 소비 장려가 결정적인 요인이었다. 또한 여성들 대부분은 가계에 보탬이 되는 수입을 위해, 가정 밖에서 일자리를 구하게 되었다. 더욱이 사회적인 면에서는 대다수 직업에 여성이 취업하는 것이 당연한 일로 여겨지게 되었다.

그러나 노동시장에서 여성차별은 없어지지 않았다. 여성들의 취업은 대부분 소위 말하는 '여성용 직업'에 한정되었다. 1980년에는 전체 여

성노동자의 70%가 이러한 직종에 취업했다. 교육을 적게 받은 여성들은 가사노동이나 경작지·공장의 노동에, 중등교육을 수료한 여성들은 비서직, 점원, 간호사 등의 직업에 종사했다.

여성들에게 해당되는 직업은 '여자들의 일'로 비하되는 경향이 있었다. 또한 같은 업무에 종사해도 여성은 남성에 비해 낮은 임금을 받았다. 기이하게도 남녀 간의 임금 격차는 임금이 높은 상급 직책이나 관리직으로 갈수록 더욱 커지는 경향이 있다.

최근 수십 년간 종교의 영역에도 커다란 변화가 일어났다. 브라질은 항상 가톨릭 인구가 압도적 다수를 차지한 나라였다. 1994년의 통계에 따르면 성인 인구의 절대 다수(3분의 2)는 여전히 가톨릭교도였다. 하지만 다른 종교의 신장도 눈부시다.

그러한 성장을 이룬 종교 혹은 종파들이 지닌 공통된 특징은 감정에 호소한다는 점이다. 특히 그들의 의식에는 기적의 집단치료나 '악마퇴치'를 허용하고 있다. 이러한 성격이 가장 뚜렷이 나타나는 예로 오순절교회를 들 수 있다. 이들은 이른바 'TV 설교사'가 대규모 의식을 집행하는 미국식 모델을 따른다. 오순절교회 신도는 성인 인구의 10%인 약 1천만 명에 달하며 대부분 사회 하층민으로 구성되었다. 반면, '역사적 프로테스탄트'라 불리는 사회 주류층은 전체 인구의 약 3.3%에 해당된다.

가톨릭교회 내부에도 미국의 유사 모델에서 자극받은 카리스마파 개혁운동이 일어났다. 카리스마파의 신자 수는 1994년 성인 인구의 3.8%에 이르렀다. 이들은 교회가 사회개혁을 위해 나서야 한다는 주장에 반발하여, 친밀성·가족의 연대·경전 강독(대규모 의식에서 행하는)을 중시하며 매우 강한 보수적 성향을 나타낸다.

결론

무엇보다 먼저 '결론'이라는 제목에 대한 설명이 필요하다. 한 나라의 통사에서는 결코 결론이 있을 수 없다. 당연한 일이지만, 현재 진행 중에 있는 사실이나 과정이 앞으로 어떻게 전개될지는 아무도 알 수 없으며, 지금부터 일어나게 될 사건이나 과정이라면 더더욱 그러하기 때문이다. 또한 과거를 분석의 대상으로 삼을 경우, 아무리 그것이 객관적으로 이루어졌다 하더라도 항상 새로운 발견과 수정이 있을 수 있고, 과거의 해석에도 다양한 관점이 있을 수 있다. 이 모든 것을 전제로 한 상태에서, 독자 여러분의 손에 들려 있는 본서와 같은 책은 그 특성상 한 번 정도 결산이 필요하며 또 그렇게 하는 것이 유용하리라 생각한다.

지난 30년간 세계는 근본적인 변화를 겪었고, 그 과정은 아직도 계속되고 있다.

경제 부문에서는, 지배적인 선진국과 종속적인 원자재 농산물 생산국이라는 분업은 거의 사라졌다. 초기에는 주로 값싼 노동력을 찾아서, 그 후에는 개도국들——브라질도 여기에 포함되겠지만——의 보호주의에 대한 대응책으로서 대기업들은 제조 시설의 일부를 이러한 개도국에 이전했다. 그 결과 제조업의 국제화가 일어났다. 몇몇 지역에서는 새로운 공업화의 물결을 일으키는 기회가 열렸는데, 그러한 지역 중 가장 중요한 곳은 아시아, 특히 '아시아의 호랑이'였다.

이러한 과정을 거치면서 세계는 기술혁명을 경험했고 또 경험 중에 있다. 산업혁명은 이제 과거의 일이 되었다. 시간이 지날수록 정보의 중요성은 절대적으로 높아졌고, 과거의 생산방식은 폐기처분되었다. 과학의 힘, 신기술과 신제품에 대한 지식과 창조력이 진보의 핵심이 되었다.

이러한 변화는 중심국에 대한 주변국의 오랜 종속 관계를 마감시켰다. 물론 그렇다고 국제적 차원에서 지배-종속관계가 완전히 사라진 것은 아니며, 단지 그 속성이 변했을 뿐이다. 기술혁명이 일어나면서 원자재 생산국 중 일부는 뚜렷한 쇠퇴를 보였다. 과거 '제국주의의 희생자'인 이들은 이제 새로운 경제 질서의 주변에 버려진 고아가 되었다.

최근 20년간 경제적·이데올로기적인 측면에서 좋든 나쁘든 미국의 패권적 역할은 지나치게 거대해졌다. 그와 동시에 제1세계의 다른 여러 국가들은 전례 없던 통합을 모색하여 유럽연합이라는 중요한 축을 형성했다.

한편, 1980년대 말부터 1990년대 초에 걸쳐 일어난 동구권의 갑작스러운 붕괴는 냉전체제에 종말을 고했고, 전체주의 지배하의 국가주도형 경제는 파탄에 이르렀다. 적대적인 이념으로 양분된 세계에 근거해서 나온 개념들은 존속할 수 있는 기반을 잃고 말았다. 자유주의적 이념은 정치는 물론 경제에도 거대한 영향력을 발휘하였다. 어떤 경우에는, 국가의 개입을 최소화할 때 시장의 보이지 않는 손이 경제의 불균형과 사회적 격차를 해소시킨다는 사고방식이 선전되기도 했다.

이러한 세계의 구도 속에서 브라질을 포함한 이른바 신흥국가들은 새로운 도전에 직면하고 있다. 라틴아메리카 국가들에게는 통합문제가 절박한 과제로 떠올랐다. 남미공동시장——아르헨티나, 브라질, 우루과이, 파라과이 사이에 체결된 협정——은 많은 장애와 난관에도 불구하고 가맹국 간의 경제적·문화적 관계를 더욱 돈독히 하는 중요한 기반이 되었다. 국교 단절로까지 치달았던 브라질, 아르헨티나 양국의 경쟁적 역사를 상기한다면, 이러한 결과를 얻기까지 걸어온 과정이 얼마나 중요한지 깨닫게 된다.

브라질 국내로 눈을 돌려 역사서에 알맞은 질문을 던져 보자. 역사적 과거는 현재의 당면 문제들을 해결하는 데 어느 정도까지 걸림돌로 작용하는가? 하나의 종합적인 답변을 내린다면, 노예제, 후견-수혜관계, 빈민층의 사회적 배제 등 과거의 부정적 요소들이 현재에도 영향을 미치는 것은 분명하지만, 아무리 어렵더라도 현재의 문제들이 해결 불가능하다고는 할 수 없다.

최근 수년의 상황을 돌아보면, 미래는 신중한 낙관주의로 맞이해도 좋을 듯하다. 신중함이 필요한 이유는 어느 누구도 현재의 발전이 지속된다고 확언할 수 없기 때문이다. 또한 미래에는 예상치 못한 기쁨과 슬픔이 함께 담겨 있다는 역사적 명제 때문이다. 이 명제가 항상 진실이었다면, 앞으로는 더더욱 그러할 것이다. 글로벌화된 세계에서는 맑은 날씨도 악천후도 해외에서 불어오는 바람에 의해 결정되는 경우가 많기 때문이다.

경제적 차원에서 브라질은 새로운 현실에 보조를 맞춰 행동하려 노력해 왔다. 구체적으로는 해외에 시장을 개방하거나 민영화를 통해 외국투자를 유치해 왔다. 민영화는 초기의 조정 국면이 지나자 국민들에게 더욱 향상된 서비스를 제공했다. 그 좋은 예로 전화통신을 들 수 있다. 전화는 이제 누구나가 사용하는 완전한 통신망이 되었다.

그와 동시에, 브라질은 몇몇 문제에 정면으로 도전하고 있다. 인플레이션의 '기적'에 편승하여 공공지출을 무한대로 확대할 수 있다는 과거의 시각은 이제 교정되었다. 이른바 '재정 책임'이라는 문제가 중시되면서 연방, 주, 시·군의 예산에 영향을 미치는 많은 조치들이 강구되었다.

종종 브라질 정부가 신자유주의를 채택했다는 말을 듣게 되는데 그것은 잘못된 인식이라고 할 수 있다. 신자유주의 모델은 여러 방책 중에서 적어도 이론상으로는 국가의 역할을 축소하려는 경향이 있다. 그러나 사실 브라질에서 국가는 과거의 생산주체라는 역할을 벗고 오늘날의 현실에 맞는 새로운 역할을 수행하고 있다. 다시 말해, 사회발전을 위한 정책의 중심자로서, 또는 전력, 통신 등 중요한 분야에서 민간기업의 활동을 제어하는 조정자로서 국가의 활동은 계속되고 있다.

오랜 기간 경제를 왜곡시킨 인플레이션의 '축제'가 끝나고 극적으로 물가상승률이 하락하였다. 이에 따른 건전한 효과는 금융 면에서만 나타난 것이 아니다. 최빈곤층 사람들은 물가가 안정되자 그동안 임금을 갉아먹고 미래의 전망을 불투명하게 만든 '진정한 세금'[인플레이션에 따른 실질임금의 하락]에서 해방되었다. 교육, 공중위생 등 기초 서비스 부문에서도, 비록 지역적·계급적 격차가 지속되긴 했지만, 실질적인 혜택은 향상되었다. 이러한 측면들은 높이 평가할 만하다. 하지만 브라질을 장밋빛으로 묘사할 생각은 없다. 사회적 불평등, 그리고 그보다 더 심각한 수백만 국민의 소외 상황——생존에 불가결한 최소한의 필수품으로부터도 소외된 삶——은 중대한 문제이다. 이는 단기적으로는 해결 불가능하며, 중장기적인 대책이 필요하다.

치안의 악화는 누구도 등한시할 수 없는 문제이다. 특히 최근 대도시의 상태는 매우 심각하다. 빈곤과 실업이 중요한 원인인 것은 틀림없지만, 이러한 요소들을 감소시킨다고 문제가 모두 해결되는 것은 아니다. 가치관이 총체적으로 무너지면서 나타난 마약 소비와 범죄의 결합은 새로운 사회현상을 낳았다. 그것은 바로 범죄에 가담하는 중산층 청소년의 증가이다.

실업문제도 짚고 넘어갈 필요가 있다. 실업은 여러 원인들이 복합적으로 작용하여 발생한다. 예를 들면, 노동 인력을 절감할 수 있는 신기술의 도입이나 고학력 노동자를 필요로 하는 정보과학의 발전도 영향을 미친다. 또한 공공 지출의 삭감이나 인플레이션의 급격한 하락으로 나타나는 부작용, 즉 경제성장의 둔화도 관련이 된다.

유럽 국가들과 비교해 보면, 브라질이 안고 있는 실업문제의 심각성을 알 수 있다. 유럽 국가들의 사회안전망에서 볼 때, 실업보험 등의 보호장치는 매우 낮은 수준이다. 사회복지 문제는 여전히 해결되지 않은 채 남아 있다. 한편에서는 사회 특권층이 존재하지만, 다른 한편에서는 퇴직 후 연금이 턱없이 부족하여 새로운 일자리를 찾아 나서야 하는 노동자계층이 존재한다.

미래를 위한 근본적인 과제는 민주주의에 대한 확고한 의지를 갖는 것과 생활조건을 향상시키는 것이다. 비록 몇 단어 되지 않는 짧은 표현이지만, 이 과제의 달성은 결코 쉽지 않다. 과제의 실현 여부는 정부와 시민사회의 긍정적인 관계와 행동에 달려 있기 때문이다.

브라질이 선거를 통해 대중민주주의 국가로 변모한 것은 부정할 수 없는 중요한 사실이다. 하지만 이따금 선거에 참여하는 것을 민주주의의 전부라고 이해해서는 안 될 것이다. 민주주의란, 거주지역의 특수한 문제에 대처하는 것에서부터 '주민참여 예산제'에 이르기까지 다양한 차원의 활동에 민주적으로 참여할 수 있는 공간을 여는 것이다. 또한 일상생활에서 공동의 이익을 위해 자기중심적인 개인주의를 억제한다든지, 다양한 의견이나 차이를 존중하는 관용성을 고양하는 자세를 말한다.

시민사회는 이러한 방향으로 의미 있는 발걸음을 옮겼다. 단순히 문제를 인식하는 것만이 아니라, 그러한 문제들을 직접 해결하기 위해—성취한 결과에는 차이가 있지만— 조직을 결성하였다. 양성평등, 원주민의 권리, 인종차별 철폐, 자연보호 등을 위한 운동들이 전개되고 있는 것은 굳이 말할 필요도 없다. 모든 상황을 종합해 볼 때, 이러한 운동들은 일과성으로 끝나지 않고 앞으로도 계속 성장해 갈 것임에 틀림없다.

민주주의를 지지하고 확대하는 문제는 소외계층에게 완전한 시민권을 보장하는 문제와 밀접하게 연관되어 있다. 브라질에서 민주주의 체제는 시민복지의 확충, 그리고 더 나은 미래의 전망과 결부될 때 비로소 '보편적인 가치'로 전환될 수 있을 것이다.

이러한 과제의 실현은 신의 손이나 마법에 달려 있는 것이 아니라, 구조적 한계와 인간 활동의 가능성이 서로 조합하여 빚어낸 다양한 요인들에 달려 있다. 미래를 '낙원'이라고 보는 시각은 환상에 지나지 않으리라. 하지만 역으로 브라질은 실패하도록 운명 지어진 나라라고 판단할 만한 근거도 전혀 없다.

브라질 역사 연표

연도	브라질	라틴아메리카 및 세계 동향
B.C. 약 3만 년	동북아시아 유목민, 베링해협 건너 아메리카 대륙으로 이동 시작.	포(포르투갈) 스(스페인), 유(유럽), 미(미국), 아(아시아), 한(조선 및 한국)
B.C. 약 7천 년	남미대륙 남단에 첫 인류 도착.	
B.C. 7000 ~1500년	오늘날 브라질 지역의 중부 고원지대에 제(Ge) 언어권 원주민이 정착하고, 투피어 족이 북에서 남으로 확산된다(문두루쿠, 투피남바, 시리오노, 과라니 족).	
B.C. 약 6천 년	야노마미, 샤마타리, 시리아나 족 등 아마존 강 유역에 정착.	
1414년		(한) 조선 전국 8도 체제 완성.
1415년		(포) 북아프리카 세우타 점령과 함께 해외 확장 시작.
1492년		(스) 콜럼버스 1차 항해를 통해 아메리카 도착.
1494년		(포) 스페인과 토르데시야스 조약 체결.
1498년		(포) 바스코 다가마, 인도항로 개척.
1500년	포르투갈 탐험가 페드루 알바리스 카브랄 브라질 도착(4월).	(스) 비센테 야네스 핀손, 브라질 아마존 지역 탐험(1월).
1502년	포르투갈 마누엘 1세 브라질우드 무역 허가.	
1519년	마젤란, 세계일주 도중 오늘날 리우데자네이루에 도착.	(유) 루터의 종교개혁(1517년). (스) 에르난 코르테스, 아스테카 정복 시작. (한) 조선 기묘사화.
1530년	마르팅 아폰수 지 소자, 본격적인 식민 개척활동 시작.	
1532년	상비센치 건설. 사탕수수 재배 시작.	(스) 피사로, 잉카 황제 아타왈파 체포.

연도	브라질	라틴아메리카 및 세계 동향
		이듬해 쿠스코 정복.
1534년	세습 카피타니아 제도 실시(포르투갈 왕실, 브라질을 15개의 카피타니아로 나누어 지배).	(스) 누에바 에스파냐 부왕령 창설(1535년).
1538년	최초의 아프리카 노예선 브라질 도착.	
1543년		(유) 코페르니쿠스 지동설 발표.
1545년		(스) 포토시 은광 발견.
1548~1549년	초대 총독 토메 지 소자 부임. 예수회 선교사 도착. 식민지 수도 사우바도르 건설.	
1550년	아프리카 노예, 바이아의 사탕수수 농장에 투입됨.	(스) 라스 카사스와 세풀베다 사이의 바야돌리드 논쟁.
1555년	프랑스, 과나바라 만에 식민부락 건설(토르데시야스 조약 무시).	(한) 을묘왜변. (스) 라플라타 지역에 아우디엔시아 설치.
1562~1563년	전염병 창궐, 브라질 원주민들의 대규모 희생.	(유) 위그노 전쟁(1562~1598년).
1565년	리우데자네이루 창건.	(유) 레판토 해전(1571년).
1580년	포르투갈, 스페인에 병합됨(1640년까지).	(스) 무적함대 패배(1588년).
1607년	팔마리스 킬롬부 형성(1607년경부터 1694년까지 존속됨).	(스) 세르반테스, 『돈키호테』 출간(1605년).
1616년	파라 지역에 벨렝 건설.	
1621년		(유) 네덜란드, 서인도회사 건립.
1624년	네덜란드, 사우바도르 침공. 1654년까지 브라질에 식민지 유지.	(한) 인조반정(1623년), 이괄의 난.
1637~1638년	페드루 테이셰이라 아마존 강을 거슬러 키토에 도달.	(한) 병자호란(1636년).
1640년	포르투갈, 스페인에서 분리 독립.	(아) 청, 중국 통일(1644년).
1648년	반데이란치로 유명한 하포주 타바리스의 대탐험.	(유) 베스트팔렌 조약 체결. (한) 하멜, 제주도 표착(1653년).
1683년	히우그란두두노르치에서 대규모 원주민 반란 발생(일명 '야만인의 반란').	(스) 카를로스 2세 인디아스법령집 공포. (유) 노예무역의 중심이 네덜란드에서 영국으로 이동.
1694년	미나스제라이스에서 최초로 금 발견.	
1720년	'펠리피 두스 산투스'의 반란. 브라질 정식으로 '부왕령'이 됨.	누에바그라나다 부왕령 설치(1717년). (스) 엔코미엔다 제도 폐지.

연도	브라질	라틴아메리카 및 세계 동향
1724년		(스) 몬테비데오 건설(1724년).
1727년	브라질 파라 지역에 처음으로 커피 종자 들여옴.	
1750년	마드리드 협정 체결. 스페인과 포르투갈 간의 새로운 국경 확립. 카피타니아 제도 폐지, 브라질 국왕 직할하에 놓임.	(포) 조제 1세 즉위. 퐁발 내각 출범. (한) 균역법 실시.
1755년	'그랑-파라 이 마라냥' 무역 종합회사 설립.	
1756년		과라니 족 봉기, 스페인·포르투갈과 충돌하여 전멸당함(1756년).
1759년	퐁발 후작, 브라질에서 예수회 추방. 세습 카피타니아 폐지, 왕령으로 전환.	
1763년	브라질 남부 국경을 둘러싸고 포르투갈-스페인 간의 전투 시작. 브라질 부왕령 수도 사우바도르에서 리우데자네이루로 이전.	(스) 카를로스 3세 식민지제도 개혁 (1764년). 영국, 말비나스 제도 점령 (1766년).
1776년		(한) 정조 즉위. 규장각 설립. (미) 독립선언. (스) 라플라타 부왕령 설치.
1777년	산일데폰소 조약 체결, 포르투갈-스페인 국경 조정. 포르투갈, 퐁발 실각.	
1788~1789년	포르투갈에 대항한 반란 '미나스의 변절' 발생.	페루의 투팍 아마루 반란(1780년). (유) 프랑스혁명(1789년).
1792년	'미나스의 변절' 주동자의 1인인 치라덴치스(조제 조아킹 다 시우바) 처형. 추후 처형일인 4월 21일 국경일로 지정됨.	생도맹그(아이티)의 노예반란(1791년). (한) 신해사옥(1791년). (아) 백련교도의 난(1796년).
1807년	포르투갈 왕실, 나폴레옹 공격을 피해 브라질로 출항.	아이티 독립 선언(1804년). (유) 영국, 노예무역 금지. (유) 나폴레옹 군, 이베리아 반도 침공.
1808년	포르투갈 왕실 브라질 도착. 유럽 최초로 식민지에 왕실 이전. 우방국에게 브라질 항구 개방.	(스) 나폴레옹 군에 대항한 독립전쟁 시작(1814년까지).
1810년	포르투갈, 영국과 통상항해조약 및 우호조약 체결. 포르투갈 영국의 압력으로 노예무역을 자국 영토 내로 한정.	카라카스에 최고평의회 수립. 멕시코 이달고 신부의 '돌로레스 외침'. (한) 홍경래의 난(1811년). 베네수엘라 공화국 독립(1811년). (스) 카디스 헌법 제정(1812년).
1815년	포르투갈 왕실, 브라질을 포르투갈과 알가르베 연합왕국의 지위로 격상.	

연도	브라질	라틴아메리카 및 세계 동향
1816년	도나 마리아 1세 서거. 동 주앙 6세 즉위.	아르헨티나, 투쿠만 의회 독립선언.
1821년	동 주앙 6세 포르투갈 귀환. 페드루 왕자 브라질 잔류.	그란 콜롬비아 공화국 수립(1819년). 페루 독립선언, 멕시코 독립.
1822년	동 페드루 포르투갈 귀환 거부. 이른바 '잔류선언'으로 브라질의 독립선언. 동 페드루 1세 즉위.	볼리바르와 산마르틴의 과야킬 회담.
1824년	동 페드루 1세 브라질 최초의 헌법 발포. 독일 이민 시작. 페르남부쿠 공화주의자 및 반제정주의자들, '적도연맹' 수립.	(미) 먼로선언(1823년). 중앙아메리카 연방 수립(1823년). 멕시코, 연방공화제 수립.
1825년	포르투갈, 브라질 독립 승인. 시스플라티나 전쟁. 『지아리우 지 페르남부쿠』 발간(현존하는 남미의 가장 오래된 일간지).	볼리비아 독립선언.
1826년	브라질, 영국과 노예무역금지조약 체결.	볼리바르 제창으로 파나마 회의 개최 (스페인에서 독립한 신생국들의 연합체 형성 무산).
1828년	브라질, 시스플라티나 독립 승인(현재의 우루과이). 상파울루(1827년), 올린다-헤시피(1828년)에 법학대학 설립.	
1831년	동 페드루 1세 양위. 섭정정치 시작.	볼리바르 사망. 콜롬비아에서 베네수엘라 독립(1830년). (유) 프랑스 7월혁명(1830년).
1832년	페르남부쿠에서 황제의 복위를 요구하는 반란. 일명 '카바누들의 전쟁'(1835년까지) 발생.	(한) 동인도회사 소속 영국의 로드 암허스트 호가 최초로 통상 요구.
1835년	연이은 지방 반란 발생. 히우그란지두술에서 '파하푸스 전쟁'(1845년까지), 파라에서 '카바나젱 전쟁' 발발(1840년까지).	
1837년	바이아에서 '사비나다 반란' 발발.	텍사스 독립선언(1836년).
1838년	마라냥에서 '발라이아다 반란' 발생.	
1840년	동 페드루 2세 14세에 즉위, 제2제정 시작. 헌법의 '추가법령'을 임의로 적용한 '해석법' 제정.	페루 구아노 개발. (아) 아편전쟁(1842년까지).
1842년	상파울루와 미나스제라이스에서 '자유주의 반란' 발생.	(아) 난징조약.
1845년	파하푸스 전쟁 종결.	(미) 텍사스 병합. 미-멕시코 전쟁(1846~1848년).
1848년	페르남부쿠에서 '프라이에이라 혁명' 발발.	멕시코와 미국, 과달루페 이달고 조약 체결. (유) 프랑스 2월혁명. 맑스와 엥겔스, 『공산당 선언』 발표.

연도	브라질	라틴아메리카 및 세계 동향
1850년	노예무역금지법(에우제비우 지 케이로스 법) 제정. 브라질-파라과이 동맹 체결(아르헨티나 독재자 로사스에 대항).	(아) 태평천국의 난.
1854년	브라질 최초의 철도 개통.	멕시코 자유주의 개혁(산타 아나 추방).
1856년	브라질 최초의 포장도로 '통합과 산업 도로' 착공(1861년 완공).	파나마 지협 횡단철도 완성(1855년).
1858년	커피, 브라질의 주력 수출품으로 자리 잡음.	(한) 최제우 동학 창시(1860년).
1864년	파라과이의 솔라노 로페스, 브라질에 선전포고 (파라과이 전쟁).	(미) 남북전쟁 발발(1861년). 프랑스 나폴레옹 3세 멕시코 침략, 막시밀리안 제정 수립.
1865년	삼국동맹 (브라질, 아르헨티나, 우루과이) 체결.	(미) 노예해방. (한) 병인박해, 병인양요(1866년).
1870년	파라과이 전쟁 종결. 공화주의 선언 발표.	(아) 일본 메이지 유신(1868년). (유) 이탈리아 통일.
1871년	'태내자유법' 제정. 신생아 노예 해방.	(한) 신미양요.
1872년	국가와 교회 사이의 갈등(1875년까지). 최초의 인구조사(총인구 990만 명).	
1874년	이탈리아인 이민 시작.	(한) 강화도조약(1876년).
1885년	'60세 해방 법'(lei dos sexagenários) 또는 '사라이바-코테지피 법' 통과.	(한) 임오군란, 조미수호통상조약(1882년). 갑신정변(1884년).
1888년	황금법(Lei Áurea) 공포, 노예제 폐지.	쿠바 노예제 폐지(1886년).
1889년	공화국 선포.	제1회 미주회의 개최.
1891년	최초의 공화국 헌법 제정. 초대 대통령 데오도루 다 폰세카 취임. 의회 해산에 반발한 해군의 저항으로 대통령 하야. 플로리아누 페이쇼투 대통령직 승계.	제1회 세계 노동절 개최(1890년).
1893년	히우그란지두술에서 '연방주의 혁명' 발발.	
1894년	최초의 문민 대통령 푸르덴치 지 모라이스 당선. '연방주의 혁명' 종결.	(한) 동학농민운동. (아) 청일전쟁.
1896년	정부 카누두스 종교공동체 공격(카누두스 전쟁).	호세 마르티, 쿠바 독립을 위한 봉기(1895년).
1897년	연방군 카누두스 정복.	
1898년	대통령 선거, 캄푸스 살레스 당선. 영국 로스차일드 가와 차관 융자계약 체결.	미서 전쟁 발발. 파리에서 강화조약 체결.
1900년	'주지사의 정치' 시작.	범아프리카회의 개최(런던).
1900~1910년	천연고무 전성기, 커피에 이어 제2위의 수출품으로 성장. 이후, 영국과 네덜란드 식민지의 천	

연도	브라질	라틴아메리카 및 세계 동향
	연고무 생산으로 위기 봉착.	
1903년	브라질, 볼리비아와 페트로폴리스 조약 체결. 아크레, 브라질에 병합.	파나마 독립. (미) 파나마운하지대 영구조차.
1904년	리우데자네이루에서 '백신 반란' 발생(천연두 백신의 강제접종과 물가 폭등에 대한 항의).	(아) 러일전쟁, 한일의정서 체결. 파나마 운하 착공.
1906년	'타우바테(Taubaté) 협정' 체결(커피가격 안정을 위한 상파울루, 미나스제라이스, 리우데자네이루 세 개주 사이의 협정).	(한) 을사조약(1905년) 리우데자네이루에서 범미주회의 개최.
1908년	일본인 이민 시작.	
1910년	대통령 선거 실시(공화국 출범 이후 처음으로 후보자 간의 대결이 이루어짐). 에르메스 다 폰세카가 후이 바르보자에 승리. '채찍의 반란' 일어남 (체벌에 반대하는 해군 사병들의 반란).	멕시코 혁명 발발. (한) 한일합병조약.
1912년	'콘테스타두 운동' 발생.	(아) 중화민국 수립.
1914년	대통령 선거 실시, 벤세스라우 브라스 당선.	파나마운하 개통. 제1차 세계대전 발발.
1915년	연방군 '콘테스타두 운동' 진압.	
1917년	제2차 커피가격 안정화 정책 실시. 리우데자네이루와 상파울루에서 대규모 파업 발생. 브라질 상선 피격을 계기로 독일에 선전포고(라틴아메리카에서는 유일하게 제1차 세계대전 참전).	(유) 러시아 혁명. 멕시코, 1917년 헌법 제정.
1919년	에피타시우 페소아 대통령 당선. 상파울루 총파업.	베르사유 조약. 코민테른 창설. 국제연맹 발족(1920년).
1922년	아르투로 베르나르데스 대통령 당선. 브라질 공산당 결성. '코파카바나 요새의 반란' 발생(테넨치즈무 반란의 시작).	(유) 이탈리아 파시스트 정권 수립. (스) 프리모 데 리베라 쿠데타 집권 (1923년).
1924년	'테넨치즈무 반란' 발생. '프레스치스 부대' 브라질 내지 행군.	(유) 영국 최초의 노동당 내각 수립.
1926년	상파울루 민주당 결성. 와싱톤 루이스 대통령 당선	파나마 반정부운동, 미군 개입으로 진압(1925년).
1927년	'프레스치스 부대' 볼리비아로 퇴각. 히우-그란지두술 여성참정권 인정.	니카라과 산디노, 미국의 간섭에 게릴라전으로 저항. (한) 신간회 결성.
1928년	리우데자네이루에 최초의 삼바스쿨 설립.	페루 사회당 창립.
1929년	'자유동맹' 결성, 제툴리우 바르가스를 대통령 후보로 지명. 세계공황의 여파로 커피 국제가격 폭락.	세계대공황. (한) 광주항일학생운동.

연도	브라질	라틴아메리카 및 세계 동향
1930년	대통령 선거에서 줄리우 프레스치스 당선. 1930년 혁명 발발, 제툴리우 바르가스 임시대통령에 취임.	아르헨티나 우리부루 장군의 쿠데타.
1931년	노동·산업·통상성 창설. 노동조합법 등 일련의 사회입법 제정. 리우데자네이루 코르코바두 산 정상에 그리스도 석상 제막.	(스) 제2공화정 수립. (아) 만주사변.
1932년	새로운 선거법 제정(비밀투표 및 여성 참정권 도입). 임시정부에 저항하는 '상파울루 전쟁' 발발(헌정주의 혁명).	(포) 살라자르 집권(36년간 독재체제).
1933년	제헌의회 선거 및 제헌의회 개회. 커피국 창설.	(유) 독일 히틀러 정권. (미) 프랭클린 루즈벨트 정부 출범.
1934년	1934년 헌법제정. 바르가스, 의회에서 대통령으로 선출. 상파울루대학 창설.	멕시코 카르데나스 대통령 취임. (한) 진단학회 설립. (아) 중국 공산당군의 대장정.
1935년	브라질공산당과 테넨치 좌파 민족해방동맹(ANL) 결성. 국가안전보장법 제정. 브라질 공산당의 군사 반란, 국가탄압기구 강화의 원인이 됨. 연방구 대학(현 리우데자네이루 대학) 창설.	이탈리아, 에티오피아 침략. 코민테른 인민전선 전술 수립.
1936년	경찰 연방의회 진입, 공산주의 지지 의원 체포. 국가안보재판소 설립.	(스) 스페인 내전 발발.
1937년	바르가스 쿠데타 발발, 의회 폐쇄. 신헌법 제정. '신국가(Estado novo)' 선언.	니카라과 소모사 독재 정권 시작. 칠레 인민전선 정부 탄생(1938년).
1939년		(스) 프랑코군 승리, 내전 종료. 제2차 세계대전 발발.
1940년	최저임금제 도입. 노동조합세 도입.	
1941년	국영제철회사(CSN) 설립.	미국, 제2차 세계대전 참전. 라틴아메리카 9개국 추축국에 선전포고.
1942년	전국학생연맹(UNE)의 반정부운동 본격화. 브라질, 추축국에 선전포고.	제3차 미주 외무장관 회의(리우데자네이루) 개최.
1944년	일부의 군부가 민주화를 요구. 브라질 최초의 유럽 파견군(FEB) 나폴리 상륙.	아르헨티나 쿠데타 파렐 정권 성립.
1945년	전국민주연합(UDN), 민주사회당(PSD), 브라질노동당(PTB) 등 1964년까지 활약할 주요정당 결성. 브라질 공산당 합법화. 바르가스 대통령 사임. 대통령 선거에서 두트라 당선.	미주특별회의(멕시코, 차풀테팩). 제2차 세계대전 종결. 유엔헌장 발효.
1946년	제헌의회 개원, 신헌법 발포.	아르헨티나 페론 대통령 취임(55년까지 역임).
1947년	'브라질 사회당(PSB)' 결성. 브라질 공산당의 비	미주상호원조조약(리우조약).

연도	브라질	라틴아메리카 및 세계 동향
	합법화. 노동성, 조합운동에 개입. 브라질 노동자 총연합 폐쇄.	(아) 인도 독립.
		(유) 마셜플랜.
1950년	'8월 성명', 프레스치스가 민족해방을 위한 혁명 호소. 대통령 선거 실시, 바르가스 당선.	(아) 한국전쟁 발발.
1951년	바르가스 대통령 취임. 오라시우 라페르의 5개년 계획. 제1회 상파울루 비엔날레.	아르헨티나, 페론 재선 성공.
1953년	상파울루에서 임금 인상 요구 파업. 바르가스, 노동장관에 주앙 굴라르 임명, 법무장관에 탄크레드 네베스 임명. 페트로브라스(브라질 석유회사) 창설.	과테말라, 유나이티드 프루츠 사의 농지를 포함하여 토지 국유화 실시.
		(한) 한국전쟁 휴전.
		(유) 스탈린 사망.
1954년	바르가스 대통령, 최저임금 100% 인상 방침 발표. 리우데자네이루에서 카를로스 라세르다 암살 미수 사건 발생. 8월 24일, 바르가스 자살. 카페 필류 대통령 승계.	과테말라 쿠데타 발생(아르벤스 구스만 실각). 후에 노벨문학상 수상하는 미겔 앙헬 아스투리아스 망명.
1955년	대통령 선거 실시, 주셀리누 쿠비체크 당선. 페르남부쿠에서 농민동맹 결성.	아르헨티나에서 쿠데타 발생. 페론 망명.
		(아) 반둥회의.
		'러셀–아인슈타인 선언' 발표.
1956년	쿠비체크 대통령 취임. '메타스 프로그램' 실시	카스트로, 그란마 호로 시에라마에스트라 상륙.
1957년	상파울루 파업 발생. 신수도 브라질리아 건설 개시.	제1회 퍼그워시 회의(핵무기와 세계안전을 논의하기 위한 과학자 회의).
1959년	북동부 개발청(SUDENE) 창설.	쿠바 혁명, 카스트로 의장 취임.
1960년	자니우 콰드루스 대통령 당선, 주앙 굴라르 부통령 당선. 브라질리아 천도.	(한) 3·15부정선거에 이은 4·19혁명.
		(미) 케네디 대통령 당선.
1961년	자니우 콰드루스 대통령직 사임. 의원내각제 하에서 굴라르 대통령에 취임. 수상 탄크레두 네베스. 교육기본법 제정.	카스트로, 쿠바 사회주의 선언.
		도미니카공화국, 트루히요 암살.
		에콰도르 쿠데타 발발.
		(한) 5·16 군사쿠데타.
1962년	탄크레두 네베스 수상 사임. 경제개발 3년 계획 발표.	쿠바 미사일 위기.
1963년	국민투표를 통해 대통령제 복귀. 헤시페에서 군이 농지개혁 요구하는 농민운동 탄압.	케네디 암살. 과테말라 쿠데타로 군사정권 수립.
1964년	굴라르, 리우데자네이루 대중집회에서 '토지개혁' 실시 발표. 상파울루에서 '신과 함께 하는 가족의 자유를 위한 행진' 실시. 3월 31일, 군사 쿠데타 발발. '제도명령' 제1호 공포. 카스텔루 브랑쿠 대통령 취임.	볼리비아 반정부 군사쿠데타 발생.
		(한) 베트남전 파병.

연도	브라질	라틴아메리카 및 세계 동향
1965년	'제도명령' 제2호(AI-2) 발령. 정당 폐쇄, 국가혁신동맹(ARENA)과 브라질민주운동(MDB)으로 재편. 새로운 통화 크루제이루 노보 도입.	미국, 도미니카공화국 내전에 군사개입(브라질군 파견). (한) 한일기본조약 체결.
1967년	코스타 이 시우바 대통령 취임. 반군정 세력 '확대전선' 결성.	체 게바라 볼리비아에서 전사.
1968년	리우데자네이루에서 반정부 시위 도중 경찰에 의해 대학생 사망. 전국 대도시로 시위 확산. 리우데자네이루의 10만 명 시위. 제도명령 제5호(AI-5) 공포.	(미) 마틴 루터 킹 목사 암살. 68혁명. 멕시코 올림픽.
1969년	코스타 이 시우바 와병, 군사평의회 권력 승계. 의회에서 가라스타주 메디시를 대통령으로 선출.	안데스공동시장(ANCOM) 창설. 엘살바도르와 온두라스 간의 '축구전쟁'.
1970년	'민족해방동맹', '인민전위' 등 반정부 무장 활동. 아마존 횡단도로 착공(1972년 개통).	칠레 아옌데 정부 수립.
1973년	메디치, 파라과이와 이타이푸 댐 건설 협정.	(한) 유신헌법 공포(1972년). 칠레 피노체트 군사 쿠데타. 우루과이 군정 시작.
1974년	에르네스투 가이젤 대통령 취임. 연방의회 의원 선거에서 야당(브라질민주운동) 승리.	페론 사망. (포) 카네이션 혁명.
1975년	'프로알코올' 계획 발표. 에르조그 사망, 탄압기관에 의한 고문사 폭로됨.	(스) 프랑코 사망, 국왕 카를로스 즉위.
1976년	금속노동자 마노에우 필류 고문사. 팔캉 법 제정. TV와 라디오에서 선거운동 금지.	아르헨티나 군사쿠데타 발생.
1977년	학생, 노동자 조직 등의 민주화 운동 고조.	미국과 쿠바, 상호 양국에 대표부 개설. 신파나마운하 협정 체결.
1978년	상파울루 ABC지역 금속노조 파업. 가이젤, 정치개방(민주화) 개시. '제도명령' 제5호 폐지 결정.	브라질에서 아마존 유역 8개국 참가한 아마존 공동협약 체결.
1979년	피게이레이두(전국가정보원장) 대통령 취임. 사면법 제정, 다수의 망명자 귀국. 정당 재편(양당제 폐지, 신 정당 결성 인정).	니카라과 소모사 정권 붕괴, 산디니스타 민족해방전선 권력 장악. (한) 부마민주항쟁.
1980년	사회민주당(PDS), 브라질민주운동당(PMDB), 민주노동당(PDT), 브라질노동당(PTB), 노동자당(PT) 결성. 전국적인 총파업과 시위가 이어짐.	페루, 민정 복귀. (한) 5·18광주민주화운동.
1981년	리우데자네이루에서 군부의 컨벤션센터 폭파 미수 사건 발생. 피게이레두 와병(문민 부통령 아우렐리아누 샤베스 직무대행).	미국 레이건 정부 출범.
1982년	지방 자치단체장 선거. 주요 도시에서 야당후보	말비나스(포클랜드)전쟁.

연도	브라질	라틴아메리카 및 세계 동향
	승리. 이타이푸 발전소 완성.	멕시코 외채 위기 국제적 파장.
1983년	브라질 민주운동당(PMDB), 대통령 직선제 캠페인 시작.	아르헨티나 알폰신 대통령 당선(민주화).
1985년	간접선거에서 야당후보 탄크레두 네베스 대통령 당선. 네베스, 취임 직전 사망. 부통령 조제 세르네이 직무대행. 문맹자 선거권 부여.	소련 고르바초프 서기장 피선. 페루, 가르시아 대통령 취임. 우루과이 상기네티 대통령 취임(군정 종식).
1986년	크루자두 계획 시행. 제헌의회 의원 선거 실시.	스페인, 포르투갈 EU 가맹. (아) 필리핀 민주혁명.
1987년	제헌의회 개회.	칠레, 반정부 시위 격화. (한) 6월 민주항쟁 및 노동자대투쟁.
1988년	신헌법 제정.	(한) 서울올림픽 개최.
1989년	대통령 직접 선거 실시. 페르난두 콜로드 이 멜루 당선. 부통령에는 이타마르 프랑쿠 당선.	베를린 장벽 붕괴. 아르헨티나 메넴 대통령 당선. 칠레 대통령선거, 야당 에일윈 당선.
1990년	콜로르 대통령 취임. 콜로르 계획 발표(신통화 크루제이루 도입, 은행예금 동결 등).	칠레 에일윈 대통령 취임, 피노체트 독재 종결. 페루 후지모리 대통령 당선.
1991년	제2차 콜로르 계획 발표. 국가재건 프로젝트 발표.	소비에트 연방 해체. 남미공동시장(메르코수르) 창설 협정 (아순시온 협정). 제1회 이베로아메리카 정상회담 개최 (멕시코).
1992년	리우데자네이루 유엔 환경개발회의 개최(리우 선언). 정부의 부정으로 대통령 탄핵 요구하는 시민운동 발생. 콜로르 사임. 의회 탄핵 결정. 부통령 이타마르 프랑쿠 승계. 카란다루 형무소 학살 사건 발생.	(유) 유럽연합 창설 조약 조인. (한) 한중수교. 콜럼버스 신대륙 상륙 500주년. 북미자유무역협정(NAFTA) 체결.
1994년	신통화 '헤알' 도입. 대통령선거 실시, 페르난두 엔히키 카르도주 당선.	북미자유무역협정(NAFTA) 발효. 멕시코 사파티스타 민족해방군 무장 봉기.
1995년	카르도주 대통령 취임. 흑인 지도자 줌비(팔마리스 킬롬부 지도자) 추모 300주기.	남미공동시장(메르코수르) 출범.
1996년	엘도라두 두스 카라자스 학살사건(무토지자 시위대에 경찰 발포).	안데스공동시장(ANCOM), 안데스공동체(CAN)로 재편.
1997년	헌법개정, 대통령 재선 허용.	(아) 홍콩 중국에 반환.
1998년	카르도주 대통령 재선.	베네수엘라 차베스 대통령 당선.
1999년	카르도주 제2기 정부 시작(2002년까지).	제1회 라틴아메리카·카리브·EU 정

연도	브라질	라틴아메리카 및 세계 동향
	브라질 통화위기(헤알 화의 평가절하).	상회담. 파나마 운하 반환.
2000년	브라질 500주년 기념식에서 포르투세그루 원주민과 경찰 충돌.	페루 후지모리 대통령 일본 망명.
2001년	제1회 세계사회포럼 개최(포르투알레그리). 카르도주 정부 내의 비리 사건.	(한) 남북정상회담. 미국 세계무역센터 빌딩 테러(9·11사건).
2002년	대통령 선거 실시, 룰라(노동자당) 당선(03년 1월 대통령 취임).	한일월드컵.
2006년	대통령 선거 실시, 룰라 재선(07년 1월 대통령 취임).	

연도	룰라 정권기
2002년	**1~3월** - 대통령선거 사전 여론조사에서 여당 후보인 조제 세하가 노동자당(PT)의 룰라(30%), 자유전선당(PFL)의 사르네이(20%)에 뒤처지는 것으로 나타난다. - 인권단체 엠네스티에서 노동자당 활동가에 대한 협박 및 의문사 진상조사를 발표(97년 이후 70건의 살해 협박과 16건의 의문사 보고). 이에 대해 카르도주 대통령은 룰라와 회담하는 자리에서 "사회는 범죄에 대해 선전포고해야 한다"고 언급한다. **4~6월** - 대통령 선거전 여론조사에서 룰라 우세가 확인된다. - 디폴트(채무불이행) 우려로 외국자본이 급격히 이탈하고, 국채는 폭락하며, 국제금융의 룰라 길들이기가 본격화된다. 노동자당은 선거정책을 발표하고, 외채의 변제 의무를 확실히 이행할 거라 천명한다. 또한 민영화에 반대하나 이미 민영화된 부문은 재고하지 않을 것이며, 인플레이션 목표를 유지하고 금리를 급격히 인하하지 않을 것을 밝힌다. **7~9월** - 자금의 해외 유출이 급격히 가속된다. 헤알화가 1개월에 20% 가까이 급락한다. - 국제통화기금(IMF) 이사회가 300억 달러의 추가 지원 프로그램을 승인한다. 단, 지원금의

연도	룰라 정권기

80%를 차기년도(신정부 출범 이후)에 집행하므로 각 대선 후보가 기존 경제정책을 유지해야 한다는 조건을 제시한다. 룰라를 포함한 각 후보가 기본적으로 이 제안에 동의한다.

10~12월
- 대통령선거 제1차 투표에서 룰라 46%(3900만 표), 세하 23%(2000만 표), 사회당(PSB)의 가로치뉴 17% 등을 기록하여, 선거법 규정에 의해 룰라와 세하가 결선투표에 진입한다. 룰라의 노동자당은 하원에서 91석을 확보하고, 최대 정당에 오른다. 보수정당들(브라질 사회민주당, 자유전선당, 브라질 민주운동당, 브라질 노동당PTB)은 전체 63석 감소한다. 노동자당은 상원에서도 14석이 증가, 제3당이 된다.
- 대통령 결선투표에서 약 5천만 표(60%)를 획득한 룰라가 세하(3천만 표, 40%)를 제압한다. 국가보안당국은 이해 상반기에 6,159건의 살인사건이 있었다고 발표한다.
- 룰라, 최초의 국정연설을 한다. 고용촉진과 농지개혁, 사회복지부문의 통합과 확장, 소득격차의 개선 등을 공약으로 내걸고, 더불어 기존 정부의 경제정책을 계승한다고 발표한다. 특히, '기아대책이 신정권이 취할 최초의 과제'라고 선언한다.
- 룰라가 내각 인사를 발표한다. 관심을 끌었던 인사로는, 첫째 환경부 장관에 마리나 시우바 상원의원(고무 채집하는 불우한 가정에서 태어나, 15세에 문자 습득, 44세에 아크레 주 연방대학 졸업), 둘째 지역통합장관에 대통령선거에서 대결한 시루 고메스, 셋째 문화장관에 브라질의 영웅적인 가수 질베르투 질을 임명한다.

2003년

1~3월
- 룰라 다 시우바, 제39대 브라질 대통령에 취임한다. 취임 연설에서 대외채무의 지불이행을 약속하고, 메르코수르의 강화를 외교의 가장 중요한 과제로 설정한다고 발표한다. 한편, 국내적으로는 긴축재정과 인플레이션 억제 정책의 실시 등을 언급한다. 그리고 초음속 전투기 구입을 단념하고 그 자금(7억 달러)을 '기아 추방'에 사용한다고 발표한다.
- 무토지자운동(MST), 룰라 정부와 맺은 합의를 파기한다. 그리고 상파울루 근교 목장을 점거한다.

4~6월
- 중앙은행의 독립성을 높이는 헌법수정안이 가결된다.
- 룰라 대통령, 27개 주지사 및 각 주 대표자와 사회보장제도 개혁에 대한 협약을 체결하고, 세수 확보의 일환으로 공무원 연금제도 개혁안과 세제개혁안을 의회에 송부한다. OECD는 이 조치를 환영하며 "브라질에 대한 신뢰감이 회복되고, 올해의 경제 성장이 2%에 달할 것"이라고 예측한다.
- 카르도주 정부 시기의 여당인 브라질 민주운동당이 룰라 정부에 참여키로 결정한다.
- 룰라, 프랑스 에비앙에서 개최된 G8 정상회담에 초청받아 참석한다. '빈곤대책을 위한 세계기금'(기아제로기금) 창설을 호소하고, 재원 확보를 위해 무기거래 과세를 제안한다.
- 룰라, 아순시온에서 개최된 메르코수르 정상회담에서 시장통합 추진에 대한 공동선언을 발표하고, 미주자유무역지대(FTAA)에 대해 메르코수르가 공동 대처하는 데 합의한다.

7~9월
- 룰라의 공무원 연금개정안에 반대하는 총파업이 발생하고, 공무원 90만 명 중 40~50%가 이 파업에 참여한다.
- 룰라, 농지문제에 대해 "토지(의 확보)만으로는 사회적인 역할을 다한 것이 되지 않는다"라고 발언하고, 무토지자운동(MST)에 대한 전면적 지지를 유보한다.
- 무토지자운동에 대한 비판이 고조되고, 이들의 토지점거 행동에 대해 민주진영도 비판을 가한다.
- 룰라, 군사정권 시기 행방불명자 재조사를 위한 위원회를 설치·발표한다.

10~12월
- 의회에서 확대 여당이 상·하 양원의 약 65%를 확보하고, 룰라 정부의 통치력은 안정권에 진입한다.
- 룰라, 아르헨티나 키르츠네르 대통령과 공동선언('부에노스아이레스 콘센서스')을 발표하고, 2006년까지 약 40만 빈농가족을 위한 재정 지원을 실시한다고 발표한다. 더불어 경제성장을 위한 산업정책 가이드라인도 발표한다.
- 브라질중앙은행이 이 한 해에 420억 달러(GDP의 약 10%)를 채무이자 지불에 충당했다고 발표하고, 이후 국가위기지수가 6포인트 하락한다.
- 브라질 지리통계원(IBGE)에서 제시한 국민생활 조사의 내용은 다음과 같다.
  노동 — 03년도 브라질 공업생산은 불과 0.3% 상승에 그침. 노동자 수입은 4.3%, 고용인원은 0.5% 감소. 6대 도시에서 반(半)실업자는 1년 전에 비해 42.5% 증가. 지방도시에서는 더 높은 비율.
  수입 — 빈부격차가 더욱 확대되어, 상위 10%가 전체수입의 46.1% 차지(반면 하위 10%는 전체 수입의 1%에 해당).
  문화 — 전화보급률 96.7%, TV 90%, 수도 82.0%, 하수시설 68.1%. 전화는 민영화에 의해 10년간 20%에서 60%로 급속히 보급. 문맹률은 10년간 12.4%에서 3.8%까지 하락.
- 재정적자 문제를 해결하기 위한 세제개혁안(헌법수정안)과 연금개정안이 상원에서 가결된다.
- 룰라, 전면적 총기통제법에 서명하며, "총기에 의한 살인이라는 역병" 근절에 착수한다. 나아가, 목표로 삼았던 거시적 경제 지표를 달성했다고 강조하고, 1년의 성과를 발표한다. 이에 대해 야당은 기아제로 정책의 제로, 고용창출 제로라고 비난한다. 경제 거시지표를 보면, 무역흑자가 전년 대비 113.24억 달러에서 220.78억 달러로 증가하고, 국제수지는 전년 대비 8.74억 달러 적자에서 148.27억 달러 흑자로 전환한다. 월별 물가상승률은 연속 0.5% 이하로 안정된다.

2004년	

1~3월
- 룰라, 첫 내각 개편을 한다. 노동자당 각료를 줄이고, 연립 여당인 브라질 민주운동당을 배려하며 좌파가 아닌 중도라는 인상을 주려 한다.
- 브라질 정부, 1970년대 군사정권 탄압에 관한 모든 군문서가 이미 소각됐다고 발표한다.

- 유엔 아난 사무총장은 아이티 평화유지군의 지휘를 브라질에 위임할 수 있다는 의향을 표명한다.
- 룰라, 키르츠네르와 회담한다. IMF를 상대로 공동교섭에 관한 코파카바나 협정을 체결하고, "국제금융기관의 자금지원 시스템은 지속적 발전에 역행하는 성격을 지니기 때문에 위기 극복을 위한 새로운 시스템 개발이 필요하다"는 견해를 표명한다. 아르헨티나의 페르난데스 국무장관은 "라틴아메리카 GDP의 70%는 국제금융기관의 통제하에 놓여 있다"고 언급한다.

4~6월
- 헤시피에서 신속한 농지개혁 실시를 요구하는 농민 시위가 발생한다.
- 룰라 대통령, 대규모 방문단을 이끌고 중국을 방문한다.
- 브라질, 인도, 남아프리카 3개국 외무장관 회담이 브라질리아에서 개최되어 지역 간 무역 확대와 과학기술, 국방, 수송 부문에서 협력을 강화하는 협정이 체결된다. 장래에는 이 G-3에 중국과 러시아도 가입해 G-5로 할 것을 검토한다.

7~9월
- 정부는 2/4분기 GDP에 5.7%의 성장이 있었다고 홍보하는 동시에 재정 삭감 정책이 지속되어야 한다고 강조한다.
- 룰라의 지지율이 55%로 상승한다.

10~12월
- 에르조그 사건에 대한 군부의 태도가 돌변한다. 군부는 "쿠데타는 국민의 목소리였으며, (고문과 학살은) 무기를 든 범죄적 행동에 대한 정당한 행위였다"고 성명을 낸다.
- 사회인민당(PPS), 룰라 대통령의 경제정책을 신자유주의라고 비판하며, 여당연합에서 철수한다고 발표한다.
- 룰라 대통령의 지지율이 65.4%로 상승한다.
- 민관합작투자법(PPP)이 제정된다.
- 룰라, IMF로부터 신규 자금 유치는 없을 것이라고 천명한다. 대외채무는 1년에 100억 달러 이상씩 감소하여 2,000억 달러까지 줄어든다. GDP 증가와 더불어 GDP 대비 대외채무 비율도 57%에서 51%로 저하된다.

2005년	**1~3월**

- 민관합작투자법에 따라 다년도계획(PPA, Plano Plurianual)을 발표한다. 다년도계획에서는 수출도로, 철도, 항만설비 등의 인프라 구축을 목표로 한다.
- 상파울루 대도시권의 실업률이 9개월간 지속적으로 떨어져 16%까지 감소한다. 반면, 고용사정의 호전은 노동자의 소득 향상으로 이어지지는 않는다. 상파울루 대도시권 노동자의 평균임금은 전년대비 4.4% 감소한다.
- 브라질 지리통계원(IBGE)은 2004년 GDP 성장률이 5.2%를 기록했다고 발표한다. 이것

연도	룰라 정권기

은 94년 이후 최고의 성장률이지만, 인구 증가가 지속되었기 때문에 1인당 국민소득은 3.7%의 성장에 그친다.
- 여론조사에서 룰라 대통령의 지지율이 66.1%에 달하며, 차기 대통령선거에서 재선이 확실시된다.
- 정부, 1998년 이래의 IMF구제금융 지원에서 탈피를 선언한다.
- 리우데자네이루 근교의 두 마을에서 무차별 발포사건이 벌어진다. 30명의 사망자가 발생하고, 당국은 사건에 관여한 혐의로 경찰관 11명을 체포하여 8명을 살인죄로 고발한다.

4~6월
- 룰라, 아프리카 5개국 순방 중 세네갈에서 과거 노예제도에 대해 사과한다.
- 상파울루에서 남미, 아랍 지역 정상회담을 개최한다. 양 지역 간의 경제관계 강화를 합의하고, 팔레스티나 문제나 이라크 지원 등을 내용으로 하는 브라질리아 선언을 채택한다. 차베스 베네수엘라 대통령은 "제국에 도전하는 아랍·남미전선" 수립을 제안한다.

7~9월
- 여론조사에서 룰라 정부의 지지율이 31%를 기록하며, 출범 이래 최악의 결과를 보인다.
- 브라질의 사법부와 입법부의 고위급 정치인 및 판사들이 대규모 부정부패로 연방경찰에 대거 송환된다.
- 브라질리아에서 남미통합을 위한 '남미국가공동체'(CASA) 설립회의가 개최된다. 차베스는 남미국가공동체가 아니라 남미연합(UNASUR)이 되어야 한다고 주장한다.

10~12월
- 총기와 탄약 매매 금지에 대한 찬반 국민투표가 진행된다. 금지를 찬성하는 표가 34%, 반대하는 표가 64%로 반대세력이 압승을 거둔다. 총기 제조업계나 보수파 정치인 등이 "규제는 범죄자를 기쁘게 할 뿐"이라며 위기감을 조성한다. (유네스코에 의하면, 브라질에서 총기에 의한 사망자는 인구 10만 명당 연 21.72명으로 베네수엘라에 이어 2위를 기록했다. 상파울루 등의 대도시에서는 빈민지대를 무장 마약밀매 조직이 사실상 지배했고, 조직 간의 총격전이나 무기를 사용한 강도사건이 빈발했다.)
- 룰라, 미주정상회담에 참가한다. FTAA 교섭 재개에 대해 신중한 자세를 유지한다.
- 여론조사에서 오늘 선거가 치러진다면 룰라 대통령에게 투표하지 않겠다는 응답이 2개월 전에 비해 7% 증가한다. 룰라 대통령의 지지율은 9월 50.5%에서, 취임 이래 최저인 46.7%로 저하한다.
- BBC에 의하면, 상파울루의 인구당 헬리콥터 보유 수가 세계 최고로 나타난다. 브라질은 시에라리온에 이은 불평등국가가 된다.

2006년	**1~3월**

- 독일, 인도, 브라질 3개국, 유엔 안보리 개혁에 대한 결의안을 다시 제출한다.
- 브라질 지리통계원(IBGE)에 따르면, 전년도 실업률은 9.8%를 기록한다. 2년 전 11.5%에

서 감소된 수치이며, 한편 노동자 평균소득은 전년 대비 2% 상승한다.
- 국방부 장관, 문서를 국가기록원으로 이송하여 "군정시대의 심각한 사실에 대해 정보 접근을 무제한 가능토록 한다"고 말하며, 군문서와 자료의 개방을 천명한다. 이에 따라 군사 독재 시대의 인권침해를 문서로 확인하는 일이 가능해진다.

4~6월
- 상파울루에서 아르헨티나, 브라질, 베네수엘라의 정상회담이 개최된다. 3개국을 연결하는 총연장 1만 2000km, 총공사비 200억 달러의 가스파이프라인 건설에 대한 합의가 이루어진다.
- 룰라, 브라질의 석유 자급 실현을 선언한다. 그리고 캄푸스 만 인근 P-50 광구에서 매장량 330억 배럴 규모의 유전을 발견했다고 발표한다.
- 상파울루에서 범죄조직에 의한 대규모 공공기관 습격 및 방화가 이루어진다. 1주일간 상파울루의 도시기능이 마비되고, 170명이 사망한다. 폭동의 직접적 동기는 교도소의 환경 개선 요구였지만, 근본적인 원인은 브라질 사회의 고질적 문제인 극심한 빈부격차였다. 같은 사건이 일어난 시기에 발표된 브라질 지리통계원의 조사에 의하면, 1억 8,000여만 명의 전체 국민 중 1,400만 명 정도는 제대로 끼니를 해결하지 못하는 기아선상에 있다.

7~9월
- 세계경제의 성장을 주도하는 인도, 브라질, 남아프리카(IBSA) 3개국 정상회담이 최초로 브라질에서 개최된다.

10~12월
- 대통령 선거 1차 투표에서 룰라의 득표율이 48%에 그치게 되고, 브라질 사회민주당(PSDB)의 아우키민(Alckmim) 후보가 6%차로 추격한다. 아우키민은 미국이 주도하는 미주자유무역지대(FTAA) 구상을 지지하여 사실상 재계의 지지를 얻는다. 북동부에서는 룰라가 압도적인 강세를 보이지만, 대도시나 남부에서는 아우키민이 우세를 점한다. 하지만 결선투표에서 5,800만 표(61%)를 획득한 룰라가 아우키민에 압승한다. 당선 후 기자회견에서 룰라는 경제성장 5% 이상의 실현과 "빈곤층을 최우선으로" 하겠다는 정책 방향을 제시하고, 지역통합을 위해 메르코수르를 계속 강화한다는 입장을 재천명한다.

| 2007년 | **1~3월** |
| | - 룰라 제2기 정부가 출범한다. |

찾아보기